Inhaltsverzeichnis

Lernfeld 10 Immobilien vermitteln und mit Immobilien handeln

1 Der Makler

Das Vermitteln von Immobilien und das Handeln mit Immobilien können zukünftig wesentliche Bestandteile Ihrer beruflichen Tätigkeit darstellen. Die genannten Aufgaben werden auf dem Immobilienmarkt von Maklern übernommen, die als Dienstleister auftreten. Grundsätzlich unterscheidet das deutsche Recht **Zivilmakler** und **Handelsmakler**. Regelungen zum Handelsmakler finden sich im Handelsgesetzbuch (§§ 93–104) wieder.

Die Tätigkeit des Handelsmaklers bezieht sich auf Gegenstände des Handelsverkehrs (Wertpapiere, Versicherungen, Güterbeförderung, Verträge zu Waren usw.). Der Gegenstand der Maklertätigkeit des Zivilmaklers ist hingegen im Bürgerlichen Gesetzbuch (BGB) geregelt und umfasst Verträge über Grundstücke, Mieträume, Darlehen und Dienstverträge.

Der **Zivilmakler** unterliegt den rechtlichen Bestimmungen des **Bürgerlichen Gesetzbuches** (BGB), der **Handelsmakler** hingegen dem **Handelsgesetzbuch** (HGB).

Die Rechtsgrundlagen des Maklergeschäftes sind:
- Bürgerliches Gesetzbuch (§§ 652–655 e BGB)
- Handelsgesetzbuch (HGB)
- Makler- und Bauträgerverordnung (MaBV)
- Wohnraumvermittlungsgesetz (WoVermG)
- Gesetz gegen den unlauteren Wettbewerb (UWG)
- Gewerbeordnung (§ 34 c GewO)
- Preisangabenverordnung (PAngV)
- neue Regelungen zum Bestellerprinzip*
- Fernabsatzgesetz (Widerrufsrecht; BGB § 312d)*

* Nutzen Sie hierzu auch unsere aktuellen Downloadmaterialien unter www.cornelsen.de/cbb (→ Immobilienkaufleute – Neubearbeitung)

1.1 Gesetzliche Definition für die Maklertätigkeit (§ 652 BGB)

Makler ist, wer Gelegenheiten zum Abschluss von Verträgen **nachweist** oder Vertragsabschlüsse **vermittelt**. Man unterscheidet **Nachweismakler** und **Vermittlungsmakler**.

	Nachweismakler	Vermittlungsmakler
Aufgaben	• stellt Auftraggeber (AG) Informationen zur Verfügung • Informationen sollen den AG in die Lage versetzen, einen Vertrag selbstständig abzuschließen • benennt einen möglichen Vertragspartner, tritt aber mit diesem nicht selbst in Verbindung	• Vertragsabschluss kommt zustande, indem er auf die Vertragspartner einwirkt • Nachweis muss im Vorfeld der Leistung nicht stattgefunden haben
Provision	• nur dann Anspruch auf die vereinbarte Provision, wenn er seinem Auftraggeber neue Informationen über die Vertragsgelegenheit zur Verfügung stellt	• unerheblich, ob der Auftraggeber die Vertragsgelegenheit kannte

Anforderungen	• Mindestbestandteile des Nachweises sind: – Vertragspartner – Objekt – Preis	• höhere Anforderungen bezüglich seiner Neutralität • darf die Interessen der beteiligten Vertragsparteien nicht verletzen

Wurde ein Makler **ausschließlich** zum Nachweisen (Nachweisprovision) beauftragt und kommt der Hauptvertrag durch seine Vermittlungstätigkeit (Vermittlerprovision) zustande, so hat der Makler keinen Provisionsanspruch für die Vermittlung. Daher lassen sich Makler in der Regel zu beiden Tätigkeiten beauftragen und vereinbaren damit eine Nachweis- und eine Vermittlungsprovision.

Der allgemeine Begriff „Maklerprovision" bezieht sich auf die beiden im BGB genannten Leistungsarten.

1.2 Voraussetzungen für die gewerbliche Maklertätigkeit

Um als Makler am Markt tätig werden zu können, gibt es von staatlicher Seite keinen geforderten Qualifizierungsnachweis. Es ist lediglich notwendig, dass **eine Genehmigung gem. § 34 c Gewerbeordnung** vorliegt. Diese Genehmigung – man spricht in diesem Zusammenhang auch von der Maklererlaubnis – wird durch die Behörde erteilt, in der der Antragsteller seinen Wohn- bzw. Geschäftssitz hat.

Jeder Antragsteller hat einen Anspruch auf die Erteilung der Genehmigung, es sei denn, es liegt ein zulässiger Versagungsgrund beim Antragsteller vor, sie nicht zu erteilen. Versagungsgründe können sein:

- Die Vermögensverhältnisse des Antragstellers sind ungeordnet. Dies ist der Fall, wenn der Antragsteller insolvent ist. Daraus folgt, dass
  - noch kein Insolvenzverfahren beantragt oder eröffnet worden sein darf,
  - der Antragsteller noch keine eidesstattliche Versicherung abgegeben haben darf.
- Es bestehen erhebliche Zweifel an der Zuverlässigkeit des Antragstellers. Diese Zweifel sind dann begründet, wenn der Antragsteller in den letzten fünf Jahren wegen bestimmter Delikte rechtskräftig verurteilt wurde. Bei den Delikten kann es sich handeln um
  - Diebstahl, Raub, Betrug, Urkundenfälschung, Steuerhinterziehung, Insolvenzverschleppung oder Bankrott.

Die auf den Antragsteller ausgestellte Genehmigung ist nicht übertragbar. Sie wird zudem unbefristet erteilt und erlischt erst mit dem Tod des Inhabers oder mit Abmeldung des Gewerbes. Die Genehmigung gilt für die gesamte Bundesrepublik Deutschland (gesamter Geltungsbereich der Gewerbeordnung) und ist somit weder orts- noch raumgebunden.

Eine einmal erteilte Erlaubnis kann unter den Bedingungen des § 48 Verwaltungsverfahrensgesetzes zurückgenommen werden. Dies ist z. B. bei Nichterfüllung von erteilten Auflagen oder falschen Angaben möglich. Ein Widerruf der Erlaubnis kann zudem auch erfolgen, wenn die Voraussetzungen für die gewerbliche Tätigkeit des Maklers nachträglich entfallen, z. B. bei Vermögensdelikten.

Sonderregelungen gibt es bei der Eröffnung eines Insolvenzverfahrens, sodass dieses nicht automatisch zum Widerruf der Erlaubnis führt.

Eine Genehmigung gem. § 34 c GewO ist ebenso erforderlich für:

- Bauträger
- Baubetreuer
- Finanzierungsvermittler

Freie Mitarbeiter unterliegen ebenfalls der Erlaubnispflicht, da diese ihrem rechtlichen Status nach Handelsvertreter sind.

Zuständig ist das Gewerbeamt des jeweiligen Landratsamts bzw. der kreisfreien Städte. Die Genehmigung kann entweder nur für einzelne Tätigkeiten oder auch für alle Berufszweige zusammen beantragt werden. Das Ausstellen der Genehmigung ist gebührenpflichtig.

Die **Gewerbeordnung** beschränkt die Erlaubnispflicht auf die **Nachweistätigkeit** und **Vermittlung von Verträgen** u. a. über

- Grundstücke,
- grundstücksgleiche Rechte,
- gewerbliche Räume,
- Wohnräume sowie
- Darlehen.

(Wobei hier nur die für den Immobilienmakler relevanten Leistungsbereiche genannt sind.)

Für die Erteilung der Genehmigung hat der Antragsteller verschiedene Unterlagen vorzulegen:

- Kopie des Personalausweises
- polizeiliches Führungszeugnis (z. B. beim Bürgeramt)
- Auszug aus dem Gewerbezentralregister (Antrag beim Bürgeramt)
- Auszug aus dem Schuldnerregister (Antrag beim zuständigen Amtsgericht)
- Bestätigung, dass kein Insolvenzverfahren beantragt oder eröffnet wurde (Antrag beim zuständigen Amtsgericht)

Neben den Genehmigungen ist eine **Gewerbeanmeldung** erforderlich. Ein entsprechender Antrag ist beim zuständigen Gewerbeamt zu stellen. Hier erfolgt auch die spätere Anmeldung. Allerdings sind regionale Unterschiede bei der Bezeichnung der Gewerbeämter zu beachten. Zudem sollte sich jeder Antragsteller vor der Anmeldung über die regionalen Eigenarten genau informieren.

Bei Personengesellschaften, die keine eigene Rechtspersönlichkeit besitzen, wie z. B. eine KG oder OHG, ist für diejenigen Gesellschafter eine Erlaubnis zu beantragen, die eine Geschäftsführungsberechtigung besitzen (persönlich haftende Gesellschafter).

Bei juristischen Personen lautet die Genehmigung auf die Gesellschaft, d. h. die Gesellschaft muss den Antrag selbst stellen. Die Unterlagen zur Prüfung der Voraussetzungen sind dann von der Person des gesetzlichen Vertreters vorzulegen. Gibt es mehrere Personen, die eine Vertretungsbefugnis besitzen (z. B. mehrere Geschäftsführer oder Vorstandsmitglieder), so ist für jeden gesetzlichen Vertreter ein gesonderter Antrag zu stellen.

Kommt es zu einem Wechsel des gesetzlichen Vertreters, so muss er dem Gewerbeamt angezeigt und die entsprechenden Unterlagen müssen vorgelegt werden.

Bei Personengesellschaften ohne eigene Rechtspersönlichkeit und juristischen Personen ist besonders darauf zu achten, dass bei **keinem der geschäftsführenden Gesellschafter bzw. gesetzlichen Vertreter** ein Versagungsgrund vorliegt, die Genehmigung nicht zu erteilen. Alle müssen die gegebenen Voraussetzungen erfüllen.

Wird der Maklertätigkeit ohne Genehmigung gem. § 34c GewO nachgegangen, so stellt das eine Ordnungswidrigkeit dar. Wird diese Ordnungswidrigkeit bekannt, so wird ein Bußgeld erteilt. Der sich ergebende zivilrechtliche Provisionsanspruch bleibt davon aber unberührt.

Dennoch kann es sein, dass eine Maklertätigkeit ausgeübt wird, ohne dass eine Genehmigung gem. § 34 c GewO vorliegt bzw. diese erforderlich ist: Erfolgt die Maklertätigkeit nämlich nicht gewerblich, so ist keine Genehmigung notwendig. Dann wird von einem **Gelegenheitsmakler** gesprochen.

Allerdings müssen in diesem Fall folgende Voraussetzungen erfüllt sein:

- Mit der Maklertätigkeit darf keine nachhaltige Gewinnerzielung verbunden sein. Der Makler darf sich nicht aktiv am Markt um Makleraufträge bewerben.
- Die Einkünfte aus der Gelegenheitsmäkelei müssen im Verhältnis zu anderen Einkünften untergeordneten Charakter haben.
- Gelegenheitsmäkelei kann höchstens drei Maklergeschäfte im Jahr umfassen.

1.3 Gesetzliches Leitbild der Maklertätigkeit

Auf die Rechtsgrundlagen des Maklergeschäfts wurde bereits zu Beginn dieses Lernfeldes hingewiesen. Allerdings existieren darüber hinaus verschiedene Grundsätze, die die Rechtsprechung bestimmen.

1.3.1 Drei-Parteien-Grundsatz

Bei jedem provisionspflichtigen Maklergeschäft müssen drei voneinander unabhängige Parteien vorhanden sein. Bei diesen Parteien handelt es sich um

- den Kunden (z. B. Käufer),
- den Auftraggeber (z. B. Verkäufer) und
- den Makler, wobei das Charakteristikum des Maklers seine „Drittstellung" ist.

Ist der Makler selbst Partei des Hauptvertrages (z. B. Verkäufer), d. h. er ist nicht mehr Dritter, so kann er von seinem Vertragspartner keine Provision verlangen, da er in diesem Fall nicht mehr Dritter ist. Der Makler kann ebenfalls keine Provision verlangen, wenn er mit einer Partei des Hauptvertrages verflochten ist.

Eine Verflechtung liegt vor, wenn eine persönliche, rechtliche oder wirtschaftliche Abhängigkeit besteht und es dem Makler nicht möglich ist, eine unabhängige Willensbildung vorzunehmen. Dabei wird unterteilt in die sogenannte echte und die unechte Verflechtung.

1.3.2 Echte Verflechtungen

Eine **echte Verflechtung** liegt vor, wenn eine wirtschaftliche und/oder rechtliche Abhängigkeit zwischen dem Makler und seinem Auftraggeber besteht. Dies trifft u. a. zu, wenn gegenseitige gesellschaftliche Beteiligungen vorliegen.

Beispiel:
Bauträger und Maklerunternehmen sind durch eine Kapitalbeteiligung verflochten. Der Bauträger erteilt dem Maklerunternehmen den Auftrag zum Verkauf von Eigentumswohnungen. Der Makler kann mit dem Bauträger eine Provisionsvereinbarung treffen, darf aber vom Käufer keine Provision verlangen. Er nimmt dabei die Rolle einer externen Vertriebsorganisation des Bauträgers ein.

Ein Makler **verliert stets seine Drittstellung**, wenn er **wirtschaftlich oder rechtlich vom Objektanbieter beherrscht wird.** Das gilt auch für den Fall, dass der Verwalter einer Wohnanlage gleichzeitig der Verkäufer einer Eigentumswohnung ist und gemäß seines Verwaltervertrages eine Zustimmung zum Verkauf erteilen muss.

1.3.3 Unechte Verflechtungen

Unechte Verflechtungen können durch Interessenkonflikte oder persönliche Beziehungen (auch unter Berücksichtigung einer wirtschaftlichen Abhängigkeit) zwischen dem Makler und dem Auftraggeber begründet sein.

Liegt eine unechte Verflechtung vor, so führt dies auch dazu, dass kein Provisionsanspruch besteht, insbesondere in den folgenden Fällen:
- Der Makler befindet sich in einem institutionellen Interessenkonflikt.
- Im Falle eines Streites zwischen den Parteien des Hauptvertrages könnte sich der Makler nicht neutral verhalten, sondern würde die Position einer Partei ergreifen.

Beispiel:
- eine familiäre Beziehung zwischen Makler und einer Partei des Hauptvertrages
- eine starke wirtschaftliche Abhängigkeit des Maklers von einer Partei des Hauptvertrages
- eine Bürogemeinschaft o. Ä.

1.3.4 Der Neutralitätsgrundsatz

Wenn der Makler gleichzeitig für beide Parteien tätig ist, muss er sich neutral verhalten. In diesem Fall hat er den Interessen beider Parteien gerecht zu werden und darf nicht nur Vertreter einer Partei sein. Daraus folgt, dass er auch gegenüber der nicht provisionspflichtigen Partei zur Neutralität verpflichtet ist.

Der Makler kann mit beiden Parteien provisionspflichtige Maklerverträge abschließen (Doppelmäkelei). Voraussetzung ist allerdings, dass er dies den Parteien mitteilt. Da Doppelmaklertätigkeit in der Praxis erfahrungsgemäß zu Problemen führt, sollte diese vermieden werden. Ein Makler, der nur einer Partei vertraglich verpflichtet ist, kann auch nicht gegen eine nicht vorhandene Neutralitätsposition verstoßen.

1.3.5 Grundsatz der Vertragsfreiheit

Grundsätzlich ist ein Auftraggeber in seiner Abschlussfreiheit nicht beschränkt. Er kann somit frei entscheiden, ob er den vom Makler nachgewiesenen oder vermittelten Hauptvertrag tatsächlich abschließt. Der aus dem Abschluss resultierende Provisionsanspruch ist in der Regel an einen wirksamen Hauptvertrag gebunden.

Allerdings ist es auch möglich, eine Vereinbarung über eine erfolgsunabhängige Maklerprovision zu treffen. Diese wird auch dann fällig, wenn kein wirksamer Vertrag abgeschlossen wird.

1.3.6 Voraussetzungen für den Provisionsanspruch

Damit alle Voraussetzungen für einen Provisionsanspruch gegeben sind, müssen folgende Aspekte kumulativ erfüllt sein:
1. Zwischen dem Makler und dem Auftraggeber muss ein Maklervertrag mit einer Provisionsvereinbarung geschlossen worden sein.
2. Eine nachweisende oder vermittelnde Tätigkeit des Maklers muss erfolgen.
3. Zwischen dem Auftraggeber und einem Dritten muss ein rechtswirksamer Hauptvertrag zustande gekommen sein (Mietvertrag, Kaufvertrag o. Ä.).
4. Der Hauptvertrag muss infolge des Nachweises oder der Vermittlungstätigkeit des Maklers zustande gekommen sein (Ursächlichkeit oder Kausalität).

1.4 Der Maklervertrag

Bei einem **Maklervertrag** handelt es sich um einen privatrechtlichen Vertrag. Er beinhaltet die Verpflichtung eines Auftraggebers, einem Makler eine Provision zu zahlen, wenn dieser seinem Auftraggeber einen Vertrag zum Abschluss oder einen Nachweis zur Gelegenheit vermittelt.

Bei der genaueren Betrachtung des Maklervertrages sind die folgenden Aspekte von grundlegender Bedeutung:
- Vertragstyp
- Form des Vertrages
- Probleme bei konkludent geschlossenen Maklerverträgen
- beurkundungspflichtiger Maklervertrag

Hinweis:
Durch das neue Fernabsatzgesetz besitzt der Verbraucher ein erweitertes Widerrufsrecht. Werden diese Vorgaben durch den Makler missachtet, so gefährdet er z. B. seinen Provisionsanspruch.

1.4.1 Vertragstyp

Der Maklervertrag ist ein eigenständiger Vertragstyp und stellt ein unechtes Vertragsverpflichtungsgeschäft dar. Der Makler ist nicht verpflichtet, für seinen Auftraggeber tätig zu werden.

1.4.2 Form des Vertrages

Maklerverträge können formfrei abgeschlossen werden und auch durch konkludentes Verhalten zustande kommen. Konkludent[1] bedeutet, dass auch bei einem stillschweigenden, schlüssigen Verhalten von der Abgabe einer Willenserklärung ausgegangen werden kann.

In diesem Zusammenhang ist zu beachten, dass der § 653 BGB ausdrücklich regelt, dass auch die Maklerprovision stillschweigend vereinbart werden kann.

Obwohl Maklerverträge formfrei wirksam sind, sollten sie aus Beweisgründen schriftlich vereinbart werden. Das gilt insbesondere für Alleinaufträge.

Probleme bei konkludent geschlossenen Maklerverträgen
Die Beweispflicht für das Zustandekommen eines konkludenten Maklervertrages liegt beim Makler. Nur wenn der Kunde die Provisionserwartung des Maklers kennt und sich dann konkludent verhält, ist ein provisionspflichtiger Maklervertrag zustande gekommen.

Der beurkundungspflichtige Maklervertrag
Ein Maklervertrag muss notariell beurkundet werden, wenn durch diesen Vertrag auf den Kunden ein indirekter Druck zum Abschluss eines Grundstückskaufvertrages ausgeübt wird. Dies ist der Fall, wenn sich der Kunde im Maklervertrag verpflichtet, an den Makler einen pauschalierten Schadensersatz, eine Vertragsstrafe o. Ä. zu zahlen, falls er den nachgewiesenen Kaufvertrag nicht abschließt.

Nach einem BGH-Urteil vom 06.02.1980 – IV ZR 141/78 entsteht dieser indirekte Druck, wenn die vereinbarte Vertragsstrafe 10 % der vereinbarten Provision überschreitet.

Wird in einem solchen Fall der Maklervertrag nicht notariell beurkundet, ist er aufgrund des Formverstoßes als Ganzes formal nichtig. In diesem Fall ist auch die Provisionsvereinbarung nichtig.

[1] siehe auch Band 1, Seite 260

1.4.3 Inhalte des Maklervertrages

Bei der Gestaltung eines Maklervertrages sollten verschiedene Inhalte berücksichtigt werden. Besonderes Augenmerk ist auf die nachfolgenden Punkte zu legen:

Name und Anschrift des Maklers und Auftraggebers
In dem Vertrag sollten Makler und Auftraggeber ausgewiesen sein. Dies erfolgt in der Regel durch die Aufnahme der Namen und Adressen. Wichtig ist, dass die am Vertrag beteiligten Parteien genau benannt werden.

Auftrag an den Makler
Es sollte vertraglich sichergestellt sein, dass dem Makler ein Auftrag erteilt wurde. Hier kommt beispielsweise § 6 Abs. 1 WoVermRG zum Tragen.

> *„(1) Der Wohnungsvermittler darf Wohnräume nur anbieten, wenn er dazu einen Auftrag von dem Vermieter oder einem anderen Berechtigten hat. (…)"*

Provisionsvereinbarung
Damit der Makler seine Entlohnung für erbrachte Leistungen erhält, sind Vereinbarungen hinsichtlich der Provision zu treffen. Dabei sollte Folgendes berücksichtigt werden:

- Bis auf die Wohnungsvermittlung (derzeit 2 Monatsmieten zuzüglich der gesetzlichen Umsatzsteuer – Wohnungsvermittlungsgesetz) kann die Provisionshöhe frei vereinbart werden.
- Bei Kaufverträgen ist es üblich, die Provision als Prozentsatz zu vereinbaren.
- Haben die Parteien die Provisionshöhe nicht ausdrücklich vereinbart, so gilt die ortsübliche Provision (z. B. in Berlin 6 % des Kaufpreises zzgl. der gesetzlichen Umsatzsteuer).
- Eine Provisionsvereinbarung kann aufgrund einer Sittenwidrigkeit auch nichtig sein, wenn die ortsübliche Provision um mehr als 100 % überschritten wird.
- In einigen Bundesländern ist die Käuferprovision üblich, in anderen Bundesländern kann die Verkäuferprovision oder Provisionsteilung üblich sein.

Aufwendungsersatz
Der Kunde ist nur dann verpflichtet, dem Makler seine Aufwendungen zu ersetzen, wenn dies ausdrücklich vereinbart wurde. Dieser Aufwendungsersatz kann beispielsweise für den Fall vereinbart werden, wenn es nicht zum Hauptvertragsabschluss kommt. Er kann aber auch zusätzlich zu einer Provision vereinbart werden.

Wurde ein entsprechender Aufwendungsersatz vereinbart, so kann der Makler nur die Aufwendungen in Rechnung stellen, die unmittelbar durch den jeweiligen Auftrag entstanden sind.

Wurde ein Aufwendungsersatz vereinbart, so kann der Makler die Kosten für anfallende Inserate, Exposés, Fahrtkosten, Telefongebühren usw. in Rechnung stellen.

Hingegen kann der Makler keine Gemeinkosten ersetzt verlangen, die unabhängig vom Auftrag ohnehin angefallen wären, wie z. B. seine Büromiete.

Es kann darüber hinaus auch vereinbart werden, dass der Aufwendungsersatz in Form einer Pauschale vorgenommen wird. Ist der Aufwendungsersatz in Form einer Pauschale in den AGB vereinbart, so muss sie aber in etwa den zu erwartenden Aufwendungen des Maklers entsprechen. Die Pauschale darf nicht den Charakter einer Vergütung annehmen. Ansonsten verstößt die Vereinbarung gegen den § 307 BGB und ist damit unwirksam

Bei der Wohnungsvermittlung sind Aufwandspauschalen jedoch unzulässig.

1.4.4 Arten von Maklerverträgen

Nachdem zuvor die Inhalte eines Maklervertrages näher betrachtet wurden, richtet sich nun das Augenmerk auf die Arten von Maklerverträgen. Eine Unterteilung von Maklerverträgen wird wie nachfolgend erläutert vorgenommen in:

1. **Einfacher Maklervertrag oder gewöhnlicher Maklervertrag**
   Der § 652 BGB regelt den einfachen Maklervertrag. Der einfache Maklervertrag ist durch folgende Punkte geprägt:
   - keine Formvorschrift, in der Praxis oft mündlich
   - keine Tätigkeitspflicht für den Makler
   - keine Exposés, schaltet keine Inserate
   - der Auftraggeber (Objektanbieter) kann unbegrenzt weitere Makler beauftragen
   - der Auftraggeber kann parallel den Privatverkauf betreiben (von „privat" oder „courtagefrei")
   - Aufwendungsersatz nur bei einer ausdrücklichen vertraglichen Regelung, ansonsten besteht kein Provisionsanspruch
   - keine Befristung der Auftragszeit, endet bei Vertragsvermittlung, durch Kündigung oder auf sonstige Weise (z. B. Vertrag läuft durch Vereinbarung aus)

   Nach Betrachtung der vorab aufgeführten Punkte kann davon ausgegangen werden, dass der einfache Maklervertrag für den Auftragnehmer wenig attraktiv ist. In der Praxis versucht jeder Makler daher, möglichst einen einfachen Makler-Alleinauftrag oder einen qualifizierten Makler-Alleinauftrag abzuschließen.

2. **Einfacher Makler-Alleinauftrag**
   Ein einfacher Makler-Alleinauftrag setzt, im Gegensatz zum einfachen Maklervertrag, verschiedene Verpflichtungen der Vertragsparteien voraus. Es besteht eine stärkere Bindung des Auftraggebers an den Makler. Im Gegenzug geht der Makler mehr Verpflichtungen gegenüber dem Auftraggeber ein:

   Der einfache Makler-Alleinauftrag ist durch die folgenden Punkte geprägt:
   - keine Formvorschrift, in der Praxis aus Beweisgründen schriftlich
   - Formularvertrag möglich
   - Tätigkeitspflicht des Maklers (sinnvolle Aktivitäten; Inserate, Internetangebot, Schild etc.)
   - Makler muss dem Auftraggeber Nachweis über eigenen Kunden erbringen
   - Auftraggeber darf keinen anderen Makler einschalten → sonst Schadensersatzanspruch des Maklers bei entgangener Provision
   - Makler kann mit Auftraggeber eine Vertragsstrafe aushandeln
   - Auftraggeber darf eigene Initiativen entfalten, also auch selbst verkaufen
   - Auftraggeber kann eigene Aktivitäten entfalten, z. B. Inserate (ohne Provisionsanspruch)
   - Befristung: in der Regel ein halbes Jahr, ein Monat Kündigungsfrist; ansonsten weitere drei Monate Laufzeit
   - Kündigung durch Auftraggeber aus „wichtigem Grund" möglich, z. B. Verletzung der Tätigkeitspflicht trotz vorheriger schriftlicher Abmahnung

   Einfache Makler-Alleinaufträge können auch im Rahmen von AGB geregelt werden.

3. **Der qualifizierte Makler-Alleinauftrag**
   Bei einem qualifizierten Alleinauftrag verzichtet der Auftraggeber auf sein Recht, den Hauptvertrag allein abzuschließen.

   Hier besteht die Notwendigkeit eines Individualvertrages. Verwendet der Makler gegenüber einem Verbraucher vorformulierte Verträge (AGB), so ist der Verbraucher durch die §§ 305 bis 310 BGB geschützt. Die Gerichte entscheiden im Streitfall.

   Der qualifizierte Makler-Alleinauftrag ist durch die folgenden Punkte geprägt:
   - stets schriftlich
   - nur als Individualvertrag gültig
   - Tätigkeitspflicht wie beim „einfachen Alleinauftrag"
   - Auftraggeber darf keinen anderen Makler einschalten, Schadensersatzanspruch (Kundennachweis)

- Auftraggeber kann Eigeninitiative ergreifen, muss aber den Interessenten an den Makler verweisen und zu den Vertragsverhandlungen hinzuziehen („Verweisungs- und Hinzuziehungsklausel"); anderenfalls zahlt der Auftraggeber selbst die Provision an den Makler
- Vertragslaufzeit wie beim „einfachen Makleralleinauftrag" üblich
- Kündigung wie beim „einfachen Makleralleinauftrag" üblich

Unwirksame AGB-Klauseln in Maklerverträgen

- Verweisungs- und Hinzuziehungsklausel, durch die ein qualifizierter Alleinauftrag begründet wird
- Aufwandspauschalen, wenn sie den zu erwartenden Aufwand des Maklers überschreiten
- Vereinbarungen, in denen sich der Auftraggeber verpflichtet, einen Vorschuss auf die vereinbarte Provision zu zahlen
- Provisionsvereinbarungen für Folgeaufträge
- Reservierungsbeträge, die vereinbart wurden
- Vereinbarungen über erfolgsunabhängige Vergütungen (ein Erfolg muss immer erbracht werden)
- Vorkenntnisklauseln, die den Auftraggeber verpflichten, den Makler unverzüglich zu informieren, falls er das Objekt bereits kennt

Nebenpflichten des Auftraggebers

Nicht nur der Makler unterliegt verschiedenen Nebenpflichten. Auch der Auftraggeber hat gegenüber dem Makler unterschiedliche Nebenpflichten zu erfüllen. Dazu zählen insbesondere:

- **Verschwiegenheitspflicht**
  Der Auftraggeber ist zur Verschwiegenheit verpflichtet. Er darf Informationen, die er durch den Makler gewonnen hat, nicht unbefugt an Dritte weitergeben.

- **Informationspflicht**
  Der Auftraggeber unterliegt einer Informationspflicht. So muss ein Anbieter dem Makler alle ihm selbst bekannten Informationen zur Verfügung stellen. Des Weiteren muss der Auftraggeber den Makler informieren, wenn er seine Vertragsabsicht aufgibt oder einen anderweitigen Vertrag geschlossen hat.

Grundsätzlich haftet der Makler für:

- hinzugefügte Informationen und/oder verschwiegene Informationen, die er vom Verkäufer erhielt,
- offensichtlich unrichtige Informationen, die er hätte erkennen und den Interessenten darauf hinweisen müssen sowie
- verbürgte Informationen über die Richtigkeit.

Im Hinblick auf die Haftung des Maklers ist allerdings auch zu berücksichtigen:

Der Makler haftet nicht, wenn er die Informationen lediglich vom Anbieter übernommen hat und den Interessenten darauf hinweist. Er sollte daher stets einen entsprechenden Haftungsvermerk in das Exposé mit aufnehmen (Haftungsausschluss).

Ein Makler verstößt gegen das Rechtsberatungsgesetz, wenn er Rechts- bzw. Steuerfragen beantwortet. Werden diesbezüglich Fragen an ihn gestellt, so muss der Makler den Kunden an einen Steuerberater oder Rechtsanwalt verweisen, da ansonsten Ersatzansprüche gegen den Makler entstehen.

1.4.5 Der Hauptvertrag

Die Tätigkeit eines Maklers ist darauf ausgerichtet, den **Abschluss eines Hauptvertrages** (Miet- oder Kaufvertrag) herbeizuführen. Dabei ist auf die Rechtswirksamkeit des Hauptvertrages zu achten. Allerdings ist zu berücksichtigen, dass die Rechtswirksamkeit allein nicht zwangsläufig zu einem Provisionsanspruch beim Makler führt.

Ob der Hauptvertrag rechtswirksam ist und tatsächlich erfüllt wird, ist für den Provisionsanspruch unerheblich.

Vielmehr muss der tatsächlich geschlossene Hauptvertrag mit dem Vertrag, den sich der Kunde bei der Beauftragung des Maklers gewünscht hat, übereinstimmen. Der Makler hat **keinen Provisionsanspruch**, wenn ein anderer Vertragstyp als der gewünschte abgeschlossen wurde, es sei denn, der Maklervertrag enthält eine entsprechende Klausel (Ersatzgeschäftsklausel).

Beispiel:
Wurde ein Makler beauftragt, einen Käufer für ein Objekt zu finden, und kommt es stattdessen zum Abschluss eines Mietvertrages, so stimmt der Hauptvertrag nicht mit den Vorgaben des Kunden überein.

Hängt die Wirksamkeit des Hauptvertrages zudem von einer Genehmigung ab, so hat der Makler erst dann einen Anspruch auf Provision, wenn die Genehmigung auch erteilt wurde. Bis zur Erteilung der Genehmigung gilt der Vertrag als „schwebend unwirksam". Mit Erteilung der Genehmigung wird der Vertrag „wirksam".

Sonderfälle:

- **Verträge mit aufschiebenden Bedingungen**
  Wird der Hauptvertrag unter einer aufschiebenden Bedingung geschlossen und tritt die aufschiebende Bedingung nicht ein, besteht auch kein Provisionsanspruch des Maklers (§ 158 BGB). Erst bei Eintritt der Bedingung wird der Vertrag „wirksam" und dem Makler steht die vereinbarte Provision gem. § 652 Abs. 2 BGB zu.
- **Verträge mit auflösender Bedingung**
  Der Vertrag gilt als „wirksam" geschlossen und der Eintritt der Bedingung führt lediglich nur dazu, dass der Vertrag gelöst wird. Die vereinbarte Provision steht dem Makler zu, da es einen wirksamen Vertrag gegeben hat.
- **Vertrag mit Rücktrittsrecht**
  Im Falle des Rücktritts durch Vertragsuntreue der Vertragspartner (Käufer, Verkäufer) steht dem Makler die Provision zu. Dies gilt auch bei einem nochmals im Vertrag vereinbarten gesetzlichen Rücktrittsrecht. Liegt der Fall aber so, dass bereits bei Abschluss des Vertrages zweifelhaft war, dass dieser je durchgeführt wird, besitzt der Makler keinen Provisionsanspruch.
- **Aufhebung des Vertrages**
  Wird ein wirksamer Vertrag durch die beiden Parteien einvernehmlich aufgehoben, steht dem Makler die vereinbarte Provision zu.
- **Vertragsanfechtung**
  Auch wenn bereits ein wirksamer Vertrag geschlossen wurde, kann es unter bestimmten Bedingungen (§§ 119, 123 BGB) zur Anfechtung des Vertrages kommen. Wurde der Vertrag erfolgreich angefochten, ist dieser als von Anfang an nichtig anzusehen. Damit entfällt auch die Provision für den Makler (z. B. bei arglistiger Täuschung gem. § 123 BGB).

Beispiel:
Der Verkäufer eines Grundstücks hat dem Käufer verschwiegen, dass das Gebäude auf dem Grundstück von Hausschwamm befallen ist, obwohl der Käufer danach gefragt hat und dem Verkäufer der Befall hinreichend bekannt war.

Nichtig ist ein Hauptvertrag, wenn dieser
- wegen Wucher gegen die guten Sitten verstößt (§ 138 BGB),
- gegen ein gesetzliches Verbot verstößt (§ 134 BGB),
- von nicht geschäftsfähigen Personen unterschrieben wird, z. B. entmündigte Personen (§ 105 BGB) oder
- formnichtig ist, z. B. Grundstückskaufvertrag wurde mündlich abgeschlossen (§§ 311 b, 125 BGB).

Erwerb in der Zwangsversteigerung

Grundsätzlich hat der Makler keinen Provisionsanspruch, wenn er einem Kunden Zwangsversteigerungstermine benennt oder ihn dabei berät.

Der Makler hat einen Provisionsanspruch, wenn im Maklervertrag ausschließlich und ausdrücklich vereinbart wurde, dass auch im Falle der Zwangsversteigerung eine Provision vereinbart ist. Dies kann aber nicht in AGB vereinbart werden. Gleiches gilt für Insolvenzverwalter.

1.4.6 Die Kausalität (Ursächlichkeit)

Ein Anspruch zur Zahlung einer Provision an den Makler ergibt sich aus § 652 Abs. 1 BGB.

Voraussetzungen für einen Provisionsanspruch:
- ein Provisionsversprechen des Auftraggebers
- eine nachweisende oder vermittelnde Tätigkeit des Maklers
- das Zustandekommen des beabsichtigten Hauptvertrages
- ein Ursachenzusammenhang (Ursächlichkeit) zwischen der Maklertätigkeit und dem Zustandekommen des Hauptvertrages

Ursächlichkeit bedeutet, dass der Abschluss des Hauptvertrages auf die Tätigkeit des Maklers zurückzuführen ist.

Kommt es zu Streitigkeiten über den Anspruch auf eine Provision bzw. auf eine Provisionshöhe seitens des Maklers, muss dieser Nachweise darüber erbringen,
- dass tatsächliche Umstände gegeben waren, aus denen der Schluss auf eine Provisionspflicht gezogen werden konnte und
- ein Gericht müsste feststellen, ob der Makler auch dann vermittelt hätte, wenn im Vorfeld festgestanden hätte, dass er im Erfolgsfall keine Provision erhalten würde.

Es ist jedoch nicht anzunehmen, dass jemand von einem gewerbsmäßig tätigen Makler eine kostenlose Gefälligkeitsleistung erwarten würde.

Um Streitigkeiten dazu aus dem Wege zu gehen, ist immer der Abschluss eines schriftlichen Maklervertrages mit einer entsprechenden Provisionsklausel zu empfehlen.

Eine Mitursächlichkeit des Maklers ist jedoch bereits ausreichend, um provisionsfähig zu sein.

Beispiel:
Der Makler findet einen Mietinteressenten, mit dem er Verhandlungen führt. Ein Vertragsabschluss kommt nicht zustande. Kurze Zeit später erfolgt, ohne eine nochmalige Beteiligung des Maklers, doch ein Vertragsabschluss zwischen dem Mietinteressenten und dem Vermieter. In diesem Fall kann eine Mitursächlichkeit des Maklers im Hinblick auf den Abschluss des Hauptvertrages angenommen werden.

Kausalität ist in folgenden Fällen **nicht** gegeben:
1. Wenn der Kunde die Vertragsgegebenheit bereits kennt. Dabei muss der Kunde die gesamte Vertragsgegebenheit kennen und nicht nur einzelne Informationen.
2. Wenn der ursächliche Zusammenhang unterbrochen worden ist. Die ursprünglichen Vertragshandlungen sind endgültig gescheitert, danach wird durch ein äußeres Ereignis das Interesse des Kunden neu geweckt.

1.5 Besondere Bestimmungen für die Wohnungsvermittlung (Gesetz zur Regelung der Wohnungsvermittlung)

Um das Verhältnis zwischen einem potenziellen Mietinteressenten von Wohnraum oder Geschäftsräumen, die räumlich oder wirtschaftlich mit Wohnräumen verbunden sind, und einem Makler zu regeln, kommt das Gesetz zur Regelung der Wohnungsvermittlung – Wohnraumvermittlungsgesetz (WoVermG) zum Einsatz.

Wichtig:
Das WoVermG gilt nicht für Kaufverträge und auch nicht für Ferienwohnungen.

Ziel des Gesetzes ist es, den Wohnungssuchenden zu schützen. Es soll verhindert werden, dass Makler die Knappheit von Wohnraum für ihre Zwecke ausnutzen.

1.5.1 Regelungen zu Provisionen

Damit ein Anspruch auf Entgelt bei einem Makler entsteht, ist zu klären, ob der Mietvertrag durch die Vermittlung bzw. den Nachweis des Maklers zustande gekommen ist (§ 2 Abs. 1 WoVermG).

Kein Anspruch auf ein Entgelt (Provisionsverbot) besteht gem. § 2 Abs. 2 WoVermG hingegen in den folgenden Fällen:
- wenn durch den Mietvertrag ein Mietverhältnis über dieselben Wohnräume fortgesetzt, verlängert oder erneuert wird,
- wenn der Mietvertrag über Wohnräume abgeschlossen wird, deren Eigentümer, Verwalter, Mieter oder Vermieter der Wohnungsvermittler ist,
- wenn der Mietvertrag über Wohnräume abgeschlossen wird, deren Eigentümer, Verwalter oder Vermieter eine juristische Person ist, an der der Wohnungsvermittler rechtlich oder wirtschaftlich beteiligt ist oder
- wenn eine natürliche oder juristische Person Eigentümer, Verwalter oder Vermieter von Wohnräumen ist und ihrerseits an einer juristischen Person, die sich als Wohnungsvermittler betätigt, rechtlich oder wirtschaftlich beteiligt ist.

Zu berücksichtigen ist außerdem, ob
- familiäre Beziehungen zwischen Makler und einer Partei des Hauptvertrages bestehen,
- eine starke wirtschaftliche Abhängigkeit des Maklers von einer Partei des Hauptvertrages vorliegt,
- es sich um eine Bürogemeinschaft o. Ä. handelt.

Beschränkungen der Höhe des Entgelts (§ 3 WoVermG)
Im Fall der Vermietung von Wohnraum oder Geschäftsräumen, die räumlich oder wirtschaftlich mit Wohnraum verbunden sind, unterliegt die Provision (Entgelt) bei einer Vermietung einer genauen Höchstgrenze. Die höchstzulässige Provision, die von einem Mietinteressenten verlangt werden darf, beträgt zwei Monatsmieten zzgl. der gesetzlichen Umsatzsteuer. Die Vermieterprovision kann hingegen frei ausgehandelt werden.

Grundlage für die Berechnung der Provision ist die Nettokaltmiete, es sei denn, die Mietvertragsparteien haben eine Brutto- oder Teilinklusivmiete vereinbart. Betriebskostenvorauszahlungen, die gesondert abgerechnet werden, dürfen bei der Berechnung nicht mit berücksichtigt werden. Bei einer Staffelmiete ist die anfängliche Miete die Berechnungsgrundlage für die Provision.

Beispiel:

Fall 1	Nettokaltmiete	500,00 €
	+ Vorauszahlung für kalte BK	150,00 €
	Vorauszahlung für HZ und WWK	100,00 €
	2 · 500,00 €	1.000,00 €
	+ 19 % USt.	190,00 €
	Provision brutto	1.190,00 €

Fall 2	Nettokaltmiete	500,00 €
	+ Pauschale für kalte BK	150,00 €
	Vorauszahlung für HZ und WWK	100,00 €
	2 · 650,00 €	1.300,00 €
	+ 19 % USt.	247,00 €
	Provision brutto	1.547,00 €

Der Aufwendungsersatz
Hat der Makler einen Provisionsanspruch, so kann er nur den Teil seiner tatsächlich nachgewiesenen Aufwendungen ersetzt verlangen, wenn dieser eine Monatsmiete übersteigt (§ 3 Abs. 3 WoVermG). Aufwendungspauschalen sind bei der Wohnraumvermittlung nicht zulässig.

Verbot von Kopplungsgeschäften
Die Vermittlung einer Wohnung darf nicht mit der Verpflichtung für die Mietinteressenten verbunden werden, weitere Waren oder Dienstleistungen zu beziehen. Kaufverträge über den Erwerb von Einrichtungsgegenständen sind im Zweifel unter der Bedingung geschlossen, dass auch ein Mietvertrag zustande kommt.

Das öffentliche Anbieten von Wohnraum
Ein Makler darf Wohnraum öffentlich nur mit Zustimmung des Verfügungsberechtigten anbieten. In jeder öffentlichen Anzeige muss der Makler seinen vollständigen Namen angeben und auf seine Eigenschaft als Wohnungsvermittler hinweisen. In öffentlichen Anzeigen muss die Höhe der Miete angegeben werden und darauf hingewiesen werden, wenn Nebenleistungen gesondert zu vergüten sind. Die Provisionshöhe muss immer als Vielfaches oder als Bruchteil der Miete angegeben werden. Verstöße gegen das Wohnungsvermittlungsgesetz stellen eine Ordnungswidrigkeit dar und werden mit Bußgeld geahndet.

1.5.2 Pflichten des Maklers gem. Makler- und Bauträgerverordnung

Gemäß der Makler- und Bauträgerverordnung unterliegt ein Makler verschiedenen Pflichten, die nachfolgend erläutert werden.

1.5.2.1 Buchführungspflicht gem. § 10 MaBV

Der Makler ist verpflichtet, zu seinen Kunden Akten anzulegen. Daraus müssen mindestens folgende Informationen ersichtlich sein:

- der Name und die Anschrift des Kunden,
- der Auftrag,
- die Höhe der vereinbarten Provision,
- das Datum des Vertragsabschlusses und
- die tatsächlich gezahlte Provision.

Nicht mehr gesammelt und aufbewahrt werden müssen Inserate und Prospekte.

Diese Unterlagen müssen gem. § 14 MaBV fünf Jahre in den Geschäftsräumen des Maklers aufbewahrt werden. Die Frist beginnt mit Ablauf des Jahres, in dem die Aufzeichnungspflicht entstanden ist. Ergeben sich aus anderen Gesetzen längere Aufbewahrungspflichten, so bleiben diese davon unberührt.

1.5.2.2 Informationspflicht gem. § 11 MaBV

Ein Makler muss einem Käufer bzw. Mieter schriftlich folgende Informationen übermitteln.

Beim Kauf:

- Name und Anschrift des Verkäufers
- Anschrift des Objektes, Gemarkung, Flur oder Flurstücksnummer
- Grundstücksgröße
- Wohn- bzw. Nutzfläche
- Baujahr und Art des Gebäudes
- Anzahl der Räume
- Ausstattung
- baulicher Zustand
- Höhe des Kaufpreises
- die zu übernehmenden Belastungen

Bei Mietobjekten:

- Name und Anschrift des Vermieters
- Anschrift des Objektes (Lage des Grundstücks und der Räume)
- Grundstücksgröße
- Wohn- bzw. Nutzfläche
- Zahl der Räume
- Baujahr
- Anzahl der Räume
- Ausstattung
- baulicher Zustand
- Höhe der Mieten
- Höhe der Kautionen
- Höhe der Nebenkosten
- Laufzeit der Mietverträge

In beiden Fällen ist auch auf das Aushändigen bzw. die Vorlage eines gültigen Energieausweises zu achten.

1.6 Wettbewerbsrecht für Makler

Rechtsgrundlage für das Wettbewerbsrecht ist das Gesetz gegen den unlauteren Wettbewerb (UWG). Das Gesetz dient dem Schutz der Mitbewerber, der Verbraucher sowie der sonstigen Marktteilnehmer vor unlauteren geschäftlichen Handlungen. Es schützt zugleich das Interesse der Allgemeinheit an einem unverfälschten Wettbewerb. Unter diesem Aspekt formuliert es eine Reihe von Verboten, z. B. die Herabwürdigung des Mitbewerbers oder irreführende Aussagen über die Ware oder die angebotenen Dienstleistungen, den Preis, die Herkunft der Ware usw.

Wenn im Wettbewerb Grenzen verletzt werden, können Unterlassungs- und Schadensersatzansprüche entstehen. Diese Ansprüche können insbesondere auch dann geltend gemacht werden, wenn Mitbewerber sich durch unlauteres oder irreführendes Verhalten einen Wettbewerbsvorsprung verschaffen wollen.

Das UWG beginnt mit der Definition des gesetzlichen Schutzzwecks. In § 3 UWG findet sich die sogenannte Generalklausel, die jede unlautere geschäftliche Handlung verbietet.

§ 1 UWG Zweck des Gesetzes

Dieses Gesetz dient dem Schutz der Mitbewerber, der Verbraucherinnen und Verbraucher sowie der sonstigen Marktteilnehmer vor unlauteren geschäftlichen Handlungen. Es schützt zugleich das Interesse der Allgemeinheit an einem unverfälschten Wettbewerb.

§ 3 UWG Verbot unlauterer geschäftlicher Handlungen

(1) Unlautere geschäftliche Handlungen sind unzulässig, wenn sie geeignet sind, die Interessen von Mitbewerbern, Verbrauchern oder sonstigen Marktteilnehmern spürbar zu beeinträchtigen.

(...)

In den folgenden Paragrafen des UWG werden beispielhaft Wettbewerbshandlungen aufgezählt, die unlauter und somit zu unterlassen sind.

Gesetz gegen den unlauteren Wettbewerb (UWG)

§ 4	§ 5	§ 6	§ 7
Beispiele unlauterer geschäftlicher Handlungen	Irreführende geschäftliche Handlungen	Vergleichende Werbung	Unzumutbare Belästigung

1.6.1 Wettbewerbsverstöße

Das UWG regelt auch **Wettbewerbsverstöße in öffentlichen Anzeigen**. Auch hier gilt es, irreführende Aussagen zu vermeiden. Unzulässig sind u. a.:

- falsche Firmierung (z. B. GmbH, die noch nicht eingetragen ist)
- Werbung mit Superlativen, die nicht nachprüfbar sind
- Firmierung mit akademischen Graden, wenn sie keinen Bezug zur Immobilienwirtschaft haben
- Verwendung von missverständlichen Abkürzungen wie z. B. MKL, IM oder Immo
- ausschließliche Werbung mit der Abkürzung eines Maklerverbandes, der auf die Maklereigenschaft hinweisen soll
- Chiffreanzeigen vom Makler
- Werbung mit dem Begriff „Spezialmakler", wenn tatsächlich keine Spezialisierung vorliegt

Beispiel:
- Der Makler gibt sich bei einem anderen Makler als privater Interessent aus, um dadurch Informationen, Exposés o. Ä. zu erhalten.
- Der Makler verspricht einem Verkäufer, einen unrealistischen Kaufpreis zu erzielen, um dadurch einen Auftrag zu erhalten.
- Der Makler bietet einem Vermieter an, die vom Mieter zu zahlende Provision mit ihm zu teilen.
- Der Makler bietet Objekte ohne Auftrag des Verfügungsberechtigten an.
- Der Makler will einen Kunden, der sich schon mit einem Alleinauftrag an einen anderen Makler gebunden hat, dazu überreden, ihn trotzdem zu beauftragen.

1.6.2 Werbung mit Preisangaben

Es gelten die Bestimmungen der Preisangabenverordnung (PAngV). Unzulässig ist die Angabe von „Circapreisen“ und von Preisspannen. Es darf auch nicht mit einer monatlichen Belastung geworben werden, ohne die Höhe des Kaufpreises bzw. die erforderliche Anzahlung zu benennen.

Es muss immer der Endpreis ausgewiesen werden, der aber auch als Verhandlungsbasis gekennzeichnet sein darf. Wettbewerbswidrig ist es, ausschließlich Quadratmeterpreise anzugeben, selbst wenn die Fläche mit ausgewiesen wird. Wird in der Anzeige sowohl der Quadratmeterpreis als auch der Endpreis genannt, so muss der Endpreis grafisch hervorgehoben werden. Der Interessent muss, ohne erst eine Rechenaufgabe zu lösen, den Endpreis erkennen.

Wichtig:
Es gilt das Prinzip der Preisklarheit und der Preiswahrheit.

Weiterhin sind unzulässig:
- Werbung mit Einzelpreisen, wenn die Bestandsteile nur zusammen erworben werden können, z. B. eine Eigentumswohnung mit dazugehörigem Stellplatz
- Werbung mit einem Kaufpreis, ohne anzugeben, dass es sich um ein Erbgrundstück handelt
- Werbung mit dem Begriff „notarieller Festpreis“

1.6.3 Angaben zur Provision bzw. Provisionshöhe

Bei der Provision für eine Wohnungsvermittlung müssen sowohl die Bestimmungen des Wohnungsvermittlungsgesetzes als auch jene der Preisangabeverordnung beachtet werden.

Unzulässig ist Werbung mit dem Begriff „provisionsfrei“, wenn tatsächlich eine Innenprovision, also eine Provision vom Käufer oder Vermieter gezahlt wird. Sie ist stark umstritten, da diese Aussage nicht ganz der Wahrheit entspricht. Hier empfiehlt sich die Angabe „Provision wird vom Verkäufer bzw. Vermieter übernommen“.

Beispiele für unzulässige Provisionsangaben:
- „Provision: 1.000 €“
- „Provision: zwei Monatsmieten, zuzüglich USt.“

Beispiele für zulässige Provisionsangaben:
- „provisionsfrei für den Mieter/Käufer (Vertragspartner)"
- „Provision 6 % des Kaufpreises, zuzüglich Umsatzsteuer" *
- „wäre die Provision brutto mit 7,14 % des Kaufpreises auszuweisen (inkl. USt.)"
- „provisionspflichtig"
- „Provision: 2,38 % der Monatskaltmiete"

* jeweils die gesetzlich gültige Umsatzsteuer (derzeit 19 %)

Sonstige Wettbewerbsverstöße
- Werbung mit dem Begriff „provisionsfrei" für Leistungen, für die ohnehin keine Provision verlangt werden darf, z. B. für die Besichtigung
- Werbung mit dem Begriff „günstige Finanzierung", wenn der Makler lediglich die Finanzierung vermittelt
- Werbung mit falschen Verkaufs- oder Vermittlungsständen
- Werbung mit hoher Steuerersparnis o. Ä.
- Anbieten von Steuer- bzw. Rechtsberatertätigkeiten
- falsche Maßangaben (z. B. qm statt m²)

1.6.4 Die Verfolgung von Wettbewerbsverstößen

Wettbewerbsverstöße werden nicht von Amts wegen verfolgt und sind daher auch nicht mit Bußgeld oder Ordnungsgeld bedroht. Dagegen kann jeder **Berechtigte** den Störer abmahnen und von ihm die Abgabe einer Unterlassungserklärung verlangen. Zur Abmahnung von Wettbewerbsverstößen sind berechtigt: ein Mitbewerber (wenn er im selben regionalen Markt und im selben Marktsegment tätig ist wie der Störer), die Verbraucherschutzzentralen und Verbände, die Industrie- und Handelskammern sowie rechtsfähige Vereine, die gemäß ihrer Satzung Wettbewerbsverstöße bekämpfen.

In der **Unterlassungserklärung** muss sich der Störer verpflichten, im Wiederholungsfalle eine vom Abmahner festgesetzte Vertragsstrafe an ihn zu zahlen (strafbewehrte Unterlassungserklärung). Die Höhe der Vertragsstrafe ist gesetzlich nicht geregelt, sie soll aber für den Störer empfindlich sein. Gibt der Störer die Unterlassungserklärung nicht ab, so kann er vom Abmahner darauf bei der Wettbewerbskammer am zuständigen Landgericht verklagt werden. Wegen des oft hohen Streitwerts können erhebliche Anwalts- und Gerichtskosten entstehen.

Der Abmahner kann auch eine **einstweilige Verfügung** beantragen, mit der dem Störer bis zur Entscheidung sämtliche Werbetätigkeit untersagt wird. Wird die Abmahnung durch einen Rechtsanwalt erstellt, so ist er berechtigt, seine Kosten vom Störer ersetzt zu verlangen (ca. 150 bis 300 €). Der Störer muss diese ggf. auch an mehrere Abmahner zahlen.

2 Die Immobilienanalyse – Objekt- und Standortanalyse

Um die zielgerichtete Vermarktung einer Immobilie durchführen zu können, muss der Makler eine Vielzahl von Analyseinstrumenten beherrschen.

Eine **Immobilienanalyse** ist das systematische Sammeln, Gewichten und Auswerten von Informationen/Daten, die direkt oder indirekt mit einer Immobilie im Zusammenhang stehen.

Immobilienanalysen

Basisanalysen	**Spezialanalysen**
• Marktanalyse • Standortanalyse • Gebäudeanalyse • Mietanalyse	• Bewertungsanalyse • Investitionsanalyse • Finanzierungsanalyse

Die Daten können auf vielfältige Art gewonnen werden. Insbesondere können zur Erstellung einer Analyse unter anderem folgende Datenquellen verwendet werden:

- amtliche Statistiken und Dokumente, z. B. Daten statistischer Ämter, Mietspiegel
- Veröffentlichungen des Gutachterausschusses der Gemeinde
- Veröffentlichungen von Fachverbänden, z. B. IVD
- Marktberichte überregional tätiger Maklerfirmen
- Veröffentlichungen von Forschungs- und Hochschuleinrichtungen
- Fachliteratur
- eigene Daten aus ähnlichen Projekten
- evtl. Online-Portale, wie z. B. Datenziehungsmöglichkeiten bei www.immobilienscout24.de

Die Objekt- und Standortanalyse gehört für den Immobilienmakler gewissermaßen zum täglichen Handwerkszeug. Sie dient hauptsächlich zwei Zielsetzungen:

1. Bestimmung der Zielgruppe für die Vermarktung eines Objektes
2. Festlegung eines marktgerechten Kauf- oder Mietpreises

Diese Aufgabe verlangt vom Makler profunde Marktkenntnisse, aber auch die Fähigkeit, alle Eigenschaften des Objektes erfassen und richtig bewerten zu können. Da es sich bei Immobilien um sehr komplexe und heterogene Güter handelt, muss häufig eine Vielzahl von Eigenschaften erfasst und bewertet werden.

Standortanalysen umfassen die spezifischen **Eigenschaften, Potenziale und Probleme** von Bestandsimmobilien und Entwicklungsprojekten.

Standortanalyse
Standortqualität und Standortnutzung in Abhängigkeit von der jeweiligen Nutzungsart

Mikrostandort	**Makrostandort**
Grundstück und seine unmittelbare Umgebung	Großraum, Einzugs- und Verflechtungsgebiet

Standortfaktoren Mikrostandort

Ökonomische Faktoren und Lagefaktoren	Faktoren der Infrastruktur	Sonstige Faktoren
• Grundstücksgröße • Grundstückszuschnitt • Grundstücksbeschaffenheit, z. B. Boden, Grundwasser, Topografie • Grundstücksnutzung • Baurechtssituation • Erschließungssituation • Ausstattung • Grundstücksbelastungen, z. B. Rechte • steuerliche Rahmenbedingungen, z. B. Abschreibung, Denkmalschutz • Fördermittelgewährung • Grundstückskaufpreis	• Nahverkehrsanbindung • Einkaufmöglichkeiten • Kitas, Schulen, Gymnasien • Erholungs- und Freizeiteinrichtungen • Gesundheitseinrichtungen • Kultureinrichtungen • Immissionen	• Standortimage • Nachbarbebauung • Parkplatzsituation

Standortfaktoren Makrostandort

Ökonomische Faktoren	Soziodemografische Entwicklung	Sonstige Faktoren
• Wirtschaftsstruktur • Wirtschaftswachstum • Arbeitsmarktsituation • Einkommenssituation • wirtschaftliche Rahmenbedingungen • überregionale Verkehrsinfrastruktur • Arbeitsmarktsituation • Entwicklung des Immobilienmarktes • Wettbewerbssituation	• Haushaltsentwicklung • Haushaltsstrukturen • Bevölkerungsstruktur • Bevölkerungsentwicklung • Sozialstruktur	• Standortimage • städtebauliche Aspekte • Qualität der Arbeit der öffentlichen Verwaltung • kulturelle Infrastruktur • Umweltfaktoren

Zur Entwicklung des Immobilienmarktes sind folgende Faktoren zu bewerten:
- Angebot und Nachfrage
- Leerstandsentwicklung
- Mietpreisniveau und -entwicklung
- Flächenbedarf

In der Fachliteratur wird oftmals noch die Unterteilung in harte und weiche Standortfaktoren vorgenommen. Diese Unterteilung tritt unter dem Aspekt, dass die Entscheidungsrelevanz von der Nutzung der Immobilie abhängt, in den Hintergrund.

Beispiel:
Aufgrund der demografischen Entwicklung muss zukünftig ein großer Bedarf an seniorengerechten Immobilien gedeckt werden. Hier geht es aber nicht nur um die Schaffung von Pflegeeinrichtungen, sondern die heutige Seniorengeneration möchte so lange wie möglich unabhängig leben und in ihrem Wohnumfeld verbleiben. Das bedeutet, dass Bestandsimmobilien altersgerecht angepasst bzw. Projektierungen abgestimmt werden müssen.

Das erfordert die Schaffung
- eines barrierefreien Umfeldes (z. B. Fußwege, Nahverkehr),
- von altersgerechten Infrastrukturen im Wohnumfeld,
- von Nachbarschaftsnetzwerken und ambulanten Betreuungsdiensten,
- von Notruf- und Kommunikationssystemen sowie
- die Anpassung von Wohnungen an die Bedürfnisse, z. B. Barrierefreiheit, Badezimmer.

Auch die Nachfrage nach Wohnraum für Seniorenwohngemeinschaften wird immer größer, hat aber naturgemäß andere Erfordernisse und Bedürfnisse als eine Wohngemeinschaft für Studenten.

Je vielfältiger die Nutzungsmöglichkeiten eines Grundstücks und damit auch die potenziellen Zielgruppen sind, umso ausführlicher und differenzierter sollte die Analyse sein. So kann zum Beispiel ein unbebautes Grundstück in einem Kerngebiet für Wohnungsbaugesellschaften, Bauträger, Projektentwickler, Bauherrengemeinschaften, Betreiber von Shoppingcentern und Hotels, aber auch für Privatpersonen interessant sein.

Die Art der Zielgruppe bestimmt dann das Werbekonzept und den Einsatz von Werbemitteln und Werbeträgern. Da eine Immobilie immer nur einmal verkauft oder vermietet werden kann, ist es nicht sinnvoll, eine möglichst große Zielgruppe anzusprechen. Das würde nur zu Anfragen führen, die für den Makler einen großen Zeitaufwand bedeuten und für den Interessenten eine Enttäuschung nach sich ziehen.

So wird zum Beispiel beim Verkauf einer vermieteten Eigentumswohnung überwiegend die Zielgruppe der Kapitalanleger anzusprechen sein, da sich ansonsten das Problem der Eigenbedarfskündigung ergibt. Hierbei sollte die erzielbare Rendite im Vordergrund der Werbebotschaft stehen. Diese Zielgruppe erreicht man am besten in überregionalen Zeitungen und im Internet. Wendet sich der Makler dagegen an potenzielle Selbstnutzer, so sollte die Werbebotschaft stärker emotionalisiert werden. Als Werbeträger kommen dann lokale Zeitungen, Bauschilder, Flyer, die im Umfeld verteilt werden, o. Ä. infrage.

Ebenso wichtig für die Vermarktung ist die Bestimmung eines marktgerechten Preises. Anbieter haben mitunter überzogene und unrealistische Preisvorstellungen. Um den Auftrag zu erhalten, machen viele Makler den Fehler, die Anbieter in diesem Glauben zu bestärken. Diese Strategie ist aber nicht ungefährlich.

Häufig wird der Markt von Interessenten über einen längeren Zeitraum beobachtet. Bemerkt ein Interessent, dass ein Anbieter mit seinen Preisvorstellungen sukzessive heruntergeht, so spekuliert er darauf, dass der Preis noch weiter herabgesetzt wird. Außerdem wird der ursprüngliche Preis als „Mondpreis" empfunden. Auf diese Weise wird dann, wie es unter Maklern heißt, ein Objekt „verbrannt". Das heißt, es wird von potenziellen Interessenten nur noch als „Ladenhüter" empfunden.

Durch die **Lageanalyse** werden die spezifischen Lagemerkmale und ihre Bedeutung für die jeweilige Zielgruppe erfasst. Welche Merkmale dies sind, hängt wiederum stark von der Art des Objektes ab. Bei Wohngebäuden sind es hauptsächlich die verkehrsmäßige Infrastruktur, Einkaufsmöglichkeiten, Erholungsmöglichkeiten, Nähe zu kulturellen Einrichtungen, Schulen und Kindertagesstätten usw. Bei Gewerbeobjekten sind es z. B. Parkmöglichkeiten, Kaufkraft in einem bestimmten Gebiet, Art und Anzahl der Mitbewerber sowie gewerberechtliche Beschränkungen. Im Unterschied dazu werden sogenannte Standortanalysen bereits für einen konkreten Investor unter Berücksichtigung von dessen Investitionszielen erstellt.

Neben den Eigenschaften des Grundstücks und des Gebäudes müssen zusätzlich die bestehenden Rechtsverhältnisse und die Wirtschaftlichkeit analysiert werden. Zu den zu berücksichtigenden Rechtsverhältnissen gehören u. a. vorhandene Miet- und Pachtverhältnisse, Kündigungsmöglichkeiten und -fristen, Belastungen in Abt. II des Grundbuches, bestehende Baulasten sowie bauplanungsrechtliche Vorgaben.

Zur Wirtschaftlichkeit gehören u. a. Eigenkapitalrentabilität, Analyse der Nachhaltigkeit der Erträge und steuerliche Gestaltungsmöglichkeiten.

Checkliste für die Analyse eines Wohnobjektes (z. B. Eigentumswohnung)

Lage/Infrastruktur

- Ort (zentral, dezentral, städtisch, ländlich)
- Besonnung/Ausrichtung/Aussicht
- Umgebungsgestaltung
- Immissionen (von Industrie, Verkehr)
- Altlasten auf dem Grundstück
- Erschließung des Grundstücks (Kanalisation, Elektrizität, Wasser)
- Sicherheit
- Demografie (Altersstruktur, Sprachen der Bevölkerung)
- Einkaufsmöglichkeiten (Post, Banken usw.)
- Angebot an Schulen/Kindergärten
- Verkehrserschließung (öffentliche Verkehrsmittel)
- Arbeitsweg (Dauer, Staugefahr)
- Schulweg (Sicherheit)
- Freizeitangebot (Kultur, Sport)

Konstruktion

- Haustyp (Einfamilienhaus, Reihenhaus usw.)
- Größe, Wohn- und Nutzfläche, Anzahl der Geschosse
- Ästhetik des Objektes
- Alter des Objektes/Sanierungsbedarf
- Bauqualität
- Möglichkeit nachträglicher Um- und Ausbauten
- Außenmauern (Risse, Wasserschäden)
- Isolation (Energieverbrauch)
- Haustechnik (Lüftung, elektrische Installationen)
- Heizungstyp (Bodenheizung, Zentralheizung)
- Lärmdämmung (Trennwände, Fenster, Böden)
- Fensterflächen (Lichtverhältnisse)
- Lift
- Barrierefreiheit

Innenausbau

- Anzahl und Art der Räume
- Bodenbeläge (Material/Qualität)
- Wandbeläge (Tapeten, Verputz, Kacheln)
- Schließanlagen
- Einbauschränke
- Ausstattung der Küche
- Beleuchtung/Lichtverhältnisse
- Bad-/Dusche-/WC-Ausstattung (Dusche, Badewanne usw.)
- TV-/Radio-Anschlüsse (Anzahl/Anordnung)
- Steckdosen (Art/Anzahl/Anordnung)
- Telefonanschlüsse (Art/Anzahl/Anordnung)

3 Was ist Marketing?

Marketing ist eine unternehmerische Denkhaltung, die den Kunden in den Fokus rückt und vom Unternehmer die konsequente Ausrichtung der gesamten Unternehmung an die Bedürfnisse des Marktes abverlangt, um sich Märkte zu schaffen, zu vergrößern oder zu erhalten.

Schon längst ist Marketing sehr viel mehr als nur Werbung, obgleich diese gerade in der Immobilienwirtschaft einen großen Teil ausmacht. Aber wo genau fängt Marketing an und wo hört es auf?

Unternehmen bedienen sich verschiedener **Marketinginstrumente**, zunächst auf einer „Forschungsebene“, die der internen und externen Informationsgewinnung dient (Marktforschung) und anschließend auf einer „ausführenden Ebene“ (absatzpolitisches Instrumentarium).

Das absatzpolitische Instrumentarium setzt sich aus vier Bereichen zusammen, der Produktpolitik, der Kontrahierungspolitik, der Distributions- und der Kommunikationspolitik (einschließlich Öffentlichkeitsarbeit und Werbung). Jetzt wird klar, dass zum Marketing natürlich auch die Werbung gehört, aber eben nur als ein Teilbereich. Setzt man mehrere absatzpolitische Instrumente in einer geeigneten Kombination ein, spricht man von einem **Marketing-Mix**.

Ziel eines jeden Unternehmens ist es, sich durch gelungenes **Marketing-Management** (Planung, Durchführung, Organisation und Kontrolle) einen festen Markt zu schaffen und zu erhalten, da nur so Erlöse zu erzielen sind, die Gewinne ermöglichen. In den letzten Jahrzehnten wandelte sich die Nachfrage vom Verkäufermarkt zum Käufermarkt.

Daher hat der Absatz für die meisten Unternehmen in der heutigen Zeit eine zentrale Bedeutung, denn viele von ihnen befinden sich mit ihren Angeboten auf hart umkämpften Käufermärkten. Dies betrifft auch viele Immobilienunternehmen.

Der **Käufermarkt** ist durch eine knappe Nachfrage gekennzeichnet, der ein großes Angebot gegenübersteht. Art, Qualität und Anzahl der Produkte und Dienstleistungen sind von den Bedürfnissen der Nachfrager abhängig.

Der **Verkäufermarkt** ist durch ein knappes Angebot gekennzeichnet, dem eine sehr große Nachfrage gegenübersteht. Der Verkäufer bestimmt, in welcher Art, Menge und Qualität die Produkte auf den Markt kommen.

Der Immobilienmarkt war insbesondere in der Nachkriegszeit ein Verkäufermarkt. Es bestand ein großer Mangel an Immobilien, sodass sie sich quasi „von allein“ verkaufen oder vermieten ließen. Heute ist es überwiegend umgekehrt, das Angebot ist oft deutlich höher als die Nachfrage. Zudem hat sich die Zahl der Anbieter von Immobilienvermittlungen, die miteinander im Wettbewerb um Kunden und Marktanteile stehen, beträchtlich erhöht.

Daher ist auch im Immobilienbereich das Marketing von großer Bedeutung. Es geht darum, Informationen zu sammeln – der Markt und die Bedürfnisse möglicher Kunden müssen erkundet werden – und daraus die nötigen Maßnahmen mithilfe der absatzpolitischen Instrumente abzuleiten.

Der Immobilienmarkt unterscheidet sich allerdings von anderen Märkten durch einige Besonderheiten:

- Immobilien sind, wie der Name schon sagt, unbeweglich, die Ware kommt also nicht zum Kunden, sondern umgekehrt.
- Immobilien sind sehr individuell, sie werden nicht wie Industrieprodukte in großer Stückzahl hergestellt, sondern unterscheiden sich auch bei gleicher Größe und Ausstattung z. B. durch die Lage, Aussicht und Umgebung.
- Sie zu produzieren bzw. zu bauen ist langwierig, Investitionen fließen also nur langsam zurück.

Am Immobilienmarkt sind viele Gruppen mit unterschiedlichen Interessen beteiligt, ob als Makler, Bauherren, Baufirmen etc. Trotz unterschiedlicher Interessen dieser Gruppen bleibt ihnen gemeinsam, dass sie, um erfolgreich am Markt bestehen zu können, Informationen brauchen und auf dieser Basis absatzpolitische Maßnahmen ergreifen.

3.1 Marketingkonzeptionen

Erfolgreiches Marketing beginnt nach der Analyse des Ist-Zustands durch eine interne (Unternehmensanalyse) und eine externe Analyse (Umfeldanalyse), immer mit der klaren Formulierung von Zielen. Denn nur wenn die Ziele klar gesetzt sind, kann auch ein Weg festgelegt werden, wie diese Ziele zu erreichen sind (Marketing-Strategie). Steht auch der Weg fest, müssen die Werkzeuge ausgewählt werden, die eingesetzt werden sollen, um das Ziel zu erreichen (Marketing-Mix).

Marketing	Wo möchten wir hin?	Ziele festlegen
Marketing	Wie gelangen wir ans Ziel?	Weg festlegen
Marketing	Was müssen wir dafür einsetzen?	Werkzeuge/Instrumente auswählen

Das oberste **Ziel des Marketings** ist in der Regel die Umsatzsteigerung. In Zeiten wirtschaftlicher Rezession könnten aber auch andere Ziele verfolgt werden.

Beispiele für mögliche Zielsetzungen eines Wohnungsunternehmens:
- die Auslastung der zu vermietenden Immobilien auf dem bisherigen Niveau halten
- einen geringeren Leerstand als die Mitbewerber erzielen

Um das oberste Ziel zu erreichen, werden verschiedene **Unterziele** gesetzt. Folgende Unterziele sind denkbar und dienen langfristig der Umsatz- bzw. Gewinnsteigerung:
- Mieterzufriedenheit erhöhen
- Mieterbindung erhöhen
- neue Mieter gewinnen
- Ausweitung der Marktanteile, Verringerung des Leerstands
- Mitbewerber unter Druck setzen
- Marktnischen absichern
- neue Märkte schaffen
- Unternehmensimage verbessern
- Präsenz im öffentlichen Bewusstsein sichern

Nach der Festlegung der Marketing-Ziele durch die Geschäftsleitung erfolgt die Auswahl der einzelnen Marketinginstrumente. Die optimale Kombination einzelner Marketingmaßnahmen zu einem aufeinander abgestimmten und sich gegenseitig unterstützenden Maßnahmenbündel wird als **Marketing-Mix** bezeichnet.

Der Marketing-Mix wird von verschiedenen Faktoren beeinflusst:
- Unternehmensziele (z. B. Qualitätsführerschaft, Ökologie)
- Marktverhältnisse (z. B. Konkurrenz, wirtschaftliche Stellung der Kunden, Käufer bzw. Mieter)
- Unternehmenssituation (z. B. Liquidität, Gewinnsituation)
- allgemeine Rahmenbedingungen (z. B. Konjunktur)

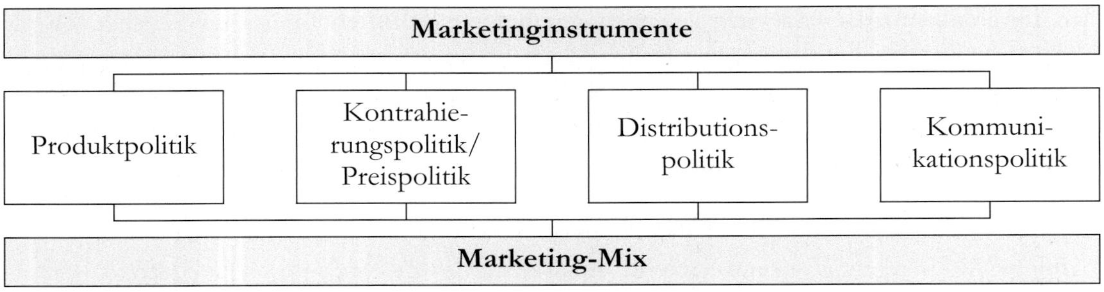

3.2 Marktforschung

Im Rahmen der Konzeption einer Marketingstrategie muss das Immobilienunternehmen bestens über Marktveränderungen informiert sein, wenn es seine Absatzchancen und seine Entwicklungsmöglichkeiten richtig einschätzen möchte.

Beispiel:
Der Leiter eines Maklerbüros erhält das Angebot, exklusiv die Bauten einer Neubausiedlung am Stadtrand zu vermitteln. Sein Büro betreut bereits eine vergleichbare Siedlung in der Nachbarstadt. Bevor er sich entscheidet, beauftragt er seine Mitarbeiter mit einer Erforschung des Marktes.

Um fundierte Entscheidungen treffen zu können, braucht ein Unternehmen Informationen, die es durch die Marktforschung erhält. Auf diese Weise kann es die Wünsche und Bedürfnisse der Zielgruppen in Erfahrung bringen. Je besser eine Immobilie diese Wünsche erfüllt, desto leichter kann sie vermittelt oder verkauft werden.

Beispiel:
Eine klassische Problematik, mit der sich Immobilienunternehmen im Rahmen der Marktforschung beschäftigen könnten, ist die des demografischen Wandels. Die Altersstruktur der Bewohner einer Kleinstadt wird sich in Zukunft verändern. Es ist zu erwarten, dass mehr ältere Menschen hier leben werden, dafür weniger Kleinfamilien und Singles. Dies wird Auswirkungen auf die Nachfrage auf dem Wohnungsmarkt haben. Altersgerechte Wohnungen werden zukünftig stärker gefragt sein als bisher. Das Maklerbüro Müller & Partner sieht in diesem Bereich ein möglicherweise lukratives Marktsegment, das es bisher nur wenig wahrgenommen hat, und recherchiert daher die Prognosen in den amtlichen Statistiken.

Die Marktforschung ist eines der wichtigsten Werkzeuge des Marketings. Sie sichert die planmäßige und gezielte Beschaffung, Aufbereitung und Analyse von Informationen über relevante Absatz- und Beschaffungsmärkte sowie über das Unternehmensumfeld. Im Gegensatz dazu handelt es sich bei der Markterkundung um eine spontane, eher unsystematische und unregelmäßige Ermittlung von Informationen.

Die Informationen aus der Marktforschung werden benötigt, um
- Marktchancen zu erkennen,
- Chancen und Risiken frühzeitig aufzudecken,
- Daten über das Marktvolumen, die Marktbarrieren und die Markttreiber zu erhalten,
- die eigene Planungssicherheit zu erhöhen,
- weitere Abteilungen des Unternehmens, wie z. B. Controlling und Vertrieb, mit Entscheidungshilfen zu versorgen sowie
- den Erfolg der eigenen Marketingmaßnahmen zu überprüfen.

3.2.1 Bedarfs-, Konkurrenz- und Absatzforschung

Untersucht man gezielt den Nachfrager mit seinen Wünschen, spricht man von **Bedarfsforschung**. Stehen die Wettbewerber mit ihren Vorgehensweisen im Vordergrund, handelt es sich um **Konkurrenzforschung**. Will man die Wirkung der eigenen absatzpolitischen Instrumente auf dem Markt untersuchen, so ist man im Bereich der **Absatzforschung** tätig.

Bedarfsforschung	Konkurrenzforschung	Absatzforschung
Anzahl der möglichen Kunden	Anzahl und Größe der Wettbewerber	Bekanntheitsgrad der eigenen Produkte
Kaufkraft der bisherigen und der potenziellen Kunden	Marktanteil der Konkurrenten	Verbreitungsgrad des eigenen Angebots
Konsumverhalten Intensität des Bedarfs	Verhalten der Konkurrenten (Werbung, Absatzmethoden, Preis- und Produktpolitik)	Wie weit passen die eigenen Angebote zu den Bedürfnissen des Marktes/der Kunden?

3.2.2 Marktbeobachtung, Marktanalyse und Marktprognose

Bei der Informationsbeschaffung kann es sinnvoll sein, zwischen einer kurzfristigen und einer langfristigen Datenerhebung zu unterscheiden. Wird Marktforschung mit dem Ziel betrieben, über Entwicklungen und Veränderungen auf den Märkten ständig unterrichtet zu sein (Datenerhebung über einen längeren Zeitraum), spricht man von **Marktbeobachtung**. Wird die zukünftige Marktentwicklung eingeschätzt, spricht man von **Marktprognose**.

Beispiel:
Der Immobilienverband Deutschland beauftragt das Marktforschungsinstitut forsa, um bei den Bundesbürgern zu erfragen, inwieweit sie die Anschaffung von Immobilien als Altersvorsorge oder Schutz gegen Inflation sehen und ob der Staat den Kauf einer selbstgenutzten Immobilie fördern sollte.

Sollen Marktdaten dagegen zu einem bestimmten Stichtag erhoben werden (einmalige Datenerhebung), handelt es sich um eine **Marktanalyse**. In der Praxis gehen Marktanalyse und Marktbeobachtung meist ineinander über, da ein Unternehmen für seine Entscheidungen sowohl an langfristigen Entwicklungen als auch an aktuellen Informationen interessiert ist. Zudem lassen sich meist nur durch eine Kombination der beiden Forschungsmethoden zuverlässige Markt- und Absatzprognosen erstellen, die in die Marketingplanung eingehen.

Marktbeobachtung	Marktanalyse	Marktprognose
beobachtet die Entwicklung eines Marktes im Zeitablauf	ermittelt die Marktstruktur zu einem bestimmten Stichtag	versucht auf der Basis von Marktbeobachtungen und Marktanalysen, die zukünftige Marktsituation einzuschätzen

3.2.3 Methoden der Marktforschung

Bei allen Marktforschungsaktivitäten stellt sich die Frage, auf welche Weise die Marktdaten beschafft werden können. Greift ein Unternehmen auf bereits vorhandene Daten zurück, spricht man von **Sekundärforschung** (auch Schreibtischforschung oder desk research genannt).

Für die Sekundärforschung kann auf betriebseigene oder auf externe Informationsquellen zurückgegriffen werden. Für die Immobilienwirtschaft sind u. a. folgende Quellen von Bedeutung:

Interne Informationsquellen	Externe Informationsquellen
• Umsatzstatistik • Absatzstatistik • Kundendatenbank • Außendienstberichte	• Publikationen von Verbänden (z. B. IVD) • Veröffentlichungen aus Gutachterausschüssen • Fachzeitschriften • Statistische Ämter (z. B. Bundesamt/Gemeindeämter) • Berufs- und Wirtschaftsverbände • Internationale Institutionen (z. B. UN, EFTA, WTO, OECD)

Die Sekundärforschung ist kostengünstig und schnell realisierbar. Zudem sind keine methodischen Kenntnisse notwendig, um die Daten zu erheben. Häufig handelt es sich auch um Daten, die nur sekundär ermittelt werden können (Zahlenmaterial).

Allerdings sind die gewonnenen Daten häufig nicht aktuell, zu wenig speziell und damit auch weniger aussagekräftig. Zudem sollte man sich bei der Nutzung bewusst sein, dass auch die Mitbewerber Kenntnis über diese Daten haben können.

Sollen jedoch aktuelle und bisher nicht bekannte Daten beschafft werden, müssen sie vom Unternehmen selbst oder von einem Marktforschungsinstitut speziell erhoben werden. In diesem Fall wird von einer **Primärerhebung** (auch Feldforschung oder field research genannt) gesprochen.

Im Rahmen einer Primärerhebung muss zunächst eine geeignete Erhebungsmethode bestimmt werden. Das wohl wichtigste Instrument der Marktanalyse sind **Befragungen**. Sie werden schriftlich anhand von Fragebogen, telefonisch oder per Internet durchgeführt oder sie erfolgen als mündliches Interview.

Beispiel:
- Ein Bauträger plant die Errichtung von preiswerten Reihenhäusern und erfragt bei möglichen Interessenten die Wichtigkeit bestimmter Ausstattungsmerkmale.
- Das Berliner Bezirksamt Marzahn-Hellersdorf gibt eine Befragung in Auftrag, bei der die Bewohner die Lebensqualität in ihrem Wohnbezirk beurteilen sollen.

Eine weitere Erhebungsart der Primärforschung ist die **Beobachtung**. Hier werden Verhaltensweisen von Personen oder objektbezogene Sachverhalte systematisch erfasst und ausgewertet. Für die Immobilienwirtschaft spielt diese Erhebungsart eine eher untergeordnete Rolle.

Tests sind eine Kombination aus einer Versuchsanordnung und einer Befragung oder einer Beobachtung. Im Bereich der Konsumgütermarktforschung findet diese Erhebungsart häufig Anwendung.

Als Erhebungsmethode für fortlaufende Marktbeobachtungen wird das **Panel** eingesetzt. Hierbei wird ein gleichbleibender (abgegrenzter) Personenkreis über einen längeren Zeitraum immer wieder befragt. Durch das Panel ist also eine Änderung von Einstellungen und/oder Verhaltensweisen der beteiligten Personen erkennbar.

Die Primärforschung bietet den Vorteil, dass ihre Ergebnisse genau, spezifisch und aktuell sind. Allerdings ist sie auch zeitaufwendig und kostenintensiv.

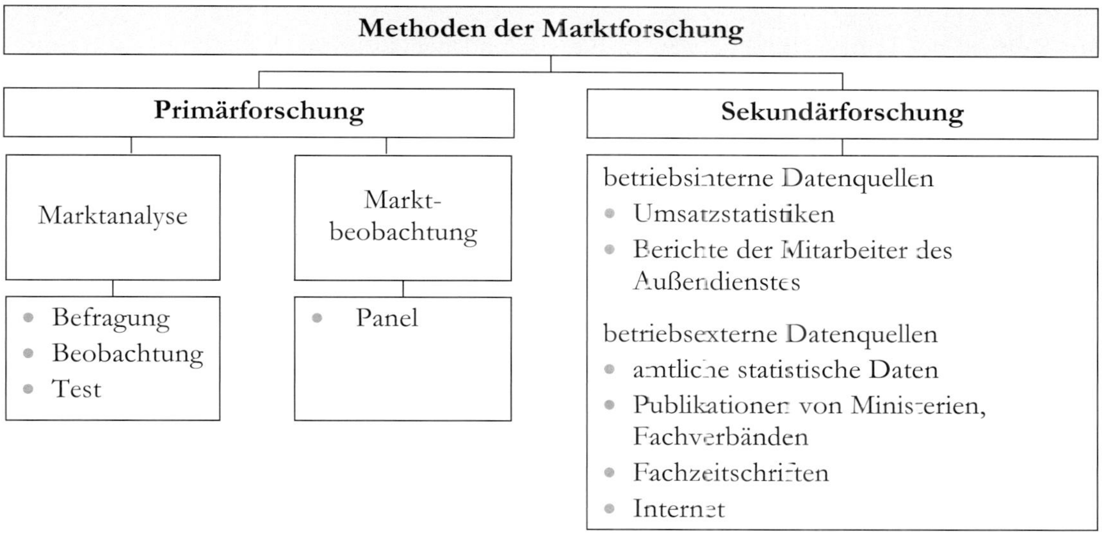

Bei der Erhebung von Daten wird zwischen **qualitativer und quantitativer Marktforschung** unterschieden.

	Was wird gemessen?	**Welche Erhebungsverfahren sind unter anderem möglich?**
quantitativ	zählbare, numerische Eigenschaften	Befragung, Beobachtung, Tests
qualitativ	Motive für Verhaltensweisen, Erwartungen, Einstellungen	Befragung, Tests, Gruppendiskussionen, Interviews, Tagebuch

Wichtige **Gütekriterien** für die Gewährleistung der Qualität der Erhebungsmethoden sind die Schlüsselbegriffe Reliabilität, Validität und Objektivität.

Reliabilität	**Zuverlässigkeit:** Wird bei wiederholter Messung unter gleichen Bedingungen das gleiche Ergebnis erzielt?
Validität	**Gültigkeit:** Wird das Untersuchungsziel erfüllt?
Objektivität	**Unabhängigkeit:** Würde bei der Durchführung durch eine andere Person das gleiche Ergebnis erzielt werden?

3.3 Analyse der Marktsituation

Um Marketing-Ziele formulieren zu können, eine Strategie daraus zu entwickeln und anschließend konkrete Maßnahmen zu planen, muss die Situation des Immobilienunternehmens in seiner Gesamtheit analysiert werden.

3.3.1 Potenzialanalyse

Im Rahmen der Potenzialanalyse werden die vorhandenen Ressourcen des Immobilienunternehmens analysiert, um Wettbewerbsvor- bzw. -nachteile herauszufiltern. Mögliche Bewertungskriterien können sein:

- Image
- Kapitalausstattung
- Mitarbeiter (Anzahl, Qualität)
- Marktanteile
- Anzahl der Mieter/Käufer/Auftraggeber
- Mietobjekte/Verkaufsobjekte (Anzahl, Qualität)
- regionaler Tätigkeitsbereich

3.3.2 Konkurrenzanalyse

Im Anschluss erfolgt nun, sofern dies möglich ist, eine Konkurrenzanalyse. Hier sollten die gleichen Bewertungskriterien zum Einsatz kommen, die zuvor im Rahmen der Potenzialanalyse des eigenen Unternehmens genutzt worden sind. Anhand der Kriterien werden nun die Konkurrenten analysiert. Ziel ist es, eine Vergleichbarkeit der Unternehmen zu erhalten.

3.3.3 Marktanalyse

Marktsituation

Die Marktsituation beschreiben insbesondere folgende Größen, die auf einem Markt erzielt werden können.

Begriff	Marketingfragestellung	Beispiel
Marktpotenzial	Wie viele Einheiten einer Ware könnten auf dem Markt maximal abgesetzt werden, wenn alle denkbaren Kunden zum Kauf der Ware bereit wären?	Anzahl möglicher Hauskäufer bzw. Familien, die sich im Umkreis ansiedeln
Marktvolumen	Wie viele Güter einer bestimmten Art werden innerhalb einer Periode in einem Markt tatsächlich verkauft?	Gesamtanzahl tatsächlicher Käufer von Einfamilienhäusern
Absatzpotenzial	Welchen Anteil an einem Marktpotenzial glaubt ein Unternehmen insgesamt erreichen zu können?	Das Maklerbüro könnte aus allen möglichen Hauskäufern in dieser Gegend eine ausreichende Anzahl von Interessenten für eine Ansiedlung in genau dieser Siedlung gewinnen.
Marktanteil	Wie groß ist der prozentuale Anteil am Marktvolumen, den ein Unternehmen in einer Periode hat?	Damit stiege der Marktanteil des Maklerbüros in diesem Landkreis auf 12 %.

Lieferanten- und Kooperationspartner
Viele Unternehmen stehen vor „Make-or-buy"-Entscheidungen, welche sich mit der Frage des Outsourcings beschäftigen. Häufig ist dies nötig, um Ressourcen zu bündeln, Kosten zu sparen und konkurrenzfähig zu bleiben. Insbesondere die Inanspruchnahme von Facility-Dienstleistungen ist in der Immobilienwirtschaft gängig. Die Überprüfung der Qualität der Kooperationspartner (Makler etc.) sollte in diesem Kontext nicht ausbleiben.

Kunden
Ein erheblicher Teil der Marktanalyse obliegt der Betrachtung der Kunden. Hier werden bestehende, aber auch potenzielle Kunden betrachtet, wie z. B.
- Anzahl
- Vorlieben
- Wechselbereitschaft/Fluktuation

3.3.4 Umfeldanalyse

Das allgemeine Umfeld wird auf verschiedene Einflussfaktoren untersucht.

Bereich	Untersuchungsgegenstand	Beispiele für Auswirkungen
technologisches Umfeld	neue Technologien	kein Einfluss auf Immobilienwirtschaft
rechtliche Rahmenbedingungen	geltende und zu erwartende Rechtsordnungen	Mieterrechte/Vermieterrechte, steuerliche Bedingungen führen zu Verhaltensänderungen
wirtschaftliche Rahmenbedingungen	Wirtschaftsstruktur, Konjunktur, Arbeitslosenquote, Einkommensentwicklung, Preisniveau	Konjunkturhoch ➔ Grundstücksverkäufe können steigen, höhere Mieten können erzielt werden; Zinsentwicklungen beeinflussen das Kaufverhalten
demografische Rahmenbedingungen	Haushaltsgröße, Altersstruktur	Bedarf Wohnungsgröße, Bedarf an seniorengerechten Wohnungen steigt
gesellschaftliche Trends	Wertewandel	ökologisches Bewusstsein ➔ Umrüstung von Heizungsanlagen

3.3.5 SWOT-Analyse

Abgleitet aus einer Stärken-Schwächen-Analyse (interne Betrachtung), die die Potenzialanalyse mit der Konkurrenzanalyse zusammenführt sowie einer Chancen-Risiken-Analyse (externe Betrachtung), die die Markt- und Umfeld-Analyse in Beziehung zueinander setzt, entsteht die SWOT-Analyse. Hier fließen alle Informationen zusammen und bilden so die Gesamtsituation ab.

3.4 Absatzpolitische Instrumente

Den zweiten großen Teilbereich des Marketings neben der Marktforschung bilden die absatzpolitischen Instrumente. Die Anwendung dieser Instrumente ergibt den Marketing-Mix eines Unternehmens, mit dessen Hilfe es sich am Markt bewähren kann.

3.4.1 Produktpolitik

Die Produktpolitik umfasst alle Entscheidungen darüber, welche Arten von Produkten und Dienstleistungen dem Kunden angeboten werden sollen und stellt somit die Basis für den Erfolg eines Unternehmens dar. Bei der Gestaltung eines Produktes steht immer der Produktnutzen im Vordergrund.

Ein Unternehmen der Immobilienbranche kann sich dazu entscheiden, eine möglichst breite Palette an Produkten und Dienstleistungen anzubieten, z. B. Vermietung und Verkauf von Gewerbe- und Wohnimmobilien aller Art, Maklergeschäft, Wohnungsverwaltung usw. Ein solches Unternehmen könnte auf die unterschiedlichsten Kundenwünsche mit einem Angebot reagieren.

Der Vorteil einer solch breiten Produktpalette wäre für das Unternehmen, dass es die Auswirkungen von Marktschwankungen in einzelnen Marktsegmenten unter Umständen weniger zu spüren bekommt. Andererseits würde es diesem Unternehmen schwerfallen, gezielt bestimmte Kundengruppen für sich zu gewinnen, weil es an einem eindeutigen Unternehmensprofil fehlt. Bei einer weniger breiten, dafür aber tieferen Produktpalette ist davon auszugehen, dass Kunden dem Unternehmen eher Spezialkenntnisse zutrauen.

Häufiger ist daher die Spezialisierung auf bestimmte Produkte oder Produktgruppen anzutreffen, in denen ein Unternehmen besondere Kompetenzen entwickelt, z. B. eine Spezialisierung auf Bürogebäude, Ferienwohnungen oder Einkaufszentren.

Modische Erscheinungen, veränderte Einstellungen, Einkommensverhältnisse und anderes mehr bewirken, dass sich die Bedarfsstruktur und somit die Güternachfrage verändern. Auf diese Nachfrageverschiebung müssen die Anbieter und Vermittler von Immobilien mit ihrem Angebot reagieren, wollen sie weiter am Markt erfolgreich sein. Ein fehlender Balkon oder Stellplatz kann heute einen Interessenten leichter abschrecken als früher.

Beispiel:
Das Maklerbüro Hoffmann war lange Zeit auf die Vermietung von Sozialwohnungen spezialisiert, hat aber inzwischen erfolgreich auch die Vermittlung von Eigentumswohnungen in die Produktpalette aufgenommen. Es ist also eine produktpolitische Entscheidung, das Angebotsportfolio breit oder tief zu gestalten.

Im Rahmen der Produktpolitik gibt es verschiedene Analyseinstrumente. Eines der wichtigsten ist der Produktlebenszyklus, der immer betrachtet werden sollte. Dieser gilt für jedes Produkt, unabhängig davon, ob es sich um einen Pkw, eine Tiefkühlpizza oder eine Immobilie handelt.

Das Modell beschreibt die Phasen der Marktpräsenz eines Produktes. Abgebildet werden können der idealtypische Absatz, Umsatz und die Gewinnentwicklung eines Produktes, einer Produktgruppe oder einer ganzen Branche.

Phase	Prozesse	Kunden	Umsatz	Gewinn	Beispielprozesse Immobilienbranche
Forschung und Entwicklung	Marktforschung, Produktentwicklung, Test	–	–	–	**Planung/Entwicklung:** Projektkonzeption, Grobplanung, Wirtschaftlichkeitsbetrachtung
Einführung (Bekanntheit schaffen)	Grundprodukt, Penetrations- (niedriger Einführungspreis) oder Skimmingstrategie (hoher Einführungspreis), Vertriebsnetz selektiv aufbauen, starke Kommunikationsaktivitäten	Innovatoren	gering	negativ	**Realisierung:** Detailplanung, Übernahme durch den Nutzer
Wachstum (Marktanteile gewinnen)	Produktvariation, Produktdifferenzierung, Zusatzleistungen, Preissenkungen, Vertriebsnetz ausbauen, weiterhin starke Werbeaktivitäten	Frühadopter	steigend	steigend	
Reife (Gewinn maximieren, Marktanteile sichern)	evtl. weitere Variationen und Differenzierungen, Preis stabilisieren, Vertriebsnetz weiter ausbauen, Herausstellung von Besonderheiten, Markenwerbung	frühe Mitte	Maximum	hoch	**Nutzung:** Facility Management, Gebäudemanagement, Umnutzung, Umbau, Erneuerung
Sättigung (Gewinne abschöpfen, Marktanteile stabilisieren)	keine Produktveränderungen, Tendenz zu Preissenkung, Vertriebsnetz optimieren, Erinnerungs- und Erhaltungswerbung, Werbeetat reduzieren	späte Mitte	sinkend	hoch	
Rückgang (Ausschöpfung Gewinnpotenzial, Kosten senken)	keine Produktveränderungen, absatzschwache Produkte eliminieren, Preise senken, Vertriebsnetz ausdünnen, geringe Kommunikationsaktivitäten	Nachzügler	stark sinkend	sinkend	**Verwertung** Verkauf, Abriss, neue Projektentwicklung

Grundsätzlich werden im Rahmen der Produktpolitik alle Entscheidungen getroffen, die das Angebot des Immobilienunternehmens betreffen. Dies beinhaltet insbesondere die Qualität und Gestaltung der angebotenen Räumlichkeiten sowie das Serviceangebot rund um die Immobilie.

Es gibt also verschiedene **Lösungsstrategien für die Produktentwicklung**. Die wichtigsten sollen hier kurz vorgestellt werden.

Bei der **Produktvariation** werden bestimmte Eigenschaften (Image, Design, Nutzen, Verpackung) eines Produktes abgeändert. Das jeweils ursprüngliche Produkt wird ersetzt.

Die **Produktinnovation** hingegen führt zu einer Programmerweiterung. Es wird ein neues Produkt in das Produktportfolio aufgenommen.

Wenn zusätzliche Varianten eines bereits auf dem Markt vorhandenen Produktes angeboten werden, so nennt man dies **Produktdifferenzierung** (neue Farben, Packungsgrößen).
Werden neue Produkte neuen Käufergruppen (Märkten) angeboten, um Wachstumsmöglichkeiten auszuschöpfen, dann wird dies als **Produktdiversifikation** bezeichnet.

Nimmt man ein Produkt oder die ganze Produktlinie vom Markt, spricht man von **Produkteliminierung**. Bevor ein unrentables Produkt aus dem Programm genommen wird, sollte geprüft werden, ob dies aus Prestige- oder Imagegründen auch zu empfehlen ist.

3.4.2 Kontrahierungspolitik/Preispolitik

Das Ziel aller preispolitischen Maßnahmen ist es, den eigenen Absatz zu erhöhen. Rabatte oder kostenlose Zusatzleistungen sollen dem möglichen Kunden einen weiteren Kaufanreiz bieten. Im Zusammenspiel mit der Produkt- und Kommunikationspolitik und mit dem eigenen Profil entscheidet das Immobilienunternehmen, ob es im Hochpreis- bzw. Luxussegment arbeitet oder eher im mittleren oder günstigen Preisniveau.

Die Preise werden in einer Kombination aus den tatsächlichen Kosten und den am Markt erzielbaren Preisen kalkuliert. Bei Mietwohnungen ist der „Preis", also die Miethöhe, zudem an die gesetzlichen Vorschriften gebunden (BGB § 535, 556–561).

Im konkreten Fall stehen dem Immobilienunternehmen zahlreiche Mittel der Preisgestaltung zur Verfügung, z. B.:
- Vermittlung günstiger Finanzierung
- kostenlose Ausstattungsmerkmale
- Hilfe bei Vermietungen
- kurz- oder langfristige Zahlungsziele
- Zahlungsmodalitäten (Turnus etc.)
- Vorfinanzierungen
- kostenlose Serviceleistungen
- Provisionspolitik

Solche „kostenlosen" Angebote verursachen dem Unternehmen letztlich trotzdem Kosten, die bei der Preiskalkulation bedacht werden müssen.

Je nachdem, woran sich ein Unternehmen orientiert, unterscheidet man folgende Faktoren der Preisgestaltung:

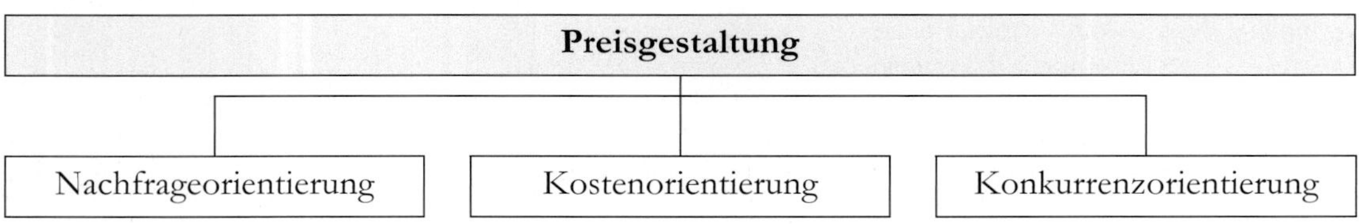

3.4.2.1 Preisgestaltung

Nachfrageorientierte Preisgestaltung
Auf Käufermärkten spielen sich die Preise am Markt ein. Das Unternehmen und die Kunden „handeln" ihre Preisvorstellungen im Zeitablauf mehr oder weniger bewusst aus. Durch Marktforschung wird ermittelt, welchen Preis jemand bereit ist, für ein Produkt (ein Haus, eine Wohnung, eine Gewerbefläche) zu zahlen. Der Preis wird damit nicht kalkuliert, sondern vom Markt vorgegeben. Die Preisbildung folgt dem Prinzip „vom Markt in das Unternehmen hinein" (from market to company).

Die nachfrageorientierte Preisbildung führt insbesondere auf Käufermärkten zu deutlich marktgerechteren Preisen. Zumeist bilden sich Preise als Reaktionen auf Preisänderungen (Preiselastizität) oder als Absicherung von Preisobergrenzen. Der vom Markt vorgegebene Preis wird jedoch stets auf einen noch vorhandenen **Deckungsbeitrag** überprüft. Dieser Betrag steht zur Deckung der fixen Kosten zur Verfügung. Sind alle Kosten abgedeckt, trägt der darüber hinausgehende Deckungsbeitrag zum Gewinn bei.

Deckungsbeitrag = Barverkaufspreis – variable Kosten

Sollten die Kunden hohe Preise aufgrund eines attraktiven Zusatznutzens (z. B. Tiefgaragenstellplatz) akzeptieren, so kann ein Immobilienunternehmen deutlich höhere Preise als die nach Kosten kalkulierten Barverkaufspreise realisieren. In diesen Fällen unterstützen die deckungsbeitragsstarken Produkte diejenigen, die zu einem eher niedrigen Preis angeboten werden **(kalkulatorischer Ausgleich)**.

Ein Produkt oder eine Dienstleistung muss langfristig jedoch zwingend zu einem Preis verkauft werden, der einen Beitrag zur Fixkostendeckung leistet. Werden auf Dauer nicht alle Kosten gedeckt, dann macht das Immobilienunternehmen Verlust.

Kostenorientierte Preisgestaltung
Die kostenorientierte Preisgestaltung geht vom Unternehmen aus und basiert auf den anfallenden Kosten. Durch Zuschlagskalkulation wird der Verkaufspreis (Angebotspreis) ermittelt. Diese Preisbildung folgt dem Prinzip „aus dem Unternehmen heraus in den Markt hinein" (from company to market).

Die kostenorientierte Preisfindung ermittelt unabhängig vom Markt, welchen Preis das Unternehmen für ein Produkt dauerhaft erzielen müsste, um tragfähig zu sein. Wichtig in der kostenorientierten Preisfindung ist der Break-even-Point. Dieser gibt die Gewinnschwelle an, bei der der Gesamtdeckungsbeitrag alle Fixkosten deckt und ab dem das Produkt Gewinn erwirtschaftet.[2]

Diese Art der Preisbildung ist allerdings oft mit erheblichen Problemen verbunden. Der auf Kostenbasis kalkulierte Preis lässt sich häufig am Markt nicht durchsetzen **(marktferne Preise)**. Möglicherweise sind die Kunden aber auch bereit, weit mehr als den auf Kostenbasis ermittelten Miet- oder Kaufpreis zu zahlen. In diesem Fall würde die Zahlungsbereitschaft nicht ausgeschöpft.

Sollten Konkurrenzprodukte dauerhaft zu deutlich niedrigeren Preisen als dem kostenorientiert kalkulierten Preis angeboten werden, so muss das Unternehmen entweder die Kosten senken oder mittelfristig auf neue Angebote und Märkte umschwenken.

[2] Ein ausführliches Beispiel der Immobilienwirtschaft zum Break-even-Point ist im LF 13 (Deckungsbeitragsrechnung als Periodenrechnung) zu finden.

Konkurrenzorientierte Preisgestaltung

Zum Markt eines Unternehmens gehören nicht nur die Kunden, sondern auch die Mitbewerber. Das Prinzip der konkurrenzorientierten Preisbildung entspricht der nachfrageorientierten Preispolitik. Einziger Unterschied ist die Bezugsgruppe: Statt der Kunden ist hier die Konkurrenz Orientierungspunkt für den vom Markt vorgegebenen Preis. Grundprinzip der konkurrenzorientierten Preisbildung: „from market to company".

Löst ein Konkurrent einen Preiskampf aus, indem er die Preise der Mitbewerber unterbietet, ziehen andere Konkurrenten mit noch niedrigeren Preisen nach. Solche Preiskämpfe bedeuten oft das Ausscheiden von Konkurrenten (Marktbereinigung).

Verkaufspreise, die unter den Selbstkosten eines Unternehmens liegen, werden als **Dumpingpreise** bezeichnet. Kurzfristiges Dumping ist nur dann sinnvoll, wenn in naher Zukunft positive wirtschaftliche Entwicklungen (Umsatz- und Gewinnsteigerungen) wahrscheinlich sind.

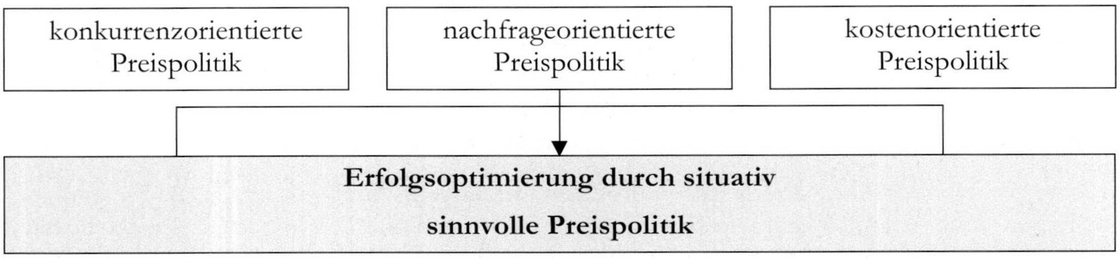

In der Realität werden meist Preise oberhalb dieser Preisgrenzen gewählt. Erst der **Mix aller Preisbildungsvarianten** in Abhängigkeit vom jeweiligen Zeithorizont führt zu einer kaufmännisch sinnvollen Preisbildung und damit zur Erfolgsoptimierung.

3.4.2.2 Preiselastizität der Nachfrage

Die Verkaufsmenge wird durch den Verkaufspreis entscheidend beeinflusst. Gerade in Zeiten knapper Finanzmittel bei Verbrauchern, öffentlichen Haushalten und Unternehmen wird der Preis zu einem zentralen Kaufargument. Bei den meisten Gütern ergibt sich zwischen Menge und Preis folgender Zusammenhang:

> Je höher der Preis eines Gutes ist, desto geringer wird normalerweise die Nachfrage nach diesem Gut sein. Umgekehrt sind bei sinkenden Preisen in der Regel mehr Kunden bereit, das Gut zu kaufen.

Dieser im Normalfall **gegensätzliche Zusammenhang** zwischen **Preis und Absatzmenge** ist allerdings bei jedem Gut unterschiedlich stark ausgeprägt. Die jeweilige Stärke, mit der die Nachfrage (mengenmäßig) auf Preisänderungen reagiert, nennt man Preiselastizität der Nachfrage.

Die Preiselastizität ist ein Indikator dafür, wie empfindlich die Kunden auf Preisänderungen reagieren. Je stärker die Änderung der Nachfrage ausfällt, desto größer ist die Preiselastizität dieses Gutes. Im Extremfall verändert sich die nachgefragte Menge allerdings gar nicht (vollkommen unelastische Nachfrage).

Bei Mietobjekten ist davon auszugehen, dass Erhöhungen des Mietpreises zwar möglicherweise nicht zum Auszug von bestehenden Mietern führen, die Neuvermietung wird hierdurch unter Umständen jedoch bedeutend schwieriger.

3.4.2.3 Preisdifferenzierung

Wenn Unternehmen gleichartige Produkte an verschiedene Kunden(gruppen) systematisch zu verschiedenen Preisen anbieten, ist von Preisdifferenzierung zu sprechen. Mithilfe dieser Strategie sollen unterschiedliche Kundensegmente abgeschöpft werden.

Wichtig hierfür ist, dass zwischen den verschiedenen Preisklassen Barrieren aufgebaut werden. Unterschieden werden folgende Arten der Preisdifferenzierung:
- regional/räumlich (z. B. örtlich)
- kundenbezogen (z. B. Studentenpreise)
- zeitlich (z. B. saisonal)
- sachlich (z. B. Ausstattung)

3.4.3 Distributionspolitik

Die Distributionspolitik befasst sich mit der Frage, wie und durch wen der Kunde die Ware oder Dienstleistung erhält. Alle Maßnahmen, die ein Unternehmen zur Verteilung betrieblicher Leistungen ergreift, werden zur Distributionspolitik gerechnet. Im Immobilienbereich geht es jedoch nicht wie in anderen Branchen darum, eine Ware zu einem Kunden zu bringen, sondern umgekehrt, wie der Kunde zur Immobilie kommt. Dies kann auf direktem oder indirektem Wege geschehen.

Beim **direkten Vertriebsweg** stehen die Mitarbeiter des Immobilienunternehmens in direktem Kontakt zu möglichen Kunden, zu den Anbietern oder Nachfragern von Objekten. Der unmittelbare Kontakt zu Anbietern und Kunden fördert die Kenntnis des Marktes vor Ort und damit die Beratungskompetenz. Dieser Weg eignet sich gut für kleinere Objekte.

Beim **indirekten Vertriebsweg** gibt es zwischen Anbieter (Bauträger, Eigentümer) und dem Kunden eine dritte Instanz, z. B. Anlageberater, Immobilienabteilungen von Banken und Versicherungen, Großvertriebe oder Makler. Auf diesem Wege können mehr potenzielle Kunden erreicht werden, die Vorteile des direkten Kundenkontakts fallen hier jedoch weg.

Zunehmend spielt beim Vertrieb von Immobilien auch das **Internet** eine Rolle. Immobilienunternehmen können hier ihre Angebote relativ günstig und sehr anschaulich (mit Bildern, Stadtplänen etc.) präsentieren.

Das Internet stellt aber nicht nur eine wertvolle Hilfe bei Recherche, Präsentation und Vertrieb für den Makler dar, sondern entwickelt sich auch zu einer Konkurrenz. Seit einigen Jahren werden viele Immobilienobjekte ohne Hinzuziehung eines Maklers auf entsprechenden Internetplattformen vermittelt. Es ist damit zu rechnen, dass sich dieser Trend langfristig noch ausweitet.

Dieser Tatsache müssen sich viele Branchen stellen und darauf reagieren, indem sie dem Kunden einen Mehrwert gegenüber der reinen Vermittlung anbieten. Dies geschieht vor allem durch Sachkompetenz und Service, durch das Eingehen auf individuelle Kundenwünsche, durch zusätzliche Angebote wie Beratung bei Finanzierung, Vermietung, Steuern oder Verwaltung.

3.4.4 Kommunikationspolitik

Mithilfe der Kommunikationspolitik versucht jedes Unternehmen, eine Verbindung zwischen den Anspruchsgruppen und sich selbst herzustellen, um u. a. mit Kunden, Geschäftspartnern und der Öffentlichkeit zu kommunizieren. Das eigentliche Ziel der Kommunikationspolitik ist es, sukzessiv das Verhalten potenzieller Kunden zu beeinflussen.

Die AIDA-Formel
Absatzpolitische Kommunikation möchte aufgrund der hohen Konkurrenz in erster Linie Aufmerksamkeit erregen, um anschließend möglichst eine Kaufhandlung auszulösen. Deshalb nutzt man insbesondere zur Verwirklichung kurzfristiger Kommunikationsziele im Rahmen des Einsatzes von Marketing-Instrumenten ein Grundprinzip moderner Kommunikationspsychologie, das diese Zielsetzung weitgehend unterstützt. Erfolgreiche Kommunikation folgt daher häufig den folgenden vier Stufen:

A	Attention	Aufmerksamkeit erregen
I	Interest	Interesse wecken
D	Desire	Verlangen/Besitzwunsch wecken
A	Action	(Kauf-)Handlung auslösen

Je nach genutztem Kommunikationsweg (Verkaufsförderung oder Werbemittel, wie z. B. Zeitung, Fernsehen, Radio) kommt der vierten Stufe (Action) unterschiedliche Bedeutung zu. Statt einer Kaufhandlung könnte z. B. auch eine Prospektbestellung als Aktion gewünscht sein.

Instrumente der Marketing-Kommunikation
Es gibt diverse Möglichkeiten, die Instrumente der Marketing-Kommunikation zu kategorisieren. Neben der Werbung und der PR sind u. a. Messen und Ausstellungen, Sponsoring, Online-Marketing und Event-Marketing zentrale Begriffe. In der Immobilienwirtschaft finden sich Anzeigen, Inserate, Flyer, aber auch Schaufenster oder Vitrinen. Besonderes Augenmerk ist auf das Maklerexposé zu legen.

3.4.4.1 Das Maklerexposé

Das Exposé ist eines der wichtigsten kommunikationspolitischen Marketing-Instrumente des Maklers und genießt deshalb eine Sonderstellung im Kommunikationsmix der Immobilienwirtschaft. Es fasst die relevanten Informationen über ein Objekt in übersichtlicher und ansprechender Form zusammen und dient dazu, das Interesse eines möglichen Kunden zu wecken und ihm eine Entscheidungsgrundlage an die Hand zu geben.

Zugleich stellt es einen Teil des Erscheinungsbildes des Maklers dar, ebenso wie die eigene Kleidung verrät es etwas über die Sorgfalt und Selbsteinschätzung der Person. Dem Anlass oder dem Objekt entsprechend kann es einfacher oder aufwendiger sein.

Zum Inhalt des Exposés gibt es keine gesetzliche Regelung, doch gelten auch hier die Bestimmungen über das Wettbewerbsrecht des UWG und der Informationspflicht gem. § 11 MaBV.

Funktionen des Exposés
- Mittel zur Herstellung von Markttransparenz
- Angebot zu einem Objekt
- Werbung für das Maklerunternehmen
- Angebot für weitere Dienstleistungen (z. B. Finanzierungsvermittlungen)
- Angebot zum Abschluss eines Maklervertrages
- Nachweistätigkeit des Maklers

Typischer Aufbau eines Exposés

- Deckblatt mit der Bezeichnung der Vertragsgelegenheit
- Name und Anschrift des Maklers
- Beschreibung des Makrostandorts
  - Gemeindegröße, Einwohnerzahl
  - Bevölkerungsstruktur
  - Verkehrsinfrastruktur (Bahnhöfe, Flughäfen)
  - kulturelle Einrichtungen
  - Erholungsmöglichkeiten
- Beschreibung des Mikrostandorts
  - Einkaufsmöglichkeiten
  - Gastronomie
  - Schulen und Kitas
  - Verkehrsanbindungen
  - Parkplätze
  - Ärzte
  - angrenzende Bebauungen
- Objekt- bzw. Vertragsangaben
  - siehe § 11 MaBV
- Anlagen
  - Zeichnungen und Fotos
  - Lagepläne und Stadtkarten
  - Energiepass*
  - Mieterlisten bei Renditeobjekten
  - Wertgutachten u. Ä.

* Seit 2014 besteht die Pflicht, einem Interessenten einen gültigen Energieausweis vorzulegen (spätestens bei Besichtigung der Immobilie). Dies gilt für die Vermietung sowie den Verkauf. In Anzeigen müssen zudem Informationen zum energetischen Zustand der Immobilie vorhanden sein.

Informationen, die ein Exposé u. a. vermitteln sollte

- Anschrift des Objektes (Lage)
- Art des Objektes
- Baujahr
- letzte Sanierung (Zeitpunkt, Umfang)
- Größe der Immobilie (Grundstück, Wohnfläche, Nutzfläche)
- Ausstattung
- Kaufpreis
- Courtagehöhe
- mögliche Besichtigungstermine

Beispiel für ein Exposé (englisch):

Country house on Mallorca near mountains and pine forests
This country house is in a very quiet area near to Sant Joan on a fenced in property of 2800 square meters. There are parking spots for several cars and a terrace of approx. 170 square meters with a pool and pavilion as well as a seat under the stone pines.

Floor space is 145 square meters which includes: 3 bedrooms, (built-in cupboards) 2 baths, dining-rooms, open kitchen with pantry, fireplace. Partly furnished. Balcony with kitchen and living-room furniture, small laundry room. Air-conditioner (warm/cold) electric marble radiators.

Region: Palma de Mallorca (Spain)
Location: between Sant Joan and Petra
Position: separate, hilly
View: panoramic view

Shopping facilities: minimarket 500 m
School: German and Spanish elementary school approx. 3 kms away
Provincial town: Sant Joan 2 kms
Large city: Manacor approx. 6 kms
Sea: 13 kms

Utilities: electricity, water, telephone, bottled gas, waste water: room quarry
Condition: immediately inhabitable

rooms: 5
living space app.: 145 m^2
land surface/app. m^2: 2.800 m^2
Price: 350.000 €

3.4.4.2 Öffentlichkeitsarbeit (Public Relations)

Unter Öffentlichkeitsarbeit (Public Relations) versteht man Kommunikationsmaßnahmen, die Informationen zur Imagepflege des Unternehmens transportieren und nicht direkt auf eine Absatzerhöhung ausgerichtet sind. Diese Art der Kommunikation ist nicht auf bestimmte Produkte oder Dienstleistungen bezogen. Im Mittelpunkt steht **das Unternehmen als Ganzes**. Die Öffentlichkeitsarbeit hat damit eine eher indirekte Wirkung auf den Unternehmenserfolg.

Beispiel:
Zur Vorbereitung des Richtfestes des neuen Einkaufszentrums beauftragt der Bauträger eine PR-Agentur. Neben den beteiligten Gewerken und den Geschäftspartnern werden auch Vertreter der Lokalpolitik, Nachbarn und mögliche Mietinteressenten eingeladen. Im Vorfeld verschickt die Agentur Pressemitteilungen mit Fotos an die regionale Presse und Fachzeitschriften. Sie beauftragt eine Eventagentur mit der Verköstigung und Unterhaltung der Gäste. Für Mietinteressenten liegen Exposés bereit.

Zwei Tageszeitungen, ein Radio- und ein regionaler Fernsehsender bringen einen Bericht über das gelungene Fest, 14 Exposés konnten an ernsthafte Interessenten weitergegeben werden.

Maßnahmen der Öffentlichkeitsarbeit können z. B. sein:
- Presseberichte
- Unternehmensanzeigen oder Imagebroschüren
- Events
- einheitliches Erscheinungsbild (Corporate Identity)
- Mieterzeitungen
- Beiträge in Fachzeitschriften

- Spenden
- Richtfeste, Spatenstiche, Jubiläen
- Tag der offenen Tür
- Unterstützung gemeinnütziger Einrichtungen (Kindergarten, Seniorenwohnheim, Krankenhaus)
- Umweltschutzmaßnahmen
- Engagement in Verbänden, Parteien etc.
- Vorträge
- Ausstellungen
- Veröffentlichung von Geschäftsberichten

Ein Motto der PR lautet: Tue Gutes und rede darüber! Es geht immer darum, die Öffentlichkeit über die eigenen Aktivitäten zu informieren, um somit ein positives Image zu erhalten und die eigene Bekanntheit zu steigern. Außerdem können auf diese Weise die eigenen Mitarbeiter durch Identifikation motiviert werden. Sie sind engagierter, wenn sie stolz auf ihr Unternehmen sind. Unabhängig von der konkreten Maßnahme soll die Öffentlichkeitsarbeit bei **allen Marktpartnern** ein positives Bild vom Unternehmen bewirken.

Im Gegensatz zu Werbeanzeigen möchte das Immobilienunternehmen im Rahmen redaktioneller Berichte von sich reden machen. Wenn eine regionale Tageszeitung, eine TV- oder Radiostation über ein neues Bauprojekt berichtet, ist das Ziel der Imageverbesserung häufig erfüllt, denn eine unabhängige Berichterstattung erhöht die Glaubwürdigkeit immens. Wichtig ist, dass die gestreuten Informationen echten Nachrichtenwert haben, aktuell und verständlich sind.

3.4.4.3 Sponsoring

Fördern Unternehmen Veranstaltungen, Organisationen, Gruppen oder einzelne (prominente) Personen, so spricht man von Sponsoring. Unterstützt werden in der Regel kulturelle, sportliche, soziale oder umweltbezogene Projekte. Neben der Förderung durch Geldmittel kann der Sponsor (Förderer) auch Sachmittel zur Verfügung stellen. Der Unterstützte muss dafür eine Gegenleistung erbringen, z. B. den Unternehmensnamen auf dem Hemd tragen, bei Veranstaltungen das Firmenlogo sichtbar zeigen oder auf Eintrittskarten, Broschüren und Anzeigen abbilden.

Beim Sponsoring steht vor allem das langfristige Unternehmensimage im Vordergrund. Eine direkte Absatzsteigerung wird nicht angestrebt. Für hauptsächlich regional agierende Immobilienunternehmen bieten sich einige Möglichkeiten in den Bereichen Sport-, Kultur-, Umwelt- oder Sozialsponsoring.

3.4.4.4 Werbung

Unter Werbung versteht man jede Kommunikation, die warenspezifische Informationen und Verhaltensempfehlungen an eine bestimmte Zielgruppe transportiert. Dazu gehören alle Werbemaßnahmen, die sich mit dem Absatz bzw. der Positionierung des Produktangebotes am Markt beschäftigen.

Häufig ist die Werbung auf eine breite Streuung und **langfristige Wirkung** angelegt. Je nach Zielsetzung des Unternehmens sollen mithilfe der Werbung Umsätze gesteigert bzw. Umsatzrückgänge vermieden oder neue Produkte/Dienstleistungen bekannt gemacht werden.

Werbeplanung
Absatzpolitische Kommunikation entsteht nicht zufällig oder spontan. Vielmehr wird sie genau geplant und läuft in einer bestimmten Reihenfolge ab. Der gesamte Werbeplanungsprozess ist durch diverse Faktoren beeinflusst, dazu zählen u. a.:

- Kommunikationsanlass (Markteinführung, Produktveränderung etc.)
- zu bewerbendes Objekt (Mietwohnungen sind anders zu bewerben als Eigentumswohnungen)
- Sender der Werbebotschaft (Alleinwerbung vs. Kollektivwerbung)
- Empfänger der Werbebotschaft entscheidet über Werbemittel (Publikumswerbung vs. Fachwerbung, Individualwerbung vs. Massenwerbung)

Folgende Aspekte müssen im Vorfeld festgelegt werden:

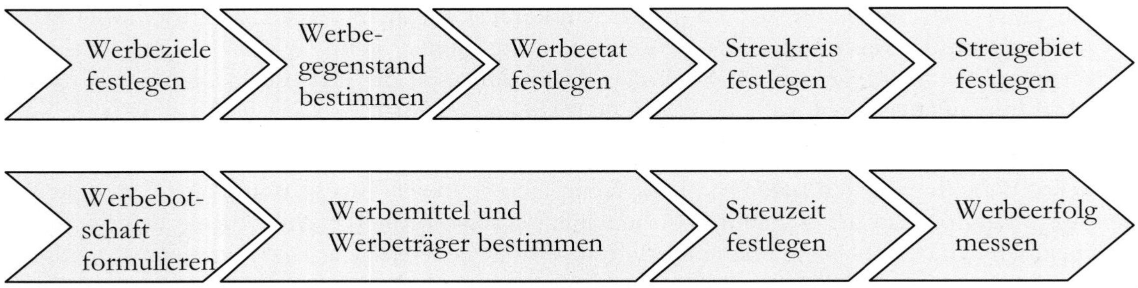

- **Werbeziele**
  Zu Beginn der Werbeaktion müssen sich die Verantwortlichen die Frage stellen, warum sie werben wollen, d. h. sie müssen sich über die konkreten Ziele der Werbemaßnahme klar werden.

- **Werbegegenstand**
  Viele Immobilienunternehmen bieten eine breite Palette von Produkten und Dienstleistungen an. Deshalb muss das Werbeobjekt genau bestimmt werden: Soll ein einzelnes Objekt, eine Dienstleistung, das komplette Angebot oder das ganze Unternehmen beworben werden?

- **Werbeetat**
  Das Unternehmen muss festlegen, welche Finanzmittel für die Werbung zur Verfügung stehen sollen.

- **Streukreis**
  Ein Unternehmen muss sich vor der Realisierung einer Werbekampagne genau überlegen, welchen Personenkreis es umwerben will. So hätte z. B. eine Werbung für altersgerechte Wohnungen bei jungen Familien wenig Aussicht auf Erfolg. Werbung, die eine falsche Zielgruppe erreicht, bedeutet eine Verschwendung finanzieller Mittel. Es kommt darauf an, die gewünschte Zielgruppe möglichst zielgruppengerecht anzusprechen.

- **Streugebiet**
  Nicht jede Werbung soll in einem größeren Umkreis erscheinen. In manchen Fällen möchte man vielleicht gezielt die Bewohner des engeren Umkreises erreichen. Gerade bei Immobilien ist der räumliche Radius der Interessenten zumeist begrenzt. Es kommt daher darauf an, den Werberadius an das Produkt und an die Werbeziele anzupassen. Streuverluste sind zu vermeiden.

- **Werbebotschaft**
  Bei der heutigen Flut verschiedenster Werbung entscheiden oftmals Kleinigkeiten darüber, ob eine Werbung bei der gewünschten Zielgruppe Beachtung findet. Daher empfiehlt sich für die Gestaltung professioneller Werbung, eine Werbeagentur zu beauftragen. Durch optimales Agenturbriefing wird die Werbebotschaft häufig ansprechend umgesetzt. Denn ein Immobilienunternehmen ist Profi in der Immobilienbranche und eine Werbeagentur ist Profi in der Werbebranche.

- **Werbemittel und Werbeträger**
  Mit der Festlegung der Werbemittel und -träger bestimmt das Unternehmen, auf welche Weise (Anzeige, Flyer, Plakat, Spot usw.) die Informationen dem Kunden vorgestellt werden sollen. Für Wohnungsbaugesellschaften mit einem mittleren Werbebudget ist ein Mix aus Print- und Onlineanzeigen, regionalen TV-Spots und eventuell Radiospots möglich, während kleinere Maklerbüros häufig auf einen Mix aus Anzeigen und Flyern angewiesen sind.

- **Streuzeit**
  Die Streuzeit gibt an, zu welchem Zeitpunkt und wie lange die Werbung in dem entsprechenden Medium erscheinen soll. Die richtige Wahl des Werbezeitpunktes kann den Werbeerfolg maßgeblich beeinflussen. So hätte es z. B. wenig Sinn, im Herbst für Ferienwohnungen, deren Attraktivität im Sommer besonders hoch ist, zu werben. Im Rahmen der Mediaplanung wird gewährleistet, dass die Anzeigen und Spots zum gewünschten Zeitpunkt erscheinen.

- **Werbeerfolg messen**
  Werbung ist erst dann erfolgreich, wenn die festgelegten Werbeziele erreicht werden konnten. Jedes Unternehmen sollte dies nach dem Ende der Werbeaktion überprüfen.

Werbearten
Werbung lässt sich auf unterschiedliche Weise realisieren. Je nach Zielsetzung und den zur Verfügung stehenden Finanzmitteln nutzen Unternehmen die **Einzelwerbung** oder die **Kollektivwerbung**.

Einzelwerbung	Kollektivwerbung
• Unternehmen wirbt allein • gezielte Werbung mit dem Namen des Artikels bzw. des Unternehmens • Kosten sind hoch	• mehrere Unternehmen werben gemeinsam • Arten der Kollektivwerbung: – Gemeinschaftswerbung – Sammelwerbung – Verbundwerbung In vielen regionalen Tageszeitungen gibt es regelmäßig thematisch passende Beilagen, wie „Bauen & Wohnen“ etc.

- **Gemeinschaftswerbung**
  Eine ganze Branche wirbt gemeinsam, ohne einzelne Unternehmensnamen zu nennen (z. B. „Die Milch macht's“). Die Werbung wird durch freiwillige Beiträge der Branchenmitglieder finanziert und soll ein positives Bild der Branche vermitteln. Problematisch ist der Trittbrettfahrereffekt, d. h. auch Branchenmitglieder, die keine Beiträge gezahlt haben, profitieren vom Werbeeffekt. Ob die Werbung für das einzelne Unternehmen Erfolg gebracht hat, lässt sich in der Regel nicht zweifelsfrei feststellen.

- **Sammelwerbung**
  Viele Unternehmen, z. B. einer Region, werben gemeinsam unter Namensnennung aller beteiligten Unternehmen (z. B. Sammelwerbung an Flughäfen, Bahnhöfen oder am Ortseingang).

- **Verbundwerbung**
  Wenige (meist zwei) Unternehmen mit einem sich ergänzenden Angebot werben gemeinsam bei Namensnennung. Die Werbenden möchten vom guten Image des jeweiligen Verbundpartners profitieren. Verbundwerbung lässt sich eher selten realisieren.

Werbebotschaft, Werbemittel, Werbeträger
Jede Kommunikation enthält eine Information, die der Sender (Verkäufer) dem Empfänger (möglicher Kunde) mitteilen möchte. Der Inhalt bei der absatzpolitischen Kommunikation heißt **Werbebotschaft**. Die Werbebotschaft soll beim möglichen Kunden ein gewünschtes Verhalten – meist den Kauf einer Unternehmensleistung – auslösen. Sie muss textlich, grafisch und/oder akustisch dargestellt werden.

Da die Werbebotschaft das zentrale Element der Absatzwerbung ist, schalten viele Unternehmen professionelle Werbeagenturen ein, um die Inhalte möglichst wirkungsvoll und zielgerichtet zu formulieren und zu gestalten.

Transportiert wird die Botschaft mithilfe eines **Werbemittels**. Werbemittel enthalten die eigentliche Werbebotschaft und sind gekennzeichnet durch Schrift, Bild oder Sprache. Damit die Werbebotschaft die möglichen Kunden auch erreicht, benötigt man ein Medium, das die mithilfe eines Werbemittels gestaltete Werbebotschaft an mögliche Kunden transportiert. Diese Medien heißen **Werbeträger**.

Jedes Werbemittel hängt mit einem passenden Werbeträger zusammen: Werbebotschaft, Werbemittel und Werbeträger müssen unbedingt zielgruppengerecht aufeinander abgestimmt werden, um eine optimale Wirkung zu erzielen.

Werbemittel	Werbeträger
Inserat	Tageszeitung, Fachzeitschrift
Werbespot	Fernsehen, Radio
Plakat	Litfaßsäule, Bauschild
Homepage, E-Mail	Internet

Um über die **Kosten eines Werbeträgers** eine bessere Aussage treffen zu können, wird häufig auf den **Tausender-Kontakt-Preis (TKP) bzw. auf den Tausender-Leser-Preis** zurückgegriffen. Diese Kennzahl gibt an, wie teuer eine Werbemaßnahme ist, um 1.000 Personen der Zielgruppe anzusprechen.

Tausenderpreis: $\frac{\text{Preis je Seite}}{\text{Leser pro Ausgabe}} \cdot 1.000$

Zu beachten ist, dass der TKP nur eine Kostenvergleichsgröße ist und nichts über die zielgruppengerechte Auswahl der Zeitschrift besagt. Zudem muss geprüft werden, wie häufig und in welchem Turnus eine Zeitung oder Zeitschrift erscheint.

Werbeerfolgskontrolle
Da jede Werbung auch Kosten verursacht, sollte geprüft werden, ob die Werbung tatsächlich zur Erfolgsverbesserung beigetragen hat. Für ein Unternehmen besteht das Problem der Werbeerfolgskontrolle aber darin, dass man nicht genau feststellen kann, ob die durchgeführte Werbung die (alleinige) Ursache für beobachtete Entwicklungen ist oder ob auch andere Faktoren (z. B. Preis, Konkurrenz, Zufall) einen Einfluss hatten. Werbeerfolg lässt sich grundsätzlich auf zwei Arten kontrollieren:

1. Ökonomische Werbeerfolgskontrolle
Der Werbeerfolg wird in Bezug auf Umsatz, Gewinn oder Marktanteilsveränderungen überprüft. Basis der Erfolgskontrolle sind also Messgrößen, die den ökonomischen Erfolg des Unternehmens direkt bestimmen.

Werberendite: $\frac{\text{Umsatzzuwachs pro Periode}}{\text{Werbekosten pro Periode}}$

Ist die Werberendite > 100 %, ist der Umsatzzuwachs also größer als die durch die Werbung entstandenen Kosten. Die Werbung kann als erfolgreich bewertet werden.

$$\textbf{Marktanteil:}\quad \frac{\text{Umsatzzuwachs}}{\text{Gesamtumsatzes des Marktes}}$$

2. Außerökonomische Werbeerfolgskontrolle

Im Mittelpunkt stehen Größen wie die erreichte Aufmerksamkeit oder die Anzahl der durch die Werbung ausgelösten Verkäufe.

$$\textbf{Aufmerksamkeitsgrad:}\quad \frac{\text{Zahl der von der Werbung Angesprochenen}}{\text{Zahl der Umworbenen (Zielgruppe)}}$$

$$\textbf{Auftragseingangsquote:}\quad \frac{\text{Zahl der tatsächlichen Käufer}}{\text{Zahl der Umworbenen (Zielgruppe)}}$$

Ist die Werbung rein mathematisch erfolgreich, kann jedoch nur durch weitere Untersuchungen geklärt werden, ob die Werbung der alleinige Auslöser des gestiegenen Umsatzes war oder ob zusätzlich noch andere Faktoren beteiligt waren. Auch eine erhöhte Anzahl an Interessenten kann den Werbeerfolg bestätigen, obgleich eventuell keine Abschlüsse zustande gekommen sind.

Grundsätze der Werbung

Werbung soll Aufmerksamkeit erregen, um dadurch Kaufwiderstände zu reduzieren bzw. Kaufwünsche auszulösen. Um zu verhindern, dass um der Aufmerksamkeit willen übertriebene oder bewusst falsche Aussagen gemacht werden, sollten sich Unternehmen an bestimmte Grundsätze halten.

Wirksamkeit	Werbung muss zielgruppengerecht entwickelt werden, um einen möglichst großen Erfolg zu erzielen. Streuverluste sind zu vermeiden.
Wahrheit und Klarheit	Werbung darf keine falschen oder irreführenden Angaben zu den angepriesenen Leistungen machen. Zwar sollen die Produkte im positiven Licht erscheinen, dies darf aber nur in sachlich einwandfreiem Rahmen geschehen.
Wirtschaftlichkeit	Werbung muss immer in einem wirtschaftlichen Verhältnis zu dem erzielten Erfolg stehen. Das heißt, der zusätzliche Erfolg (z. B. Umsatzwachstum) muss deutlich höher sein als die Werbekosten.
Gesellschaftliche Akzeptanz	Werbung sollte gesellschaftliche Wertvorstellungen nicht missachten oder Minderheiten zwecks Effekthascherei missbrauchen (Moral). Auch das Beachten von Gesetzen (Gesetz gegen den unlauteren Wettbewerb) gehört selbstverständlich dazu.

Nicht alle Unternehmen halten sich an diese Werbegrundsätze. Deshalb hat die Werbebranche freiwillig ein Kontrollgremium installiert, den **deutschen Werberat**. Dieses Gremium prüft und ahndet besonders weitreichende Verstöße gegen die Werbegrundsätze.

Juristische Konsequenzen haben die Ahndungen des Werberates jedoch nicht. Zum Schutz von Mitbewerbern und Verbrauchern hat der Gesetzgeber daher ein **Gesetz gegen unlauteren Wettbewerb (UWG)** erlassen.

4 Die Wertermittlung von Grundstücken und Gebäuden

Der Markt wird definiert als ein Zusammentreffen von Angebot und Nachfrage, wobei der Preis und die Menge die Kriterien sind, an denen sich Käufer und Verkäufer orientieren. Um auf dem Immobilienmarkt eine Preisorientierung zu erhalten ist es notwendig, die Wertermittlung der zu handelnden Immobilien zu ermitteln.

4.1 Der Markt- und Verkehrswert

Die Wertermittlung dient dazu, den Markt- oder Verkehrswert, also den am Markt erzielbaren Preis einer Immobilie, zu bestimmen. Der Verkehrswert ist dabei materiell identisch mit dem Marktwert. Dieser Wert ist für den Verkauf, aber auch für Versicherungen und Kredite von Bedeutung.

Verkehrswert = Marktwert

Je nachdem, für welchen Zweck die jeweilige Wertermittlung benötigt wird, z. B. Verkauf, Finanzierung, steuerliche Bewertung oder Zwangsversteigerung, richtet sich die Wahl des Verfahrens und Definition des Verkehrswertes der Immobilie.

Baugesetzbuch (§ 194 BauGB)
Der **Verkehrswert** wird bestimmt durch den Preis, der zu erzielen wäre

- zu einem festgelegten Zeitpunkt (z. B. Stichtag der Objektbesichtigung durch den Sachverständigen oder aber Todestag des Erblassers usw.),
- im gewöhnlichen Geschäftsverkehr (es wird Handel auf dem freien Markt unterstellt),
- nach den rechtlichen Gegebenheiten (z. B. Baurecht, Baulast, Denkmalschutz, Eintragungen in Abt. II des Grundbuchs) und tatsächlichen Eigenschaften (z. B. Grundstückszuschnitt, Altlasten, Leerstand),
- nach der sonstigen Beschaffenheit (z. B. Nutzbarkeit oder Entwicklungspotenziale) und der Lage des Grundstücks und des sonstigen Gegenstands der Wertermittlung,
- ohne Rücksicht auf ungewöhnliche oder persönliche Verhältnisse.

Marktwert gem. Pfandbriefgesetz (§ 16 Abs. 2 Satz 4 PfandBG)
„Der Marktwert ist der geschätzte Betrag, für welchen ein Beleihungsobjekt am Bewertungsstichtag zwischen einem verkaufsbereiten Verkäufer und einem kaufbereiten Erwerber, nach angemessenem Vermarktungszeitraum, in einer Transaktion im gewöhnlichen Geschäftsverkehr verkauft werden könnte, wobei jede Partei mit Sachkenntnis, Umsicht oder ohne Zwang handelt."

Beleihungswert (§ 3 Abs. 1 BelWertV)
„(...) ist der Wert der Immobilie, der erfahrungsgemäß unabhängig von vorübergehenden, etwa konjunkturell bedingten Wertschwankungen am maßgeblichen Grundstücksmarkt und unter Ausschaltung von spekulativen Elementen während der gesamten Dauer der Beleihung bei einer Veräußerung voraussichtlich erzielt werden kann."

Solche Wertfeststellungen sind aber ebenfalls im öffentlichen Baurecht wichtig: so bei katasteramtlichen Umlegungsmaßnahmen, der Enteignung, bei Sanierungs- und Entwicklungsmaßnahmen. Schließlich ist die Bewertung von Rechten aller Art am Grundstück bei Zwangsmaßnahmen (Versteigerung) von Bedeutung.

4.2 Der Sachverständige

Der Wert eines Grundstücks oder Gebäudes wird zumeist von Sachverständigen in einem **Verkehrswertgutachten** bestimmt. Auf dem deutschen Markt gibt es eine große Anzahl von Sachverständigen, die eine unterschiedliche Bezeichnung führen.

Die Bezeichnung „Sachverständiger" ist als einfache Berufs- bzw. Tätigkeitsbezeichnung nicht gesetzlich geschützt. Jeder, der auf einem bestimmten Gebiet über Kenntnisse und Erfahrungen zu verfügen vorgibt, darf sich als „Sachverständiger" bezeichnen. Das hat zur Folge, dass sich auch Gutachter, die nicht ausreichend qualifiziert sind, als Sachverständige bezeichnen und auf dem Markt betätigen.

In der Praxis wird unter einem Sachverständigen diejenige Person verstanden, die durch Ausbildung und langjährige Erfahrung in einem eng definierten Sachgebiet den Kenntnisstand anderer auf diesem Gebiet Tätiger deutlich übertrifft und seine Sachkunde jedermann auf Anfrage persönlich, unparteiisch, unabhängig und objektiv zur Verfügung stellt.

Allgemeine Maßstäbe werden durch die Rechtsprechung festgelegt.

Unterteilung von Sachverständigen
Um dennoch eine Unterscheidung zwischen einfachen und besonders qualifizierten Sachverständigen zu ermöglichen, haben der Gesetzgeber und parallel auch private Verbände sowie sonstige Vereine verschiedene Verfahren entwickelt, die zur Führung diverser Zusatzbezeichnungen berechtigen.

Beispiele:
- anerkannt
- öffentlich bestellt
- vereidigt
- zertifiziert
- TÜV/DEKRA-Sachverständiger

Leider ist dabei insbesondere für den Laien nicht immer erkennbar, welche konkreten Anforderungen an solche Bezeichnungen geknüpft sind, da jeder Verband eigene Kriterien für die Vergabe definiert.

Hier eine Grobgliederung in sieben Gruppen (Reihenfolge erfolgt ohne fachliche Wertung):
- freie Sachverständige
- anerkannte Sachverständige
- zertifizierte Sachverständige
- verpflichtete Sachverständige
- Sachverständige amtlich anerkannter Prüforganisationen bzw. amtlich anerkannte Sachverständige
- staatliche anerkannte Sachverständige
- öffentlich bestellte und vereidigte Sachverständige

Als Sachverständige kommen folgende Berufsgruppen infrage:
- der Immobilienmakler, der Immobilienfachwirt oder Dipl.-Kaufmann und der Betriebswirt oder Jurist
- der Architekt und Bauingenieur bei städtebaulichen, gebäudeplanerischen und bautechnischen Arbeiten
- der Geodät als Landvermesser, Mathematiker, geografischer Lagebeurteiler

Es kommt auch vor, dass für die Lösung technischer Probleme Sonderfachleute herangezogen werden müssen.

Als Vorbildung sind theoretische Kenntnisse und praktische Erfahrungen aus den Bereichen des Bau- und Grundstückverkehrsrechtes, aus der Projektentwicklung und Projektsteuerung, dem Erbbau-, Wohnungseigentums- und Mietrecht sowie den angrenzenden Bereichen des gesamten Objektmanagements unerlässlich.

Unabhängig von der jeweiligen Bestellungsbehörde, Zertifizierungstelle oder Verbandsanerkennung sollte sich der Sachverständige bestimmten Regeln bei der Erstellung von Gutachten unterwerfen:
1. Prüfung der sachlichen Zuständigkeit
2. persönliche Gutachtenerstattung
3. Mitteilung von Zweifeln und besonders hohen Kosten
4. Pflicht zur Herausgabe der Akten
5. gewissenhafte Bearbeitung der gestellten Fragen
6. unparteiische Aufgabenerfüllung
7. Unabhängigkeit und Weisungsfreiheit
8. Kundmachung der öffentlichen Bestellung
9. Schweigepflicht
10. Fortbildungspflicht

4.3 Vergleichs- und Berechnungszahlen

Eine wichtige Rolle bei der Wertermittlung spielt das statistische Zahlenmaterial, das von den **Gutachterausschüssen** bereitgestellt wird. Die Aufgabe der Gutachterausschüsse ist es, für Transparenz auf dem Grundstücksmarkt zu sorgen. Sie sind in den einzelnen Bundesländern eingerichtet und erstellen regionale Daten über den Immobilienmarkt. Sie sammeln alle in Deutschland abgeschlossenen Immobilienkaufverträge, werten sie statistisch aus und veröffentlichen die so gewonnenen Daten für Vergleichszwecke.

Außerdem geben sie Kaufpreissammlungen heraus und erstellen selbst Verkehrswertgutachten. Sie legen regional die Bodenrichtwerte und die Umrechnungskoeffizienten für die Geschossflächenzahl (GFZ) fest. Auch die Sachwertfaktoren werden durch den Gutachterausschuss herausgegeben.

Die Gutachterausschüsse stellen also eine Menge an Zahlenmaterial zur Verfügung, das zur Orientierung, zur Berechnung und zum Vergleich bei der Wertermittlung von großer Bedeutung ist.

4.4 Rechtsgrundlagen – Gesetze und Verordnungen (Überblick)

Für die Bewertung von bebauten und unbebauten Grundstücken sind eine Reihe von Gesetzen und Verordnungen maßgebend, wobei einige dieser Regelungen bei der Tätigkeit des Sachverständigen mittelbar bzw. im Gutachten direkt berücksichtigt werden müssen.

Allgemeine Gesetze und Verordnungen
- Grundgesetz (GG)
- Bürgerliches Gesetzbuch (BGB)
- Wirtschaftsstrafgesetz (WiStG)
- Strafgesetzbuch (StGB)
- Preisangabenverordnung (PAngV)
- Grundbuchordnung (GBO)
- Umsatzsteuergesetz (UstG)

Aus dem Sachverständigenrecht
- Gewerbeordnung (GewO)
- Justizvergütungs- und -entschädigungsgesetz (JVEG)
- Zivilprozessordnung (ZPO)
- Partnerschaftsgesellschaftsgesetz (PartGG)
- Zwangsversteigerungsgesetz (ZVG)

- Honorarverordnung für Architekten und Ingenieure (HOAI)
- Gesetz über den unlauteren Wettbewerb (UWG)

Aus dem Bau- und Fachplanungsrecht

- Baugesetzbuch (BauGB)
- Baunutzungsverordnung (BauNVO)
- Raumordnungsgesetz (ROG)
- Raumordnungsverordnung (ROV)
- Planzeichenverordnung (PlanV 20)
- Bundesnaturschutzgesetz (BNatSchG)
- Bundesbodenschutzgesetz (BBodSchG)
- Beleihungswertverordnung (BelWertV)
- Pfandbriefgesetz (PfandBG)
- Wertermittlungsrichtlinien 2006 (WertR 2006)
- Sachwertrichtlinie (SW-RL; ab 2012)
- Bodenrichtwertrichtlinie (BRW-RL 2011)
- Waldwertermittlungsrichtlinien 2000 (WaldR 2000)
- *Wertermittlungsverordnung (WertV; bis 2010)*
- Immobilienwertermittlungsverordnung (ImmoWertV; ab 2010)
- Vergleichswertrichtlinie (VW-RL, ab 2014)
- Bundes-Bodenschutz- und Altlastenverordnung (BBodSchV)
- Flurbereinigungsgesetz (FlurbG)
- Bodenschätzungsgesetz (BodSchätzG)
- Wasserhaltsgesetz (WHG)
- Bundesberggesetz (BbergG)
- verschiedene DIN-Normen (DIN 276, DIN 277/1950, DIN 277/2005.2, DIN 283)
- Verdingungsordnung für Bauleistungen (VOB)
- Energiesparverordnung (EnEV)
- Trinkwasserverordnung (TrinkwV)

Aus dem Wohnungs-, Miet- und Grundstücksrecht

- Wohnungseigentumsgesetz (WEG)
- Erbbaurechtsgesetz (ErbbauRG)
- Wohnraumförderungsgesetz (WoFG)
- Wohnungsbindungsgesetz (WoBinG)
- Neubaumietenverordnung (NMV)
- *Gesetz über die Regelung von Miethöhen (MHG; bis 2001)*
- *Wohnflächenverordnung (WoFlV)*
- *Richtlinie der gif[3] zur Berechnung der Mietflächen für Wohnraum (MF/W)*
- Richtlinie der gif zur Berechnung von Mietflächen für gewerbliche Räume (MF/G)
- Richtlinie der gif zur Berechnung der Verkaufsflächen im Einzelhandel (MF/V)
- II. Berechnungsverordnung (II. BV)
- *Grundmietenverordnungen (1. GrundMV und 2. GrundMV)*
- *Betriebskostenverordnung (BetrKV)*

Aus dem steuerlichen Bewertungsrecht

- Bewertungsgesetz (BewG)
- Bilanzrichtliniengesetz (BiRiLiG)
- Grunderwerbsteuergesetz (GrEStG)
- Grundsteuergesetz (GrStG)
- Bundeskleingartengesetz (BKleingG)
- Erbschafts- und Schenkungssteuergesetz (ErbStG)

[3] Gesellschaft für Immobilienwirtschaftliche Forschung e. V.

Aus dem Vermögensrecht
- Vermögensgesetze (VermG)
- Grundstücksverkehrsordnung (GVO)
- Sachenrechtsbereinigungsgesetz (SachenRBerG)
- Entschädigungsrichtlinien Landwirtschaft (LandR 78)

Die Liste der Gesetze und Verordnungen ist noch erweiterbar und stellt auch keine Wertung in der Rangfolge dar. Heute nicht mehr gültige Gesetze und Verordnung (kursiv) wurden mit einbezogen, da ältere Gutachten gelegentlich herangezogen werden bzw. auf dem Markt vorhanden sind, in denen die zum Zeitpunkt der Gutachtenserstellung gültigen Gesetze und Verordnungen berücksichtigt wurden.

Einige wichtige gesetzliche Vorschriften sind im Baugesetzbuch geregelt:
- Arbeiten der Gutachterausschüsse und deren Zusammensetzung
- Aufgaben der Gutachterausschüsse
- Auslegung und Bestimmung des Verkehrswertes einer Immobilie
- Anlegen einer Kaufpreissammlung bei Grundstücken zur Bewertung
- Bodenrichtwerte und die Herausgabe von Bodenrichtwertkarten
- Befugnisse der Ausschüsse
- Bildung oberer Gutachterausschüsse
- Ermächtigungen zum Erlass von Rechtsverordnungen

Die Wertermittlungsverfahren
Das nachfolgende, stark vereinfachte Schema zeigt die Wege vom Sachwert, Ertragswert und Vergleichswert zum Verkehrswert. Nachfolgend werden die Verfahren im Einzelnen dargestellt.

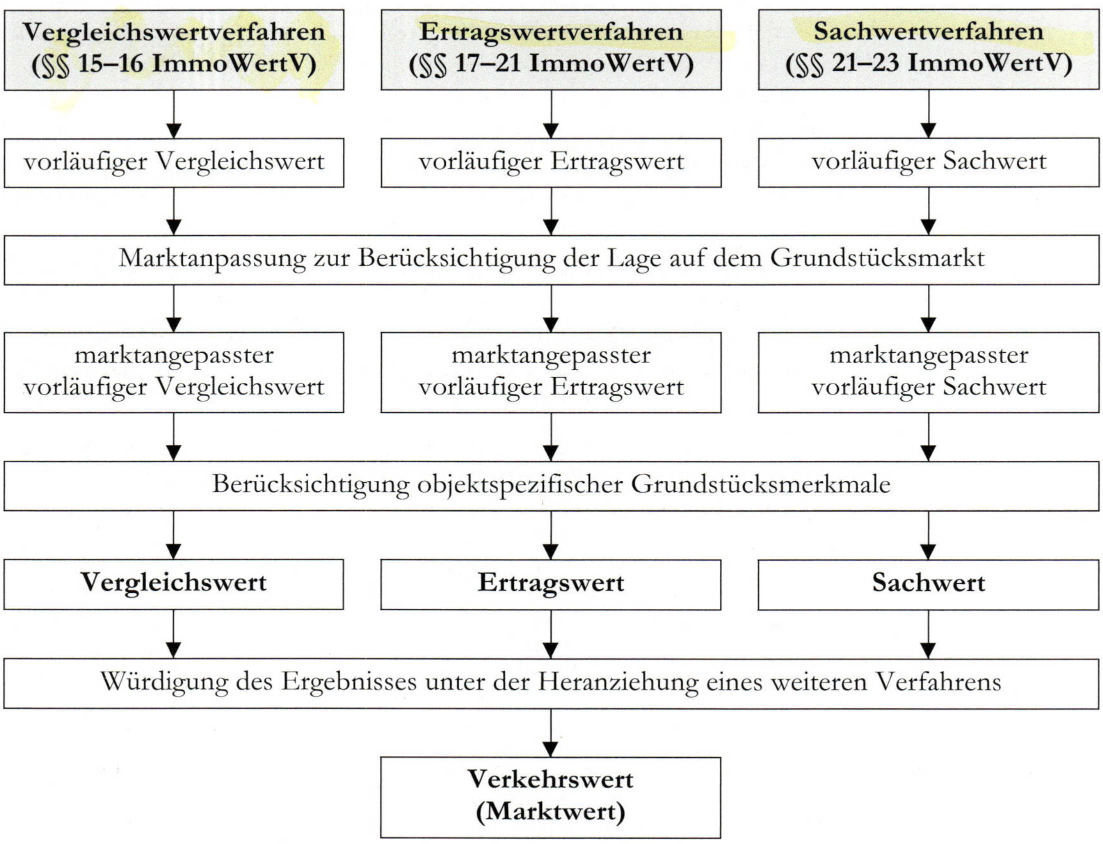

4.5 Wertermittlung bei unbebauten Grundstücken

Bodenwertermittlung
Zur Ermittlung des Bodenwertes unbebauter Grundstücke wird in der Regel das Vergleichswertverfahren herangezogen. Dabei wird der Wert entweder mit „unmittelbaren Vergleichswertverfahren" über Vergleichspreise oder mit dem „mittelbaren Vergleichswertverfahren" über Bodenrichtwerte berechnet. Grundlage ist die **Richtlinie zur Ermittlung von Bodenwerten** – Bodenrichtwertrichtlinie BRW-RL vom 11.1.2011 (abgedruckt zum § 10 ImmoWertV).

Dazu bedarf es einer ausreichenden Anzahl von Vergleichsobjekten. Zu diesem Zweck stehen die Kaufpreissammlungen der Gutachterausschüsse zur Verfügung. Auf der Basis dieser **Kaufpreissammlungen** erstellen die Landkreise oder Gemeinden laufend aktualisierte **Bodenrichtwertkarten**, denen die durchschnittlichen Lagewerte (Bodenrichtwerte) entnommen werden können.

Bei dem Vergleich mit anderen Grundstücken werden verschiedene Kriterien beurteilt:
- Größe
- Lage
- Zuschnitt
- Erschließungszustand
- grundstücksbezogene Rechte
- Baulasten
- Art und Maß der baulichen Nutzung
- Baureife
- Vorder- und Hinterland
- Bodenbeschaffenheit

Zumeist werden die Vergleichsgrundstücke in einigen der Kriterien abweichen, in diesen Fällen sind dann entsprechende Korrekturen vorzunehmen.

Beispiel:
Bodenrichtwert bei Abweichung der vorhandenen baulichen Ausnutzung von der dem Bodenrichtwert zugrunde liegenden GFZ.

Bodenrichtwertgrundstück GFZ: 0,70
Bodenrichtwert: 300 €/m²

Bauliche Ausnutzung des Bewertungsgrundstücks GFZ: 0,50

Umrechnungskoeffizienten (UK) nach WertR für das Wertverhältnis von gleichartigen Grundstücken bei unterschiedlicher baulicher Nutzung (GFZ : GFZ)

für GFZ von 0,70 = 0,84
für GFZ von 0,50 = 0,72

Bodenwertermittlung:
300 €/m² · (UK für GFZ 0,50) : (UK für GFZ 0,70)
= 300 €/m² · 0,72/0,84
= **257 €/m²** (Bodenwert des Bewertungsgrundstücks)

4.6 Wertermittlung bei bebauten Grundstücken

Bei bebauten Grundstücken stehen drei Verfahren der Wertermittlung zur Verfügung: das **Vergleichswertverfahren**, das **Sachwertverfahren** und das **Ertragswertverfahren**.

4.6.1 Das Vergleichswertverfahren (§§ 15 und 16 ImmoWertV)

Das Vergleichswertverfahren leitet den Verkehrswert aus den Kaufpreisen von Grundstücken ab, die hinsichtlich der ihren Wert beeinflussenden Merkmale (z. B. Lage des Grundstücks, Baujahr und Größe des Gebäudes, Bauart und Ausstattung) mit dem Wertermittlungsobjekt möglichst genau übereinstimmen. Das Vergleichswertverfahren wird in der Regel bei unbebauten Grundstücken oder Eigentumswohnungen angewendet. Dieses Verfahren bedingt jedoch, dass eine ausreichende Anzahl von Vergleichsobjekten vorhanden ist.

Schema zum Vergleichswertverfahren

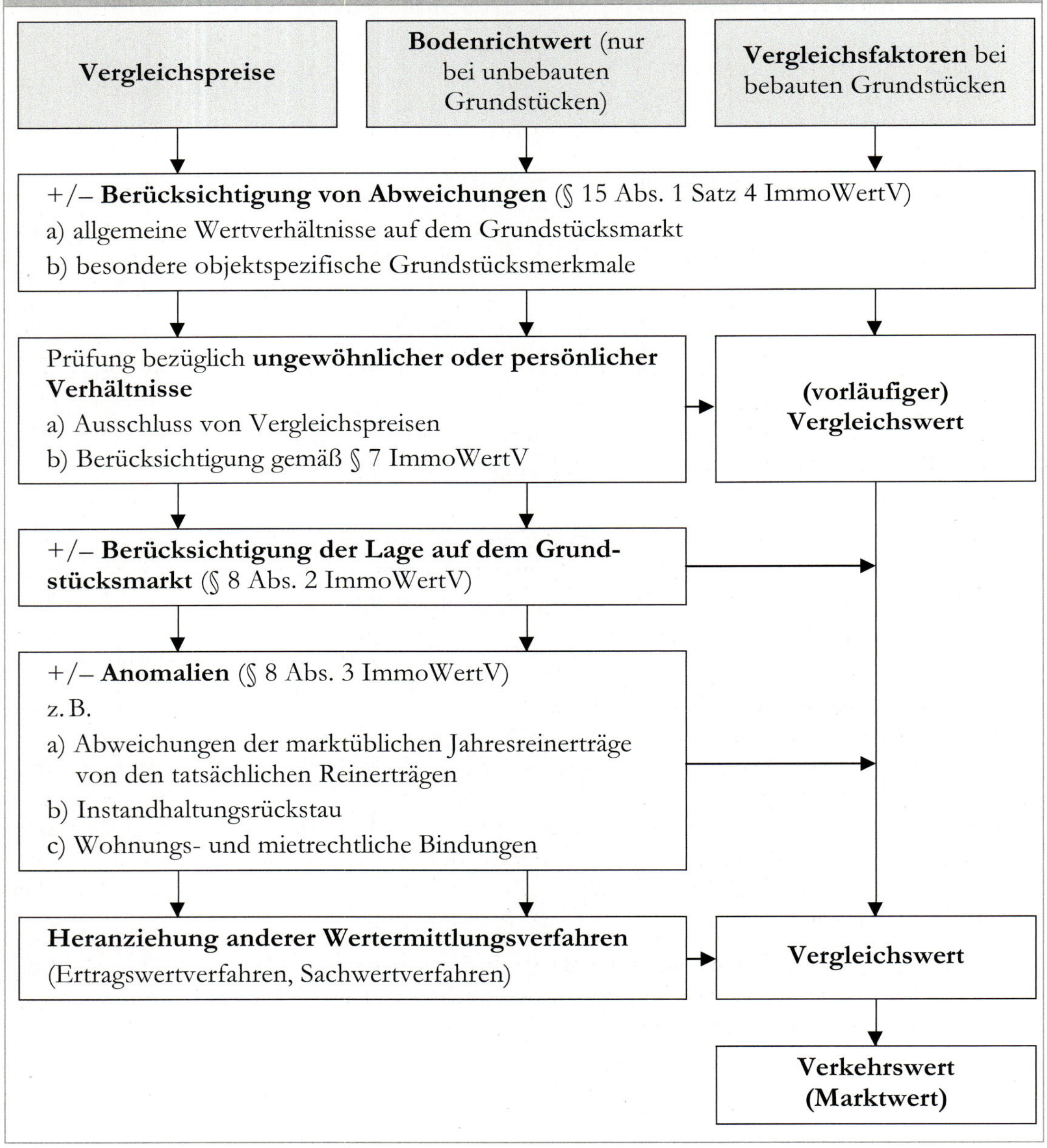

4.6.2 Das Sachwertverfahren (§§ 21–23 ImmoWertV)

Das Sachwertverfahren findet entsprechend den Gepflogenheiten des Grundstücksmarktes dann Anwendung, wenn die vorhandene Bausubstanz (Herstellungskosten) für den Wert ausschlaggebend ist, zum Beispiel bei Ein- und Zweifamilienhäusern. Allein die Eigennutzung ist aber nicht ausschlaggebend.

Sachwertverfahren nach SachwertR (seit 01. 01. 2013)
Nach der Systematik der ImmoWertV müssen die Wertermittlungsverfahren nach den Grundsätzen zur Anwendung kommen, wie sie von den örtlichen Gutachterausschüssen für Grundstückswerte bei der Ableitung insbesondere von Liegenschaftszinssätzen und der Sachwertfaktoren praktiziert werden. Mit der Richtlinie zur Ermittlung von Sachwerten vom 05. 09. 2012 werden unter anderem auch die Normalherstellungskosten 2000 (NHK 2000) abgelöst.

Neu eingefügt sind in diese Richtlinie:
- Normalherstellungskosten 2010
- Beschreibung der Gebäudestandards
- Orientierungswerte für die übliche Gesamtnutzungsdauer bei ordnungsgemäßer Instandhaltung
- Modell zur Ableitung der wirtschaftlichen Restnutzungsdauer für Wohngebäude unter Berücksichtigung von Modernisierungen
- Modellparameter für die Ermittlung des Sachwertfaktors

Achtung:
Immer dann, wenn der jeweilige Gutachterausschuss bei der Ableitung der Sachwertfaktoren die neue Richtlinie heranzieht, muss auch der Sachverständige diese zur Anwendung bringen.

Eine entsprechende Vergleichs- und Ertragswertrichtlinie (ErtragswertR) ist geplant.

Im Sachwertverfahren wird der Wert zu einem großen Teil aus den Herstellungskosten ermittelt – unter Berücksichtigung der Alterswertminderung und der Baumängel/-schäden. Es kommt in erster Linie bei Ein- und Zweifamilienhäusern zum Einsatz. Der Sachwert setzt sich aus dem **Bodenwert**, dem **Sachwert der baulichen Anlagen** und **sonstigen Anlagen** zusammen.

Der Bodenwert wird normalerweise durch das Vergleichswertverfahren ermittelt. Die Festlegung des Werts der sonstigen Anlagen (z. B. außergewöhnliche Gartenanlagen) kann anhand von Erfahrungswerten geschätzt oder anhand der Herstellungskosten festgelegt werden. Zum Wert der baulichen Anlagen gehören neben dem Gebäude auch bauliche Außenanlagen (z. B. Wege, Swimmingpool).

Die Herstellungskosten der Gebäude werden auf Basis sog. **Normalherstellungskosten** (NHK) bestimmt. NHK sind die Kosten, die marktüblich für die Neuerrichtung einer entsprechenden baulichen Anlage aufzuwenden wären. Dazu gehören auch die Baunebenkosten, wie z. B. für die Planung und behördliche Genehmigungen. Entsprechende Vergleichswerte können der NHK-Tabelle entnommen werden. Diese Tabelle bietet für verschiedene Bautypen, Standards, Lagen, Baujahre etc. eine Übersicht über die Herstellungskosten pro Quadratmeter. Sie wurde erstmals 1995 durch das zuständige Bundesministerium erstellt und seitdem regelmäßig aktualisiert.[4]

Beim Sachwert muss zwingend auch die **Wertminderung wegen Alters** berücksichtigt werden, ebenso die **Wertminderung wegen Baumängeln und baulichen Schäden** sowie **sonstige wertbeeinflussende Umstände**.

---

[4] Die letzte Version, **NHK 2010**, wird weiter aktualisiert und steht auf der Webseite des Bundesministeriums für Verkehr, Bau und Stadtentwicklung (www.bmvbs.de) als PDF-Datei frei zur Verfügung.

Die Berechnung der Wertminderung wegen Alters erfolgt aus dem Verhältnis der Restnutzungsdauer zur Gesamtnutzungsdauer. Die Restnutzungsdauer wird in Jahren (prozentuale Abschreibung) angegeben. Die Vorgaben zur Berechnung sind u.a. in den Wertermittlungsrichtlinien festgelegt.

Bei der Wertminderung wegen Baumängeln und baulichen Schäden können entweder die Kosten für die Beseitigung der Mängel herangezogen werden oder ein auf Erfahrung beruhender Prozentsatz des Herstellungswertes. Weitere wertbeeinflussende Umstände können sowohl wertsteigernd sein, etwa bei Modernisierungen, aber auch wertmindernd, z.B. nicht mehr zeitgemäße Ausstattungen, ungünstige Umgebungen, Raumgrößen.

Schema des Sachwertverfahrens (nach ImmoWertV)

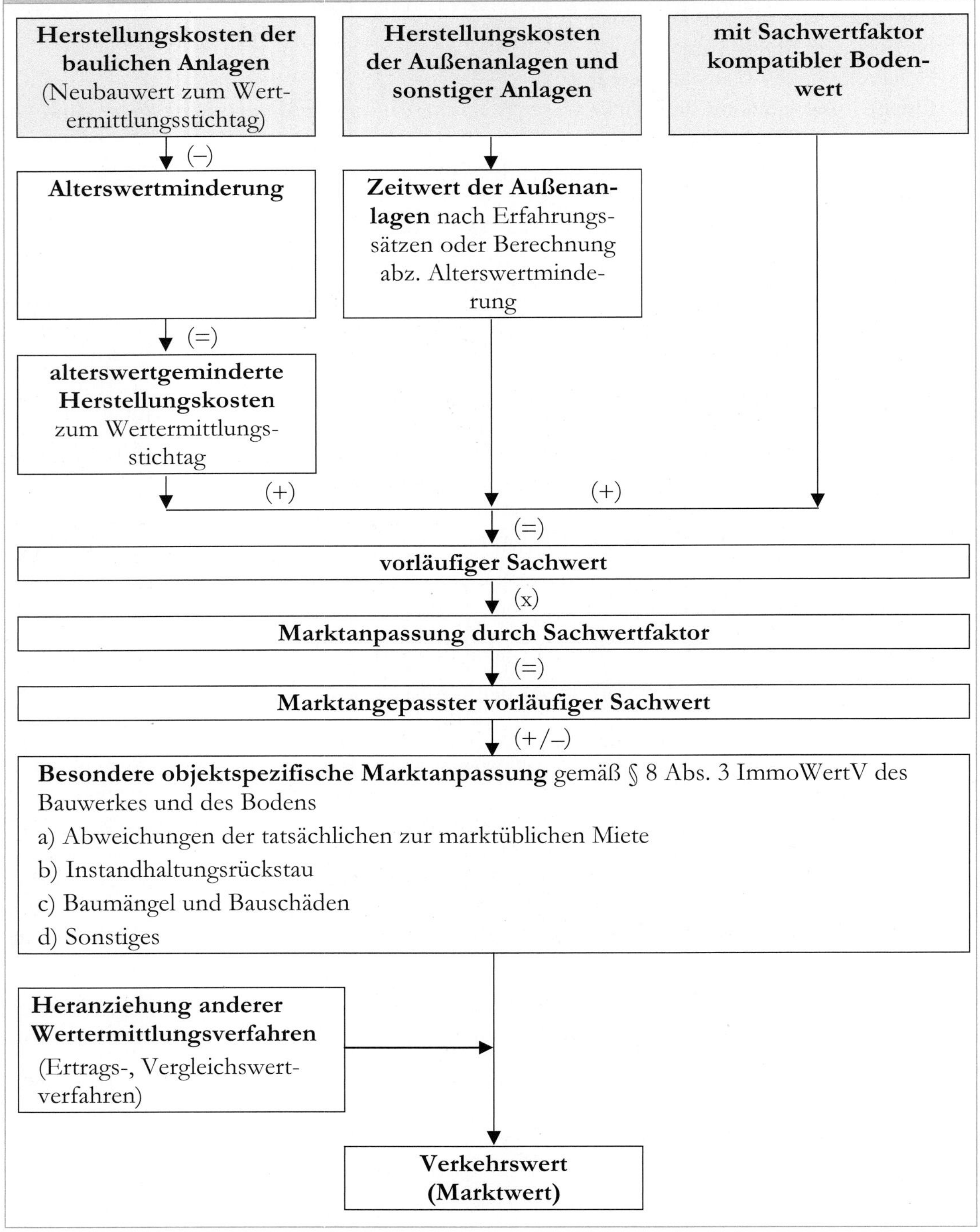

Sachwertfaktoren werden durch die örtlichen Gutachterausschüsse ermittelt.

4.6.3 Das Ertragswertverfahren (§§ 17–20 ImmoWertV)

Das Ertragswertverfahren wird vorzugsweise angewendet, wenn die aus einem bebauten Grundstück nachhaltig erzielbaren Erträge (Mieten/Pachten) von vorrangiger Bedeutung für den Wert des Grundstücks sind. Ausschlaggebend für die Verfahrenswahl ist die **Ertragsfähigkeit** des Grundstücks.

Ertragsfähige Grundstücke sind zum Beispiel:

- Mietwohnhäuser
- gewerblich-industriell genutzte Grundstücke
- gemischt genutzte Grundstücke
- öffentlich genutzte Grundstücke
- Sonderimmobilien, zum Beispiel Dienstleistungs- oder Freizeitimmobilien

Der Ertragswert setzt sich aus dem **Bodenwert** (der wie sonst auch zumeist im Vergleichswertverfahren gewonnen wird) und dem **Ertragswert der baulichen Anlagen** zusammen.

Der Ertragswert der baulichen Anlagen ergibt sich aus der Differenz zwischen dem **Jahresrohertrag** (den Einnahmen aus Mieten, Pachten usw.) und den **Bewirtschaftungskosten**. Deren wichtigste Bestandteile sind:

- Betriebskosten (soweit sie nicht umgelegt werden)
- Verwaltungskosten
- Instandhaltungskosten
- Mietausfallwagnis

Die Differenz aus Jahresrohertrag und Bewirtschaftungskosten heißt **Jahres- oder Grundstücksreinertrag**. Auf den Bodenwert des Grundstücks wird nun der Liegenschaftszins angewandt und vom Jahresreinertrag subtrahiert.

Der **Liegenschaftszins** für ein Grundstück ergibt sich aus den Kaufpreissammlungen und weiteren statistischen Materialien der Gutachterausschüsse (auf der Basis von Vergleichswerten). Mit diesem Zinssatz wird der Verkehrswert eines Grundstücks nach marktüblichen Sätzen verzinst. Das Ergebnis bezeichnet den **Boden- oder Bodenertragswert**.

Anschließend wird unter Berücksichtigung der voraussichtlichen Restnutzungsdauer der verbleibende Betrag kapitalisiert, indem er mit einem Vervielfältiger multipliziert wird. Der Vervielfältiger wird der Vervielfältigertabelle aus der Anlage 1 (Barwertfaktoren für die Kapitalisierung) ImmoWertV entnommen.

Schließlich werden noch die sonstigen wertbeeinflussenden Umstände einbezogen und vom Ertragswert der baulichen Anlagen subtrahiert oder dazu addiert. Dazu zählen:

- wirtschaftliche Überalterung
- überdurchschnittlicher Erhaltungszustand
- Abweichungen vom normalen baulichen Zustand infolge unterlassener Instandhaltungsaufwendungen
- wohnungs- und mietrechtliche Bindungen (z. B. Abweichungen von der ortsüblichen Miete)

Hat man auf diese Weise den Ertragswert berechnet, zieht man die aktuelle Lage auf dem Grundstücksmarkt hinzu und lässt ggf. Teilergebnisse aus anderen Wertermittlungsverfahren einfließen, sodass man schließlich den Verkehrswert erhält.

Vereinfachtes Schema zum Ertragswertverfahren

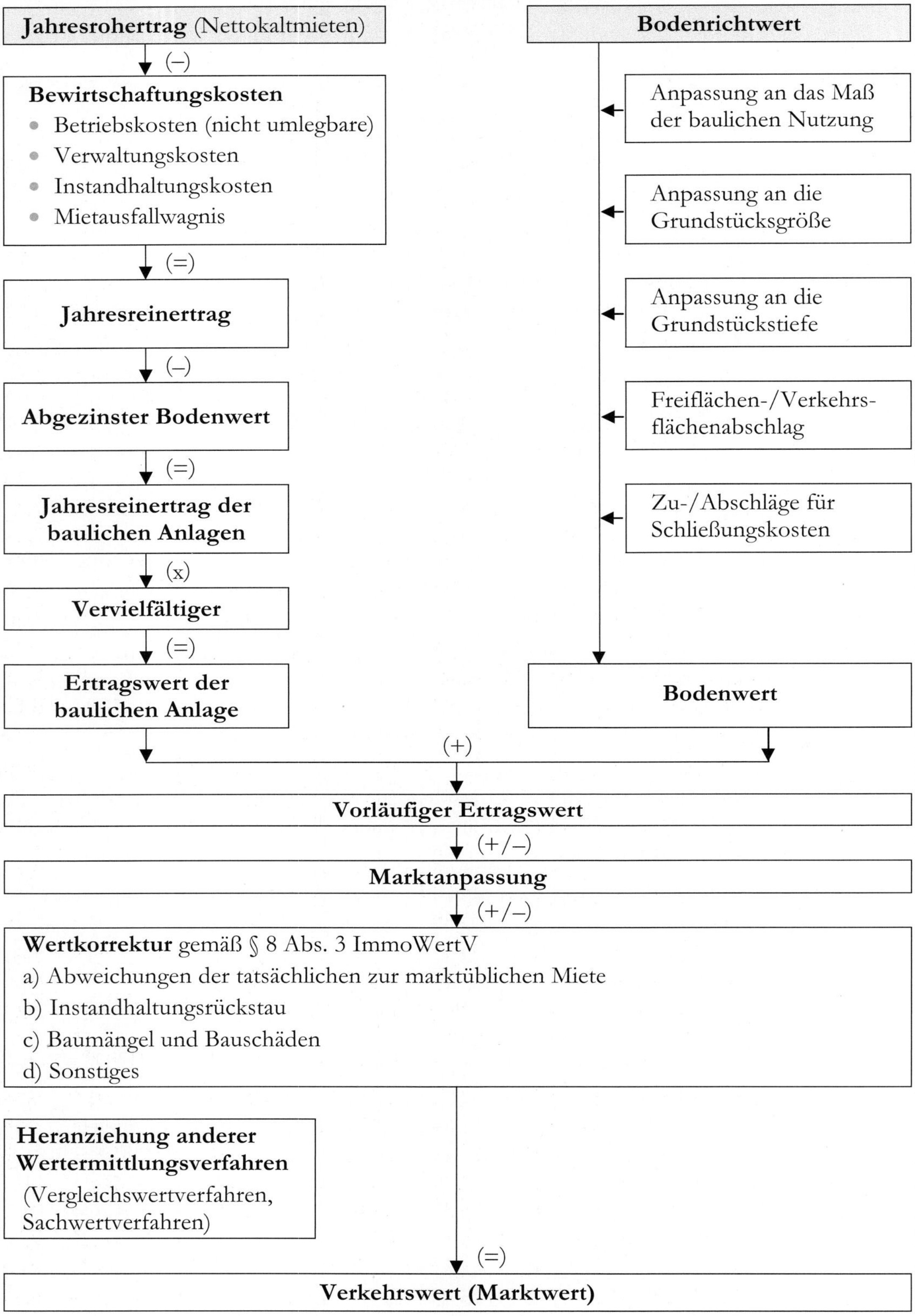

Vervielfältigertabelle gem. Anlage 1 ImmoWertV (Auszug)

= Liegenschaftszins => Grundstücksmarktbericht

Rest-nutzungs-dauer von … Jahren	bei einem Kapitalisierungszinssatz in Höhe von … Prozent										
	5	5,5	6	6,5	7	7,5	8	8,5	9	9,5	10
1	0,95	0,95	0,94	0,94	0,93	0,93	0,93	0,92	0,92	0,91	0,91
2	1,86	1,85	1,83	1,82	1,81	1,80	1,78	1,77	1,76	1,75	1,74
3	2,72	2,70	2,67	2,65	2,62	2,60	2,58	2,55	2,53	2,51	2,49
4	3,55	3,51	3,47	3,43	3,39	3,35	3,31	3,28	3,24	3,20	3,17
5	4,33	4,27	4,21	4,16	4,10	4,05	3,99	3,94	3,89	3,84	3,79
6	5,08	5,00	4,92	4,84	4,77	4,69	4,62	4,55	4,49	4,42	4,36
7	5,79	5,68	5,58	5,48	5,39	5,30	5,21	5,12	5,03	4,95	4,87
8	6,46	6,33	6,21	6,09	5,97	5,86	5,75	5,64	5,53	5,43	5,33
9	7,11	6,95	6,80	6,66	6,52	6,38	6,25	6,12	6,00	5,88	5,76
10	7,72	7,54	7,36	7,19	7,02	6,86	6,71	6,56	6,42	6,28	6,14
11	8,31	8,09	7,89	7,69	7,50	7,32	7,14	6,97	6,81	6,65	6,50
12	8,86	8,62	8,38	8,16	7,94	7,74	7,54	7,34	7,16	6,98	6,81
13	9,39	9,12	8,85	8,60	8,36	8,13	7,90	7,69	7,49	7,29	7,10
14	9,90	9,59	9,29	9,01	8,75	8,49	8,24	8,01	7,79	7,57	7,37
15	10,38	10,04	9,71	9,40	9,11	8,83	8,56	8,30	8,06	7,83	7,61
16	10,84	10,46	10,11	9,77	9,45	9,14	8,85	8,58	8,31	8,06	7,82
17	11,27	10,86	10,48	10,11	9,76	9,43	9,12	8,83	8,54	8,28	8,02
18	11,69	11,25	10,83	10,43	10,06	9,71	9,37	9,06	8,76	8,47	8,20
19	12,09	11,61	11,16	10,73	10,34	9,96	9,60	9,27	8,95	8,65	8,36
20	12,46	11,95	11,47	11,02	10,59	10,19	9,82	9,46	9,13	8,81	8,51
21	12,82	12,28	11,76	11,28	10,84	10,41	10,02	9,64	9,29	8,96	8,65
22	13,16	12,58	12,04	11,54	11,06	10,62	10,20	9,81	9,44	9,10	8,77
23	13,49	12,88	12,30	11,77	11,27	10,81	10,37	9,96	9,58	9,22	8,88
24	13,80	13,15	12,55	11,99	11,47	10,98	10,53	10,10	9,71	9,33	8,98
25	14,09	13,41	12,78	12,20	11,65	11,15	10,67	10,23	9,82	9,44	9,08
26	14,38	13,66	13,00	12,39	11,83	11,30	10,81	10,35	9,93	9,53	9,16
27	14,64	13,90	13,21	12,57	11,99	11,44	10,94	10,46	10,03	9,62	9,24
28	14,90	14,12	13,41	12,75	12,14	11,57	11,05	10,57	10,12	9,70	9,31
29	15,14	14,33	13,59	12,91	12,28	11,70	11,16	10,66	10,20	9,77	9,37
30	15,37	14,53	13,76	13,06	12,41	11,81	11,26	10,75	10,27	9,83	9,43
31	15,59	14,72	13,93	13,20	12,53	11,92	11,35	10,83	10,34	9,89	9,48
32	15,80	14,90	14,08	13,33	12,65	12,02	11,43	10,90	10,41	9,95	9,53
33	16,00	15,08	14,23	13,46	12,75	12,11	11,51	10,97	10,46	10,00	9,57
34	16,19	15,24	14,37	13,58	12,85	12,19	11,59	11,03	10,52	10,05	9,61
35	16,37	15,39	14,50	13,69	12,95	12,27	11,65	11,09	10,57	10,09	9,64
36	16,55	15,54	14,62	13,79	13,04	12,35	11,72	11,14	10,61	10,13	9,68
37	16,71	15,67	14,74	13,89	13,12	12,42	11,78	11,19	10,65	10,16	9,71
38	16,87	15,80	14,85	13,98	13,19	12,48	11,83	11,23	10,69	10,19	9,73
39	17,02	15,93	14,95	14,06	13,26	12,54	11,88	11,28	10,73	10,22	9,76
40	17,16	16,05	15,05	14,15	13,33	12,59	11,92	11,31	10,76	10,25	9,78
41	17,29	16,16	15,14	14,22	13,39	12,65	11,97	11,35	10,79	10,27	9,80
42	17,42	16,26	15,22	14,29	13,45	12,69	12,01	11,38	10,81	10,29	9,82
43	17,55	16,36	15,31	14,36	13,51	12,74	12,04	11,41	10,84	10,31	9,83
44	17,66	16,46	15,38	14,42	13,56	12,78	12,08	11,44	10,86	10,33	9,85
45	17,77	16,55	15,46	14,48	13,61	12,82	12,11	11,47	10,88	10,35	9,86

Beispiel zur Anwendung des Ertragswertverfahrens:
Baujahr: 1956; Liegenschaftszins: 5 %
4 Wohnungen je 74 m²; Miethöhe: 4,23 €/m²
4 Wohnungen je 93 m²; Miethöhe: 4,78 €/m²
8 Wohnungen je 80 m²; Miethöhe: 3,80 €/m²
Gesamtnutzungsdauer: 100 Jahre
Bodenrichtwert: 240,00 €/m²
Reparaturrückstau: 25.000,00 €
Grundstücksgröße: 888 m²
Bewirtschaftungskosten: 22 %

Jahresrohertrag:

4 WE · 74 m² · 4,23 €/m²	=	1.252,08 €
4 WE · 93 m² · 4,78 €/m²	=	1.778,16 €
8 WE · 80 m² · 3,80 €/m²	=	2.432,00 €
Summe	=	5.462,24 €
5.462,24 € · 12 Monate	=	65.546,88 €
gerundet	**=**	**65.547,00 €**

	Jahresrohertrag	65.547 €
–	Bewirtschaftungskosten 22 %	14.420 €
=	Jahresreinertrag aus Mieten	51.127 €
–	abgezinster Bodenwert (888 m² · 240 €/m²) · 5 %	10.656 €
=	Reinertrag der baulichen Anlagen	40.471 €
·	Vervielfältiger bei einer Restnutzungsdauer von ca. 43 Jahren und einem Liegenschaftszinssatz von 5 %	17,55 €
=	Ertragswert der baulichen Anlage	710.266 €
+	Bodenwert	213.120 €
=	vorläufiger Ertragswert	923.386 €
–	Wertkorrektur durch Reparaturrückstau	25.000 €
=	Verkehrswert (Marktwert)	898.386 €
	Verkehrswert gerundet	900.000 €

Die Marktanpassung und die Heranziehung anderer Wertermittlungsverfahren wurden im Beispiel nicht berücksichtigt.

4.7 Weitere Wertermittlungsverfahren

Discounted-Cashflow-Verfahren (DCF)
Das Verfahren kommt in erster Linie zur Ermittlung eines Investitionswertes zur Anwendung. Darüber hinaus kommt es in den Fällen zur Anwendung, in denen es um die Verkehrswertermittlung von Grundstücken geht, die als Investitionsobjekte gehandelt werden und bei denen Kapitalanleger ihre Investition im direkten Vergleich zu anderen Kapitalanlagen tätigen. Dieses Verfahren ist nicht in der ImmoWertV geregelt.

Liquidationswertverfahren
Hierunter ist ein Wertermittlungsverfahren für Grundstücke zu verstehen, bei denen ein Abriss der baulichen Anlagen, insbesondere aufgrund ihrer Baufälligkeit oder Unwirtschaftlichkeit, geboten bzw. in absehbarer Zeit zu erwarten ist. Die ImmoWertV enthält keine eigenständigen Regelungen zum Liquidationswertverfahren.

Aufgaben

Aufgaben zu Kapitel 1

1 Sollte in einem Inserat auf ein bestehendes Mietverhältnis hingewiesen werden? Ist es möglich, in einem Inserat auf eine anfallende Provision hinzuweisen? Wenn ja, wie muss dies dargestellt werden?

2 Ein Makler hat verschiedene Angebote von Eigentümern, die ihr Grundstück verkaufen wollen, aus Zeitungsanzeigen übernommen und diese Angebote potenziellen Kaufinteressenten vorgelegt. Keiner der Eigentümer hat eine Ahnung von den Aktivitäten des Maklers. Trotzdem entschließt sich einer von ihnen, an einen vom Makler nachgewiesenen Interessenten zu verkaufen. Daraufhin verlangt der Makler von dem Käufer die vereinbarte Provision.

a) Prüfen Sie, ob in dem vorliegenden Fall die Voraussetzungen für einen Provisionsanspruch erfüllt sind.
b) Prüfen Sie, ob das Verhalten des Maklers gegen gesetzliche Bestimmungen verstößt. Sollte dies der Fall sein, nennen und erläutern Sie die daraus resultierenden Konsequenzen, die dem Makler drohen können.

3 Makler A übersendet dem Kunden K ein Exposé über eine Villa in Hamburg. Als Kaufpreis sind 500.000 € angegeben. In dem Exposé weist der Makler A darauf hin, dass der Käufer K bei Abschluss des Kaufvertrages an ihn eine Maklerprovision in Höhe von 6 % des Kaufpreises zu zahlen habe. Der Kunde K meldet sich daraufhin nicht mehr. Nach drei Monaten stellt Makler A durch eine Grundbucheinsicht fest, dass der Kunde X das von ihm nachgewiesene Objekt durch einen notariellen Kaufvertrag, der zehn Tage nach der Übersendung des Exposés beurkundet worden ist, erworben hat.
Hat der Makler A einen Anspruch auf eine Provision?

4 Ein Makler A übersendet dem Kunden K ein Exposé über eine Villa in Hamburg, ohne dass im Exposé die genaue Lage des Objektes angegeben ist. Der Kunde K meldet sich zurück und wünscht die Durchführung einer Besichtigung. Hierbei erfährt er, dass das angebotene Objekt in der Mühlenstraße 14 liegt. Der Kunde K weist umgehend darauf hin, dass er dieses Objekt bereits von einem anderen Makler B angeboten bekommen und besichtigt hat. Der Kunde kauft das Objekt ohne weitere Einschaltung des Maklers B drei Wochen später.
Welche Provisionsansprüche sind hierbei entstanden?

5 Der Kunde K befindet auf der Suche nach einer Eigentumswohnung und unterzeichnet beim Makler A eine vorgedruckte Erklärung, in der er sich verpflichtet, die ihm von dem Makler A benannte Eigentumswohnung zu einem Betrag von 165.000 € zuzüglich 9.900 € Festprovision nebst Umsatzsteuer zu erwerben. Für den Fall, dass der Kunde K den notariellen Kaufvertrag nicht abschließt, erklärt sich dieser in derselben Erklärung bereit, dem Makler A einen Pauschalschadensersatz in Höhe von 4.500 € zu zahlen. Der Kunde erwirbt das Objekt.
Steht dem Makler A eine Provision zu?

6 Der Makler A hat mit seinem Kunden K einen Vertrag über den Nachweis eines Mietwohnhauses in Berlin geschlossen und mit ihm eine Provisionszahlung vereinbart. Aufgrund des Nachweises durch den Makler A nimmt der Kunde K Vertragsverhandlungen mit dem Veräußerer V auf. Die Verhandlungen enden ohne Ergebnis, weil die Parteien sich nicht auf einen Kaufpreis einigen konnten. Kurze Zeit später wird ein Zwangsversteigerungstermin einberaumt. Der Makler A informiert seinen Kunden K über den Termin, begleitet ihn bei diesem Termin und berät ihn. Der Kunde K erhält bei der Zwangsversteigerung den Zuschlag.
Steht dem Makler A eine Provision zu?

7 Der Kunde K will sein Einfamilienhaus verkaufen. Er unterzeichnet bei dem Makler A einen Formularvertrag. Dieser trägt die Überschrift „Alleinauftrag für Grundstückskäufer". Vereinbart wird eine Maklergebühr in Höhe von 2,28 % einschließlich Umsatzsteuer. Auf der letzten Seite des Formularvertrages heißt es:

> „Bei einem Eigenverkauf ohne Mitwirkung des Maklers zahlt der Auftraggeber an den Makler eine Provision in Höhe von … zuzüglich gesetzlicher Umsatzsteuer, berechnet auf den erzielten Kaufpreis laut Notarvertrag."

Kurz nach der Unterzeichnung des Makler-Alleinauftrages verkauft der Kunde K ohne Mitwirkung des Maklers A das Grundstück.
Steht dem Makler A ein Provisionsanspruch zu?

8 Der Makler A ist der Verwalter einer Wohnungseigentumsanlage gem. § 27 WEG. Der Eigentümer E hat den Makler weiterhin damit beauftragt, die Verwaltung für die im Sondereigentum stehende Wohnung durchzuführen. Diese Wohnung ist vermietet. Der Eigentümer E sucht allerdings einen neuen Mieter und beauftragt den Makler A, ihm einen solventen und seriösen Mieter zu vermitteln.
Daraufhin schließt Makler A mit dem Mieter M einen Maklervertrag ab, in dem sich dieser verpflichtet, bei der Anmietung der Wohnung eine Provision in Höhe von zwei Monatsmieten an den Makler A zu zahlen.
Steht dem Makler A eine Provision zu?

9 Der Makler A ist Verwalter einer Wohnungseigentumsanlage und in dieser Eigenschaft verpflichtet, dem Verkauf von Eigentumswohnungen zuzustimmen. Bei dem Verkauf einer Wohnung in der Eigentumsanlage schließen Verkäufer V und Käufer K einen notariellen Kaufvertrag ab, in dem es heißt:

> „Maklerprovision: Dieser Kaufvertrag ist durch den Makler A vermittelt worden. Der Verkäufer V verpflichtet sich, dem Makler A eine Vermittlungsprovision in Höhe von 8.000 € zu zahlen. Dem Makler A soll aus dieser Vereinbarung ein unmittelbarer direkter Zahlungsanspruch gegenüber dem Käufer K zustehen."

Steht dem Makler A eine Provision zu?

10 Der Makler A übersendet dem Kunden K ein Exposé über ein zum Verkauf stehendes Einfamilienhaus. In dem Exposé wird auf die Provisionsforderung des Maklers A hingewiesen. Der Kunde K meldet sich bei dem Makler A und bittet unter Hinweis auf das ihm übersandte Exposé um die Vereinbarung eines Besichtigungstermins. Der Besichtigungstermin wird daraufhin durchgeführt. Der Kunde K kommt mit dem Freund F, der an der Besichtigung teilnimmt. Vier Wochen später kauft der Freund F das Einfamilienhaus.
Steht dem Makler A eine Provision zu?

11 Nennen Sie zwei Gründe, warum für die Maklertätigkeit eine Gewerbeerlaubnis erforderlich ist.

12 Nennen Sie, die Unterlagen, die bei der Beantragung der Gewerbeerlaubnis beigebracht werden müssen.

13 Erläutern Sie unter welchen Voraussetzungen diese Erlaubnis erteilt wird.

14 Nennen Sie die Unterschiede zwischen einem „einfachen Alleinauftrag" und einem „qualifizierten Alleinauftrag".

15 Erläutern Sie, in welchen Fällen ein Maklervertrag notariell beurkundet werden muss.

16 Erläutern Sie fünf Funktionen, die ein Maklerexposé erfüllen soll.

17 Lesen Sie die folgende Anzeige. Ist diese Anzeige wettbewerbswidrig? Wenn ja, erläutern sie Ihre Aussage.

> **ZU VERMIETEN:**
> Luxus-Penthouse-Wohnung
> Citylage, nicht vermietet, Einzug sofort möglich,
> 140 m² Wohnfläche,
> Monatsmiete: 8 €/m² + 200 € Betriebskostenpauschale, provisionsfrei!
> Für telefonische Anfragen wählen Sie: **030 4587980**

18 Ein Makler vermittelt einen Mietvertrag (Neubauwohnung). Als monatlicher Mietzins fällt ein Betrag in Höhe von 420 € zuzüglich einer Betriebskostenpauschale von 180 € an. Welchen Betrag muss der provisionspflichtige Mieter dem Makler überweisen? Nennen Sie die gesetzliche Grundlage.

19 Ein Makler wird von einem Eigentümer mit dem Verkauf eines Mehrfamilienhauses beauftragt. Dem Makler entstehen im Rahmen seiner Tätigkeit Kosten für verschiedene Zeitungsanzeigen, Exposés, Besichtigungen etc. in Höhe von 2.000 €. Trotz der Bemühungen kann der Makler keinen Interessenten nachweisen. Unter welchen Voraussetzungen kann der Makler von seinem Auftraggeber verlangen, ihm die entstandenen Kosten zu ersetzen? Nennen Sie die gesetzliche Grundlage.

20 Einem Makler gehört eine Eigentumswohnung. Er entschließt sich, diese zu verkaufen und findet auch einen Käufer für die Wohnung. Besitzt der Makler einen Anspruch auf eine Provision, die er gegenüber dem Käufer geltend machen kann? Wenn ja, begründen Sie Ihre Entscheidung.

21 Ein Kaufinteressent beauftragt einen Makler ihm eine Eigentumswohnung nachzuweisen. Bei der nachgewiesenen Wohnung handelt es sich um eine erst kürzlich in Wohneigentum umgewandelte Mietwohnung. Nach Abschluss des Kaufvertrages macht der in der Wohnung lebende Mieter von seinem gesetzlichen Vorkaufsrecht gem. § 577 BGB Gebrauch. Erläutern Sie, ob der Makler gegenüber dem Mieter einen Provisionsanspruch besitzt.

22 Nennen Sie gesetzliche Bestimmungen und Verordnungen, die ein Makler bei der Ausübung seiner Tätigkeit beachten muss.

23 Ein Makler bietet im Internet ein Einfamilienhaus an. Daraufhin kontaktiert ein Interessent den Makler, um einen Besichtigungstermin zu vereinbaren. Der Makler teilt dem Interessenten die Adresse mit und erklärt ihm, dass das Grundstück jederzeit mit dem Nachbarn besichtigt werden kann. Weitere Vereinbarungen werden nicht getroffen. Bei der Besichtigung trifft der Interessent zufällig den Eigentümer des Einfamilienhauses. Beide Parteien können sich über den Kaufpreis einigen. Der Eigentümer informiert den Makler umgehend darüber, dass er selbst einen Kaufinteressenten gefunden hat und nennt diesen gegenüber dem Makler namentlich. Nach der Beurkundung des Kaufvertrages verlangt der Makler vom Käufer die vereinbarte Provision. Der Käufer weigert sich allerdings, diese zu zahlen. Erläutern Sie an allen Voraussetzungen, ob der Makler in diesem Fall einen Provisionsanspruch hat.

24 Begründen Sie, warum die nachfolgend dargestellten Auszüge aus Zeitungsanzeigen wettbewerbswidrig sind.

a) „Die Miete beträgt 7 €/m² + Nebenkosten“
b) „Eigentumswohnung zu verkaufen, KP 150.000 €, Müller IVD“
c) „Noch zu vermessendes Grundstück, ca. 600 m², KP ca. 220.000 €“
d) „Wohnung zu verkaufen, KP 180.000 €, provisionsfrei, Makler Hans Meier“
e) „Nutzen Sie unsere kompetente Steuer- und Rechtsberatung“

f) „Eigentumswohnung, 80 m^2, notarieller Festpreis 170.000 €“
g) „Provisionsfreie Besichtigung jederzeit möglich“
h) „Baugrundstück, 700 m^2, KP 120.000 €, günstige Finanzierung“
i) „Eigentumswohnung zu verkaufen, KP 120.000 € + Einbauküche 3.000 € + Stellplatz 5.000 €“

25 Mit welcher der nachfolgend genannten Personen kann der Makler einen provisionspflichtigen Maklervertrag schließen?
a) Mieter einer öffentlich geförderten Wohnung
b) Vermieter einer öffentlich geförderten Wohnung
c) Mieter einer freifinanzierten Wohnung
d) Vermieter einer freifinanzierten Wohnung
e) Mieter eines Gewerberaumes in einem Sanierungsgebiet

26 Der Makler hat seinen Auftraggeber überzeugt, ihm einen qualifizierten Alleinauftrag zu erteilen. Dies soll jetzt vertraglich fixiert werden. Dazu möchte der Makler einen von ihm entworfenen Formularvertrag verwenden. Erläutern Sie, ob dies möglich ist.

27 Sie erhalten von einem Ihrer Mitarbeiter den Entwurf einer Zeitungsanzeige. Ist der vorliegende Entwurf rechtlich zulässig?

> **Vertrauen Sie uns!**
> Kein anderer Anbieter ist kompetenter als wir!
> Ein- und Mehrfamilienhäuser zum Kauf.
> Hochklassige Wohnanlage (Neubau), lediglich noch 7 Häuser verfügbar!
> Interesse? Dann fordern Sie unser Exposé an!
> Oder vereinbaren Sie umgehend einen Besichtigungstermin.
>
> 15 % Rabatt bei einem Kauf vor dem 01.10.20XX
> KP 1.500 €/m^2 Wohnfläche
> Provision 5 % zuzüglich Umsatzsteuer
> Müller GMBH, Tel.: 030 8746548

28 Grenzen Sie die folgenden Begriffe voneinander ab.
a) Nachweismakler
b) Vermittlungsmakler
c) Gelegenheitsmakler

29 Nehmen Sie Stellung zum gesetzlichen Leitbild der Maklertätigkeit. Erläutern Sie in diesem Zusammenhang die folgenden Begrifflichkeiten.
a) Drei-Parteien-Grundsatz
b) Echte Verflechtungen
c) Unechte Verflechtungen
d) Neutralitätsgrundsatz
e) Grundsatz der Abschlussfreiheit

30 Ist die folgende Aussage korrekt? Wenn nicht, stellen Sie die Aussage richtig.

> „Maklerverträge sind nur schriftlich wirksam und können auch nur durch schlüssiges Verhalten zustande kommen.“

31 Nennen Sie die Inhalte eines Maklervertrages.

32 Nennen Sie die Nebenpflichten eines Auftraggebers.

33 Skizzieren Sie kurz den typischen Aufbau eines Exposés.

Aufgaben zu Kapitel 3

34 Erläutern Sie die Aufgaben der Marktforschung.

35 Definieren Sie die Begriffe „Marktpotenzial“ und „Absatzpotenzial“.

36 Was versteht man unter Konkurrenzforschung?
Erläutern Sie diesen Begriff und führen Sie anhand eines selbst gewählten Beispiels genauer aus, warum diese Art der Marktforschung bedeutsam ist.

37 Unterscheiden Sie die Begriffe „Primärforschung“ und „Sekundärforschung“. Nennen Sie jeweils drei Methoden, mit denen Unternehmen diese Forschungen durchführen können.

38 Erläutern Sie die Zusammenhänge zwischen den Begriffen „Panel“ und „Omnibusbefragung“.

39 Begründen Sie anhand eines Beispiels den engen Zusammenhang zwischen einer Marktanalyse und einer Marktbeobachtung.

40 Befragungen können schriftlich, telefonisch, persönlich und online durchgeführt werden. Nennen Sie jeweils Vor- und Nachteile der angesprochenen Möglichkeiten.

41 Erkundungsauftrag:
Informieren Sie sich, wie in Ihrem Ausbildungsbetrieb Marktforschung betrieben wird, und beantworten Sie in diesem Zusammenhang folgende Fragen:
a) Gibt es in Ihrem Betrieb eine eigene Abteilung, die nur die Aufgabe der Marktforschung besitzt?
b) Mit welchen Fragestellungen hat sich Ihre Marktforschung bzw. eine von Ihrem Betrieb beauftragte Marktforschung in der letzten Zeit befasst?
c) Wenn Sie keine Marktforschung in Ihrem Ausbildungsbetrieb betreiben, worin liegen nach Ihrer Meinung neben dem Kostenargument die Gründe dafür?

42 Sie möchte Informationen über Kunden, Konkurrenz und wirtschaftliche Rahmenbedingungen einholen. Welche Methode der Marktforschung schlagen Sie in Abhängigkeit des jeweiligen Zieles vor? Begründen Sie Ihre Entscheidung.

43 Der idealtypische Produktlebenszyklus:
a) Nennen und erläutern Sie die verschiedenen Phasen eines Produktlebenszyklus.
b) Finden Sie zu jeder der Phasen Beispiele aus der Realität.
c) Beschreiben Sie die Kundengruppen, die in den verschiedenen Phasen seines Produktlebenszyklus vermehrt nachfragen.
d) Erklären Sie, warum der Produktlebenszyklus auch für Immobilienunternehmen wichtig ist.

44 Definieren Sie die Begriffe Produktinnovation, -variation und -elimination.

45 Welches Ziel verfolgen Unternehmen mit der Kommunikationspolitik?

46 Welche Instrumente gehören zur Kommunikationspolitik?

47 Welche Werbemaßnahmen gehören zur Absatzwerbung?

48 Was soll mithilfe von Werbung für das Unternehmen erreicht werden?

49 Was versteht man unter Einzel- bzw. Kollektivwerbung?

50 Unterscheiden Sie:
a) Gemeinschaftswerbung
b) Sammelwerbung
c) Verbundwerbung

51 Unterscheiden Sie:
a) Werbebotschaft
b) Werbemittel
c) Werbeträger

52 Geben Sie fünf Beispiele an, welche Werbeträger und Werbemittel Sie aus Ihrem Ausbildungssortiment bezogen auf die jeweilige Zielgruppe verwenden würden. Begründen Sie Ihre Entscheidung.

53 Sammeln Sie Beispiele von Werbungen Ihrer Ausbildungsbetriebe und stellen Sie diese in Ihrer Klasse vor. Erläutern Sie, welche Zielgruppe mit dieser Werbung angesprochen werden sollte und inwieweit das Ihrem Ausbildungsbetrieb bzw. dem Hersteller Ihrer Meinung nach gelungen ist.

54 In den Medien wird häufig vor den Gefahren der Werbung gewarnt. Worin sehen Sie die Gefahren der Werbung und wie schätzen Sie ihre Bedeutung für den Verbraucher ein? Inwieweit sind Sie selbst schon durch Werbung in „Gefahr" gekommen?

55 Sie sollen für Ihre Kunden einen Werbebrief schreiben, in dem Sie auf neue Wohnungsbestände Ihres Ausbildungsbetriebs aufmerksam machen.
a) Aufgrund welcher Informationen wählen Sie die Kundenadressen aus?
b) Schreiben Sie diesen Brief unter Berücksichtigung der DIN 5008.

56 Die AIDA-Formel spielt für eine erfolgreiche Werbung eine große Rolle. Erläutern Sie diese Formel anhand eines selbst verfassten Beispiels.

57 Beschreiben Sie zusammenfassend, wie eine Werbeerfolgskontrolle durchgeführt werden kann und welche grundsätzlichen Probleme hierbei auftreten können.

58 Erläutern Sie kurz, wie in Ihrem Ausbildungsbetrieb die Werbeerfolgskontrolle durchgeführt wird.

59 Welche Daten geben Aufschluss über den Erfolg einer Werbeaktion?

60 In welchem Fall kann selbst eine Umsatzstagnation eine Folge erfolgreicher Werbung sein?

61 Nennen und erklären Sie:
a) Welche Kennzahl gibt an, wie hoch die Kosten für einen Werbeträger sind?
b) Wie wird diese Kennzahl berechnet?

62 Ein Immobilienunternehmen möchte eine Werbeanzeige in einer Zeitung aufgeben. Folgende Angebote liegen vor:

	Zeitung A	**Zeitung B**
Auflage	450.000 Leser/Ausgabe	820.000 Leser/Ausgabe
Seitenpreis	15.890 €/Seite	21.750 €/Seite

a) Entscheiden Sie rechnerisch begründet, welche Zeitung aus Kostensicht zu empfehlen ist.
b) Geben Sie drei weitere Entscheidungskriterien an, die neben der Kostenprüfung Einfluss auf die Auswahl der Zeitung haben sollten.

63 Erklären Sie den Unterschied zwischen ökonomischer und außerökonomischer Werbeerfolgskontrolle.

64 Sie werden beauftragt, zur Umsatzsteigerung im Absatzgebiet Hamburg/Schleswig-Holstein eine Werbung zu konzipieren, deren Streukreis möglichst geringe Streuverluste aufweist. Welche Werbeträger würden Sie für diese Werbung vorschlagen?

65 Erläutern Sie mit eigenen Worten die Werbegrundsätze „Werbewirksamkeit", „Werbeklarheit" und „Werbewahrheit".

66 Unternehmen achten bei der Gestaltung von Werbung unter anderem auch auf die gesellschaftliche Akzeptanz von Werbung. Was verstehen Sie unter diesem Werbegrundsatz?

67 Die Werbebranche hat freiwillig ein Kontrollgremium installiert, den deutschen Werberat. Welche Aufgaben übernimmt diese Institution?

Aufgaben zu Kapitel 4

68 Grenzen Sie die folgenden Begriffe voneinander ab.
a) Sachwert
b) Ertragswert
c) Vergleichswert
d) Verkehrswert

69 Erklären Sie das Ertragswertverfahren und nennen Sie die relevanten gesetzlichen Bestimmungen.

70 Erklären Sie die Wertermittlung im Ertragswertverfahren und nennen Sie die relevanten gesetzlichen Bestimmungen.

Lernfeld 11 Immobilien finanzieren

1 Finanzierungsarten

1.1 Besonderheiten der Immobilien- und Baufinanzierung

Der Kauf von Immobilien und Grundstücken, Investitionen in Neubauvorhaben sowie das Bauen im Bestand werden in der Regel mit Eigen- und Fremdkapital finanziert. Der Eigenkapitalanteil ist aufgrund der hohen Investitionssumme häufig geringer als der Fremdkapitalanteil. Dem Investor bzw. Bauherrn stehen verschiedene Möglichkeiten der Finanzierung zur Verfügung. Die bekannteste Form der Finanzierung ist die Aufnahme eines Bankdarlehens. Zunehmend stehen dem Investor für größere Bauvorhaben auch alternative Möglichkeiten der Finanzierung offen, wie z. B. Immobilienfonds.

Die Vorbereitung der Immobilien- und Baufinanzierung ist umfangreicher als bei der Finanzierung anderer Investitionen, z. B. beim Kauf eines Autos. Das hat seine Ursache in verschiedenen Gegebenheiten. So handelt es sich beispielsweise um ein sehr komplexes Vorhaben. Faktoren wie Grundstückspreis und Baukosten gilt es exakt zu ermitteln. Da die Kosten von Projekt zu Projekt unterschiedlich sind, werden detaillierte und speziell auf das Vorhaben zugeschnittene Kalkulationen notwendig.

Weiterhin gilt es, sich einen Überblick über das zur Finanzierung zur Verfügung stehende Eigenkapital und die Kosten für die Fremdfinanzierung zu verschaffen. Auch sollten alle vorhandenen staatlichen und kommunalen Fördermöglichkeiten vorab genau geprüft werden.

Das Lernfeld 11 – Immobilien finanzieren – vermittelt Ihnen praxisbezogenes Wissen über:

- die Finanzierungsarten
- den Weg zum Kredit
- die Auswahl der geeigneten Finanzierung
- die Fördermittel und die steuerliche Behandlung der Investition
- die Aufstellung eines Finanzierungsplanes
- die Wirtschaftlichkeitsberechnungen

Weitere hilfreiche Tipps, z. B. für schnelle Zinsberechnungen, Links zu Fördermitteln und Kreditinstituten, finden Sie auch im Internet auf der Seite „Wohnungswirtschaft im Netz" (www.wowi.de).

1.2 Klassische Finanzierung

Die wohl bekannteste Form der Finanzierung von Immobilien und Bauvorhaben sind Darlehen von Banken. Diese klassische Finanzierung wird in der Regel angewendet bei

- dem Erwerb von Eigentumswohnungen und Eigenheimen,
- der Errichtung, Instandhaltung und Modernisierung von Wohnbauten sowie
- der Errichtung und Modernisierung kleinerer und mittlerer Gewerbeobjekte.

Für große Investitionen im Büro- und Gewerbebereich sowie Sonderbauvorhaben, wie z. B. Einkaufszentren, wird häufig auf alternative Formen der Finanzierung zurückgegriffen.

Partner der Finanzierung sind beispielsweise:

- Sparkassen
- Volks- und Raiffeisenbanken
- Bausparkassen
- Hypothekenbanken
- Geschäftsbanken

Grundsätzlich ist auf ein ausgewogenes Verhältnis von Eigenkapital zu Fremdkapital zu achten. Dieses hängt von den persönlichen Voraussetzungen des Darlehensnehmers oder des investierenden Unternehmens ab.

Als **„Goldene Regel" der Finanzierung** für den Erwerb von Wohneigentum zur Eigennutzung gilt, dass der Eigenkapitalanteil 20 % bis 30 % betragen soll. So soll sichergestellt werden, dass die monatliche Belastung durch Zinsen und Tilgung tragbar ist.

Umgangssprachlich werden die Begriffe Darlehen und Kredit häufig synonym benutzt. Sie unterscheiden sich allerdings im Hinblick auf ihre Laufzeit und die Höhe der Darlehens- bzw. Kreditsumme. Grundsätzlich wird unterteilt in kurz-, mittel- und langfristige Kredite.

Kurzfristige Kredite
Wichtigste Vertreter sind der Kontokorrent- und Avalkredit. Sie werden in der Unternehmensfinanzierung eingesetzt, um kurzfristige Liquiditätslücken zu überbrücken, beispielsweise, wenn die Zahlungen von Kunden noch nicht eingegangen, jedoch Gehälter und Sozialabgaben zu zahlen sind. Die Inanspruchnahme von kurzfristigen Krediten sollte aufgrund der hohen Zinsen eine Ausnahme darstellen. Kurzfristige Kredite, wie z. B. die Inanspruchnahme eines Kontokorrentkredits, haben in der Regel eine Laufzeit von maximal einem Jahr. Diese Kreditart findet bei der Finanzierung von Immobilien- und Bauinvestitionen keine Anwendung.

Mittel- und langfristige Kredite
Mittel- und langfristige Kredite werden als Darlehen bezeichnet. Wichtigster Vertreter ist das Annuitätendarlehen. Darlehen spielen nicht nur in der Immobilien- und Baufinanzierung eine wichtige Rolle. Auch bei der Unternehmensfinanzierung kommen sie regelmäßig zum Einsatz, z. B. um einen eingeschlagenen Expansionskurs oder neue Maschinen und Anlagen zu finanzieren.

1.2.1 Annuitätendarlehen

Das **Annuitätendarlehen** ist die am häufigsten gewählte Art der Immobilien- und Baufinanzierung. Zwischen dem Darlehensgeber (Bank) und dem Darlehensnehmer (Investor/Bauherr) wird dazu ein Vertrag geschlossen. Finanztechnisch werden folgende Vereinbarungen getroffen:
- Höhe des Zinssatzes (Sollzins und effektiver Jahreszins)
- Dauer der Zinsbindung
- Höhe des Auszahlungsbetrages des Darlehens
- anfänglicher Tilgungssatz
- Kreditnebenkosten (Gebühren)

Charakteristisch für das Annuitätendarlehen (abgeleitet aus dem Lateinischen annus = Jahr) ist ein jährlich gleichbleibender Kapitaldienst (= finanzielle Gesamtbelastung des Darlehensnehmers), welcher sich aus den Zinsen und der Tilgung zusammensetzt.

Zur Rückzahlung des Darlehens dient die **Tilgung**. Beim Annuitätendarlehen beträgt der anfängliche Tilgungssatz mindestens 1 % pro Jahr. Je höher der anfängliche Tilgungssatz, desto höher ist die monatliche Belastung. Insgesamt gesehen steigen jedoch die Gesamtkosten für das Darlehen, wenn ein geringer Tilgungssatz gewählt wird, da in diesem Fall die Tilgungsphase länger ist und somit insgesamt eine höhere Zinsbelastung erfolgt. Bei einem Tilgungssatz von 1 % braucht der Darlehensnehmer ca. 30 Jahre zur Rückzahlung des Darlehens.

Einen besonderen Fall stellt die **Sondertilgung** dar. Sie kann zusätzlich zu den vereinbarten Zahlungsraten in Anspruch genommen werden, sofern dies im Kreditvertrag oder den AGB vereinbart wurde. Der Darlehensnehmer erhält dann die Möglichkeit, einmal pro Jahr einen prozentualen Betrag der ursprünglichen Darlehenssumme zu zahlen, für den keine weiteren Kosten (z. B. Zinsen) anfallen. Die Höhe der Sondertilgung ist abhängig vom Kreditinstitut sowie vom jeweiligen Vertrag und kann bei bis zu 10 % liegen. Wichtig ist, dass der Darlehensnehmer die Sondertilgung, auch wenn sie vereinbart ist, gar nicht bzw. nicht jedes Jahr in Anspruch nehmen muss. Wird sie genutzt, so kann der Darlehensnehmer jedes Mal frei wählen, ob er z. B. die vollen 10 % einzahlen möchte oder nur 5,5 %.

Das Zahlen einer Sondertilgung ist deshalb interessant, weil der gezahlte Betrag direkt von der noch offenen Darlehenssumme abgezogen wird. Somit verringern sich die zu zahlenden Zinsen.

Beabsichtigt der Darlehensnehmer, von der Sondertilgung Gebrauch zu machen, so sollte er bei Abschluss des Darlehensvertrages auch darauf achten, dass er eine Klausel vereinbart, die eine Vorfälligkeitsentschädigung ausschließt.

Beispiel:
Ein Darlehen über 100.000,00 € wird in monatlich gleichbleibenden Raten zurückgezahlt. Der Zinssatz beträgt 5 % p. a. und die anfängliche Tilgung 1 %. Der Tilgungsplan für die ersten zwei Monate sieht wie folgt aus:

Tilgungsplan (in €)

Monat	Schuld Monatsbeginn	Zinsen	Tilgung	Annuität (Zins + Tilgung)	Restschuld
1	100.000,00	416,67	83,33	500,00	99.916,67
2	99.916,67	416,32	83,68	500,00	99.832,99

Mit jeder Rate wird bei gleichbleibender Annuität die Schuld geringer und die Zinsen sind nur noch auf die Restschuld zu zahlen. Der Tilgungsbetrag steigt demzufolge an.

Zur Absicherung eines Annuitätendarlehens wird in das Grundbuch eine Schuld eingetragen. Dabei wird die Zinsbindung meist nicht über die gesamte Laufzeit festgeschrieben, sondern über 5 bis 15 Jahre. Damit ist es dem Darlehensnehmer möglich, von eventuellen Zinssenkungen nach Ablauf der Laufzeit zu profitieren. Es ist aber auch eine vom Kapitalmarkt vorgenommene Zinserhöhung möglich. In der derzeitigen Niedrigzinsphase (Stand 2014) ist es sinnvoll, eine langfristige Zinsfestschreibung zu wählen. Hierbei sind aber die Angebote der Banken sorgfältig zu prüfen, da für längere Zinsbindungen meistens Zuschläge zum Zins erfolgen.

Im Darlehensvertrag wird außerdem der Auszahlungsbetrag vereinbart. Das **Damnum** oder **Disagio** ist ein Abschlag auf die Höhe des auszuzahlenden Betrages und stellt eine Vorauszahlung auf die Zinsen dar.

Der vereinbarte **Sollzins** ist die vereinbarte Grundgröße der Zinsen. Er dient zur Berechnung der Zinsrate und bleibt über die gesamte vereinbarte Laufzeit unverändert.

Der **effektive Jahreszins** (Effektivzins) beinhaltet – neben dem Sollzins – alle mit dem Darlehen verbundenen Gesamtkosten, wie z. B. für
- Geschäftsbanken,
- Zinsen,
- Disagio,
- Bearbeitungsgebühren,
- Darlehensvermittlungskosten sowie
- Restschuldversicherung.

Der effektive Jahreszins bezieht sich auf den Zeitraum der Zinsbindung. Er wird nach der Preisangabenverordnung (PAngV) berechnet und macht es dem Darlehensnehmer möglich, Kreditangebote verschiedener Anbieter realistisch zu vergleichen.

Formel zur Berechnung des effektiven Jahreszinses:

$$\text{effektiver Jahreszins (\%)} = \frac{\text{Kreditkosten}}{\text{Nettodarlehensbetrag}} \cdot \frac{24}{\text{Laufzeit in Monate} + 1} \cdot 100$$

Beispiel:
Die in der Tabelle angegebenen Ausgangsdaten liegen Ihnen vor. Berechnen Sie den effektiven Jahreszins.

Ausgangsdaten	
Darlehensbetrag	100.000,00 €
Zinssatz (p. a.)	3 %
Laufzeit (Monate)	60
Bearbeitungsgebühr	1 %

Lösung:

$$\text{effektiver Jahreszins (\%)} = \frac{16.000{,}00\ €}{100.000{,}00\ €} \cdot \frac{24}{60 + 1} \cdot 100 = 6{,}30\ \%$$

Berechnung der Kreditkosten:
3 % bezogen auf 100.000,00 € = 3.000,00 € (pro Jahr)
3.000,00 € · 5 Jahre (60 Monate) = 15.000,00 € (über die gesamte Laufzeit)
1 % Bearbeitungsgebühr = 1.000,00 €
Kreditkosten gesamt = 15.000,00 € + 1.000,00 € = 16.000,00 €

Wichtig:
Für die Beurteilung des günstigsten Kreditangebotes ist der effektive Jahreszins entscheidend, nicht der wesentlich günstigere Sollzins.

Beispiel Annuitätendarlehen:
Es besteht ein Finanzierungsbedarf in Höhe von 100.000,00 €. Der Zinssatz beträgt 3 %, die anfängliche Tilgung 1 %. Die Zinsbindung beträgt fünf Jahre. Die Auszahlungssumme beträgt 95 %. Damit dem Darlehensnehmer 100.000,00 € für seine Investition zur Verfügung stehen, muss er aufgrund der 95 %igen Auszahlung einen höheren Darlehensbetrag aufnehmen.

Tilgungsplan (in €)

Jahr	Schuld Jahresbeginn	Zinsen	Tilgung	Annuität (Zins + Tilgung)	Restschuld
1	105.263,15	3.157,89	1.052,63	4.210,52	104.210,52
2	104.210,52	3.126,32	1.084,20	4.210,52	103.126,32
3	103.126,32	3.093,79	1.116,73	4.210,52	102.009,59
4	102.009,59	3060,29	1.150,23	4.210,52	100.859,36
5	100.859,36	3.025,78	1.184,74	4.210,52	99.674,62

Am Ende der Zinsbindung beträgt die Restschuld 99.674,62 €.

Beispiel zur Beurteilung von Kreditangeboten:
Um ein vorliegendes Kreditangebot prüfen zu können, empfiehlt es sich für den Kreditnehmer, ein weiteres Angebot von einer anderen Bank einzuholen. Im Folgenden werden die Konditionen des Annuitätendarlehens aus dem zuvor aufgeführten Beispiel mit den folgenden Konditionen verglichen:

Bei dem 2. Angebot beträgt der Zinssatz 3,8 % und die anfängliche Tilgung 1 %. Die Zinsbindung beträgt fünf Jahre. Die Auszahlungssumme beträgt 100 %. Die Beurteilung erfolgt über den effektiven Jahreszins.

Berechnung des effektiven Jahrezinses (Angebot 1):

$$\text{effektiver Jahreszins (\%)} = \frac{15.789{,}47\ €}{105.263{,}15\ €} \cdot \frac{24}{60+1} \cdot 100 = 5{,}90\,\%$$

Berechnung des effektiven Jahreszinses (Angebot 2):

$$\text{effektiver Jahreszins (\%)} = \frac{19.000{,}00\ €}{100.000{,}00\ €} \cdot \frac{24}{60+1} \cdot 100 = 7{,}48\,\%$$

Beispiel Annuität:
Es wird eine Finanzierung in Höhe von 100.000,00 € benötigt. Die Bank bietet Ihnen die folgende Konditionen an.

Sollzins: 5 %
Tilgung: 1 %
Damnum: 4 %

Wie hoch ist die Gesamtbelastung im ersten Jahr durch Zinsen und durch Tilgung?

Zuerst muss die Höhe des Darlehensbetrages ermittelt werden, damit 100.000,00 € zur Verfügung stehen. Bei einer Auszahlung von 96 % sind das 104.166,66 €.

Zinsen	5.208,33 €
Tilgung	1.041,67 €
Summe	**6.250,00 €**

Bei der Prüfung von Darlehensangeboten muss auch betrachtet werden, wie hoch die tatsächliche Belastung ist, die durch die Annahme eines Angebots entsteht. Das geschieht über den Vergleich der ausgewiesenen effektiven Jahreszinse. Außerdem sollte geprüft werden, wie hoch die Restschuld am Ende der Zinsbindungsfrist ist. Bei einem Tilgungssatz von nur 1 % ist die Restschuld am Ende der Laufzeit wesentlich höher als bei einem Tilgungssatz von 2 oder 3 %.

Ist die Restschuld bekannt, sollte abschließend in jedem Fall auch eine Betrachtung des Zeitraumes nach Auslaufen der Zinsbindungsfrist vorgenommen werden. Welche monatliche Belastung entsteht beispielsweise, wenn nach dem Ende der gewählten zehnjährigen Zinsbindung mit einem erhöhten Zins von 5 % oder 6 % zu rechnen ist? Es ist sorgfältig zu prüfen, ob der Kredit auch dann noch zu schultern ist. Insbesondere der zuletzt genannte Aspekt wird in der derzeitigen Zinsniedrigphase häufig vernachlässigt.

Beispiel zum Vergleich von zwei Finanzierungsangeboten (vereinfacht):

Angebot 1:

Der Darlehensbetrag für ein Annuitätendarlehen beträgt 100.000 €. Der Zins beträgt 2 %. Die anfängliche Tilgungsrate beträgt 1 %. Wie hoch ist die Restschuld nach fünf Jahren? Wie hoch ist die jährliche Rate im sechsten Jahr, wenn der Zinssatz auf 5 % steigen würde?

Tilgungsplan während der Zinsfestschreibung (in €)

Jahr	Schuld Jahresbeginn	Zinsen	Tilgung	Annuität (Zins + Tilgung)	Restschuld
1	100.000,00	2.000,00	1.000,00	3.000,00	99.000,00
2	99.000,00	1.980,00	1.020,00	3.000,00	97.980,00
3	97.980,00	1.959,60	1.040,40	3.000,00	96.939,60
4	96.939,60	1.938,79	1.061,21	3.000,00	95.878,39
5	95.878,39	1.917,57	1.082,43	3.000,00	94.795,96

Tilgungsplan nach der Zinsfestschreibung (in €)

Jahr	Schuld Jahresbeginn	Zinsen	Tilgung	Annuität (Zins + Tilgung)	Restschuld
6	94.795,96	4.739,80	947,96	5.687,76	93.848,00

Angebot 2:

Der Darlehensbetrag für ein Annuitätendarlehen beträgt 100.000 €. Der Zins beträgt 2 %. Die anfängliche Tilgungsrate beträgt 3 %. Wie hoch ist die Restschuld nach fünf Jahren? Wie hoch ist die jährliche Rate im sechsten Jahr, wenn der Zinssatz auf 5 % steigen würde und die Tilgung nur noch 1 % beträgt?

Tilgungsplan während der Zinsfestschreibung (in €)

Jahr	Schuld Jahresbeginn	Zinsen	Tilgung	Annuität (Zins + Tilgung)	Restschuld
1	100.000,00	2.000,00	3.000,00	5.000,00	97.000,00
2	97.000,00	1.940,00	3.060,00	5.000,00	93.940,00
3	93.940,00	1.878,80	3.121,20	5.000,00	90.818,80
4	90.818,80	1.816,38	3.183,62	5.000,00	87.635,18
5	87.635,18	1.752,70	3.247,30	5.000,00	84.387,88

Tilgungsplan nach der Zinsfestschreibung (in €)

Jahr	Schuld Jahresbeginn	Zinsen	Tilgung	Annuität (Zins + Tilgung)	Restschuld
6	84.387,88	4.219,39	843,88	5.063,27	83.544,00

1.2.2 Tilgungsdarlehen

Bei einem Tilgungsdarlehen wird das Darlehen innerhalb der Laufzeit komplett zurückbezahlt. Der Darlehensnehmer zahlt in der Regel gleichbleibende Leistungsraten sowie Zinsen, die sich aus der Restschuld errechnen. Durch die stetige Verringerung der Restschuld sinken die zu zahlenden Zinsen. Allerdings kann die Rückzahlung auch durch unterschiedliche Beträge geschehen. Wenn die Tilgung durch unterschiedliche Beträge erfolgt, so muss das bereits im Darlehensvertrag vereinbart werden.

Beispiel:
Es wird ein Tilgungsdarlehen vereinbart. Das Darlehen beträgt 100.000,00 €. Der Zins beträgt 5 %. Die Laufzeit beträgt fünf Jahre. Das Darlehen wird in gleich großen Raten zu 20.000,00 € zurückgezahlt.

Wie hoch ist die Zinsbelastung in den fünf Jahren?

Tilgungsplan (in €)

Jahr	Schuld Jahresbeginn	Zinsen	Tilgung	Annuität (Zins + Tilgung)	Restschuld
1	100.000,00	5.000,00	20.000,00	25.000,00	80.000,00
2	80.000,00	4.000,00	20.000,00	24.000,00	60.000,00
3	60.000,00	3.000,00	20.000,00	23.000,00	40.000,00
4	40.000,00	2.000,00	20.000,00	22.000,00	20.000,00
5	20.000,00	1.000,00	20.000,00	21.000,00	0,00

Am Ende der Laufzeit hat der Darlehensnehmer Zinsen in Höhe von 15.000,00 € gezahlt.

Abwandlung des Beispiels:
Es wird ein Tilgungsdarlehen vereinbart. Das Darlehen beträgt 100.000,00 €. Der Zins beträgt 5 %. Die Laufzeit beträgt fünf Jahre. Das Darlehen wird am Ende des ersten Jahres zu 80 % zurückgezahlt. Der Rest wird am Ende der Laufzeit von fünf Jahren in einem Betrag zurückgezahlt.

Wie hoch ist die Zinsbelastung in den fünf Jahren?

Tilgungsplan (in €)

Jahr	Schuld Jahresbeginn	Zinsen	Tilgung	Annuität (Zins + Tilgung)	Restschuld
1	100.000,00	5.000,00	80.000,00	85.000,00	20.000,00
2	20.000,00	1.000,00	0,00	1.000,00	20.000,00
3	20.000,00	1.000,00	0,00	1.000,00	20.000,00
4	20.000,00	1.000,00	0,00	1.000,00	20.000,00
5	20.000,00	1.000,00	20.000,00	21.000,00	0,00

Am Ende der Laufzeit hat der Darlehensnehmer Zinsen in Höhe von 9.000,00 € gezahlt.

1.2.3 Festdarlehen

Bei einem **Festdarlehen**, auch als Zinszahlungsdarlehen bezeichnet, wird die Schuld erst zum Ende der Laufzeit getilgt. Deshalb bezeichnet man das Festdarlehen auch als **endfälliges Darlehen**. Während der Laufzeit zahlt der Darlehensnehmer nur die Zinsen und Gebühren. Es wird eine Zinsbindung über die gesamte Laufzeit vereinbart.

Darlehensgeber ist bei dieser Kreditform in der Regel eine Versicherungsgesellschaft, die als Ansparvariante für die Schlusszahlung den Abschluss einer Kapitallebensversicherung fordert. In der Regel dauert die Bearbeitung des Kreditgesuchs bei der Versicherungsgesellschaft länger. Die Darlehenskonditionen sind in einigen Fällen günstiger als beim Annuitätendarlehen. Des Weiteren muss die Wertentwicklung der Kapitallebensversicherung, insbesondere die Überschussbeteiligung, berücksichtigt werden. Es lohnt sich also, beide Varianten miteinander zu vergleichen.

Eine Finanzierung mittels Festdarlehen scheidet für einen Bauträger aufgrund der langen Laufzeit dieser Darlehensform aus.

1.2.4 Bausparfinanzierung

Bausparverträge kommen bei der Immobilienfinanzierung im privaten Bereich recht häufig zum Einsatz, beispielsweise zur Finanzierung einer Eigentumswohnung oder eines Eigenheimes. Auch Unternehmensfinanzierungen können über Bausparverträge erfolgen. In der Praxis hat jedoch diese Form der Finanzierung für Unternehmen eine untergeordnete Bedeutung. Es handelt sich hierbei um objektgebundene langfristige Kredite. Darlehensgeber ist die Bausparkasse. **Bauspardarlehen** werden durch die Eintragung eines Grundpfandrechtes abgesichert und können durch eine nachrangige Stelle abgesichert werden. Das bedeutet, dass für ein weiteres benötigtes Darlehen, wie ein Annuitätendarlehen von der Bank, eine erstrangige Absicherung erfolgen kann. Das hat den Vorteil eines niedrigeren Zinses.

Begriffsbestimmung

Eine erstrangige Absicherung, auch **1a-Darlehen** genannt, wird bis zu einer Höhe von ca. 60 % bis maximal 80 % des Beleihungswertes gewährt. 1a-Darlehen zeichnen sich durch einen niedrigeren Zinssatz aus.

Eine nachrangige Absicherung, auch als **1b-Darlehen** bezeichnet, deckt den Teil des Finanzierungsbedarfs ab, der sich aus der Lücke zwischen Eigenkapitel und 1a-Darlehen ergibt.

Voraussetzung für die Gewährung eines Bauspardarlehens ist ein Bausparvertrag. Durch diesen spart der Darlehensnehmer je nach gewähltem Tarif bis zu 50 % der Bausparsumme an. In der Ansparphase erhält der Bausparer vergleichsweise geringe Zinsen für sein Guthaben auf dem Bausparkonto. Nach Abschluss der Ansparphase entsteht der Anspruch auf Zuteilung des Bausparvertrages. Das Bauspardarlehen wird dann in voller Höhe ausgezahlt.

Bestandteile des Auszahlungsbetrages sind die angesparten Mittel, deren Zinsen und das eigentliche Bauspardarlehen. Das Bauspardarlehen ist zu den bei Vertragsabschluss vereinbarten Konditionen zu tilgen und zu verzinsen. Vorteilhaft ist, dass die Obergrenze eines Bauspardarlehens bei 80 % des Beleihungswertes liegt. Bausparverträge werden von staatlicher Seite durch die Gewährung der Wohnungsbauprämie, gefördert. Arbeitnehmer erhalten dadurch nicht nur die Wohnungsbauprämie, sondern haben auch Anspruch auf vermögenswirksame Leistungen.

Das Bauspardarlehen hat den Charakter eines Annuitätendarlehens.

1.2.5 Wie finanziert der Bauträger?

Ein Bauträger erstellt Gebäude zum Verkauf, beispielsweise Eigentumswohnungen, Einfamilienhäuser, Doppel- und Reihenhäuser oder Gewerbeeinheiten. Er wird nicht Eigentümer der Wohnungen und auch nicht des Grundstücks. Daher ist die Bauträgerfinanzierung deutlich von der Finanzierung von sonstigen Immobilien- und Bauinvestitionen zu unterscheiden. Der Bauträger finanziert die Projekte nicht über mittel- oder langfristige Darlehen, sondern kurzfristig während der Dauer der Baumaßnahme.

Der Finanzierungsbedarf setzt sich zusammen aus den Kosten für:

- Projektentwicklung
- Planung
- Grundstückserwerb
- Bau- und Baunebenkosten
- Vermarktungskosten
- eigene Projektmanagementkosten
- Bauträgerrisiko

Von den künftigen Eigentümern erhält der Bauträger Ratenzahlungen entsprechend der Makler- und Bauträgerverordnung (MaBV), das heißt entsprechend dem Baufortschritt. Grundstückskauf- und Zwischenfinanzierungskosten, z. B. in Form der Begleichung von Handwerkerrechnungen, muss der Bauträger im Voraus aus eigenen oder fremdfinanzierten Mitteln bezahlen.

In den meisten Fällen kommt eine Finanzierung zu einem hohen Anteil durch die Aufnahme von Fremdkapital zum Tragen. Hierbei handelt es sich um eine besondere Form der Unternehmensfinanzierung. Der Bauträger handelt mit der finanzierenden Bank die Konditionen für jedes Objekt neu aus. Die Banken interessieren sich für die wirtschaftliche Situation des Bauträgers als Wirtschaftsunternehmen insgesamt und speziell für das zu finanzierende Objekt, d. h. der Bauträger wird bessere Finanzierungskonditionen bei seiner Bank erhalten, wenn er schon zu Baubeginn viele Wohnungen verkauft hat. Banken sind daran interessiert, neben der Bauträgerfinanzierung auch die Finanzierung des Endkunden, d. h. des Erwerbers der Eigentumswohnung, vorzunehmen, weil diese langfristige Finanzierung ein weitaus lukrativeres Geschäft ist.

Vor der Gewährung eines Kredits prüft die Bank neben den üblichen Unterlagen insbesondere die wirtschaftlichen Chancen und Risiken des geplanten Bauvorhabens. Der Bauträger muss also nicht nur seine eigene finanzielle Situation offenlegen, sondern auch die Aussicht auf wirtschaftlichen Erfolg. Die meisten Banken verlangen vom Bauträger, dass bereits Wohnungen vor Baubeginn verkauft sind, d. h. dass das Projekt vom Markt angenommen wird.

Für die Dauer des Projektes erstellt der Bauträger einen Plan über Mittelzu- und -abflüsse.

Beispiel:
Auszug aus einem Mittelzu- und -abflussplan (in €)

Mittelzu- und -abfluss	Monat 1	Monat 2	Monat 3	Monat 4	Monat 5
Projektentwicklung	–5.000				
Planungsleistung 1	–2.000				
Gebühren		–500			
Grunderwerb		–200.000			
Planungsleistung 2					
Vermarktung 1	–500	–800			
Rechnung Erdarbeiten				–8.000	–1.000
Rate Eigentümer A				+18.000	
Rate Eigentümer B					+56.700
Rechnung Mauerarbeiten					–4.000
(...)					

1.3 Alternative Formen der Finanzierung

Immobilienfonds, in **geschlossener** und **offener** Form, werden vom Investor zur Beschaffung von Eigenkapital eingesetzt. Sie bündeln das Kapital mehrerer Anleger und sind daher eine interessante Alternative zu klassischen Finanzierungsformen.

Immobilienfonds werden in der Regel zur Finanzierung größerer Objekte im Büro- und Gewerbebau eingesetzt. In einzelnen Fällen werden auch Wohnobjekte durch Immobilienfonds finanziert. Immobilienfonds stellen für Anleger eine interessante Form der Anlage dar, insbesondere in aufstrebenden Regionen – in Deutschland sind es Ballungszentren, wie z. B. München.

Die Anleger werden durch den Erwerb von Anteilen an Immobilienfonds Teilhaber an der Immobilie. Sie haben durch die Kapitalanlage häufig steuerliche Vorteile, die einer Anlage in Immobilienfonds Attraktivität verschaffen.

Der Erfolg eines Immobilienfonds wird durch die Lage und die Qualität der Immobilien beeinflusst. In diesem Zusammenhang stellen die Fähigkeiten des Projektentwickler- und Fondsmanagementteams besondere Erfolgsfaktoren dar. So sind sie z.B. verantwortlich für die Standortwahl, die Akquisition eines zahlungsfähigen Mieterklientels und die Bereitstellung eines Facilitymanagements, welches den Anforderungen der im Fonds enthaltenen Immobilien gerecht wird.

1.3.1 Geschlossene Immobilienfonds

Ein **geschlossener Immobilienfonds** wird zur Finanzierung einzelner Objekte aufgelegt. Die Anleger erwerben Anteile an der Immobilie. Die Höhe eines Anteils beträgt häufig mindestens 10.000,00 €. Die Höhe des mit dem Verkauf von Anteilen erworbenen Kapitals richtet sich nach der Höhe der Investitionskosten. Wenn alle Fondsanteile verkauft sind, wird der Fonds geschlossen. Ein geschlossener Immobilienfonds steht also nur einer begrenzten Zahl an Anlegern offen.

Für den geschlossenen Immobilienfonds ist keine besondere Rechtsform vorgeschrieben. Meist handelt es sich um eine Kommanditgesellschaft (KG) oder um eine Gesellschaft des bürgerlichen Rechts (GbR). Bei der Kommanditgesellschaft haftet der Anleger in Höhe seines investierten Kapitals. Bei der seltener anzutreffenden Rechtsform der Gesellschaft des bürgerlichen Rechts haftet der Anleger im Falle des Scheiterns mit seinem Privatvermögen.

Für den Anteilseigner bietet der geschlossene Immobilienfonds Steuervorteile durch die Abschreibungsmöglichkeiten und die zugewiesenen Anfangsverluste. Bei der Auswahl des Fonds kommt es für den Kapitalanleger darauf an, neben der oft verlockenden steuerlichen Komponente die Rendite nicht aus den Augen zu verlieren. Die Kaufentscheidung sollte aufgrund der Rendite getroffen werden – ohne die Berücksichtigung von Steuervorteilen.

Ein Immobilienfonds, welcher für die Objekte keine oder nur eine geringe Rendite ausweist, sollte vom Anleger kritisch überprüft werden. Gleiches gilt, wenn die Objekte nicht vollständig vermietet wurden oder kurze Laufzeiten für Mietverträge bestehen. Diese Betrachtungsweise sollte trotz der von vielen Fonds für fünf bis zehn Jahre gegebenen (verlockenden) Mietausfallgarantie unbedingt eingehalten werden.

Mit der Anlage in einem geschlossenen Immobilienfonds geht der Anleger aufgrund der Begrenzung seiner Anlage auf eines oder wenige Objekte ein hohes Investitionsrisiko ein. Seine Kaufentscheidung sollte daher stets durch eine gründliche Analyse der Standort- und Marktlage, Alleinstellungsmerkmale und die Qualität des Objektes beeinflusst werden.

Durch die richtige Auswahl des geschlossenen Immobilienfonds hat der Anleger die Chance, am überproportionalen Erfolg der Immobilie zu partizipieren. Als Nachteil ist hingegen der erschwerte Wiederverkauf der Anteile zu sehen.

Für den Projektentwickler, Investor oder Bauträger ist die Auflage eines Fonds dann sinnvoll, wenn es sich um ein größeres Objekt handelt. Die Vorarbeiten und Vorfinanzierungskosten sind erheblich und nicht rentabel bei kleineren Objekten. Dazu sind exemplarisch zu nennen:

- Grundstückserwerb
- Planung
- Ausschreibung
- Organisation der Fondsgesellschaft und Fondsverwaltung
- Prospekterstellung
- Verkauf

Die Auflage eines geschlossenen Immobilienfonds bedarf keiner staatlichen Genehmigung.

1.3.2 Offene Immobilienfonds

Offene Immobilenfonds werden in der Regel von Investmentgesellschaften aufgelegt. Sie bedürfen einer staatlichen Zulassung. Die Fondsgesellschaft muss das Vermögen der Anleger als Sondervermögen behandeln, das heißt getrennt von ihrem anderen Vermögen sicher verwahren. Oft bedient sie sich dazu einer Depotbank. Die Anzahl der Fondsanteile ist zahlenmäßig nicht begrenzt wie bei geschlossenen Immobilienfonds.

Offene Immobilienfonds beinhalten mehrere Objekte, mindestens jedoch 15 Stück. Der Fonds unternimmt Strategien zur Risikominimierung, indem er in Immobilien an verschiedenen Standorten im In- und Ausland und in verschiedene Branchen investiert. Die Höhe eines erwerbbaren Fondsanteils beträgt meist ab 50,00 €. Ein Wiederverkauf ist ähnlich wie bei Aktien zum Tageskurs möglich.

Für Anleger ist das Risiko mit dem eines gemischten Aktienfonds zu vergleichen und durch die breite Streuung geringer als bei geschlossenen Immobilienfonds. Der Anleger kann keine Steuervorteile in Anspruch nehmen. Er partizipiert an den Mieteinnahmen und der Wertentwicklung der Immobilie. Seine Einkünfte, wie zum Beispiel aus Mieteinnahmen, unterliegen der Kapitalertragssteuer.

1.3.3 Immobilienleasing

Bei einem **Immobilienleasing** überlässt der Leasinggeber (Eigentümer) dem Leasingnehmer das Leasingobjekt im Rahmen eines Ratenvertrages. Leasingnehmern, meist Institutionen oder Unternehmen, ist es mit dem Leasingmodell möglich, ihre eigenen finanziellen Mittel zu schonen und so beispielsweise das Kapital für die Weiterentwicklung des Unternehmens zu verwenden.

Durch den Leasingvertrag erhält der Leasingnehmer das Recht, die Immobilie langfristig zu nutzen. Die monatlich zu leistenden Raten sind für die gesamte Laufzeit kalkuliert und lassen somit eine langfristige Kostenplanung zu. Der Leasingnehmer kann die Leasingraten voll als Betriebsausgaben geltend machen. Im Leasingvertrag wird festgelegt, wie die Immobilie nach Vertragsende genutzt werden soll.

Immobilienleasingverträge können auf verschiedene Arten abgeschlossen werden:

Buy and lease (Neubauleasing)
Der Leasinggeber baut eine auf die Bedürfnisse des Leasingnehmers zugeschnittene Immobilie. Für diese Immobilie wird eine eigene Leasinggesellschaft gegründet. Diese Gesellschaft vermietet die vollständig fertiggestellte Immobilie langfristig an den Leasingnehmer.

Sale-and-lease-back
Um die Liquidität zu erhalten und finanzielle Engpässe zu überbrücken, verkauft das Unternehmen seine Immobilie an eine Leasinggesellschaft und least sie wiederum von dieser zurück. Der Vertrag ist langfristig angelegt und enthält die Option, dass der Leasingnehmer am Ende der Vertragslaufzeit die Immobilie wieder erwirbt.

Kurzfristige Leasingverträge
Wenn der Leasingnehmer seinen Flächenbedarf noch nicht langfristig ermitteln kann, kommen kurzfristige Leasingverträge in Betracht.

2 Der Weg zum Kredit

2.1 Unterlagen für das Kreditgesuch

Die Banken überprüfen vor der Zusage zur Darlehensgewährung die Bonität des Darlehensnehmers und die Tragbarkeit der künftigen Belastungen, die durch das Darlehen für den Kunden entstehen. Auf Basis der eingereichten Unterlagen wird ein tragfähiges Finanzierungsangebot erstellt. Vonseiten des Darlehensnehmers sind mindestens folgende Unterlagen bereitzuhalten:

Allgemeine Unterlagen
- Möglichkeiten zur Erbringung von Sicherheiten
- zur Verfügung stehendes Eigenkapital
- vorhandenes Vermögen (Immobilien, Bankguthaben, Wertpapiere, Kapitallebensversicherung)
- zusätzliche Unterlagen für die Inanspruchnahme von Fördergeldern und Zuschüssen nach den Richtlinien der Förderanstalten, z. B. der Kreditanstalt für Wiederaufbau (KfW)
- Grundbuchauszug
- Auszug aus dem Liegenschaftsbuch
- Flurkarte
- Baubeschreibung
- Bauzeichnungen
- ggf. technische Berechnungen
- Wirtschaftlichkeitsberechnungen
- Rentabilitätsberechnung
- Kaufvertrag (beim Erwerb bestehender Immobilien)
- Wertermittlungsunterlagen
- Erbbaurechtsvertrag
- Baugenehmigung
- Flächen- und Massenberechnungen
- Bescheid über Feuerpflichtversicherung

Zusätzliche Unterlagen von Privatpersonen
- Selbstauskunft
- Schufa-Auskunft
- Einkommensnachweise (Gehaltsabrechnungen oder Steuerbescheide)

Zusätzliche Unterlagen bei Geschäftskunden
- Geschäftsberichte, Jahresabschlüsse und Bilanzen des Unternehmens der letzten drei Jahre
- Gesellschafterverträge bei einer GmbH
- bereits vorhandene Mietverträge
- Nachweis einer tragfähigen Gesamtfinanzierung unter Einbeziehung der wirtschaftlichen Situation des gesamten Unternehmens
- Schufa- oder Creditreform-Auskunft

Zusätzliche Unterlagen bei Bauträgerfinanzierungen
- Eintragung einer erstrangigen Globalschuld im Grundbuch
- Abtretung der Ansprüche des Bauträgers aus den Kaufpreisraten
- Abtretung der Ansprüche aus einem Generalunternehmervertrag, z. B. Vertragserfüllungsbürgschaft
- Baugenehmigung
- Teilungserklärung
- Abgeschlossenheitsbescheinigung
- Nachweis über notwendige Versicherungen

2.2 Sicherheiten

Für die Gewährung eines Darlehens muss der Darlehensnehmer gegenüber dem finanzierenden Institut Sicherheiten erbringen. Es erfolgt keine Kreditvergabe, wenn der Darlehensnehmer keine ausreichenden und glaubhaft nachgewiesenen Sicherheiten erbringen kann. Mit der Sicherheit möchte sich das finanzierende Institut gegen Zahlungsausfälle durch den Darlehensnehmer absichern. Während der Prüfung der Bonität und des Ratings werden Sicherheiten mit bewertet.

Überblick über die wichtigsten Sicherheiten

- Grundpfandrechte und Hypotheken – meistgewählte Sicherheiten bei der Immobilien- und Baufinanzierung
- Abtretung von Ansprüchen aus Kapitallebensversicherungen
- Bürgschaften von Ehegatten, Gesellschaftern, verbundenen Unternehmen
- Verpfändung
- Zessionen – Forderungsabtretungen, meist nur für kurzfristige Kredite
- Haftungsfreistellungen – teilweise Übernahme des Risikos durch staatliche „Fördermittelbanken" (KfW, LfA etc.)

Eine Bank oder ein anderes Finanzierungsinstitut werden in der Regel eine Investition in Immobilien oder ein Bauvorhaben nicht zu 100 % finanzieren. Sie fordern eine **Eigenkapitalbeteiligung des Darlehensnehmers**.

Außerdem muss zur Ermittlung der Höhe der Fremdfinanzierung die Ermittlung des Beleihungswertes vorgenommen werden. Auf die Ermittlung des Beleihungswertes wird in Kapitel 2.3 noch näher eingegangen.

Die Hypothek stellt ein Grundpfandrecht dar. Ein Grundpfandrecht stellt sicher, dass im Fall einer Zahlungsunfähigkeit des Darlehensnehmers der Darlehensgeber auf dessen Vermögen zugreifen kann. Eine Hypothek wird im Grundbuch als Schuld eingetragen. Der Darlehensgeber hat das Recht, ins Grundbuch des Darlehensnehmers Einsicht zu nehmen. Deshalb muss bei einem Kreditgesuch auch ein Grundbuchauszug vorgelegt werden.

Unter einer **Hypothek** versteht man, dass an denjenigen, zu dessen Gunsten die Belastung des Grundstücks erfolgt, eine bestimmte Geldsumme zur Befriedigung einer ihm zustehenden Forderung aus dem Grundstück zu zahlen ist (§ 1113 Abs. 1 BGB).

Um eine Hypothek eintragen zu lassen, müssen der Gläubiger, die Höhe der Forderung und der Zinssatz einer eventuellen verzinslichen Forderung angegeben werden (§ 1115 Abs. 1 BGB).

Der Darlehensgeber hat einen **dinglichen** Anspruch aus der Hypothek und einen **persönlichen** Anspruch aus dem Darlehen. Der dingliche Anspruch umfasst die Forderung, die Zinsen und die Gerichtskosten. Der persönliche Anspruch umfasst das gesamte Vermögen des Schuldners. Das Vermögen des Darlehensnehmers unterliegt im Falle der Zahlungsunfähigkeit der Zwangsvollstreckung.

Neben der Hypothek kann die Sicherung über die **Eintragung einer Grundschuld** erfolgen. Der Darlehensgeber hat bei einer Grundschuld keinen persönlichen Anspruch gegen den Darlehensnehmer.

Neben der Eintragung einer Hypothek oder Grundschuld stellen Bürgschaften eine weitere Form der Sicherheit dar. Bürgschaftsverträge sind in § 765 ff. BGB geregelt. Der Bürge verpflichtet sich im Bürgschaftsvertrag gegenüber dem Darlehensgeber (Gläubiger), für die Verbindlichkeiten des Darlehensnehmers (Schuldners) zu haften, wenn dieser zahlungsunfähig wird.

Die Banken verlangen in der Regel eine selbstschuldnerische Bürgschaft. Sie ermöglicht es im Falle der Zahlungsunfähigkeit des Darlehensnehmers, direkt an den Bürgen heranzutreten.

2.3 Beleihungswert von Immobilien

Wie in Kapitel 2.2 dargestellt wurde, setzen Kreditinstitute Sicherheiten für die Darlehensvergabe voraus. Soll das Grundstück oder die Immobilie als Sicherheit dienen, wird der Verkehrswert des bebauten oder unbebauten Grundstücks ermittelt. Der sich daraus ergebende Beleihungswert bildet die absolute Kreditobergrenze. In der Praxis bleiben die Kreditinstitute bei der Kreditvergabe aufgrund gesetzlicher Vorschriften unter der Obergrenze. Diesen Wert nennt man Beleihungsgrenze.

Die **Beleihungsgrenze** gibt den Wert an, der sich zu einem beliebigen Zeitpunkt mit Sicherheit realisieren lässt, falls der Darlehensnehmer seinen Verpflichtungen aus dem Darlehen nicht nachkommt.

Der Beleihungswert wird von einem Gutachter (Sachverständigen) ermittelt. Bei einem Gutachter handelt es sich um einen öffentlich bestellten und vereidigten Sachverständigen, der eine entsprechende Ausbildung absolviert und eine Prüfung abgelegt haben muss. Er ermittelt den Verkehrswert des Grundstücks und nimmt davon einen Risikoabschlag vor, um den Beleihungswert zu berechnen.

Der **Verkehrswert** ist der Wert, der für den Verkauf des Grundstücks unter realistischen Bedingungen erzielt werden kann. Hierbei wird die Wertentwicklung des Grundstücks berücksichtigt.

Definition des Verkehrswertes nach dem Baugesetzbuch (§ 194 BauGB):
„Der Verkehrswert (Marktwert) wird durch den Preis bestimmt, der in dem Zeitpunkt, auf den sich die Ermittlung bezieht, im gewöhnlichen Geschäftsverkehr nach den rechtlichen Gegebenheiten und tatsächlichen Eigenschaften, der sonstigen Beschaffenheit und der Lage des Grundstücks oder des sonstigen Gegenstands der Wertermittlung ohne Rücksicht auf ungewöhnliche oder persönliche Verhältnisse zu erzielen wäre."

Die Ermittlung des Verkehrswertes kann anhand des Vergleichs-, Ertrags- und Sachwertverfahrens erfolgen. Jeweils ein Schema zur Berechnung kann dem Lernfeld 10 (Kapitel 4.4) entnommen werden.

2.4 Lastenberechnung

Für den Investor, sei es ein privater Bauherr oder eine Wohnungsgesellschaft, ist es wichtig zu wissen, mit welchen Belastungen er durch den Erwerb[1] einer Immobilie künftig rechnen muss. Aus der **Lastenberechnung** erkennt der Investor, ob die Investition rentabel ist und ob er überhaupt in der Lage ist, diese Last zu schultern. Sollte die Belastung zu hoch sein, so kann ggf. an der Ausstattung der Immobilie gespart werden – Stichpunkt: kostengünstiges Bauen.

Hier ist auch der Unterschied zur Wirtschaftlichkeitsberechnung zu sehen, bei welcher Kennzahlen wie beispielsweise die Rendite und der Gewinn im Fokus stehen.

Es sollte auch überprüft werden, ob alle Fördermöglichkeiten ausgeschöpft und ausreichend Konkurrenzangebote zur Finanzierung eingeholt wurden. Für den privaten Bauherrn, der eine Eigentumswohnung oder ein Eigenheim erwerben will, ist eine Gegenüberstellung der Kosten aus der Lastenberechnung und seiner bisherigen Wohnkosten sehr zu empfehlen.

Einflussfaktoren auf die Höhe der Belastung sind:
- Höhe des eingesetzten Eigenkapitals
- Eigenleistungen des privaten Hausbauers
- Kapitalmarktkonditionen für Zinsen und Tilgung
- Bau- und Baunebenkosten
- Grunderwerbskosten

[1] Mit dem Begriff „Erwerb" sind gemeint: Kauf, Neubau, Umbau, Sanierung.

- Fördermittel und Zuschüsse
- Steuerersparnisse
- Bewirtschaftungskosten (Verwaltungskosten, Betriebskosten, Ausgaben für Instandhaltung)
- Einnahmen aus Vermietung und Verpachtung der Immobilie

Unberücksichtigt bleiben die Abschreibung, das Mietausfallwagnis für nicht selbst genutzte Immobilien und die kalkulatorische Verzinsung des eingesetzten Eigenkapitals.

Für die Lastenberechnung für öffentlich geförderte, steuerbegünstigte und freifinanzierte Wohnungen kommt die Verordnung über wohnungswirtschaftliche Berechnungen – **Zweite Berechnungsverordnung (II. BV)** – zum Einsatz. Die Lastenberechnung ist in Teil III der II. BV geregelt.

Bei der Lastenberechnung lt. II. BV sind verschiedene Grundsätze zu berücksichtigen, die nachfolgend kurz erläutert werden.

Grundsätze der Lastenberechnung laut II. BV
Wenn die Berechnung vom Bauherrn nicht auf Basis einer Wirtschaftlichkeitsberechnung erfolgt, dann muss sie mindestens folgende Bestandteile haben:

- die Grundstücks- und Gebäudebeschreibung
- die Berechnung der Gesamtkosten
- den Finanzierungsplan
- die Ermittlung der Belastung nach der II. BV

Hat der Erwerber die Immobilie durch Kauf erworben, so muss die Lastenberechnung Folgendes enthalten:

- die Erwerbs- und Erwerbsnebenkosten (Kaufpreis)
- den Finanzierungsplan
- die Ermittlung der Belastung nach der II. BV

Schema einer Lastenberechnung:

1 Kapitaldienst

Notwendige Ausgangsdaten:

- Höhe des Eigenkapitals
- Höhe des Fremdkapitals untergliedert in
  - erstrangige Darlehen
  - nachrangige Darlehen
  - geförderte Darlehen
- Sollzins
- effektiver Jahreszins
- Zinsbindungsfrist
- anfängliche Tilgung
- Damnum (Disagio)
- Gebühren

1.1 Fremdkapitalkosten

1.1.1 Zinsen für Fremdmittel

Zur Zinsberechnung ist der tatsächlich aufgenommene Darlehensbetrag mit dem Zinssatz zu multiplizieren. Es wird nicht der Finanzierungsbetrag zum Ansatz gebracht, der bei einem Disagio unter dem tatsächlich aufgenommenen Darlehensbetrag liegt.

Jährliche Belastung = Darlehensbetrag · Zinssatz

Beim Annuitätendarlehen sinken mit der Zahlung jeder Tilgungsrate die monatlich zu zahlenden Zinsen. Das ist bei der Berechnung zu berücksichtigen.

Jährliche Belastung = Summe der monatlichen Zinszahlungen

1.1.2 Kosten aus Bürgschaften

Sind laufende Bürgschaftsgebühren zu zahlen, so ist der absolut zu zahlende Betrag anzusetzen, der in der Bürgschaftsvereinbarung steht

Absoluter Betrag laut Bürgschaftsvereinbarung

1.1.3 Rentenschulden

Für Rentenlasten ist der absolut zu zahlende jährliche Betrag anzusetzen.

Absoluter Betrag der Rentenschuld

1.1.4 Erbbauzinsen

Befindet sich die Immobilie nicht auf einem eigenen, sondern auf einem Erbbaugrundstück, so wird dafür ein Erbbauzins fällig. In der Regel hat ein Erbbauvertrag eine Laufzeit von 99 Jahren. Der jährliche absolute Betrag ist anzurechnen.

Absoluter Betrag des Erbbauzinses

1.1.5 Verwaltungskostenbeiträge und Gebühren

Es gibt Darlehensvereinbarungen, die die Vereinbarung laufender Verwaltungskostenbeiträge und Gebühren beinhalten. Hier ist entweder der jährliche absolute Betrag anzusetzen oder es ist eine prozentuale Berechnung vorzunehmen.

Absoluter Betrag der Verwaltungskostenbeiträge und Gebühren
oder
Jährliche Belastung = Darlehensbetrag · Beitrags- und Gebührensatz

1.1.6 Tilgungen für Fremdmittel entsprechend dem Finanzierungsplan

Für die einzelnen aufgenommenen Darlehen ist ein monatlicher Tilgungsplan aufzustellen. Dabei sind tilgungsfreie Zeiten zu berücksichtigen.

Jährliche Belastung = Darlehensbetrag · Tilgungssatz

Beim Annuitätendarlehen steigen die monatlichen Tilgungsbeiträge mit jeder geleisteten Zahlung an.

Jährliche Tilgungsbelastung = Summe der monatlichen Tilgungsbeträge aller Darlehen

↓

2 Bewirtschaftungskosten

Bewirtschaftungskosten, die auf die Mieter umgelegt werden können, dürfen in der Lastenberechnung nicht berücksichtigt werden.

2.1 Verwaltungskosten

Für die Verwaltungskosten wird der Absolutwert der jährlichen Kosten für die bestellte Hausverwaltung, wie z. B. in einer Eigentumswohnanlage, angesetzt.

Absoluter Betrag der Verwaltungskosten

2.2 Betriebskosten

2.2.1 Laufende öffentliche Lasten des Grundstücks

Vom Grundstückseigentümer ist jährlich entsprechend der Grundstücksgröße Grundsteuer zu entrichten. Darüber erhält der Grundstückseigentümer einen Grundsteuerbescheid.

Absoluter Wert des Grundsteuerbescheids

2.2.2 Wasserversorgung

Betrag gemäß Jahresabrechnung

2.2.3 Straßenreinigung

Betrag gemäß Jahresabrechnung

2.2.4 Müllbeseitigung

Betrag gemäß Jahresabrechnung

2.2.5 Entwässerung/Kanal

Betrag gemäß Jahresabrechnung

2.2.6 Schornsteinreinigung

Betrag gemäß Jahresabrechnung

2.2.7 Sach- und Haftpflichtversicherung

Betrag gemäß Jahresabrechnung

Bei Eigentumswohnungen dürfen zusätzlich angerechnet werden:

2.2.8 Fahrstuhl

Betrag gemäß Jahresabrechnung

↓

2.2.9 Gebäudereinigung und Ungezieferbekämpfung

Betrag gemäß Jahresabrechnung

2.2.10 Hauswart

Betrag gemäß Jahresabrechnung

2.3 Instandhaltungskosten

Instandhaltungskosten dienen der Beseitigung von Mängeln, die durch Abnutzung und Alterung entstehen. Es sind keine Modernisierungskosten.

Beispiel einer Lastenberechnung im ersten Jahr (vermieteter Wohnraum):

1 Kapitaldienst

Notwendige Ausgangsdaten:

- Höhe des Eigenkapitals — 50.000,00 €
- Höhe des Fremdkapitals untergliedert in
  - erstrangige Darlehen
  - nachrangige Darlehen
  - geförderte Darlehen — 100.000,00 €
- Sollzins — 4,5 %
- effektiver Jahreszins
- Zinsbindungsfrist — 5 Jahre
- anfängliche Tilgung — 4 %
- Damnum (Disagio)
- Gebühren

1.1 Fremdkapitalkosten

1.1.1 Zinsen für Fremdmittel

Es handelt sich im Beispiel um ein Annuitätendarlehen. Es sind monatliche Ratenzahlungen vereinbart. Deshalb sinkt die Zinsbelastung in jedem Monat.

Jährliche Zinsbelastung = Summe der monatlichen Zinszahlungen

Jährliche Zinsbelastung gemäß des Tilgungsplans = 4 416,47 €

↓

Tilgungsplan (in €)

Monat	Schuld Jahresbeginn	Zinsen	Tilgung	Annuität (Zins + Tilgung)	Restschuld
1	100.000,00	375,00	333,33	708,33	99.666,67
2	99.666,67	373,75	334,58	708,33	99.332,09
3	99.332,09	372,50	335,83	708,33	98.996,26
4	98.996,26	371,24	337,09	708,33	98.659,17
5	98.659,17	369,97	338,36	708,33	98.320,81
6	98.320,81	368,70	339,63	708,33	97.981,18
7	97.981,18	367,43	340,90	708,33	97.640,28
8	97.640,28	366,15	342,18	708,33	97.298,10
9	97.298,10	364,87	343,46	708,33	96.954,64
10	96.954,64	363,58	344,75	708,33	96.609,89
11	96.609,89	362,29	346,04	708,33	96.263,85
12	96.263,85	360,99	347,34	708,33	95.555,52

1.1.6 Tilgungen für Fremdmittel entsprechend dem Finanzierungsplan

Jährliche Tilgungsbelastung = Summe der monatlichen Tilgungsbeträge

Jährliche Tilgungsbelastung gemäß des Tilgungsplans = 4.083,49 €

2 Bewirtschaftungskosten
Hier sind nur die Betriebskosten aufgeführt, die nicht vertragsgemäß auf den Mieter umgelegt werden können.

2.1 Verwaltungskosten
Für die Verwaltungskosten wird der Absolutwert der jährlichen Kosten für die bestellte Hausverwaltung, z. B. in einer Eigentumswohnanlage, angesetzt. Hier wird nur ein Anteil entsprechend der Wohnungsgröße angesetzt.

- Anteil z. B. 180,00 €

2.2.9 Gebäudereinigung und Ungezieferbekämpfung
Die Ungezieferbekämpfung (z. B. Wespen am Dach) wird anteilig entsprechend der Wohnungsgröße umgelegt.

- Anteil z. B. 51,05 €

2.3 Instandhaltungskosten
Instandhaltungskosten dienen der Beseitigung von Mängeln, die durch Abnutzung und Alterung entstehen.

- Bsp.: 34,50 m² · 7,42 €/m² = 255,99 €

Gesamtkosten im ersten Jahr:

Die Gesamtkosten im ersten Jahr betragen **487,04 €.**

Hinweis:
Zur Verkürzung des Beispiels wurde auf das Einbeziehen von Gliederungspunkte 2.2.1 bis 2.2.8 verzichtet.

Auch wenn die II. Berechnungsverordnung nicht für private Bauherren gilt, sollte zur eigenen Sicherheit auch eine Lastenberechnung nach den Regeln dieser Verordnung durchgeführt werden.

Vereinfachtes Beispiel für eine monatliche Lastenberechnung beim Erwerb einer Eigentumswohnung zur Eigennutzung:	
Belastungen durch das Bankdarlehen	1.100,00 €
Belastung durch eine Risikolebensversicherung	100,00 €
Bewirtschaftungskosten	300,00 €
Summe der Belastungen	**1.500,00 €**
Steuerersparnis	–200,00 €
Summe der tatsächlichen Belastung	**1.300,00 €**
bisherige Miete einschließlich der Bewirtschaftungskosten	–1.000,00 €
Mehrbelastung durch die Eigentumswohnung	**300,00 €**

Der Interessent für die Eigentumswohnung muss nun seine persönliche Haushaltskasse daraufhin überprüfen, ob eine Sparquote von monatlich 300,00 € bisher möglich war bzw. ob sie zukünftig möglich sein wird. Er hat ferner zu prüfen, welchen Ertrag sein für den Erwerb der Eigentumswohnung eingesetztes Eigenkapital in einer anderen Anlageform bringen würde.

Um Käufer einer Eigentumswohnung oder eines Eigenheimes zu beraten, empfiehlt es sich, sie auch auf das Studium einschlägiger Literatur hinzuweisen. So liefert z.B. die Broschüre „Starthilfe für Bauherren" der Obersten Baubehörde im Bayerischen Staatsministerium des Innern wertvolle Hinweise zu Finanzierung, Förderung und Genehmigung von Eigenheimen.

Beispiel einer Lastenberechnung:
Der Erwerber eines Eigenheimes – der Kaufpreis beträgt 500.000,00 € – verfügt über 180.000,00 € Eigenkapital. Den Rest finanziert er über ein Annuitätendarlehen zu den nachfolgend aufgeführten Konditionen.

Annuitätendarlehen:	320.000,00 €
Zinsen:	4,5 %
Tilgung:	1 %

Er hat Bewirtschaftungskosten in Höhe von 8.100,00 € im Jahr.

Wie hoch ist die monatliche Belastung?

Lösung:

Zinsbelastung aus dem Darlehen pro Jahr:	14.400,00 €
Bewirtschaftungskosten pro Jahr:	8.100,00 €
Gesamtbelastung pro Jahr:	**22.500,00 €**
Gesamtbelastung pro Monat:	**1.875,00 €**

3 Förderung und steuerliche Behandlung von Investitionen in Immobilien

3.1 Förderprogramme

Investitionen in Immobilien und deren Erhalt werden durch eine Vielzahl von Maßnahmen gefördert. So halten die Europäische Union, die Institutionen des Bundes (zu nennen ist hier in erster Linie die Kreditanstalt für Wiederaufbau – KfW), Länder (z. B. LfA in Bayern) und Regionen eine Vielzahl von Förderprogrammen bereit. Die Förderprogramme werden hinsichtlich ihrer Inhalte und Konditionen laufend an die aktuellen politischen Zielsetzungen angepasst. Daher verweisen wir an dieser Stelle auf die aktuellen Förderprogramme, die auf den Seiten der Industrie- und Handelskammern oder von wohnungswirtschaftlichen Verbänden vorzufinden sind.

Derzeit gibt es Förderungen z. B. für:
- Kommunen (z. B. zur Erneuerung der Infrastruktur, städtebaulichen Sanierung, Denkmalschutz)
- Wohnungsbaugesellschaften (zur Erstellung von Mietwohnungen im Sozialwohnungsbau und im freifinanzierten Wohnungsbau)
- Erwerber von Wohneigentum (Kauf einer Eigentumswohnung, Bau eines Eigenheimes)
- Gewerbetreibende und Industriebetriebe (Neuansiedlung und Erweiterung im Rahmen der regionalen Wirtschaftsförderung)
- Mieter (z. B. Wohngeld, Wohnberechtigungsschein für Sozialwohnungen)
- Bauen im Bestand und energetische Sanierung
- Investitionen im gewerblichen Bereich

Fördermittel sind grundsätzlich **vor Beginn** der Maßnahmen beim zuständigen Institut zu beantragen. Dazu gibt es für jedes Förderprogramm Merkblätter, in denen der Interessent über die Konditionen, Bedingungen und einzureichenden Unterlagen informiert wird. Viele Fördermittel, wie die der Kreditanstalt für Wiederaufbau (KfW), erhält der Antragsteller über seine Hausbank. Das gewährleistet kurze Wege und eine kompetente Beratung direkt vor Ort.

3.1.1 Förderprogramme für Kommunen

Im Rahmen der Gemeinschaftsinitiative „Soziale Stadt" werden für besonders förderfähige Gebiete Fördermittel und Zuschüsse gewährt. Es handelt sich hierbei um eine komplexe Aufgabenstellung, ungünstige Wohn- und Sozialstrukturen zu beseitigen. Die „Soziale Stadt" ist im Baugesetzbuch (BauGB) geregelt. Die Fördermittel beinhalten die Förderung von Kommunen, privaten und gewerblichen Investoren sowie die Förderung von Kultur und Bildung. Das Programm wird laufend weiterentwickelt. Derzeit sind die Förderprogramme von 2012 gültig.

Für den Städtebau und das Wohnen gibt es z. B. folgende Fördermöglichkeiten:
- städtebauliche Planung
- Sanierung und Reaktivierung historischer Bauten
- Bau von Miet- und Genossenschaftswohnungen
- Bau von Studentenwohnungen
- komplexe Modernisierungs-, Um- und Ausbauarbeiten
- Außengestaltung und Begrünung
- infrastrukturelle Maßnahmen

Im Rahmen der **Städtebauförderung der Regionen und Städte** gibt es Programme für:
- städtebauliche Sanierungsgebiete
- städtebauliche Entwicklungsgebiete
- Denkmalschutz

Hinweis:
Die begrifflichen Definitionen „städtebauliche Sanierungs- und Entwicklungsgebiete“ sind im Baugesetzbuch enthalten.

Durch die Bundesregierung werden Mittel bereitgestellt für:
- Investitionen in den Ausbau der Verkehrswege wie Schienen, Straßen, Wasserwege
- energetische Sanierung der Bundesliegenschaften
- Modernisierung und energetische Sanierung von kommunalen Krankenhäusern und Schulen
- Sanierung von Konversionsflächen (Flächen, die bisher z. B. militärisch genutzt wurden und nun frei stehen; sie sollen einer neuen Nutzung zugeführt werden, z. B. als Wohn- oder Gewerbegebiet)
- Sanierung von mit Altlasten belasteten Flächen, z. B. alten industriell genutzten Flächen, die einer neuen Nutzung zugeführt werden sollen

3.1.2 Förderprogramme für den Wohnungsbau

Es ist ein staatliches Anliegen, den Wohnungsbau zu fördern. Daher gibt es Förderungen für verschiedene Zielgruppen:
- für den sozialen Wohnungsbau
- für den freifinanzierten Wohnungsbau
- für den Eigenheimbau

Gefördert werden:
- Neubau
- Modernisierung und Instandsetzung (Schwerpunkt energetische Gebäudesanierung)

Ziele der staatlichen Förderung sind:
- die Versorgung mit preisgünstigem Wohnraum
- die Bildung von selbst genutztem Wohneigentum

Es gibt folgende Arten von Förderungen:
- direkte Förderung (direktes zur Verfügung stellen von Geldern und verbilligten Darlehen)
- indirekte Förderung (z. B. Bürgschaften)
- Objektförderung (Vergünstigungen für denjenigen, der das Bauwerk errichtet)
- Subjektförderung (z. B. Wohngeld)
- Kapitalsubvention (Gewährung finanzieller Mittel zur Finanzierung der Baukosten während der Bauphase)
- Aufwandssubvention (Senkung der laufenden Aufwendungen nach Bezugsfertigkeit)

Die Wohnraumförderung liegt im Verantwortungsbereich der Länder. Die Länder sollen dabei die wohnungswirtschaftlichen Belange der Gemeinden berücksichtigen. In den letzten Jahren lag der Schwerpunkt nicht mehr in der Neuerstellung von Wohnraum, sondern vielmehr in der Modernisierung und Instandhaltung.

Einen besonderen Stellenwert nimmt dabei die energetische Gebäudesanierung ein. Hierdurch wird nicht nur der Wert der Immobilie gesteigert und der Wohnwert verbessert, sondern auch ein wertvoller Beitrag zum Umweltschutz geleistet.

Die allgemeinen Fördergrundsätze des Gesetzes über soziale Wohnraumförderung (Wohnraumförderungsgesetz – WoFG) berücksichtigen:
- örtliche und regionale wohnungswirtschaftliche Verhältnisse
- Beitrag des genossenschaftlichen Wohnens
- Schaffung und Erhaltung stabiler Bewohnerstrukturen
- Schaffung und Erhaltung ausgeglichener Siedlungsstrukturen
- Nutzung des Wohnungsbestandes
- Erhaltung preisgünstigen Wohnraumes bei Modernisierungsmaßnahmen
- Anforderungen des kostensparenden Bauens
- Anforderungen des barrierefreien Bauens

- sparsamen Umgang mit Grund und Boden
- Sicherstellung einer nachhaltigen Wohnraumversorgung

Im Rahmen dieses Programms werden zinslose und zinsverbilligte Kredite vergeben.

Durch **Bürgschaften** ermöglicht der Staat, dass Banken den Beleihungsrahmen erhöhen. Innerhalb der Beleihungsgrenze gibt es 1a-Darlehen. Sie sind erststellig gesichert. Mit den Bürgschaften werden die 1b-Darlehen abgesichert, die über den Beleihungsrahmen hinausgehen.

Die **Kreditanstalt für Wiederaufbau (KfW)** ist eine Anstalt öffentlichen Rechts, deren Eigenkapital von der Bundesrepublik Deutschland und deren Länder aufgebracht wird. Ein Schwerpunkt ihrer Tätigkeit liegt in der Gewährung von zinsgünstigen Darlehen zur Förderung des Wohnungsbaues in der Bundesrepublik Deutschland (Investitionsförderung).

Weitere Informationen finden Sie im Internet unter www.kfw.de bzw. www.kfw-foerderbank.de (für Privatkunden sowie kleine und mittlere Unternehmen). Broschüren, Merkblätter und Antragsformulare für KfW-Darlehen können dort kostenlos heruntergeladen werden. Zudem werden die Materialien auch bei Ihrer Hausbank vorrätig sein.

3.2 Steuern und Immobilien

Immobilien unterliegen den Besitz- und Verkehrssteuern. Nachfolgend werden nur die wichtigsten Steuern behandelt. Wie am Beispiel der Einkommensteuer ersichtlich, unterliegen die Steuergesetze laufenden Änderungen. Deshalb ist es wichtig, die steuerliche Betrachtung laufend zu überprüfen und vor allem auf die Besonderheiten des Einzelfalls abzustellen. Daher ist ausdrücklich zu empfehlen, bei komplexen steuerlichen Betrachtungen einen Steuerberater hinzuzuziehen.

Besitzsteuern

- **Grundsteuer**
  - Berechnungsgrundlage ist der Wert der Immobilie oder des Grundstücks
  - regionale Besonderheiten
  - umlegbar auf den Mieter
- **Einkommensteuer und Solidaritätszuschlag**
  - Einkünfte aus Vermietung und Verpachtung
  - Berücksichtigung der immobilienbezogenen Aufwendungen und Abschreibungen (AfA)
  - Gesamtberechnung mit Einkünften aus anderen Einkunftsarten (z. B. Einkünfte aus [nicht]selbstständiger Arbeit, Einkünfte aus Kapitalvermögen)
  - Verluste aus Vermietung und Verpachtung können mit anderen Einkunftsarten verrechnet werden
- **Erbschaftsteuer**
  - unterschiedliche Bewertung von Immobilien im Betriebs- und Privatvermögen
  - Steuerminderung möglich durch z. B. Nachlassverbindlichkeiten, Notarkosten
- **Gewerbesteuer**
  - steuerpflichtig entsprechend der Bilanzierungsgrundsätze
- **Körperschaftsteuer**
  - steuerpflichtig entsprechend der Bilanzierungsgrundsätze

Verkehrssteuern

- **Umsatzsteuer**
  - Verkaufserlöse und Mieteinnahmen aus gewerblicher Vermietung sind umsatzsteuerpflichtig
  - Umnutzungen (Wohn- zu Gewerberaum und umgekehrt) müssen steuerlich berücksichtigt werden
  - Steuerbefreiungen für den Grundstückserwerb und die Vermietung (i. d. R. beschränkt auf Heilberufe, kulturelle Einrichtungen)
  - Instandhaltungs- und Modernisierungskosten sind entsprechend der privaten und gewerblichen Nutzung aufzuteilen
- **Grunderwerbsteuer**
  - Höhe je nach Bundesland zwischen 3,5 % und 5,5 % des Kaufpreises

Auf die Herstellungs- und Anschaffungskosten des Gebäudes können Absetzungen für Abnutzung (AfA), d. h. **Abschreibungen**, in Höhe von 2 % jährlich vorgenommen werden. Für Erwerb oder Baumaßnahmen vor dem 01. 01. 2006 gelten abweichende Regelungen. Über Sonderregelungen für die Abschreibungen bei Erhalt und Instandsetzung informieren die Finanzämter.

Erträge aus dem Verkauf von Immobilien und Grundstücken, sogenannte Veräußerungsgewinne, bleiben steuerfrei, wenn zwischen Erwerb und Veräußerung mindestens zehn Jahre liegen.

Für die Festsetzung der Steuer ist eine steuerliche Bewertung auf Grundlage des Bewertungsgesetzes (BewG) notwendig.

Bis 2010 wurden Selbstnutzer von Immobilien bei Einhaltung bestimmter Einkunftsgrenzen durch die Eigenheimzulage gefördert.

Bis Ende 2013 werden in den neuen Bundesländern gewerbliche Investitionen durch die Investitionszulage gefördert.

4 Finanzierungsplan

4.1 Kostenermittlung

Um sich einen Überblick über die zu erwartende Höhe der Investition im Rahmen eines Bauvorhabens zu verschaffen, sind die einzelnen Kosten zu ermitteln. Dabei handelt es sich um:

- Grundstückskosten
- Erschließungskosten
- Baukosten
- Baunebenkosten
- Finanzierungskosten
- Vermarktungskosten
- eigene Projektmanagementkosten

Von den Kosten sind Fördermittel und Zuschüsse abzuziehen.

> **Hinweis:**
> Anstelle der Grundstücks-, Bau- sowie Baunebenkosten kann im Falle des Erwerbs einer bestehenden Immobilie der Kaufpreis stehen. Dem Kaufpreis sind Renovierungs- und Umbaukosten hinzuzufügen.

4.1.1 Berechnung der Grundstückskosten

Grundstückswert

- Kaufpreis gemäß Kaufvertrag

Grunderwerbsnebenkosten

- Grunderwerbsteuer (z. B. 3,5 % des Kaufpreises; Höhe abhängig vom Bundesland)
- Notarkosten (Beurkundungskosten nach Gebührenordnung)
- Gerichtskosten (Eintragung des Eigentümerwechsels ins Grundbuch nach Gebührenordnung)
- Maklerprovision (z. B. Käufer zahlt max. 3,57 % des Kaufpreises; Höhe abhängig vom Bundesland bzw. von der Region)
- Vermessungskosten (nach Gebührenordnung)
- Bodengutachten
- Wertermittlung
- Ablösung von Rechten am Grundstück (z. B. Überfahrtsrecht)

> **Hinweis:**
> Beim Bodengutachten und der Wertermittlung ist vor dem Kauf zu klären, ob diese Kosten vom Käufer oder vom Verkäufer übernommen werden.

4.1.2 Berechnung der Erschließungskosten

Kosten für die Baufreimachung

- Abriss bestehender baulicher Anlagen
- Baumfäll- und Rodungsarbeiten
- Entrümpelung
- Dekontaminierung

Hinweis:
Der Kauf eines mit Altlasten belasteten Grundstücks oder Gebäudes stellt immer ein Risiko dar. Deshalb lassen sich die Kosten für eine mögliche Dekontaminierung im Vorhinein nicht genau beziffern. Die Kaufentscheidung ist sorgfältig abzuwägen. Vorteilhaft ist es, wenn der Verkäufer die Beseitigung der Altlasten ausführt.

Kosten der äußeren Erschließung (öffentliche Erschließung)
- Zahlung des beitragsfähigen Erschließungsaufwandes an die Gemeinde (bei nicht erschlossenen Grundstücken) – das betrifft die Anschlüsse für Energie, Wasser, Kanal, Gas, Telefon, Kabelfernsehen, Straßen und Fußwege sowie Straßenbeleuchtung
- Folgekosten der äußeren Erschließung (z. B. für Neubau eines Fußweges, Straßensanierung und nicht bezahlte Beiträge des Verkäufers)
- Baukosten für die Anschlussherstellung an das öffentliche Versorgungsnetz von der öffentlichen Anschlussstelle bis einen Meter in das eigene Grundstück hinein
- Ablösen von Stellplätzen

Kosten für die innere Erschließung
- Anschlusskosten innerhalb des Grundstücks ab einem Meter
- Gehwege
- Anliegerstraßen
- Stellplätze auf dem Grundstück

4.1.3 Berechnung der Baukosten

Die Kosten für die Erstellung des Gebäudes richten sich nach DIN 276 oder basieren auf den Erfahrungswerten des Investors oder Architekten entsprechend der Leistungsbeschreibung. Liegen schon Angebote von ausführenden Firmen vor, so sind deren Werte einzutragen. Baukosten müssen immer mit einem Zuschlag für unvorhergesehene Leistungen versehen werden, z. B. für Nachträge.

Je nach Planungsstand kommen hier Richtwerte (z. B. Kosten je Quadratmeter Wohnfläche, Kosten je Stellplatz) oder detaillierte Werte (z. B. Kosten für Fundament, Wände, Innenausbau, Haustechnik) zum Einsatz.

4.1.4 Berechnung der Baunebenkosten

Bei der Berechnung der Baunebenkosten sind folgende Punkte zu berücksichtigen:
- Kosten für Architekten- und Ingenieurleistungen (gemäß Honorarordnung der Architekten und Ingenieure [HOAI])
- Gebühren für Gutachten
- Gebühren für Stellungnahmen
- Gebühren für Beantwortung der Bauvoranfrage
- Gebühren für Erteilung der Baugenehmigung
- Gebühren für behördliche Abnahmen
- Gebühren für technische Abnahmen
- Einmessung des Gebäudes
- Versicherungen während der Bauzeit
- Richtfest

4.1.5 Berechnung der Finanzierungskosten

Um die Gesamtinvestitionskosten (Herstellkosten) zu ermitteln, finden hier nur die Finanzierungskosten für die Bauzeit Berücksichtigung. Die Finanzierungskosten nach Fertigstellung werden im Finanzierungsplan und in der Wirtschaftlichkeitsberechnung getrennt ausgewiesen.

Zu berücksichtigen sind folgende Punkte:

- Kapitalbeschaffungskosten Grundstück
- Zinsen Grundstückskosten
- Kapitalbeschaffungskosten Bauleistung
- Zinsen Bauleistung

Hinweis:
Bei der Finanzierung der Bauleistung ist zu berücksichtigen, dass die Finanzierungsmittel nicht vom Baubeginn an in Anspruch genommen werden, sondern nach Baufortschritt. Hier ist in der Berechnung der Finanzierungskosten der Zeitpunkt des Mittelabflusses zu berücksichtigen.

4.1.6 Berechnung der Vermarktungskosten

Variante 1 – Vermarktung durch einen Makler

- Maklercourtage, z. B. 3,57 % des Verkaufspreises inkl. USt. oder besser Vereinbarungspreis; (Bei der Höhe der Maklercourtage für den Verkauf gibt es keine rechtlich festgelegte Obergrenze.)

Variante 2 – Eigene Vermarktung

- Exposé
- Inserate
- Immobilienportale, z. B. www.immowelt.de, www.immobilienscout24.de
- Internetauftritt
- Bautafel
- Organisations- und Reisekosten des Mitarbeiters

4.1.7 Berechnung der eigenen Projektmanagementkosten

Die eigenen Projektmanagementkosten umfassen alle Kosten, die durch die Wahrnehmung der Auftraggeberfunktion entstehen.

Es sind folgende Kosten zu berücksichtigen:

- Koordinierung des Einsatzes des Architekten
- Koordinierung des Einsatzes der ausführenden Firmen, wenn der Architekt nicht mit dieser Aufgabe betraut ist
- Teilnahme an Baubesprechungen
- übergeordnete Kontrolle der Finanzen und Termine
- Organisation des Qualitätsmanagements
- Mängelbearbeitung
- Abnahme
- Management der Mieterbetreuung (bei Baumaßnahmen im bewohnten Zustand)

4.1.8 Berücksichtigung von Zuschüssen

Von den Kosten werden die nicht zurückzuzahlenden Zuschüsse entsprechend der Richtlinie der Zuschussgeber abgezogen. Dabei handelt es sich in der Regel um die Förderung durch kommunale Institutionen.

4.2 Erlösermittlung

In der Bauphase erwirtschaftet der Investor keine Erlöse. Eine Ausnahme stellt das Bauträgergeschäft dar, da hier bereits während der Bauphase Umsätze erzielt werden.

Beispiel für ein Berechnungsschema (Erlöse während der Bauphase für einen Bauträger):
Der Bauträger schließt mit den Erwerbern einen Vertrag nach der Makler- und Bauträgerverordnung (MaBV) ab. In dem Vertrag sind die Ratenzahlungen der Erwerber nach Baufortschritt vereinbart.

Bei den Ratenzahlungen handelt es sich um Mittelzuflüsse. Sie sind entsprechend im Finanzierungsplan zu berücksichtigen und mindern den Finanzierungsbedarf des Bauträgers.

Nachfolgend sind die Ratenzahlungen entsprechend dem Baufortschritt gemäß den Regelungen nach § 3 (2) MaBV einzutragen.

Eigentümer	**1. Rate**	**2. Rate**	**(...)**
Eigentümer A	10.000,00 €	15.000,00 €	(...)
Eigentümer B	20.000,00 €	30.000,00 €	(...)

4.3 Zusammenstellung des Finanzierungsplans

4.3.1 Zusammenfassung der Kosten

Entsprechend der in Abschnitt 4.1 erfolgten Kostenermittlung wird dem Finanzierungsplan eine Zusammenfassung der Kosten vorangestellt. Diese ist genau nach der Kostenermittlung gegliedert:

- Grundstückskosten
- Erschließungskosten
- Baukosten
- Baunebenkosten
- Finanzierungskosten
- Vermarktungskosten
- eigene Projektmanagementkosten

Hinweis:
Grundstücks-, Bau- und Baunebenkosten abzüglich Fördermitteln und Zuschüssen (ggf. abzüglich Bauträgererlösen gemäß Abschnitt 4.2, gegliedert nach dem Zeitpunkt des Mittelzuflusses)

Ergebnis = Finanzierungsbedarf insgesamt

4.3.2 Zusammenstellung des Eigenkapitals

Bei der Zusammenstellung des Eigenkapitals sind folgende Punkte zu berücksichtigen:

- eigenes Grundstück
- Sparguthaben
- Festgelder
- Wertpapiere
- Bausparguthaben
- Eigenleistung

Finanzierungsbedarf insgesamt − Eigenkapital = Fremdkapitalbedarf

4.3.3 Zusammenstellung des Fremdkapitalbedarfs

Zur übersichtlichen Darstellung dient folgende Tabelle:

Kreditinstitut	Betrag	Zins	verfügbar ab
Bank A			
Bank B			
Bausparkasse			
Versicherungsgesellschaft			
usw.			

Beachten Sie bei einer Finanzierung **immer** die folgenden grundlegenden Aspekte:

- Damit das Investitionsrisiko und die damit verbundenen Belastungen nicht zu hoch sind, sollte stets geprüft werden, wie viel Eigenkapital verfügbar ist und ob dies ausreichend ist.
- Die Kostenermittlung, also der Gesamtfinanzierungsbedarf, sollte einen Risikoaufschlag beinhalten, denn Nachfinanzierungen sind schwierig und teurer. Nachfinanzierungen entstehen dann, wenn die tatsächlichen Baukosten die geplanten Baukosten überschreiten. Signifikante Beispiele aus der jüngeren Zeit sind der Berliner Flughafen (BER) oder Stuttgart 21.

Beispiel für einen Finanzierungsplan im geförderten Wohnungsbau:
Baukosten = 1.000.000,00 €

Finanzierung:

Darlehen	Betrag €	Zinsen %	Kosten/Jahr €
Eigenkapital	200.000,00	5	10.000,00
Wohnungsbaudarlehen	400.000,00	0,4	1.600,00
Hypothekendarlehen	400.000,00	7	28.000,00

Hinweis:
Für das Eigenkapital wird eine theoretische Verzinsung in Höhe von 5 % angenommen (kalkulatorische Zinsen). Diesen Zins würde das Eigenkapital z. B. erwirtschaften, wenn es in einer anderen Anlageform angelegt wird.

5 Wirtschaftlichkeitsberechnung

Um eine Investitionsentscheidung zu treffen, muss die Wirtschaftlichkeit einer Investition geprüft werden. Deshalb werden für Immobilien Wirtschaftlichkeitsberechnungen angefertigt. Die erste Wirtschaftlichkeitsberechnung wird schon sehr früh im Projektentwicklungsprozess einer Immobilie durchgeführt. Sie dient dazu, die Tragfähigkeit der Investition am Markt zu überprüfen und mit den eigenen finanziellen Möglichkeiten abzugleichen.

Außerdem hat eine frühzeitige Wirtschaftlichkeitsberechnung den Vorteil, dass mit den ermittelten Daten mögliche Finanzierungsgeber kontaktiert werden können. Im Laufe des Fortschreitens des Projektentwicklungs- und Planungsprozesses wird die Wirtschaftlichkeitsberechnung immer aktualisiert und präzisiert.

Während bei der Lastenberechnung der Frage nachgegangen wird, ob sich die laufenden Belastungen durch die Immobilie überhaupt tragen lassen, beantwortet die Wirtschaftlichkeitsberechnung Fragen zu der günstigsten Investitionsvariante und der Rendite.

Es gibt zwei Verfahren der Wirtschaftlichkeitsberechnung:
- statische Verfahren
- dynamische Verfahren

5.1 Statische Verfahren der Wirtschaftlichkeitsberechnung

Die einfachste Form der Wirtschaftlichkeitsberechnung stellen die **statischen Verfahren** dar. Dabei wird die Investition über eine Periode hinweg, z.B. einem Jahr, betrachtet. Nicht berücksichtigt wird der Zeitraum des Mittelzu- und -abflusses. Die Daten der Berechnung sind leicht zu lesen, jedoch ist diese Form als alleiniges Entscheidungskriterium zur Beurteilung der Wirtschaftlichkeit einer so langfristigen Investition, wie es Immobilien sind, nur begrenzt hilfreich. Viele wichtige Einflussfaktoren bleiben außen vor.

Das Beurteilungskriterium ist einfach:

$$\text{Rendite} = \frac{\text{Gewinn}}{\text{Kapitaleinsatz}}$$

Statistische Verfahren finden beispielsweise Anwendung bei Bauträgerberechnungen (Synonym: Developerrechnungen) und können auch von privaten Anlegern genutzt werden.

Beispiel für eine Wirtschaftlichkeitsberechnung für einen privaten Anleger:
Ein privater Anleger kauft eine Eigentumswohnung einschließlich zwei dazugehöriger Tiefgaragenstellplätze und anteiliger Grundstückskosten – inklusive Erwerbsnebenkosten in Höhe von 40.000,00 € – zum Gesamtpreis von 320.000,00 €. Die Gesamtkosten enthalten außerdem Finanzierungskosten in Höhe eines Damnums von 10.000,00 €. Die Höhe des aufgenommenen Darlehens beträgt 200.000,00 €. Die Zinsbelastung beträgt 5 %, die Tilgungsrate 1 % im ersten Jahr. Den Rest hat er durch Eigenkapital finanziert.

Die Wohnung hat eine Größe von 110 m². Er vermietet die Wohnung für 7,00 €/m² Kaltmiete je Monat. Für einen Tiefgaragenstellplatz kann er einen Erlös von 40,00 € je Monat erzielen.

Ihm entstehen durch die Wohnung pro Monat 130,00 € Heizungs- und Betriebskosten (auf den Mieter umlegbar) sowie pro Jahr an nicht auf den Mieter umlegbare Betriebskosten von 280,00 € Verwaltungskosten und 300,00 € Instandhaltungsrücklage.

Der Eigentümer bittet Sie um Mithilfe bei der Beantwortung folgender Frage: Wie sieht das wirtschaftliche Ergebnis im ersten Jahr für den Eigentümer aus?

↓

Lösungsweg:

	Zusammenstellung der Finanzierungskosten	
	Eigenkapital	120.000,00 €
+	Fremdkapital	200.000,00 €
=	**Gesamtfinanzierungskosten**	**320.000,00 €**

	Zusammenstellung des Mietertrages (in €/Jahr)	
	Kaltmiete für die Wohnung (Miete pro Monat · Fläche · 12 Monate) 7,00 € · 110 m² · 12	9.240,00 €
+	Miete für die Stellplätze (Miete je Stellplatz · 2 Stück · 12 Monate) 40,00 € · 2 · 12	960,00 €
=	**Gesamtmieterträge**	**10.200,00 €**

	Zusammenstellung der laufenden Kosten (in €/Jahr)	
	Fremdkapitalzinsen (Zinsen · Fremdkapital) 5 % · 200.000,00 €	10.000,00 €
+	Verwaltungskosten	280,00 €
+	Instandhaltungsrücklage	300,00 €
=	**laufende Gesamtkosten**	**10.580,00 €**

Hinweis:
Die Heizungs- und Betriebskosten kann der Vermieter als Nebenkosten auf den Mieter umlegen.

	Wirtschaftliches Ergebnis im ersten Jahr	
	Mieterträge	10.200,00 €
–	laufende Gesamtkosten	10.580,00 €
=	**Ergebnis**	**–380,00 €**

Hinweis:
In der Betrachtung sind die theoretische Verzinsung des Eigenkapitals und die Abschreibung, in der Regel in Höhe von 2 % der Investitionskosten, noch nicht berücksichtigt. Die Investition ist also nicht rentabel. Möglichkeiten, um die Investition rentabel zu gestalten, gibt es auf der Ausgabenseite, z. B. durch eine Änderung der Planung oder durch eine günstigere Finanzierung.

Eine weitere Kennzahl, die im Rahmen der Wirtschaftlichkeitsberechnung herangezogen wird, ist der Return on Investment (ROI). Hier wird berechnet, wie lange es dauert, bis sich die Investition „gerechnet" hat – wann also die Gewinnzone erreicht wird.

5.2 Dynamische Verfahren der Wirtschaftlichkeitsberechnung

Dynamische Verfahren betrachten die Immobilie über ihren gesamten Lebenszyklus. So werden die Zahlungsflüsse während der Bauphase genauso exakt ermittelt wie während der Bewirtschaftungsphase. Da bei der dynamischen Wirtschaftlichkeitsberechnung auch Faktoren wie z. B. der Energieverbrauch für Heizung und Kühlung, die während der Bewirtschaftungsphase entstehen, sowie die Instandhaltungs- und Erneuerungsintervalle für Bauteile mitberücksichtigt werden, lassen sich Investitionsentscheidungen für oder gegen eine Variante sicherer beurteilen.

Ein wesentlicher Vorteil von dynamischen Verfahren ist, dass durch die zeitliche Berücksichtigung der Ein- und Auszahlungen Kapitalanlagemöglichkeiten – und somit mögliche Einnahmeüberschüsse – in die Berechnung mit einfließen können.

Risiken haben die dynamischen Verfahren durch den langen Betrachtungszeitraum, weil sich Preise, Kapitalmarkt und Mieten sowie die politischen Rahmenbedingungen ändern können. Der Aufwand, der durch das Sammeln der Daten und die Berechnungen anfällt, sollte hingegen nicht abschrecken, da die dynamischen Verfahren in ihrer Aussagefähigkeit den statischen Verfahren überlegen sind.

Beispiel:
Es liegen zwei Varianten zur energietechnischen Ausstattung (Heizungsanlage) eines Gebäudes vor. Die erste Variante weist höhere Investitionskosten auf. Die Anlage muss einmal jährlich gewartet werden. Ihre Lebensdauer beträgt 25 Jahre.

Die zweite Variante erscheint bei Betrachtung der reinen Investitionskosten günstiger. Diese Anlage muss aber zweimal jährlich gewartet werden und hat nur eine Lebensdauer von 20 Jahren.

Hier bieten die Verfahren der dynamischen Wirtschaftlichkeitsberechnung ein hervorragendes Instrument, die Wirtschaftlichkeit der Varianten zu beurteilen und die richtige Entscheidung zu treffen.

5.3 Wirtschaftlichkeitsberechnung nach der II. Berechnungsverordnung (II. BV)

Anwendungsbereich der Wirtschaftlichkeitsberechnung nach der II. Berechnungsverordnung sind Wohnbauten. In Teil II der II. Berechnungsverordnung ist die Wirtschaftlichkeitsberechnung geregelt.

Nachfolgend wird aus den Anforderungen der II. Berechnungsverordnung ein Berechnungsschema erstellt, das die wichtigsten und am häufigsten verwendeten Elemente enthält.

In der Wirtschaftlichkeitsberechnung werden die laufenden Aufwendungen den Erträgen gegenübergestellt. Eine Gliederung erfolgt in:

- Grundstücks- und Gebäudebeschreibung
- Gesamtkostenberechnung
- Finanzierungsplan
- laufende Aufwendungen und Erträge

Werden öffentliche Mittel, Förderprogramme oder steuerliche Vergünstigungen genutzt, die eine andere Gliederung vorschreiben, so ist die Wirtschaftlichkeitsberechnung nach deren Grundsätzen durchzuführen.

5.3.1 Berechnung der Gesamtkosten der Investition

Die Gesamtkosten (Investitionskosten) sind wie in der Lastenberechnung zu ermitteln. Hier noch einmal zur Wiederholung die Zusammensetzung der Gesamtkosten (siehe auch Kapitel 4.1):

- Grundstückskosten
- Erschließungskosten
- Baukosten
- Baunebenkosten
- Finanzierungskosten
- Vermarktungskosten
- eigene Projektmanagementkosten

5.3.2 Berechnung der Bewirtschaftungskosten

Die folgenden Berechnungsgrößen betreffen jene Bewirtschaftungskosten, die nicht auf den Mieter umgelegt werden können.

Auszug aus der II. BV (§ 24 Abs. 1):

(1) Bewirtschaftungskosten sind die Kosten, die zur Bewirtschaftung des Gebäudes oder der Wirtschaftseinheit laufend erforderlich sind. Bewirtschaftungskosten sind im Einzelnen

1. *Abschreibung,*
2. *Verwaltungskosten,*
3. *Betriebskosten,*
4. *Instandhaltungskosten,*
5. *Mietausfallwagnis.*

(...)

Abschreibungen spiegeln den Wertverlust eines Gebäudes wider, den es durch Alterung erhält. Abschreibungen von den Baukosten sollen laut II. BV 1 % nicht überschreiten.

Die **Verwaltungskosten** dürfen höchstens mit dem durch § 26 II. BV bestimmten jährlichen Betrag je Wohnung, bei Eigenheimen, Kaufeigenheimen und Kleinsiedlungen je Wohngebäude angesetzt werden.

Im öffentlich geförderten sozialen Wohnungsbau und im steuerbegünstigten oder freifinanzierten Wohnungsbau, der mit Wohnungsfürsorgemitteln gefördert worden ist, dürfen die **Betriebskosten** nicht in der Wirtschaftlichkeitsberechnung angesetzt werden (§ 27 II. BV).

Die **Instandhaltungskosten** dürfen entsprechend den Sätzen aus dem Kapital bei der Lastenberechnung zum Ansatz gebracht werden.

Das **Mietausfallwagnis** darf mit höchstens 2 % angesetzt werden.

5.3.3 Berechnung der Erträge

Die Erträge umfassen die jährlichen Einnahmen aus Vermietung und Verpachtung der Immobilie einschließlich der Nebenkosten.

5.3.4 Vereinfachte Wirtschaftlichkeitsberechnung

Die II. Berechnungsverordnung sieht auch eine vereinfachte Wirtschaftlichkeitsberechnung vor. Wird sie genutzt, so ergibt sich folgende Gliederung:

- Bezeichnung des Gebäudes
- Höhe der einzelnen laufenden Aufwendungen
- Darlehen und Zuschüsse zur Deckung von laufenden Aufwendungen für den gesamten Wohnraum
- Mieten und Pachten, der entsprechende Miet- und Nutzwert sowie die Vergütungen

5.4 Bauträgerrechnung

Die Berechnungen der Bauträger zur Erstbewertung der geplanten Investition werden nach dem statischen Verfahren der Wirtschaftlichkeitsberechnung vorgenommen.

Beispiel:
Ein Bauträger errichtet eine Eigentumswohnanlage auf einem 1.000 m² großen Grundstück. Er erwirbt das Grundstück für 160,00 €/m². Die Nebenkosten zum Grunderwerb belaufen sich auf 11.000,00 €. Der Bauträger kauft das Grundstück sechs Monate vor Baubeginn. Die Bauzeit beträgt ein Jahr, die Wohnfläche 600 m², die Baukosten 1.300,00 €/m² Wohnfläche zzgl. 10 % Baunebenkosten. Für Projektmanagement und Vertrieb fallen jeweils 50.000,00 € an. Der Bauträger kalkuliert mit einem Betrag von 40.000,00 € für Wagnis und Unvorhergesehenes. Er finanziert die Baukosten zu 100 % mit Fremdmitteln und das Grundstück zu 10 % mit Fremdmitteln, für die jeweils 6 % Zinsen zu zahlen sind. Er verkauft alle Wohnungen sofort nach Bauende zu 2.300,00 €/m² und zahlt das Darlehen in einem Betrag zurück.

Lösungsweg:

Grundstückskosten (erschlossen)	
Kosten je m²	160,00 €
Größe des Grundstücks	1.000 m²
Kaufpreis des Grundstücks (1 000 m² · 160,00 €/m²)	160.000,00 €
Grunderwerbsnebenkosten (Grundsteuer, Notar, Makler)	11.000,00 €

Es ergibt sich eine Zwischensumme von 171.000,00 € (nur Grundstückskosten).

Baukosten und Baunebenkosten	
Wohnfläche	600 m²
Kosten je m² Wohnfläche	1.300,00 €
1.300,00 €/m² · 600 m²	780.000,00 €
Baunebenkosten (Richtwert 10 % der Baukosten)	78.000,00 €

Finanzierungskosten	
Grundstück (10 % von 171.000,00 €)	17.100,00 €
Finanzierung über 18 Monate bei 6 % Zinsen	1.539,00 €
+ Baukosten (858.000,00 € · 50 %) Finanzierung über 12 Monate bei 6 % Zinsen	25.740,00 €

Hinweis:
Die Baukosten fallen nicht alle gleich zu Beginn der Bauzeit an. Deshalb ist auch die Finanzierung nicht zu Beginn erforderlich. Zur Vereinfachung wird hier von einem kontinuierlichen Mittelabfluss ausgegangen. Daher wird die Finanzierung mit 50 % angesetzt.

Die Gesamtkosten der Finanzierung belaufen sich somit auf 27.279,00 €.

Ermittlung der Erträge	
600 m² · 2.300,00 €/m²	1.380.000,00 €

Ermittlung des Bauträgergewinns	
Erträge – Kosten	323.721,00 €
Kosten des Bauträgers (bezogen auf die Gesamtkosten in Höhe von 1.056.279,00 €)	
angenommene Projektmanagementkosten	50.000,00 €
angenommene Vertriebskosten	50.000,00 €
angenommene Kosten für Risiko	40.000,00 €

Der Bauträgergewinn beträgt 183.721,00 €.

Aufgaben

Aufgaben zu Kapitel 1

1 Weshalb werden Immobilien- und Bauinvestitionen mit einem hohen Fremdkapitalanteil finanziert?

2 Welcher Eigenkapitalanteil an der Investitionssumme ist für einen Erwerber einer Eigentumswohnung erstrebenswert? Beschreiben Sie die Vor- und Nachteile des Eigenkapitaleinsatzes.

3 Welche Formen der klassischen Finanzierung kennen Sie?

4 Welche Vor- und Nachteile hat die klassische Finanzierung?

5 Für welche Objekte wird die klassische Finanzierung hauptsächlich angewendet?

6 Das Annuitätendarlehen ist die am häufigsten zum Einsatz kommende Form der Finanzierung im Wohnungsbau. Beschreiben Sie die wesentlichen Eigenschaften dieser Darlehensform. Stellen sie diese anhand eines selbst gewählten Beispiels dar.

7 Welche finanztechnischen Vereinbarungen werden im Vertrag für ein Annuitätendarlehen geschlossen?

8 Was verstehen Sie unter dem Begriff Tilgung?

9 Welche Vorteile bietet ein hoher Tilgungssatz?

10 Berechnen Sie die Belastung für folgendes Annuitätendarlehen:

Annuitätendarlehen	
Darlehensbetrag	500.000,00 €
Zins	6,4 %
Tilgung	1,5 %

11 Welcher Darlehensbetrag muss aufgenommen werden, um eine Finanzierung von 325.000,00 € sicherzustellen, wenn die Bank einen Auszahlungsbetrag von 92 % anbietet?

12 Es wird ein Darlehen über 200.000,00 € aufgenommen. Der notwendige Finanzierungsbetrag beläuft sich auf 180.000,00 €. Wie hoch ist das prozentuale Damnum?

13 Die Banken legen Ihnen folgende drei Angebote vor:

Angebot 1	
Finanzierungsbetrag	1.000.000,00 €
Sollzins	6,2 %
Auszahlungsbetrag	95 %
Zinsbindung	10 Jahre
jährliche Gebühren	0,1 %
einmalige Bearbeitungsgebühren	500,00 €
Tilgung	1 %

Angebot 2	
Finanzierungsbetrag	1.000.000,00 €
Sollzins	5,7 %
Auszahlungsbetrag	90 %
Zinsbindung	8 Jahre
einmalige Bearbeitungsgebühren	300,00 €
Tilgung	1 %

Angebot 3	
Finanzierungsbetrag	1.000.000,00 €
Sollzins	5,8 %
Auszahlungsbetrag	90 %
Zinsbindung	5 Jahre
einmalige Bearbeitungsgebühren	1.000,00 €
Tilgung	1 %

a) Wie hoch ist jeweils der effektive Jahreszins?
b) Welchem Angebot geben Sie den Vorzug?

14 Wann ist eine lange Zinsbindung vorteilhaft? Begründen Sie Ihre Aussage.

15 Wie wird ein Hypothekendarlehen abgesichert?

16 Bis zu welcher Höhe gewähren Kreditinstitute ein erstrangiges Darlehen?

17 Wie kann die Finanzierung der verbleibenden Investitionskosten erfolgen?

18 Warum gewähren Kreditinstitute in der Regel keine 100 %ige Finanzierung?

19 In einem Darlehensvertrag werden Sollzins und effektiver Jahreszins vereinbart. Beschreiben Sie die Unterschiede zwischen den Zinsarten.

20 Warum ist die Benennung des effektiven Jahreszinses für den Darlehensnehmer so wichtig?

21 Kreditinstitute bieten gern eine Finanzierung mit Damnum bzw. Disagio an. Wie berücksichtigen Sie das Damnum bei Ihrer Finanzierungsplanung?

22 Sie erhalten auf Ihre Finanzierungsanfrage von zwei Banken die folgenden Angebote. Es fallen keine weiteren Kosten an. Welches Angebot ist für Sie vorteilhafter?

Angebot 1	
Finanzierungsbetrag	100.000,00 €
Sollzins	6,46 %
Auszahlungsbetrag	98 %
Zinsbindung	6 Jahre
Tilgung	2 %

Angebot 2	
Finanzierungsbetrag	100.000,00 €
Sollzins	7,00 %
Auszahlungsbetrag	100 %
Zinsbindung	6 Jahre
Tilgung	2 %

23 Beschreiben Sie die Besonderheiten für ein Tilgungsdarlehen.

24 Unter welchen Voraussetzungen ist die Aufnahme eines Tilgungsdarlehens für den Darlehensnehmer vorteilhaft?

25 Sie möchten ein Tilgungsdarlehen in Höhe von 1.000.000,00 € innerhalb von fünf Jahren zurückführen. Der Zinssatz beträgt 6 %. Der Tilgungssatz beträgt jährlich 20 %.
a) Wie hoch ist der jährliche Tilgungsbetrag?
b) Wie hoch ist die Zinsbelastung in den einzelnen Jahren? Wie hoch ist sie insgesamt?

26 Sie möchten 80 % Ihrer 1.000.000,00 € teuren Immobilie mit einem Tilgungsdarlehen finanzieren. Ihnen stehen jährlich 200.000,00 € für Zinsen und Tilgung zur Verfügung. Der Zinssatz beträgt während der gesamten Laufzeit des Darlehens 6,3 % pro Jahr. 30 % der Grundstücks- und Baukosten finanzieren Sie mit Eigenkapital.
a) Erstellen Sie die Finanzierungspläne für die gesamte Laufzeit.
b) Wie lange brauchen Sie, um das Darlehen zu tilgen?
c) Wie hoch sind die Zinsen über die gesamte Laufzeit des Darlehens?
d) Wie hoch ist der Gesamtbetrag der Grundstücks- und Baukosten?
e) Beurteilen Sie den Anteil des Eigenkapitals an den Gesamtkosten aus finanzwirtschaftlicher Sicht.

27 Von einer anderen Bank erhalten Sie ein Angebot für die in Aufgabe 26 beschriebenen Ausgangsdaten für ein Annuitätendarlehen zu den folgenden Konditionen:
- Sollzins 5,7 %
- Auszahlungsbetrag 95 %
- Zinsbindung 10 Jahre
- Tilgung 5 %

Die Bank kennt Ihre finanzielle Situation und weiß, dass Sie aus anderen geschäftlichen Aktivitäten jährlich Einnahmen in Höhe von 200.000,00 € haben. Sie bietet Ihnen deshalb eine langfristige Geldanlage für den durch das Annuitätendarlehen eingesparten Betrag an. Die Verzinsung der Geldanlage beträgt 6,2 %.
a) Wie hoch ist die jährliche Belastung beim Annuitätendarlehen im ersten und zweiten Jahr?
b) Wie hoch sind die Erlöse aus der Geldanlage?

28 Vergleichen Sie die Ergebnisse aus Aufgabe 26 und 27. Für welches Darlehen entscheiden Sie sich? Begründen Sie Ihre Entscheidung.

29 Die Berechnung aus Aufgabe 27 stellt die Grundlage dar. Sie planen in den nächsten Jahren weitere Bauvorhaben. Ist dann die von der Bank vorgeschlagene langfristige Geldanlage für Sie interessant? Begründen Sie Ihre Aussage.

30 Viele Banken verlangen vom Bauträger als Voraussetzung für die Finanzierung, dass ein gewisser Teil an Wohnungen bereits vor Baubeginn verkauft ist. Begründen Sie diese Vorgehensweise aus Sicht der Bank und aus Sicht des Bauträgers.

31 Warum sind Bauträger an einem frühzeitigen Verkauf der Wohnungen (vor Baubeginn oder während der Bauphase) interessiert?

32 Beschreiben Sie die Auswirkungen einer kurzen Planungs- und Bauzeit auf die Finanzierungskosten.

33 Sie sind Bauträger und haben acht von zehn Wohnungen frühzeitig verkauft. Trotz aller Werbemaßnahmen und einem Preisnachlass haben Sie für die zwei Wohnungen auch ein Jahr nach Fertigstellung noch keine Käufer gefunden.
a) Welche Kosten entstehen Ihnen dadurch?
b) Wie können Sie Abhilfe schaffen?

34 Sie arbeiten in einem Wohnungsbauunternehmen. Sie planen, ein unbebautes Grundstück aus Ihrem Besitz mit attraktivem Geschosswohnungsbau zu bebauen.
a) Unter welchen Bedingungen würden Sie die Auflage eines Immobilienfonds für die Finanzierung vorschlagen?
b) Welche Form des Immobilienfonds wählen Sie?
c) Welche Regeln müssen Sie dabei beachten?

35 Welche Rechtsformen sind für einen geschlossenen Immobilienfonds möglich?

36 Für einen neu zu errichtenden Bürokomplex haben Sie als Finanzierungsform einen geschlossenen Immobilienfonds aufgelegt. Ein Anleger lässt sich von Ihnen beraten. Erläutern Sie ihm
a) die Vor- und Nachteile einer Kapitalanlage in einem geschlossenen Immobilienfonds,
b) die Steuervorteile eines geschlossenen Immobilienfonds.

37 Welche Vor- und Nachteile hat die Geldanlage in einem offenen Immobilienfonds gegenüber anderen Geldanlagen?

38 Worauf sollte ein Anleger bei Immobilienfonds achten, damit er eine möglichst hohe Rendite erzielt?

39 Sie sind in der Investitionsabteilung der Gemeinde tätig. In den letzten Jahren ist die Einwohnerzahl stark gestiegen und es haben sich neue Gewerbebetriebe angesiedelt. Die Aufgaben der Verwaltung sind gewachsen und es mussten für die neuen Mitarbeiter Büros in anderen Gebäuden angemietet werden. Der Gemeinderat möchte daher ein neues Rathaus bauen. Nach einer ersten Wirtschaftlichkeitsberechnung stellt sich heraus, dass die finanziellen Mittel der Gemeinde für den Bau eines neuen Rathauses nicht ausreichen. Sie sind in Kontakt zu verschiedenen Anbietern getreten und Ihnen wurde das Modell des Immobilienleasings angeboten. Ihre Aufgabe ist es, den Gemeinderatsmitgliedern und dem Bürgermeister das Prinzip des Immobilienleasings vorzustellen. Gehen Sie dabei auch auf die Vor- und Nachteile ein.

Aufgaben zu Kapitel 2

40 Welche Unterlagen sind für ein Kreditgesuch eines privaten Bauherrn notwendig?

41 Sie sind Immobilienkaufmann/-frau in einem Wohnungsbauunternehmen und haben die Unterlagen für ein Kreditgesuch zusammengestellt. Bei der Vorstellung des Projekts schaut die Bank insbesondere auf die wirtschaftlichen Kriterien für das Projekt und das Unternehmen.
a) Welche Unterlagen müssen dazu im Kreditgesuch des Wohnungsbauunternehmens enthalten sein?
b) Von welchen Kriterien wird die Bank die Kreditzusage und die Höhe des Zinses abhängig machen?

42 Sie arbeiten in einer Projektentwicklungsgesellschaft und besitzen ein 20.000 m² großes unbebautes Grundstück. In absehbarer Zeit möchten Sie das Grundstück nicht bebauen. Sie möchten das unbelastete Grundstück als Sicherheit für die Aufnahme eines Darlehens benutzen.

a) Wie wird der Beleihungswert dafür ermittelt?
b) Welche Größen haben Einfluss auf den Beleihungswert?

43 Welche Methoden der Wertermittlung für Immobilien kennen Sie? Beschreiben Sie deren Merkmale und Anwendungsgebiete.

44 Für die Wertermittlung gibt es gesetzliche Vorschriften. Wo finden Sie die entsprechenden Gesetzestexte?

45 Wie ermitteln Sie den Liegenschaftszins?

46 Wodurch unterscheiden sich Hypothek und Grundschuld?

47 Welche Faktoren haben – beim Erwerb einer Immobilie – Einfluss auf die Belastung?

48 Wie wird eine Lastenberechnung nach der II. Berechnungsverordnung gegliedert?

49 Erstellen Sie die Lastenberechnung für folgendes Beispiel:

Lastenberechnung	
Fremdkapitalbedarf	250.000,00 €
Zinsen	6 %
Tilgung	2 %
Bankgebühren	200,00 €
Auszahlung	90 %
Verwaltungskosten/Jahr	300,00 €
Reparaturkosten/Jahr	200,00 €
Instandhaltungsrücklage für 200 m² Wohnfläche (6,00 €/m²)	

Aufgaben zu Kapitel 3 und 4

50 Sie arbeiten in einem Wohnungsbauunternehmen und möchten Ihren Wohnungsbestand aus den 1960er- und 1970er-Jahren modernisieren. Welche Fördermittel können Sie in Anspruch nehmen? In welchen Instituten finden Sie Ansprechpartner?

51 Welche Bestandteile hat die Kostenermittlung für Bauinvestitionen?

52 Sie haben folgenden Finanzierungsplan vorliegen. Wie hoch ist die jährliche Gesamtbelastung?

Finanzierungsplan			
Darlehen	**Betrag (€)**	**Zinsen (%)**	**Kosten/Jahr (€)**
Eigenkapital	300.000,00	–	
Wohnungsbaudarlehen	800.000,00	3,6	
Hypothekendarlehen	200.000,00	6,5	

Aufgaben zu Kapitel 5

53 Welche Verfahren der Wirtschaftlichkeitsberechnung kennen Sie? Erläutern Sie die Vor- und Nachteile.

54 Ein Bauträger hat ein 2.000 m² großes Grundstück zum Preis von 200 €/m² erworben. Er bebaut es nach einem Jahr mit 1.500 m² Wohnfläche und finanziert das Vorhaben zu 100 % mit Fremdmitteln. Der Zins beträgt 6,5 %. Die Baukosten belaufen sich auf 1.200,00 €/m² Wohnfläche. Er errichtet außerdem acht Stellplätze zu je 6.900,00 €. Zum Bauende nach 14 Monaten Bauzeit hat er alle Wohnungen zum Preis von 2.350,00 €/m² (inkl. Stellplatz) verkauft. Zum Vertrieb schaltet er einen örtlichen Makler zu einer Provision in Höhe von 3 % zzgl. USt. ein. Welchen Gewinn erzielt der Bauträger, wenn er in seiner Kalkulation für eigene Leistungen und Wagnis 12,5 % kalkuliert?

55 Ein Projektentwickler für Altenheime kauft ein gut gelegenes Grundstück für den Betrag von 2.500.000,00 € inkl. Nebenkosten.

Ausgangsdaten	
Anzahl der zu errichtenden Pflegeplätze	180 Stück
Baukosten je Pflegeplatz	39.000,00 €/Stück
Baukosten Innenausstattung je Pflegeplatz	10.500,00 €/Stück
Baunebenkosten	12 % der direkten Baukosten
Vermarktungskosten	3 % der Erstellungskosten
Zinssatz	4,8 %
Damnum	80.000,00 €
Verwaltung	200,00 €/Jahr und Pflegeplatz
Instandhaltung	150,00 €/Jahr und Pflegeplatz
AfA	2 %
Miete Pflegeplatz	7.400,00 €/Jahr

a) Wie hoch sind die Gesamtkosten des Projekts?
b) Wie hoch ist die Zinsbelastung, wenn die Bauzeit ein Jahr beträgt?
c) Wie hoch ist die Eigenkapitalrendite, wenn Sie das Grundstück aus Eigenkapital finanzieren würden?
d) Sie entwickeln das Projekt für den Altenheimbetreiber. Wie hoch ist der Verkaufspreis, wenn Sie mit einem Projektentwicklergewinn von 15 % rechnen?

56 Sie planen eine Eigentumswohnanlage mit sechs Wohnungen à 90 m². Die Eigentümer können die ortsübliche Miete für Neubauwohnungen in Höhe von 6,50 €/m² erzielen. Der Kaufpreis einer Wohnung beträgt 340.000,00 €. Zum Kaufpreis hinzuzurechnen sind 1,25 % des Kaufpreises sowie die Maklerprovision inkl. Mehrwertsteuer. Wie viel Eigenkapital muss der Eigentümer aufbringen, um eine Rendite von 4 % zu erreichen? Die ihm von der Bank angebotenen Konditionen betragen 3,9 % bei 95 % Auszahlung oder alternativ 4,3 % bei 90 % Auszahlung.

57 Sie sind als Bauträger tätig. Ermitteln Sie die Gesamtkosten für folgendes Projekt:

Projektdaten	
Grundstücksfläche	3.000 m²
Kaufpreis	240,00 €/m²
Erwerbsnebenkosten	4,5 %
Freimachen des Grundstücks	5.000,00 €
Baukosten Wohnfläche	1.270,00 €/m² Wohnfläche
Wohnfläche	1.500 m²
Stellplätze	21 Stück
Baukosten Stellplätze	8.000,00 €/Stück
Außenanlagen	20.000,00 €
Baunebenkosten	15 % der Baukosten
Finanzierungskosten Grundstück (2 Jahre)	5 %
Finanzierungskosten Baukosten (1 Jahr)	5 %

58 Erläutern Sie den Unterschied zwischen direkter und indirekter Förderung von Wohnungsbaudarlehen.

59 Bei welcher Institution sind Anträge für KfW-Darlehen einzureichen?

60 In Erlangen bekommt ein Investor ein Grundstück für 2.000.000,00 € angeboten. Da der Bedarf an Studentenappartements hoch ist, plant er den Bau von 500 Appartements mit der Größe von jeweils 28 m². Im Erdgeschoss sieht er 1.000 m² Einzelhandelsfläche vor. Als Baukosten kalkuliert er 1.100,00 €/vermietbarer Fläche. Er möchte die Appartements möbliert vermieten und kalkuliert für die Einrichtung 120,00 €/m² Wohnfläche. Nebenkosten fallen in Form von Baunebenkosten in Höhe von 15 % und für den Grunderwerb in Höhe von 4,5 % an. Er finanziert 500.000,00 € mit Eigenkapitalmitteln. Die anderen Kosten werden mit Fremdkapital zu einem Zinssatz von 5,9 % und 3 % Tilgung finanziert. Die Appartements lassen sich für 250,00 €/Monat vermieten. Der Mietpreis für die Einzelhandelsfläche liegt bei 16,60 €/m². Für Bewirtschaftungskosten kalkuliert er mit 15,00 € des Mieterertrages.

a) Ermitteln Sie die Gesamtkosten des Projekts, wenn die Planungszeit ab Grundstückserwerb acht Monate und die Ausführungszeit 17 Monate beträgt.
b) Ermitteln Sie den jährlichen Mieterlös.
c) Ermitteln Sie das Betriebsergebnis.
d) Ermitteln Sie die Eigenkapitalrendite.
e) Wie können Sie die Eigenkapitalrendite erhöhen?
f) Ermitteln Sie zu den Fragen b), c) und d) die Ergebnisse, wenn die Leerstandsquote bei den Studentenappartements 3 % betragen würde.

Lernfeld 12 Gesamtwirtschaftliche Einflüsse bei immobilienwirtschaftlichen Entscheidungen berücksichtigen

1 Grundlagen

Die Ausbildung zum Immobilienkaufmann bzw. zur Immobilienkauffrau umfasst auch die Einordnung der **Immobilienbranche als Wirtschaftsfaktor** auf nationaler und internationaler Ebene. Dazu erwerben Sie Kenntnisse der Grundelemente des Wirtschaftssystems und des Ordnungsrahmens der sozialen Marktwirtschaft und lernen, den Einfluss gesamtwirtschaftlicher Rahmenbedingungen bei immobilienwirtschaftlichen Entscheidungen im Unternehmen zu berücksichtigen, Ursachen konjunktureller Entwicklungen zu verstehen und Auswirkungen staatlicher Markteingriffe auf Verbraucher- und Unternehmensentscheidungen zu bewerten. Sie beschreiben Ziele, Maßnahmen und Grenzen der Wirtschaftspolitik, wägen Auswirkungen fiskal- und geldpolitischer Maßnahmen auf Investitionsentscheidungen Ihres Ausbildungsunternehmens ab und berücksichtigen Vorgaben staatlicher Wohnungsbau- und Umweltpolitik bei Entscheidungen in Ihrem Unternehmen.

1.1 Marktwirtschaft

Das Wirtschaftssystem der Bundesrepublik Deutschland ist eine **soziale Marktwirtschaft.** Marktwirtschaft bedeutet dabei, dass es keine zentrale Institution gibt, die für die Verteilung der Rohstoffe und Güter sorgt, sondern dass die Verteilung über den Marktmechanismus, d. h. durch Angebot und Nachfrage erfolgt. „Sozial“ bedeutet, dass der Staat den Auftrag hat, dort in das Marktgeschehen einzugreifen, wo es zu unerwünschten, sozial unverträglichen Ergebnissen führt. Zum Beispiel stellt der Staat für all diejenigen, die kein oder nicht genügend Einkommen aus dem Marktprozess zur Sicherung ihres Lebensunterhalts erwirtschaften können (Kinder, Rentner, Arbeitslose, Kranke), staatliche Hilfen bereit.

Die soziale Marktwirtschaft gründet auf dem Prinzip des **Ordoliberalismus**, der eine Weiterentwicklung der freien Marktwirtschaft (Laissez-faire-Wirtschaft) darstellt. Der Unterschied zwischen der freien und der sozialen Marktwirtschaft liegt im Wesentlichen darin, wie stark der Staat in das Wirtschaftsgeschehen eingreift. In beiden Systemen tritt der Staat auch als normaler Marktteilnehmer auf, z. B. wenn das Finanzamt Büromaterial einkauft, als Nachfrager, oder wenn die Stadthalle Räume für Veranstaltungen vermietet, als Anbieter.

In der freien Marktwirtschaft können abhängig Beschäftigte jederzeit gekündigt werden, in der sozialen Marktwirtschaft gibt es gesetzliche Regelungen zum Kündigungsschutz, z. B. § 622 BGB oder das Kündigungsschutzgesetz (KSchG).

Jeder Marktteilnehmer kann auf dem Markt beliebige Güter anbieten oder nachfragen. Zum Schutz der Verbraucher sind jedoch für bestimmte gewerbliche Tätigkeiten staatliche Genehmigungen erforderlich, z. B. benötigen Ärzte eine staatliche Genehmigung, die Approbation, um praktizieren zu können. Ein anderes Beispiel sind Lizenzen für Taxi-Unternehmen. Weitere „Erlaubnispflichten“ finden Sie in der Gewerbeordnung, aber auch im Gaststättengesetz, im Güterkraftverkehrsgesetz usw.

Das wirtschaftliche Risiko unternehmerischer Tätigkeiten liegt ausschließlich bei den Arbeitgebern. Dieser Aspekt stellt einen Unterschied der Marktwirtschaft zur Planwirtschaft dar, denn in einer Planwirtschaft liegt das wirtschaftliche Risiko bei der zentralen Planungsbehörde.

Marktwirtschaft und Planwirtschaft		
	Marktwirtschaft	**Planwirtschaft**
Koordination der Wirtschaftspläne	dezentral, Preisbildung auf den Märkten	zentral, durch staatliche Vorgaben
Eigentumsordnung	Privateigentum an den Produktionsmitteln	Gemeineigentum an den Produktionsmitteln
Ziele der Wirtschafts-subjekte	Nutzenmaximierung, Gewinnmaximierung	Planerfüllung

In dem **Modell der freien Marktwirtschaft** sind solche Regelungen nicht vorgesehen, dort dürfen auch beliebige Güter ohne staatliche Kontrolle angeboten und nachgefragt werden, wie z. B. Waffen oder Drogen. Dieses Modell kommt in der Praxis allerdings nicht vor. Verfechter der freien Marktwirtschaft empfehlen, dass der Staat sich so weit wie möglich aus der Wirtschaft heraushalten und nur solche Leistungen anbieten soll, die der Markt selbst nicht bereitstellen kann (kollektive Güter), insbesondere ein funktionierendes Rechtssystem (vgl. Band 1, Lernfeld 1) und Sicherheit nach innen (Polizei) und nach außen (Militär).

Für sogenannte Netzgüter (Straßen- und Eisenbahnnetz, Telefonnetz, Internet), bei denen der Aufwand, das Netz aufzubauen, sehr hoch und eine Konkurrenz mehrerer Netze nicht sinnvoll ist, kann der Staat den Aufbau unterstützen und dann durch Privatisierung für Wettbewerb bei der Netznutzung sorgen, so wie es beim Telefonnetz und Internet versucht wird.

Es wird argumentiert, dass jeder weitere Eingriff des Staates den Marktmechanismus nur stört und eine zu große Belastung für die Gesellschaft darstellt, denn zum einen stärkt privatwirtschaftliches, auf Gewinnmaximierung gerichtetes Verhalten die Suche nach der effizientesten Lösung für ein Problem, während der Staat Probleme nur verwaltet, zum anderen wirkt die durch Aufblähung des Staatsapparats stetig steigende Steuerlast Anreiz vermindernd. Investoren, die sich z. B. mit umfangreichen Umwelt- und Arbeitnehmerschutzauflagen auseinandersetzen müssen, verlieren das Interesse und wählen – angesichts der Globalisierung – Länder mit einfacheren Investitionsmöglichkeiten.

Gegner dieser liberalen Staatsauffassung argumentieren mit dem Begriff **„Marktversagen"**. Sie legen dar, dass der Marktmechanismus, selbst wenn er in weiten Bereichen gut funktioniert, auch zu Fehlentwicklungen führen kann. Ein gutes Beispiel ist die Ausbeutung von natürlichen Ressourcen, an denen keine klaren Eigentumsrechte definiert sind. Wem gehört die Luft, die wir atmen? Eigentlich doch uns allen. Und wenn ein Unternehmen sie durch giftige Abgase verschmutzt, muss es dafür zur Verantwortung gezogen werden. Der Preis, zu dem das Unternehmen seine Produkte anbietet, enthält jedoch diese externen Kosten (Externalitäten) nicht, daher wird das Produkt zu günstig angeboten. Hier ist ein staatlicher Eingriff, in welcher Form auch immer, gefragt.

Dem Begriff des Marktversagens wird dann der Begriff **„Staatsversagen"** entgegengehalten, nämlich dass der Staat nicht in der Lage ist, mit seinen Methoden und Maßnahmen die Probleme zu beseitigen, sondern sie stattdessen nur verschlimmert. Die Reduzierung der natürlichen Ressourcen würde über eine Preiserhöhung schon alleine, d. h. durch den Marktprozess, zu einer Veränderung der Produktionsmethoden führen. Umweltauflagen hielten nur ausländische Investoren davon ab, ihr Innovationspotenzial dem Land zur Verfügung zu stellen.

Das abschreckendste Merkmal unserer sozialen Marktwirtschaft für Investoren sei jedoch das hohe Sozialbudget des Staates, das über die Lohnnebenkosten finanziert werden muss. Löhne und Lohnnebenkosten stellen für Investoren einen Kostenfaktor dar, der bei der Investitionskalkulation berücksichtigt wird. Gesamtwirtschaftlich führt also, so die Argumentation, unser Sozialsystem zu höherer Arbeitslosigkeit, da nicht genügend Arbeitsplätze geschaffen werden.

Gegen diese Argumentation wird vorgebracht, dass Investoren in ihrer Kalkulation vorrangig die Absatzmöglichkeiten für ihre Produkte betrachten. Wenn jedoch der Bevölkerung nicht genügend Einkommen zur Verfügung steht, bleibt die **effektive Nachfrage** hinter der gewünschten Nachfrage zurück und damit wird das Angebot eingeschränkt. Der Staat hat also dafür zu sorgen, dass fehlendes Markteinkommen ersetzt wird, damit das Wirtschaftssystem weiter funktionsfähig bleibt.

Die Diskussion um das geeignetste Wirtschaftssystem lässt sich auf die Frage reduzieren, ob der Staat der Wirtschaft über- oder untergeordnet ist. In der modernen **Demokratie** hat der Staat den gesellschaftspolitischen Auftrag des Volkes zu erfüllen und für das Wohlergehen des Volkes zu sorgen. Dazu gehören auch Bildung und Kultur, Selbstverwirklichung, Lebensfreude, Freundschaft und Religion – Bereiche, die sich dem Gewinnmaximierungskalkül nicht oder nur schwer unterordnen lassen.

1.2 Bedürfnisse, Güter und Produktionsfaktoren

Im Folgenden wollen wir der Frage nachgehen, welche Bestimmungsgründe sich für die Nachfrage nach und das Angebot an Gütern und Dienstleistungen ermitteln lassen. **Haushalte** fragen Güter nach, um Bedürfnisse zu befriedigen. **Unternehmen** bieten Güter und Dienstleistungen an, um einen maximalen Gewinn zu erwirtschaften.

Ein **Bedürfnis** ist das „Gefühl eines Mangels, verbunden mit dem Wunsch, diesen Mangel zu beseitigen". Unter **Bedarf** versteht man „mit Kaufkraft verbundene Bedürfnisse". Das Bedürfnis, einen Ferrari zu fahren, führt selten zu einem Bedarf, da den meisten Konsumenten die **Kaufkraft** dazu fehlt.

Konsumgüter werden unterschieden in Gebrauchsgüter und Verbrauchsgüter. Auf der betrieblichen Ebene ist dies die Unterscheidung in Betriebsmittel und Werkstoffe. Verbrauchsgüter bzw. Werkstoffe werden durch den Konsum, d. h. die Verwendung, verbraucht, Gebrauchsgüter bzw. Betriebsmittel bleiben für viele Verwendungen erhalten, auch wenn sie einem Gebrauchs- und Zeitverschleiß unterliegen.

Beispiel:
In welchem der nachfolgenden Sachverhalte wird das angegebene Gut als **Konsumgut** verwendet?

1. Ein Immobilienunternehmen kauft Tische und Stühle für die neue Kantine.
2. Ein Taxifahrer fährt mit seinem Taxi zum Geburtstag seiner Tante.
3. Ein Spediteur kauft einen Lkw, um Waren zu den Kunden zu transportieren.
4. Ein Taxifahrer fährt mit seinem Taxi einen Fahrgast zum Flughafen.
5. Ein Maschinenbauunternehmen kauft Drehbänke für die Ausbildung.

Lösung:
Aussage 2
Die Verwendung des Taxis für eine private Fahrt stellt ein Konsumgut als Gebrauchsgut dar, auch wenn das Taxi normalerweise Betriebsmittel ist. Alle anderen Sachverhalte stellen Betriebsmittel dar.

Beispiel:
In welchem der nachfolgenden Sachverhalte wird ein Konsumgut als **Gebrauchsgut** verwendet?
1. Eine Möbelhandlung erwirbt fünf PCs für die Abteilung Rechnungswesen.
2. Eine Hausverwaltung kauft Papier für den Laserdrucker.
3. Ein Arbeitnehmer kauft einen Pkw, um damit u. a. zur Arbeit zu fahren.
4. Ein Architekturbüro kauft Filtertüten für die Kaffeemaschine.
5. Ein Maschinenbauunternehmen kauft Lebensmittel für die Mitarbeiterkantine.

Lösung:
Aussage 3
Ein Pkw ist ein Gebrauchsgut, auch wenn er u. a. dazu verwendet wird, den Arbeitsplatz zu erreichen. PCs für die betriebliche Verwendung (Aussage 1) sind Betriebsmittel, Papier wird verbraucht (Aussage 2), hier ist es Werkstoff, bei privater Nutzung ist es ein Verbrauchsgut. Filtertüten (Aussage 4) und Lebensmittel (Aussage 5) sind hier Werkstoffe, da sie betrieblich genutzt werden.

Sie erkennen, wie schwierig in der Praxis oft die Abgrenzung der Begriffe ist. Eine weitere in der Praxis schwierige Unterscheidung ist die zwischen **Substitutionsgütern** (Ersatzgütern) und **Komplementärgütern** (Ergänzungsgütern). Die folgende Übersicht zeigt Ihnen alle wichtigen Begriffe mit Erläuterungen:

Bedürfnisse, Bedarf und Güterarten

Begriff	**Beispiel**	**Erläuterung**
Bedürfnis	Schlaf	Gefühl eines Mangels, verbunden mit dem Wunsch, diesen Mangel zu beseitigen
Bedarf	Nahrung	mit Kaufkraft verbundene Bedürfnisse
Konsumgut	Auto	bleibt durch die Nutzung (den Konsum) erhalten, unterliegt dem Gebrauchs- und dem Zeitverschleiß
Verbrauchsgut	Gemüse	geht durch die Nutzung (den Konsum) unter, wird verbraucht
Substitutionsgüter = Ersatzgüter	Fisch und Fleisch	Wenn der Preis von Fisch steigt, geht die Nachfrage nach Fisch zurück und die Nachfrage nach Fleisch nimmt zu, weil Fisch durch Fleisch ersetzt (substituiert) wird.
Komplementärgüter = Ergänzungsgüter	Autos und Benzin	Wenn der Preis für Autos steigt, geht die Nachfrage nach Autos zurück und die Nachfrage nach Benzin nimmt ebenfalls ab, weil weniger Benzin benötigt wird.

Sie merken, dass die Beispiele für Ersatz- und Ergänzungsgüter mit der Praxis nicht viel zu tun haben. Machen Sie sich die Begriffe Bedürfnis, Bedarf, Gebrauchsgut, Verbrauchsgut, Ersatz- und Ergänzungsgut an Ihrem eigenen Konsumverhalten klar.

Betriebsmittel und Werkstoffe gehören zu den betriebswirtschaftlichen **Produktionsfaktoren**. Unterscheiden Sie davon die volkswirtschaftlichen Produktionsfaktoren:

Betriebswirtschaftliche Produktionsfaktoren	
Betriebsmittel	Einrichtungen und Anlagen, die zu betrieblichen Zwecken genutzt werden, z. B. PCs, Gabelstapler, Gebäude, Maschinen
Werkstoffe	dienen als Material für die Produktion, z. B. Holz in der Möbelproduktion, auch Schmiermittel für Maschinen
ausführende Arbeit	menschliche Arbeitstätigkeit nach Anweisung, keine grundlegenden Entscheidungen, z. B. Ausstellen einer Rechnung
dispositiver Faktor	Management, Führen von Mitarbeitern, Planung, Überwachung, Treffen grundlegender Entscheidungen (Disponieren), z. B. Festlegen der Preise für die Produkte

Volkswirtschaftliche Produktionsfaktoren	
Arbeit	einfache Tätigkeiten, die ohne Ausbildung möglich sind, z. B. Fließbandarbeit oder Erntehelfer, Faktorentgelt = Lohn
Boden	Grundstücke und Gebäude, Faktorentgelt = (Boden-)Rente
Kapital	produzierte Produktionsmittel, insbesondere Maschinen, aber auch Humankapital, d. h. Tätigkeiten, zu denen eine Ausbildung erforderlich ist, Faktorentgelt = Zins

Produktionsfaktoren werden (betriebswirtschaftlich wie volkswirtschaftlich betrachtet) miteinander kombiniert, um Produkte, d. h. Güter und Dienstleistungen herzustellen. Die Kombination erfolgt grundsätzlich so, dass dabei der Gewinn des Unternehmens maximiert wird. Dies gilt auch für die Gesamtwirtschaft. Wird z. B. der Faktor Arbeit teurer, so wird er mehr und mehr durch Kapital ersetzt. Dies führt dazu, dass die Haushalte als Anbieter des Faktors Arbeit auf dem **Arbeitsmarkt** den Preis für ihre Arbeit senken, da sie das Einkommen für die Güternachfrage zur Bedürfnisbefriedigung benötigen.

Alternativ können die Haushalte die Qualität ihres Arbeitsangebots durch Bildung von **Humankapital** (Aus- und Weiterbildung) verbessern, sie bieten dann nicht mehr einfache ausführende Arbeit an, sondern eine Form von Kapital, die von den Unternehmen benötigt wird.

Ihre **Ausbildung** zum Immobilienkaufmann bzw. zur Immobilienkauffrau stellt also volkswirtschaftlich betrachtet die Bildung von Humankapital dar, das für die Produktion und das Angebot von Gütern und Dienstleistungen durch Gewinn maximierende (aber auch gemeinwirtschaftliche und genossenschaftliche) Unternehmen eingesetzt und entsprechend der Arbeitsleistung entlohnt wird.

Überlegen Sie sich, welche Güter und Dienstleistungen sich der Immobilienbranche zuordnen lassen und welche Qualifikationen Sie im Einzelnen dazu benötigen. Wenden Sie dazu die in Band 1, Lernfeld 1 vorgestellten Methoden Brainstorming und Mindmapping an.

1.3 Arbeitsteilung

Während in der urzeitlichen Jäger- und Sammlergesellschaft jedes Gesellschaftsmitglied noch alle zum Überleben notwendigen Tätigkeiten (Jagen und Sammeln) beherrschen musste, leben wir heute in einer hochgradig spezialisierten, arbeitsteiligen Industriegesellschaft, ohne die unser heutiger Wohlstand nicht denkbar wäre.

Das folgende Beispiel zum Thema Arbeitsteilung zeigt Ihnen alle wichtigen Begriffe. Versuchen Sie, anhand der Formulierungen „beruflich, zwischenbetrieblich, international, volkswirtschaftlich" die richtigen Lösungen zu finden.

Beispiel:
In welchen der folgenden Fälle wird
1. die berufliche Arbeitsteilung
2. die zwischenbetriebliche Arbeitsteilung
3. die internationale Arbeitsteilung
4. die volkswirtschaftliche Arbeitsteilung
5. keine der vorgenannten Formen der Arbeitsteilung

angesprochen?

Die Müller Möbel AG
a) verkauft u. a. Büroschreibtische an Betriebe.
b) bezieht Couchgarnituren aus Taiwan.
c) lässt Küchentische bei der Tischbauer GmbH fertigen.
d) stellt einen zusätzlichen Auslieferungsfahrer ein.
e) stellt zwei neue Mitarbeiter ein, einen für das Controlling, den anderen für die Verkäuferschulung.

Lösung:
a) Die Müller Möbel AG bezieht Holz von einer Schreinerei, die wiederum die Stämme von einem Forstwirtschaftsbetrieb erhält. Die gefertigten Tische werden z. B. an ein Unternehmen geliefert, das Lebensmittel herstellt und damit ein Verwaltungsbüro einrichtet, oder an eine Bank oder eine Versicherung. Unsere moderne Volkswirtschaft besteht aus einer Vielzahl auf bestimmte Tätigkeiten spezialisierter Unternehmen. Dies bezeichnet man als **volkswirtschaftliche Arbeitsteilung** (4).

b) Unsere Volkswirtschaft ist mit den Volkswirtschaften anderer Länder durch Außenhandel (Im- und Exporte) hochgradig verflochten: **internationale Arbeitsteilung** (3).

c) Ein Teil der Produktion der Müller Möbel AG wird nicht im eigenen Hause gefertigt, sondern von Zulieferern bezogen: **zwischenbetriebliche Arbeitsteilung** (2).

d) Dieser Fall stellt **keine Form von Arbeitsteilung** dar (5).

e) Während in überschaubaren kleinen und mittelständischen Unternehmen die Mitarbeiter vielfältige Aufgaben übernehmen, ist mit zunehmender Größe des Unternehmens eine Spezialisierung der Mitarbeiter auf bestimmte Tätigkeiten erforderlich. Daher spricht man hier von **beruflicher Arbeitsteilung** (1).

Eine weitere Unterscheidung bei der volkswirtschaftlichen Arbeitsteilung ist die Einteilung der Wirtschaft in die drei aufeinander aufbauenden Sektoren Urproduktion, produzierendes Gewerbe und Dienstleistungen:

Wirtschaftssektoren	
primärer Sektor	Urproduktion: Land- und Forstwirtschaft, Fischerei, Bergbau
sekundärer Sektor	Produktion: Industrie, Handwerk, Energiewirtschaft usw.
tertiärer Sektor	Dienstleistungen: Handel, Banken, Makler, Versicherungen, Gebäudereinigung usw.

Während um 1800 noch 80 % der gesamten Wirtschaftsleistung im primären Sektor erfolgte und der tertiäre Sektor keine 10 % ausmachte, haben sich die Verhältnisse heute umgekehrt. Über 70 % unserer gesamten Wirtschaftsleistung wird im Bereich Dienstleistungen (tertiärer Sektor) erbracht, während die Urproduktion (primärer Sektor) nur etwa 10 % der Wirtschaftsleistung erbringt.

Man spricht von einer **Tertiarisierung der Wirtschaft**. Lange Zeit galt die Ansicht, dass die Produktivität im Dienstleistungssektor nicht wesentlich ausgedehnt werden kann, und zwar aufgrund der Gleichzeitigkeit von Produktion und Verbrauch und der Personengebundenheit. Dienstleistungen sind weder lagerfähig noch transportfähig.

Mit Einzug der modernen Computertechnologie können nun Produktion und Verbrauch zeitlich, räumlich und von der Person getrennt werden und damit sind Produktivitätssteigerungen möglich, die weit über denen der industriellen Produktion liegen.

Beispiel:
In der Berliner Wohnungsbau GmbH werden die Mieterakten zentral auf einem Server verwaltet, auf den jeder Mitarbeiter mit den entsprechenden Berechtigungen über seinen Laptop und eine geschützte Internetverbindung vor Ort beim Mieter oder Mietinteressenten zugreifen kann. So können Mietverträge ohne Medienbruch und lange Wege sofort erstellt und entsprechend gestaltet und Übernahme- und Mängelprotokolle direkt per Eingabemaske elektronisch erfasst werden.

Ein handlicher tragbarer Tintenstrahldrucker ermöglicht den Ausdruck für die Unterschrift vor Ort, gleichzeitig sind die Daten zentral im Server gespeichert und stehen anderen Mitarbeitern sofort zur Verfügung, z. B. bei Abruf von Verfügbarkeitsinformationen.

Es werden erhebliche Zeit- und Wegekosten gespart, was dazu führt, dass die Verwaltungskosten sinken und eine weitaus größere Zahl an Wohnungen betreut werden kann.

1.4 Ökonomisches Prinzip

Konsumenten und Produzenten handeln in einer Marktwirtschaft nach dem ökonomischen Prinzip. Konsumenten versuchen mit dem ihnen zur Verfügung stehenden Einkommen, eine bestmögliche Befriedigung ihrer Bedürfnisse zu erreichen; sie maximieren ihren Nutzen. Produzenten versuchen, mit der Produktion und dem Verkauf von Gütern und Dienstleistungen den Gewinn zu maximieren **(erwerbswirtschaftliches Prinzip)**. Dabei wird unterschieden in das Maximalprinzip und das Minimalprinzip.

Ökonomisches Prinzip		
	Ziel	**Mittel**
Maximalprinzip	maximieren	gegeben
Minimalprinzip	gegeben	minimieren

Das Maximalprinzip bedeutet, mit gegebenen Mitteln ein Ziel möglichst gut zu erreichen, beim Minimalprinzip wird ein vorgegebenes Ziel so günstig wie möglich erreicht. Beides sind Aussagen über das Verhalten von Konsumenten und Produzenten, d. h., wie sie ihre Konsum- bzw. Produktionsentscheidungen treffen. Suchen Sie in Aussagen zum Maximal- oder Minimalprinzip nach dem Ziel und den zu seiner Erreichung vorgegebenen Mitteln.

Beispiel:
Die Klammer Bürobedarf GmbH beabsichtigt, in Berlin eine neue Geschäftsfiliale zu eröffnen. Bei den dazu notwendigen Maßnahmen soll das ökonomische Prinzip beachtet werden. Prüfen Sie, welche der folgenden Maßnahmen dem Maximalprinzip entspricht.

1. Die Planungsabteilung erhält den Auftrag, die notwendige Geschäftseinrichtung so kostengünstig wie möglich zu beschaffen.
2. Zur Geschäftseröffnung stehen 10.000,00 € für die notwendige Werbung zur Verfügung. Die Werbeabteilung erhält den Auftrag, ein Konzept zum effektivsten Einsatz dieser Mittel zu erarbeiten.
3. Für die neue Geschäftsfiliale soll weiteres Verkaufspersonal eingestellt werden.
4. Am neuen Standort soll ein möglichst großes Sortiment mit minimalem Verkäufereinsatz angeboten werden.
5. Zur Geschäftseröffnung werden die Preise niedriger angesetzt als in den umliegenden Geschäften der Konkurrenz.

Lösung:
Aussage 2
Gesucht ist das Maximalprinzip: Gegebene Mittel sind 10.000,00 €. Das Ziel, das maximiert werden soll, ist der Werbeerfolg.

Aussage 1 entspricht dem Minimalprinzip: Gegebenes Ziel ist, die Geschäftseinrichtung zu beschaffen. Die Kosten, d. h. die einzusetzenden Mittel, sollen dabei so niedrig wie möglich gehalten werden. Aussage 3 stellt ein Ziel dar, aber über einen Mitteleinsatz ist hier nichts gesagt. Beachten Sie, dass – wie es in Aussage 4 vorkommt – niemals eine Aussage mit „maximal“ und „minimal“ die richtige Lösung sein kann. Aussage 5 stellt zwar ein Mittel dar, um möglichst schnell einen Geschäftserfolg zu erzielen, über das Ziel ist jedoch nichts gesagt.

2 Angebot und Nachfrage

Ihre Kenntnisse zum Thema Angebot und Nachfrage betreffen das Zusammenwirken von Nachfragekurve und Angebotskurve, die Funktionen des Preises, das Idealmodell des vollkommenen Marktes und das Marktformenschema.

2.1 Gleichgewicht

Der **Markt** wird allgemein definiert als das Zusammentreffen von Angebot und Nachfrage. Nachfrager befriedigen ihre Bedürfnisse durch den Kauf von Gütern und Dienstleistungen. Sie sind bereit, eine umso größere Menge zu kaufen, je niedriger der Preis ist. Anbieter maximieren ihren Gewinn durch den Verkauf von Gütern und Dienstleistungen. Je höher der Preis ist, umso größer ist die angebotene Menge.

Der Preis bestimmt die Menge.

Da Preis und Menge die beiden Kriterien sind, an denen sich sowohl Anbieter als auch Nachfrager orientieren, lässt sich ein Markt in einem **Preis-Mengen-Diagramm** grafisch darstellen. Beachten Sie, dass der Preis immer auf der senkrechten und die Menge auf der waagerechten Achse dargestellt wird.

Preis-Mengen-Diagramm

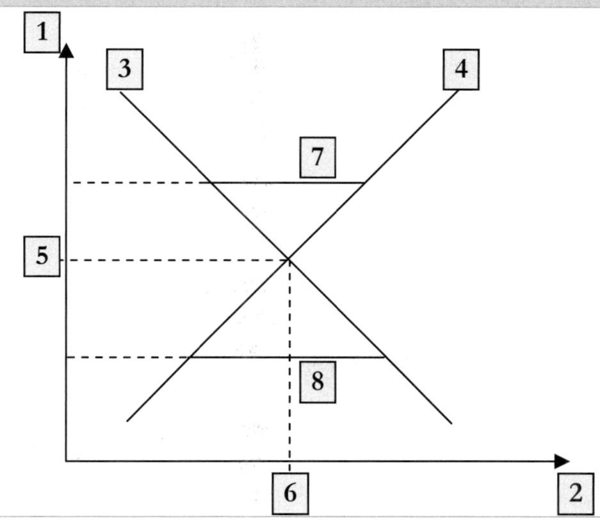

1. Preis
2. Menge
3. Nachfrage
4. Angebot
5. Gleichgewichtspreis
6. Gleichgewichtsmenge
7. Käufermarkt
   = Angebotsüberschuss
   = Nachfragelücke
8. Verkäufermarkt
   = Nachfrageüberschuss
   = Angebotslücke

Gleichgewicht herrscht bei dem Preis, bei dem die angebotene Menge der nachgefragten Menge entspricht: Der Markt wird geräumt (Markträumung). Alle Nachfrager, die bereit sind, den Gleichgewichtspreis zu zahlen, erhalten die von ihnen gewünschte Menge. Alle Anbieter, die bereit sind, zum Gleichgewichtspreis zu verkaufen, werden die Menge, die ihnen zum Verkauf zur Verfügung steht, vollständig los. Die Menge, bei der der Markt geräumt wird, heißt Gleichgewichtsmenge.

Die wichtigste Funktion des Preises ist, den Ausgleich von Angebot und Nachfrage herbeizuführen (**Ausgleichsfunktion** des Preises).

Beispiel:
Einem Börsenmakler liegen für eine von ihm betreute Aktie eines Immobilienunternehmens folgende Kauf- und Verkaufsorders vor:

Kaufaufträge	Verkaufsaufträge
40 Stück zu maximal 3,00 € je Stück	30 Stück zu mindestens 3,00 € je Stück
30 Stück zu maximal 3,20 € je Stück	50 Stück zu mindestens 3,20 € je Stück
20 Stück zu maximal 3,40 € je Stück	20 Stück zu mindestens 3,40 € je Stück
20 Stück zu maximal 3,60 € je Stück	30 Stück zu mindestens 3,60 € je Stück
20 Stück billigst	10 Stück bestens
Insgesamt: 130 Stück	Insgesamt: 140 Stück

a) Ermitteln Sie den Gleichgewichtspreis.
b) Ermitteln Sie die Gleichgewichtsmenge.
c) Wie hoch ist der Umsatz bei einem Kurs von 3,60 €?
d) Wie hoch ist der Umsatz bei einem Kurs von 3,00 €?

Lösung:
Je niedriger der Preis (Kurs), umso größer ist die **Nachfrage**. Daher werden beim niedrigsten Kurs alle Kauforders realisiert. Bei steigendem Preis springen jeweils die Kaufinteressenten ab, für die das Maximal-Kriterium nicht mehr erfüllt ist.

Je höher der Preis (Kurs), umso größer ist das **Angebot**. Daher werden beim höchsten Kurs alle Verkaufsorders realisiert. Bei sinkendem Preis springen jeweils die Verkaufsinteressenten ab, für die das Mindestens-Kriterium nicht mehr erfüllt ist. Damit ergibt sich das folgende Bild:

Käufe	**Kurs**	**Verkäufe**	**Umsatz**
130	3,00 €	40	120,00 €
90	3,20 €	90	288,00 €
60	3,40 €	110	204,00 €
40	3,60 €	140	144,00 €

a) Der **Gleichgewichtspreis** beträgt 3,20 €. Bei diesem Kurs entspricht die Zahl der Kauforders der der Verkaufsorders, das ist die Gleichgewichtssituation. Der Umsatz ist maximal.
b) Die **Gleichgewichtsmenge** beträgt 90 Stück.
c) Beim Kurs von 3,60 € stehen 140 Verkaufsorders nur 40 Kauforders gegenüber, es handelt sich daher um einen **Käufermarkt**, das Angebot ist größer als die Nachfrage. Es können nur 40 Verkaufsorders ausgeführt werden, da nur für diese auch Kauforders vorliegen. Daher beträgt der Umsatz 40 · 3,60 € = 144,00 €.
d) Beim Kurs von 3,00 € stehen 130 Kauforders nur 40 Verkaufsorders gegenüber, es handelt sich daher um einen **Verkäufermarkt**, das Angebot ist kleiner als die Nachfrage. Es können nur 40 Kauforders ausgeführt werden, da nur für diese auch Verkaufsorders vorliegen. Daher beträgt der Umsatz 40 · 3,00 € = 120,00 €.

In einer Ungleichgewichtssituation (Käufermarkt oder Verkäufermarkt) ist die Tendenz zur Annäherung an das Gleichgewicht umso stärker, je näher der betreffende Markt am **Idealmodell des vollkommenen Marktes** liegt.

Liegt der Preis über dem Gleichgewichtspreis, dann ist das Angebot größer als die Nachfrage. Man spricht von einem **Angebotsüberschuss** bzw. einer **Nachfragelücke** oder auch von einem **Käufermarkt**, da die Anbieter sich nun um die Gunst der Käufer bemühen und die Konkurrenz ausstechen müssen. Dies führt tendenziell dazu, dass der Preis sinkt.

Liegt der Preis unter dem Gleichgewichtspreis, dann ist das Angebot kleiner als die Nachfrage. Man spricht von einem **Nachfrageüberschuss** bzw. einer **Angebotslücke** oder auch von einem **Verkäufermarkt**, da die Anbieter sich nun aussuchen können, an wen sie verkaufen. Dies führt tendenziell dazu, dass der Preis steigt.

Welche Marktseite in einer Ungleichgewichtssituation stärker reagiert, hängt vom Verlauf der Kurven ab.

Beispiel:
Der Verlauf der Nachfragekurve zeigt das **Verhalten der Nachfrager** am Markt. Ordnen Sie die nachfolgend dargestellten Situationen den geschilderten Sachverhalten zu.

1. Situation 1
2. Situation 2
3. Situation 3
4. keine der dargestellten Situationen

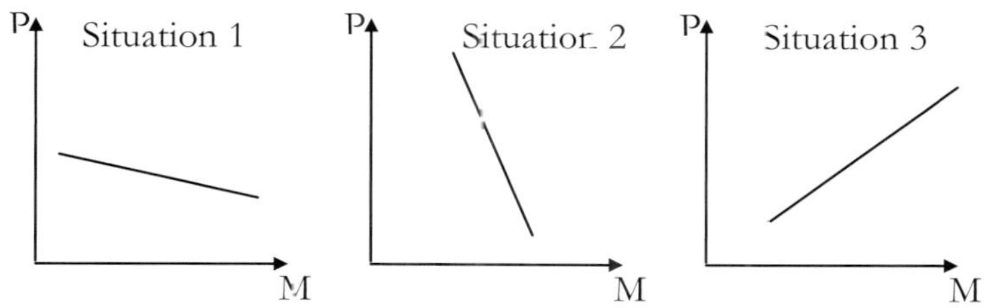

Sachverhalte:

a) Die Nachfrage nach Benzin ist unelastisch: Bei steigenden Preisen geht die nachgefragte Menge nach Benzin nicht sehr stark zurück, da die meisten Autobesitzer auf ihr Fahrzeug angewiesen sind und wenig Ausweichmöglichkeiten zur Verfügung haben.
b) Für Nachfrager nach Luxus-Designer-Soundsystemen ist es aus Prestigegründen wichtig, einen besonders hohen Preis für die Anlage bezahlt zu haben.
c) Aufgrund des vielfältigen touristischen Angebots an Billigbadeurlauben ist für einzelne Ferienorte schon bei einer geringen Preissteigerung ein deutlicher Nachfragerückgang zu spüren.
d) Auf Wochenmärkten senken die Anbieter kurz vor Schluss die Preise verderblicher Waren erheblich, da es für sie günstiger ist, die Waren nicht wieder mitzunehmen.

Lösung:
Der Verlauf der Nachfragekurve zeigt, wie die Nachfrager auf eine Preisänderung reagieren. Sind sie auf das Gut sehr angewiesen, wie in **Sachverhalt a)** für den Benzinmarkt dargestellt, so wird die nachgefragte Menge nur wenig zurückgehen, die Nachfragekurve verläuft steil, **Situation 2** ist die richtige Lösung.

Haben die Nachfrager hingegen gute Ausweichmöglichkeiten, wie in **Sachverhalt c)** dargestellt, wird der Mengenrückgang aufgrund einer Preissteigerung deutlich höher sein, die Nachfragekurve verläuft flacher, wie in **Situation 1** dargestellt.

Der Sonderfall Luxusgut wird in **Sachverhalt b)** dargestellt: Je höher der Preis, umso höher die nachgefragte Menge, **Situation 3**.

Beachten Sie, dass **Sachverhalt d)** keine Aussage über das Verhalten der Nachfrager macht, damit ist hier die **4** die richtige Lösungsziffer.

Der **Verlauf der Angebotskurve** wird durch die Kosten der Produktion bestimmt. Es werden in der Fachliteratur unterschiedliche Verläufe diskutiert, im Allgemeinen wird jedoch angenommen, dass mit zunehmender Produktionsmenge die Produktionskosten zunehmen, d. h. die Angebotskurve hat einen steigenden Verlauf.

Neben dem Verlauf der Kurven sind für das Gleichgewicht auf dem Markt auch die Ursachen einer **Verschiebung der Kurven** bedeutsam.

Beispiel:
Die nachfolgende Grafik zeigt eine Verschiebung der Nachfragekurve von N1 nach N2 auf dem Markt für Staubsauger.

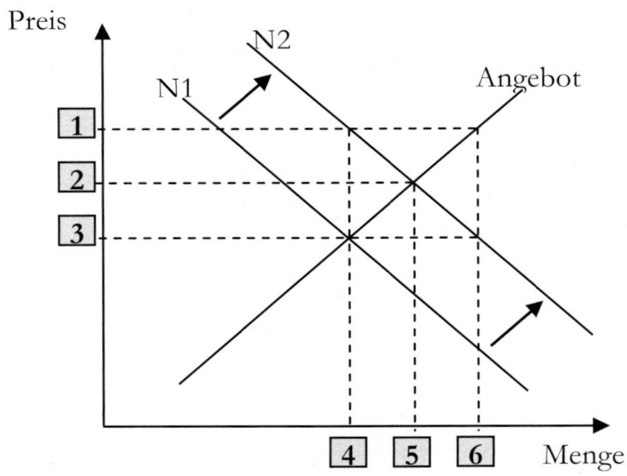

a) Welche der in der Grafik eingetragenen Ziffern gibt den Gleichgewichtspreis vor der Verschiebung der Nachfragekurve an?
b) Welche der in der Grafik eingetragenen Ziffern gibt die Gleichgewichtsmenge nach der Verschiebung der Nachfragekurve an?
c) Welche der folgenden Aussagen gibt die Ursache für die Verschiebung zutreffend an?
   1. Aufgrund zunehmender Billigimporte aus ostasiatischen Ländern ist die Nachfrage im Inland zurückgegangen.
   2. Aufgrund der zunehmenden Auslandsnachfrage nach Staubsaugern musste das Angebot im Inland verringert werden.
   3. Aufgrund einer Erhöhung der Sparquote hat das verfügbare Einkommen der privaten Haushalte abgenommen.
   4. Die allmähliche Sättigung des Marktes für Staubsauger zeigt sich im dargestellten Verhalten der Nachfrager.
   5. Die Zunahme von Single-Haushalten führt zur Nachfragesteigerung.

Lösung:
Lenken Sie Ihren Blick zunächst auf die Richtung der Verschiebung, damit Sie die ursprüngliche und die neue Gleichgewichtssituation genau unterscheiden können. Dann achten Sie besonders darauf, ob nach dem Gleichgewichtspreis oder der Gleichgewichtsmenge gefragt ist und ob vor oder nach der Verschiebung.

a) Ziffer 3 gibt den Gleichgewichtspreis vor der Verschiebung an und ist damit die richtige Lösung. Ziffer 2 gibt den Gleichgewichtspreis nach der Verschiebung an. Ziffer 1 hat keine Bedeutung.
b) Ziffer 5 gibt die Gleichgewichtsmenge nach der Verschiebung an und ist damit die richtige Lösung. Ziffer 4 gibt die Gleichgewichtsmenge vor der Verschiebung an. Ziffer 6 soll nur dazu dienen, Sie zu verwirren.
c) Sie sehen in der Grafik, dass die Nachfrage zugenommen hat: Bei den jeweiligen Preisen wird eine größere Menge als vorher nachgefragt bzw. die Nachfrager sind bereit, für die gleiche Menge einen höheren Preis zu zahlen. Ursachen für diese Verhaltensänderung bei den Nachfragern können sein, dass ihr Einkommen zugenommen hat oder dass sie stärkere Vorlieben (Präferenzen) bzw. einen höheren Bedarf für das Gut entwickelt haben. Aussage 5 ist die richtige Lösung: Mehr Single-Haushalte bedeuten einen höheren Bedarf an Staubsaugern. Beachten Sie zu Aussage 2, dass sich die Angebotskurve nicht verändert hat, daher muss Aussage 2 falsch sein. Die Sparquote (Aussage 3) ist der Anteil des verfügbaren Einkommens, der nicht für den Konsum verwendet wird. Eine Sättigung (Aussage 4) bedeutet, dass die Nachfrage zurückgeht.

Die folgende Übersicht gibt Ihnen Richtung und Ursachen aller möglichen Verschiebungen von Angebots- und Nachfragekurve an.

Verschiebung von Angebots- und Nachfragekurve			
Verschiebung der Nachfragekurve nach		**Verschiebung der Angebotskurve nach**	
rechts oben	**links unten**	**links oben**	**rechts unten**
Erhöhung des Einkommens oder Zunahme der Präferenzen (Vorlieben)	Senkung des Einkommens oder Abnahme der Präferenzen (Vorlieben)	Zunahme der Produktionskosten oder Abnahme des Wettbewerbs (weniger Anbieter auf dem Markt)	Abnahme der Produktionskosten oder Zunahme des Wettbewerbs (z. B. ostasiatische Billiganbieter)

Eine Erhöhung des Angebots bedeutet, dass sich die Angebotskurve nach unten verschiebt: Nimmt z. B. die Zahl der Anbieter zu, verschärft sich der Wettbewerb, der Preis sinkt.

Neben der Ausgleichsfunktion des Preises in der Marktwirtschaft werden ihm noch weitere **Funktionen** zugeordnet. Folgende Übersicht nennt und erläutert Ihnen alle wichtigen Preisfunktionen. Die Begriffe in den Klammern stellen alternative Bezeichnungen der jeweiligen Funktion dar:

Wichtige Preisfunktionen	
Ausgleichsfunktion	Der Preis gleicht Angebot und Nachfrage aus. Die Kaufwünsche aller Nachfrager, die zu diesem Preis kaufen wollen, werden erfüllt. Ebenso werden alle Anbieter, die zu diesem Preis verkaufen wollen, befriedigt. (Markträumungsfunktion)
Informationsfunktion	Preisänderungen informieren über veränderte Knappheit der Güter. Steigt der Preis, signalisiert dies, dass das Gut knapper wird. Sinkt der Preis, signalisiert dies, dass mehr von dem Gut zur Verfügung steht. (Signalfunktion)
Lenkungsfunktion	Der Preis lenkt die Güter in die bestmögliche Verwendung. Diejenigen Nachfrager, denen das Gut den höchsten Nutzen bringt, sind auch bereit, einen hohen Preis zu zahlen. Diejenigen Anbieter, die besonders günstig produzieren, können auch zu niedrigen Preisen anbieten. (Allokationsfunktion)
Ausschaltungsfunktion	Der Preis schließt Teilnehmer vom Markt aus, die den Anforderungen nicht genügen. (Selektionsfunktion)

2.2 Vollkommener Markt

Das **Modell** des vollkommenen Marktes nennt eine Reihe von **Idealkriterien**, an denen gemessen werden kann, wie gut der Preismechanismus auf tatsächlich existierenden Märkten funktioniert. Die folgende Übersicht erläutert Ihnen alle wichtigen Kriterien, die ein vollkommener Markt erfüllt:

Kriterien des vollkommenen Marktes	
vollkommene Konkurrenz	Vielen Nachfragern stehen viele Anbieter gegenüber. Niemand kann alleine das Marktgeschehen beeinflussen (Polypol).
Gleichartigkeit der Güter	Weder Anbieter noch Nachfrager beachten Unterschiede bei den Gütern nach Qualität, Ausstattung etc.
keine Vorlieben (Präferenzen)	Weder Anbieter noch Nachfrager ziehen bestimmte Marktpartner vor, z. B. wegen langjähriger Geschäftsbeziehungen.
hohe Reaktionsgeschwindigkeit	Neue Informationen werden sehr schnell (sofort) im Verhalten berücksichtigt.
Punktmarkt	Angebot und Nachfrage treffen sich am selben Ort zur selben Zeit.
vollkommene Information	Jeder Marktteilnehmer verfügt über alle Informationen, die er für sein Verhalten benötigt (Markttransparenz).
keine Marktzutrittsschranken	Jeder, der am Markt als Anbieter oder Nachfrager auftreten will, hat die Möglichkeit dazu.

Prüfen Sie anhand von Märkten in der Praxis, inwieweit diese Idealkriterien verletzt sind und welche Wirkung dies hat. Zum Beispiel gibt es auf dem Markt für Gesundheitsdienstleistungen Schranken für die Anbieter: Ärzte brauchen eine Zulassung und dürfen keine Werbung machen. Banken versuchen gegen die Gleichartigkeit ihrer Dienstleistungen anzukommen, indem sie in Kundenbindung (Schaffung von Präferenzen) investieren. Anbieter von Handy-Verträgen heben die Gleichartigkeit durch sehr differenzierte Tarifgestaltung auf.

Beispiel:
Der vollkommene Markt ist das Idealmodell eines Marktes in der Marktwirtschaft. Prüfen Sie, welche der folgenden Aussagen nicht zu den Bedingungen eines vollkommenen Marktes gehört.

Aussagen:
1. Es gibt keine Marktzutrittsschranken.
2. Die Nachfrager bevorzugen keinen bestimmten Anbieter.
3. Alle Marktteilnehmer haben vollständige Marktübersicht.
4. Für die Nachfrager ist die unterschiedliche Qualität der Produkte wichtig.
5. Käufer und Verkäufer reagieren sofort auf veränderte Marktsituationen.

Lösung:
Aussage 4 entspricht nicht der Bedingung Gleichartigkeit der Güter.

2.3 Marktformen

Das Polypol (viele Anbieter und viele Nachfrager) ist eine Bedingung des vollkommenen Marktes. In der wirklichen Welt gibt es – nach der **Anzahl der Marktteilnehmer** – verschiedene Marktformen. In der folgenden Übersicht sind die gängigen Fachbegriffe dazu genannt:

Marktformen				
Marktsituationen		**Nachfrager**		
		einer	**wenige**	**viele**
Anbieter	einer	zweiseitiges Monopol	beschränktes Angebots-Monopol	Angebots-Monopol
	wenige	beschränktes Nachfrage-Monopol	zweiseitiges Oligopol	Angebots-Oligopol
	viele	Nachfrage-Monopol	Nachfrage-Oligopol	Polypol

Die Begriffe sind nicht leicht zu lernen. **Mono** ist griechisch und bedeutet einer (wie in Monotonie). **Oligo** heißt wenige (wie in Oligarchie) und **poly** bedeutet viele (wie in polyglott). Gehen Sie von der kleineren Seite aus: Zum Beispiel liegt bei *einem* Anbieter ein Angebotsmonopol vor; sind es wenige Nachfrager, so ist das Angebotsmonopol beschränkt.

Beispiel:
Mit welcher Ziffer der folgenden Tabelle lässt sich der Markt für Benzin kennzeichnen?

Marktsituationen	viele Anbieter	wenige Anbieter	ein Anbieter
viele Nachfrager	1	2	3
wenige Nachfrager	4	5	6
ein Nachfrager	7	8	9

Lösung:
Ziffer 2
Achten Sie darauf, ob sich die Anbieter oder die Nachfrager in der Kopfzeile befinden und in welcher Reihenfolge „einer, wenige, viele" angegeben sind. Es gibt wenige Anbieter von Benzin: die Mineralölkonzerne. Nachfrager sind alle Autobesitzer, und das sind viele. Es liegt ein Angebotsoligopol vor.

3 Konjunktur

Ihre Kenntnisse zum Thema Konjunktur betreffen die einzelnen Phasen des Konjunkturverlaufs, mit welchen Konjunkturindikatoren die Konjunktur gemessen wird sowie die konjunkturpolitischen Maßnahmen des Staates und ihre Wirkung.

3.1 Konjunkturverlauf

Konjunktur wird definiert als zyklische Schwankung der Wirtschaft im Zeitablauf. Die nachfolgende Übersicht zeigt den Konjunkturverlauf innerhalb eines Konjunkturzyklus von Aufschwung zu Aufschwung. Beachten Sie, dass als Messgröße hier das Bruttoinlandsprodukt (BIP) angegeben ist und davon ausgegangen wird, dass dieses Bruttoinlandsprodukt insgesamt über den Zeitablauf zunimmt (Wachstum).

Konjunkturverlauf

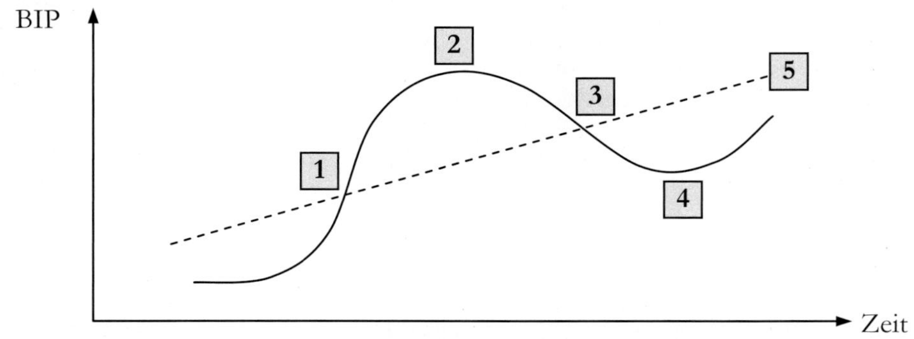

1. Aufschwung oder Expansion	Im Aufschwung füllen sich die Auftragsbücher der Unternehmen, die daher zusätzliche Arbeitskräfte einstellen. Die Arbeitslosigkeit geht zurück. Die Konsumenten haben mehr Einkommen zum Konsum zur Verfügung, sparen weniger, weil sie positive Zukunftserwartungen haben. Die Nachfrage steigt. Unternehmen investieren in neue Produktionsanlagen und versuchen, am Markt höhere Preise durchzusetzen.
2. Boom oder Hochkonjunktur	Die Produktionskapazitäten sind ausgelastet, die Preise steigen stark, die Arbeitslosigkeit und Sparquote sind sehr gering. Die Nachfrage übersteigt das Angebot, es kommt zu einer „Überhitzung" der Wirtschaft.
3. Abschwung oder Rezession	Die Auftragseingänge der Unternehmen nehmen ab, es kommt zu Entlassungen, die Arbeitslosigkeit steigt. Die Konsumenten werden vorsichtiger und die Einkommen sinken, die Nachfrage geht zurück, die Preise fallen.
4. Depression oder Tiefstand	Die Unternehmen haben wenige Aufträge, die Arbeitslosigkeit ist hoch, die Zukunftserwartungen sind pessimistisch. Dies führt zu Zurückhaltung bei den Konsumenten, die ihr Einkommen vermehrt sparen. Die Nachfrage ist gering.
5. Trend	Insgesamt wird davon ausgegangen, dass das Bruttoinlandsprodukt (BIP) ein Maß für den Wohlstand einer Gesellschaft ist und über die Zeit hinweg zunimmt. Die Zunahme des BIP ist mal stärker, mal schwächer, daher wird Konjunktur auch definiert als Schwankung um den Trend.

Beispiel:
Welche der folgenden **Erklärungen für Konjunkturzyklen** ist zutreffend?
1. Konjunkturzyklen stellen saisonale Beschäftigungsschwankungen grafisch dar.
2. Konjunkturzyklen zeigen ausschließlich die sich im Zeitablauf verändernde Nachfrage nach Konsumgütern.
3. Durch Konjunkturzyklen werden notwendige Strukturanpassungen deutlich gemacht.
4. Bei Konjunkturzyklen handelt es sich um rhythmisch wiederkehrende Schwankungen des Wirtschaftsablaufs.
5. Konjunkturzyklen zeigen unterschiedliche Entwicklungstendenzen einzelner Wirtschaftsregionen.

Lösung:
Aussage 4
Zusätzlich zu den konjunkturellen Schwankungen gibt es auch saisonale Schwankungen (Aussage 1), z.B. bei Urlaubsreisen (Haupt- und Nebensaison), Bauleistungen, in der Landwirtschaft, im Weihnachtsgeschäft usw. Notwendige Strukturanpassungen (Aussage 3) ergeben sich aufgrund der unterschiedlichen wirtschaftlichen Entwicklung einzelner Regionen (Aussage 5), z.B. die schwache Wirtschaftsstruktur der neuen Bundesländer. Dies sind Probleme, die unabhängig von der konjunkturellen Entwicklung existieren.

Es gibt in der Fachliteratur eine Reihe von Erklärungsversuchen und Modellen, warum es zu diesen zyklischen Schwankungen der Wirtschaft kommt, die bis zum Beginn der statistischen Erfassung gesamtwirtschaftlicher Zahlen zurückverfolgt und in unterschiedlich lange Zyklen eingeteilt werden können.

3.2 Konjunkturindikatoren

Gemessen werden Konjunkturschwankungen anhand von Konjunkturindikatoren. **Frühindikatoren** ermöglichen eine gute Vorhersage der zukünftigen konjunkturellen Entwicklung. Wirtschaftsforschungsinstitute unterscheiden ca. 700 verschiedene Indikatoren. Wichtig sind vor allem die Auftragseingänge in den Unternehmen und der Geschäftsklimaindex, der durch Befragung von Unternehmern nach ihren Zukunftserwartungen ermittelt wird. Auch die Höhe der Lagerbestände und die beabsichtigten Investitionen geben gute Hinweise auf die zu erwartende Konjunkturentwicklung.

Beispiel:
Prüfen Sie, in welcher Zeile die Entwicklung der Konjunkturindikatoren der Konjunkturphase richtig zugeordnet ist.

Entwicklungen von Konjunkturdaten	Konjunkturphasen
1. Produktion und Investitionen nehmen zu, Nachfrage und Arbeitslosigkeit nehmen zu.	Expansion
2. Steigende Auftragseingänge und sinkende Preise bei steigender Arbeitslosenquote	Rezession
3. Die Investitionsneigung ist gering und die Arbeitslosenquote ist gering.	Depression
4. Steigende Aktienkurse und sinkende Arbeitslosenquote bei steigender Inflationsrate	Rezession
5. Die Preise erreichen einen Höchststand, die Produktionskapazitäten sind ausgelastet.	Boom

↓

Lösung:
Aussage 5
Der Fehler in Aussage 1 ist, dass in der Expansion die Arbeitslosigkeit nicht zunimmt, sondern abnimmt. In Aussage 2 ist die Entwicklung der Auftragseingänge in der Rezession falsch beschrieben. In der Depression (Aussage 3) ist die Arbeitslosenquote hoch. Aussage 4: In der Rezession steigt die Arbeitslosenquote und die Inflation geht zurück.

Überlegen Sie sich, welche Indikatoren in welchen Phasen positiv für die Wirtschaft sind und welche negativ. Nimmt z. B. in der Rezession die Sparneigung ab, so könnte dies ein Anzeichen für einen bevorstehenden Aufschwung sein, da vermindertes Sparen einen höheren Konsum bedeutet. Auch steigende Aktienkurse deuten einen bevorstehenden Aufschwung an. Lesen Sie in der Wirtschaftspresse Berichte über die Konjunkturentwicklung, um den Sprachgebrauch zu trainieren.

3.3 Konjunkturpolitik

Der Staat versucht, durch wirtschaftspolitische Maßnahmen Einfluss auf die Konjunktur zu nehmen, um die konjunkturellen Schwankungen zu dämpfen. Das Eingreifen des Staates durch Staatsausgaben bzw. Steuereinnahmen wird auch als **Fiskalpolitik** bezeichnet.

In der Rezession und vor allem in der Depression bemüht er sich, die fehlende private Nachfrage durch höhere staatliche Nachfrage zu ersetzen, er legt Beschäftigungsprogramme auf, zahlt Subventionen an die Unternehmen, senkt die Steuern, versucht also alles, um zusätzliches Geld und positive Zukunftserwartungen in die Wirtschaft zu bringen.

Im **Boom** hingegen versucht der Staat bremsend einzugreifen, Geld aus der Wirtschaft herauszuziehen, indem er die Steuern erhöht, Subventionen kürzt und die eigene Nachfrage, z. B. nach Bauleistungen, zurückfährt.

Dieses Prinzip des gegensteuernden (antizyklischen) Verhaltens des Staates wird jedoch zunehmend kritisiert, vor allem weil die zeitliche Wirkung der Maßnahmen nicht genau vorherzusagen ist und es daher passieren kann, dass eine wirtschaftsfördernde Maßnahme in eine Boomphase fällt und die Wirtschaft so zusätzlich anheizt.

Beispiel:
Ziel staatlicher Konjunkturpolitik ist es, in der Phase der Hochkonjunktur (Boom) die konjunkturelle Entwicklung zu dämpfen. Welche zwei der folgenden staatlichen Maßnahmen sind dazu geeignet, dieses Ziel zu erreichen?

1. Aufnahme zusätzlicher staatlicher Kredite für anstehende Bauinvestitionen
2. Erhöhung der degressiven Abschreibungsmöglichkeiten
3. Gewährung von Investitionszulagen
4. Erhöhung des Mehrwertsteuersatzes
5. Verminderung der Gewerbesteuersätze
6. Senkung der Staatsausgaben

Lösung:
Aussage 4 und Aussage 6
Suchen Sie nach Maßnahmen, die die Wirtschaft bremsen. Sowohl die Erhöhung der Mehrwertsteuer als auch die Senkung der Staatsausgaben bremsen die Wirtschaft. Ein Praxisbeispiel für die Senkung der Staatsausgaben ist, dass ein schon lange geplantes Bauvorhaben nun doch nicht durchgeführt oder abgebrochen wird.

4 Volkswirtschaftliche Gesamtrechnung

Die Volkswirtschaftliche Gesamtrechnung (VGR) ist die statistische Erfassung und Auswertung der Wirtschaftsprozesse eines Landes. Neben der Kenntnis des Wirtschaftskreislaufs beherrschen Sie die Interpretation von Grafiken zur VGR und können einfache Berechnungen durchführen.

4.1 Wirtschaftskreislauf

Gesamtwirtschaftliches Geschehen lässt sich anschaulich in einem Wirtschaftskreislauf darstellen. Dazu wird die Gesamtwirtschaft in verschiedene Sektoren aufgeteilt und die Zahlungsströme zwischen diesen Sektoren werden mit Pfeilen dargestellt.

Wirtschaftskreislauf

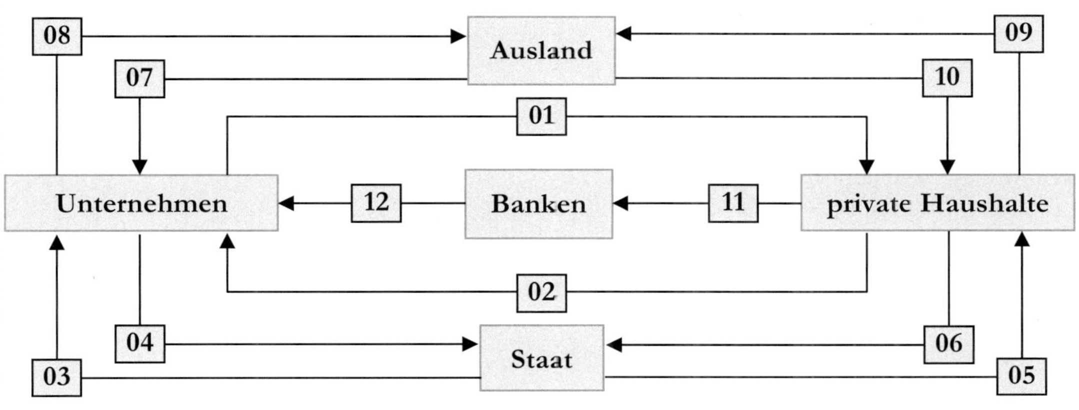

Beispiel:
Ordnen Sie den folgenden Sachverhalten a) bis l) die Ziffern der zutreffenden Zahlungsströme des Wirtschaftskreislaufs zu.

a) Ehepaar Schulze erhält eine Subvention für den Einbau einer Solaranlage.
b) Der Geschäftsführer der Müller Heiztechnik GmbH überweist seine Einkommensteuer.
c) Ein deutscher Tourist bezahlt seine Hotelrechnung in Mailand, Italien.
d) Das Bankhaus Brem & Co. gewährt der Müller Heiztechnik GmbH einen Kredit.
e) Die Müller Heiztechnik GmbH überweist die Umsatzsteuerzahllast an das Finanzamt.
f) Die Stadtverwaltung kauft bei der Müller Heiztechnik GmbH Wärmemengenzähler.
g) Die Müller Heiztechnik GmbH kauft Büromöbel in Dänemark.
h) Ehepaar Schulze zahlt Bargeld auf ihrem gemeinsamen Bankkonto ein.
i) Hausfrau Irma Lustig kauft im Supermarkt Obst und Gemüse.
j) Rentner Heinz Schönig verpachtet ein Grundstück an die Müller Heiztechnik GmbH.
k) Ein japanischer Tourist zahlt seine Hotelrechnung in Berlin.
l) Hausfrau Irma Lustig erbt von einem reichen Onkel aus den USA 50.000 €.

Lösung:

a)	Ziffer 05	Zahlung des Staates an private Haushalte.
b)	Ziffer 06	Zahlung eines privaten Haushalts an den Staat. Wäre es die Körperschaftsteuer für die GmbH, so wäre Ziffer 04 richtig.
c)	Ziffer 09	Zahlung eines deutschen privaten Haushalts an das Ausland.
d)	Ziffer 12	Zahlungsmittelfluss von der Bank an ein Unternehmen. Die Pfeile für Zinszahlung und Tilgung sind nicht eingezeichnet.
e)	Ziffer 04	Zahlung eines Unternehmens an den Staat. Beachten Sie, dass zwar die privaten Haushalte die Umsatzsteuer tragen sollen, aber sie wird von den Unternehmen einbehalten und abgeführt.

f)	Ziffer 03	Zahlung des Staates (als Marktteilnehmer) an ein Unternehmen.
g)	Ziffer 08	Die Zahlung fließt von einem deutschen Unternehmen ins Ausland.
h)	Ziffer 11	Zahlung privater Haushalte an Banken. Der Pfeil für Zinszahlungen oder Barabhebungen ist nicht dargestellt. Überweisungen und Scheckzahlungen werden wie Barzahlungen behandelt.
i)	Ziffer 02	Zahlung eines privaten Haushalts an ein Unternehmen.
j)	Ziffer 01	Zahlung eines Unternehmens an einen privaten Haushalt. Die gleiche Ziffer wird auch bei Zahlung von Arbeitslohn oder Dividende verwendet.
k)	Ziffer 07	Der Zahlungsfluss kommt von einem Ausländer, daher aus dem Ausland, an ein deutsches Hotelunternehmen.
l)	Ziffer 10	Zahlung aus dem Ausland an einen deutschen privaten Haushalt.

Das Statistische Bundesamt in Wiesbaden ermittelt für jedes Jahr die entsprechenden Zahlen und hat dazu Berechnungsschemata entworfen, die in den folgenden Abschnitten vorgestellt werden. Ein erheblicher Teil der ermittelten Werte beruht allerdings auf Schätzungen.

4.2 VGR Entstehungsrechnung

Der Wert aller Güter und Dienstleistungen, die in einem Jahr in einem Land entstanden sind, wird als **Bruttoinlandsprodukt** (BIP) bezeichnet. Die Entstehungsrechnung geht der Frage nach, wie die Wirtschaftsleistung entstanden ist.

Das BIP gilt als ein recht grobes Wohlstandsmaß: Darin sind z. B. Unfall- und Krankheitskosten und die Kosten für die Beseitigung von Umweltschäden enthalten, sofern dafür Rechnungen ausgestellt wurden. Wenn daher viele Menschen krank sind und zum Arzt gehen, steigt das BIP. Privat erbrachte Leistungen, z. B. das Waschen, Kochen, Putzen einer Hausfrau (oder eines Hausmannes), sind im BIP nicht enthalten.

Das **Bruttonationaleinkommen** (BNE) ist der Wert aller Güter und Dienstleistungen, die in einem Jahr von den Inländern erwirtschaftet worden sind. Beachten Sie den Unterschied zum BIP: Inlandseinkommen von Ausländern (z. B. die Einkünfte von ausländischen Pendlern) sind im BNE nicht enthalten, wohl aber im BIP. Und Auslandseinkommen von Inländern (z. B. Einkünfte einer deutschen Eiskunstläuferin in den USA) sind im BNE, nicht aber im BIP enthalten. Ausländer, die ihren Wohnsitz im Inland haben, werden in der VGR hingegen als Inländer behandelt, z. B. ein türkischer Dönerbudenbetreiber in Berlin.

> **Hinweis:**
> Im Jahr 2005 wurden vom Statistischen Bundesamt leichte Änderungen in den Begriffsdefinitionen der VGR vorgenommen, um das System für die Europäische Union zu vereinheitlichen. Diese Änderungen sind noch nicht in alle Lehrbücher übernommen worden, weshalb im Folgenden auch auf die alten Begriffe hingewiesen wird.

Der **Saldo der Primäreinkommen** (früher: Saldo der Erwerbs- und Vermögenseinkommen) ergibt sich, wenn Sie von den Inlandseinkommen der Ausländer die Auslandseinkommen der Inländer abziehen. Es handelt sich dabei um Arbeitsentgelte, Unternehmens- und Vermögenseinkommen sowie (neu seit 2005) Produktionsabgaben (insb. Zölle) und Subventionen, die an das Ausland (vor allem die EU) fließen bzw. von dort gezahlt werden.

Eine weitere Veränderung in den Definitionen betrifft den Begriff **„Wertschöpfung"**. Dazu muss zwischen Herstellungspreisen und Marktpreisen unterschieden werden: In den Marktpreisen von Produkten sind oft Steuern (sogenannte Gütersteuern wie z. B. die Mineralölsteuer) enthalten, die preiserhöhend wirken, und auch Gütersubventionen, die in der Kalkulation preissenkend wirken. Dieser Einfluss des Staates auf die Preise wird vom Statistischen Bundesamt herausgerechnet, um die tatsächliche Wertschöpfung (zu Herstellungspreisen) zu ermitteln, d. h., Gütersteuern werden abgezogen und Gütersubventionen werden hinzugerechnet.

Unterscheiden Sie zudem Herstellungspreise von Herstellungskosten: In den Herstellungspreisen sind die Unternehmensgewinne (die eine Entlohnung der Kapitalgeber darstellen) enthalten, in den Herstellungskosten nicht.

Das Statistische Bundesamt ist an zwei Aussagen interessiert: Zum einen an der Frage, wie viel **Wert** im betrachteten Jahr neu entstanden ist (Wertschöpfung, bewertet zu Herstellungspreisen), zum anderen, wie hoch das **Einkommen** war (Inlandsprodukt bzw. Nationaleinkommen, bewertet zu Marktpreisen).

Auf der Grundlage dieser Begriffsabgrenzungen können wir uns nun die Entstehungsrechnung Schritt für Schritt erarbeiten. Ausgangspunkt ist der **Produktionswert zu Herstellungspreisen**, d. h. der Wert aller Güter und Dienstleistungen, die im betrachteten Jahr hergestellt wurden.

Ein Teil der hergestellten Güter und Dienstleistungen geht jedoch in die Produktion anderer Güter und Dienstleistungen ein. Diese **Vorleistungen** werden vom Produktionswert zu Herstellungspreisen abgezogen und es ergibt sich die **Bruttowertschöpfung**.

Ein weiterer Teil der hergestellten Güter und Dienstleistungen dient dazu, die Produktionsanlagen instand zu setzen und zu erneuern (Ersatzinvestitionen). Es wird davon ausgegangen, dass die **Abschreibungen** (Erfassung des Wertverzehrs) den Ersatzinvestitionen entsprechen. Werden daher von der Bruttowertschöpfung die Abschreibungen abgezogen, erhalten wir die **Nettowertschöpfung**, d. h. den Wert der Güter und Dienstleistungen, die tatsächlich neu entstanden sind und der Volkswirtschaft zusätzlich zur Verfügung stehen.

Um nun der Frage nachzugehen, wie viel **Einkommen** der Volkswirtschaft neu zur Verfügung steht, müssen wir statt mit Herstellungspreisen mit Marktpreisen rechnen, d. h. zu der ermittelten (Brutto- oder Netto-)Wertschöpfung addieren wir die Gütersteuern und ziehen die Gütersubventionen ab. Damit erhalten wir das **Bruttoinlandsprodukt** (mit Abschreibungen) bzw. das **Nettoinlandsprodukt** (ohne Abschreibungen).

Nun können wir vom Inlandskonzept (im Inland entstandenes Einkommen) auf das Inländerkonzept (von den Inländern erwirtschaftetes Einkommen) übergehen, indem wir den **Saldo der Primäreinkommen** abziehen, d. h. die Auslandseinkommen der Inländer hinzurechnen und die Inlandseinkommen der Ausländer abziehen. Als Ergebnis erhalten wir das (Brutto- oder Netto-)**Nationaleinkommen**.

Ein Teil des Nettonationaleinkommens fließt über weitere Abgaben (sonstige Produktionsabgaben, z. B. Grundsteuer, Kraftfahrzeugsteuer) an den Staat und der Staat zahlt zudem (neben den oben beschriebenen Stücksubventionen) Subventionen, die nicht an der Produktionsmenge ausgerichtet sind, z. B. für den öffentlichen Personenverkehr oder Kohlesubventionen. Der Saldo aus sonstigen Produktionsabgaben und sonstigen Subventionen wird als sonstige **Nettoproduktionsabgaben** bezeichnet. Ziehen wir ihn vom Nettonationaleinkommen ab, erhalten wir das **Volkseinkommen**.

Die wichtigsten Begriffe der VGR finden Sie in der folgenden Übersicht noch einmal zusammengestellt:

Wichtige Begriffe der VGR	
Produktionswert	Wert aller in einem Jahr in einem Land hergestellten Güter und Dienstleistungen (zu Herstellungspreisen)
Vorleistungen	wertmäßiger Verbrauch an nicht dauerhaften Produktionsmitteln: • Roh-, Hilfs- und Betriebsstoffe • Dienstleistungen (Gewerbemiete, Anwaltskosten etc.)
Bruttowertschöpfung	Produktionswert – Vorleistungen (zu Herstellungspreisen); zieht man die Abschreibungen ab: Nettowertschöpfung

Bruttoinlandsprodukt (BIP)	Produktionswert – Vorleistungen (zu Marktpreisen); Wert aller Güter und Dienstleistungen, die in einem Jahr im Inland (als Einkommen) erwirtschaftet wurden; zieht man die Abschreibungen ab: Nettoinlandsprodukt
Bruttonationaleinkommen (BNE)	Wert aller Güter und Dienstleistungen, die in einem Jahr von den Inländern (als Einkommen) erwirtschaftet wurden; zieht man die Abschreibungen ab: Nettonationaleinkommen
Volkseinkommen	Nettonationaleinkommen – sonstige Nettoproduktionsabgaben; Wert aller Güter und Dienstleistungen, die im betrachteten Jahr in der privaten Wirtschaft zu einer Wohlstandsmehrung führen
Nettoproduktionsabgaben	Produktionsabgaben (Gütersteuern und sonstige) – Subventionen (Gütersubventionen und sonstige)
Saldo der Primäreinkommen	Inlandseinkommen der Ausländer – Auslandseinkommen der Inländer; Unterschied zwischen Inlandsprodukt und Nationaleinkommen, enthält auch die Nettoproduktionsabgaben an das Ausland

Das Berechnungsschema zur Ermittlung des Volkseinkommens zeigt folgende Übersicht:

VGR Entstehungsrechnung				
	Produktionswert (zu Herstellungspreisen)	oder		**Produktionswert (zu Herstellungspreisen)**
–	Vorleistungen		–	Vorleistungen
=	Bruttowertschöpfung		=	Bruttowertschöpfung
–	Abschreibungen		+	Gütersteuern
=	Nettowertschöpfung		–	Gütersubventionen
+	Gütersteuern		=	Bruttoinlandsprodukt
–	Gütersubventionen		–	Abschreibungen
=	Nettoinlandsprodukt		=	Nettoinlandsprodukt
–	Saldo der Primäreinkommen		–	Saldo der Primäreinkommen
=	Nettonationaleinkommen		=	Nettonationaleinkommen
–	sonstige Produktionsabgaben		–	sonstige Produktionsabgaben
+	sonstige Subventionen		+	sonstige Subventionen
=	Volkseinkommen		=	Volkseinkommen

Beispiel:
Aus der Volkswirtschaftlichen Gesamtrechnung der Bundesrepublik Deutschland liegen Ihnen die nachfolgenden Werte vor (in Mrd. €).

Produktionswert (zu Herstellungspreisen)	1.500
Vorleistungen	450
Abschreibungen	300
Nettogütersteuern	120
Saldo der Primäreinkommen	60
sonstige Nettoproduktionsabgaben	35

↓

Ermitteln Sie die folgenden Größen der VGR:
a) Bruttowertschöpfung
b) Bruttoinlandsprodukt
c) Nettonationaleinkommen
d) Volkseinkommen

Lösung:

a)	Bruttowertschöpfung:	1.050	(Nettowertschöpfung 750)
b)	Bruttoinlandsprodukt:	1.170	(Nettoinlandsprodukt 870)
c)	Nettonationaleinkommen:	810	
d)	Volkseinkommen:	775	

Beachten Sie, dass Sie von Herstellungspreisen (Wertschöpfung) zu Marktpreisen (Einkommen) die Nettogütersteuern hinzurechnen müssen. Und den Saldo der Primäreinkommen müssen Sie abziehen, d. h. die Inlandseinkommen der Ausländer abziehen, die Auslandseinkommen der Inländer hinzurechnen, um vom Inlands- zum Inländerkonzept zu kommen.

Eine weitere wichtige Begriffsunterscheidung ist die in **nominale und reale Größen.** Nominale Größen sind mit aktuellen Preisen bewertet, z. B. wird das nominale Bruttoinlandsprodukt des Jahres 2012 in Preisen von 2012 ermittelt. Um von diesem Wert zum realen Bruttoinlandsprodukt zu gelangen, wurde vom Statistischen Bundesamt bis 2005 ein Preisindex verwendet, der die Preise eines Basisjahres enthielt, d. h. die Gütermengen des aktuellen Jahres wurden mit Preisen eines früheren Jahres bewertet. Diese Vorgehensweise wird auch als **Deflationierung** bezeichnet, d. h. die Inflation wird aus den Werten herausgerechnet, um die tatsächliche Veränderung der Gütermenge zu schätzen.

Seit der Reform der VGR im Jahre 2005 werden – im Zuge der Harmonisierung der Volkswirtschaftlichen Gesamtrechnungen in der Europäischen Union – verkettete Volumenindices auf Vorjahrespreisbasis verwendet, was die Deflationierung unnötig verkompliziert hat.

4.3 VGR Verwendungsrechnung

Die Verwendungsrechnung geht der Frage nach, wofür die Wirtschaftsleistung verwendet wird. Rechnet man zu den im Inland erstellten Gütern und Dienstleistungen die **Importe** hinzu, ergibt sich der gesamte zur Verfügung stehende Gütervorrat. Ein Teil davon wird exportiert, ein Teil wird vom **Staat** verbraucht, der Rest wird entweder für **Investitionen** oder für den **Konsum** verwendet, wobei die Investitionen in Brutto- und Nettoinvestitionen unterschieden werden müssen (Bruttoinlandsprodukt oder Nettoinlandsprodukt). In den Bruttoinvestitionen sind die Ersatzinvestitionen (Abschreibungen) enthalten, allein die Nettoinvestitionen dehnen die Produktionsmöglichkeiten eines Landes aus und sorgen so für Wachstum.

Prägen Sie sich das folgende Berechnungsschema ein:

VGR Verwendungsrechnung				
	Konsumausgaben	oder		**Konsumausgaben**
+	Investitionsausgaben (brutto)		+	Investitionsausgaben (netto)
+	Staatsverbrauch		+	Staatsverbrauch
+	Außenbeitrag (Exporte – Importe)		+	Außenbeitrag (Exporte – Importe)
=	Bruttoinlandsprodukt		=	Nettoinlandsprodukt

Beispiel:
Aus der Volkswirtschaftlichen Gesamtrechnung der Bundesrepublik Deutschland liegen Ihnen die nachfolgenden Werte vor (in Mrd. €).

privater Konsum	420
Bruttoinvestitionen	280
Staatsausgaben	180
Export	220
Import	200

a) Ermitteln Sie die Höhe des Bruttoinlandsprodukts.
b) Ermitteln Sie die Staatsquote (in Prozent).

Lösung:
a) Mithilfe des Berechnungsschemas erhalten Sie ein BIP von 900 Mrd. €. Wenn Sie bei der Berechnung vorab den Außenbeitrag ermitteln (220–200 = 20), müssen Sie die verbleibenden Werte nur noch aufaddieren.
b) Die Staatsquote ist der Anteil der Staatsausgaben am Bruttoinlandsprodukt. Sie beträgt hier 20 %. Bei einer Quote gehört die Teilgröße (hier Staatsausgaben) in den Zähler und die Gesamtgröße (hier BIP) in den Nenner des Bruchs. Ermitteln Sie auch die Investitionsquote, die Konsumquote etc.

4.4 VGR Verteilungsrechnung

Die Verteilungsrechnung geht der Frage nach, wie sich das Volkseinkommen auf Lohneinkommen und Gewinneinkommen verteilt.

Verteilungsrechnung	
Volkseinkommen	
Bruttoeinkommen aus unselbstständiger Arbeit (Lohneinkommen)	Bruttoeinkommen aus Unternehmertätigkeit und Vermögen (Gewinneinkommen)

Auf Grundlage der Verteilungsrechnung lässt sich die Lohnquote bzw. die Gewinnquote ermitteln und ihre Veränderung im Zeitablauf verfolgen. Die **Lohnquote** ist der Anteil der Lohneinkommen am Volkseinkommen. Die **Gewinnquote** ist der Anteil der Gewinneinkommen am Volkseinkommen.

Beachten Sie, dass in der Definition vom **Brutto**einkommen gesprochen wird. Davon müssen noch die direkten Steuern (Einkommensteuer) und Sozialabgaben abgezogen werden. Hinzugerechnet werden staatliche Transferzahlungen wie Kindergeld, Altersrente etc. Aus dieser Berechnung ergibt sich das **verfügbare Einkommen** der Haushalte, das auf zweierlei Weise verwendet werden kann: **Konsum** oder **Sparen**.

Beispiel:
Aus der Volkswirtschaftlichen Gesamtrechnung der Bundesrepublik Deutschland liegen Ihnen die nachfolgenden Werte vor (in Mrd. €).

Volkseinkommen	540
Gewinneinkommen	170
Steuern und Sozialabgaben	90
Transferzahlungen	50
Konsumausgaben	350

a) Ermitteln Sie die Lohnquote (in Prozent).
b) Ermitteln Sie das verfügbare Einkommen.
c) Ermitteln Sie die Sparquote (in Prozent).

Lösung:

a) Lohnquote = (540–170) · 100/540 = 370 · 100/540 = 68,52%

b) verfügbares Einkommen 540–90 + 50 = 500

c) Sparquote = (500–350) · 100/500 = 150 · 100/500 = 30%

Ziehen Sie vom Volkseinkommen die Gewinneinkommen ab, und Sie erhalten die **Lohneinkommen**. Setzen Sie nun die Lohneinkommen **ins Verhältnis zum Volkseinkommen**. Runden Sie kaufmännisch.

Das **verfügbare Einkommen** ergibt sich, wenn Sie vom Volkseinkommen die Steuern und Sozialabgaben abziehen und die Transferzahlungen hinzurechnen:
Die **Sparquote** ist der Anteil des verfügbaren Einkommens, der gespart wird. Um das Sparvolumen zu ermitteln, ziehen Sie vom verfügbaren Einkommen die Konsumausgaben ab. Das Sparvolumen setzen Sie dann ins Verhältnis zum verfügbaren Einkommen, um die Sparquote zu ermitteln.

Die Verteilungsrechnung der VGR stellt nur eine erste grobe Analyse der Einkommensverteilung dar. Man spricht auch von der funktionalen Einkommensverteilung. In tiefer gehenden Analysen wird z. B. berücksichtigt, dass es Haushalte gibt, die neben den Lohneinkommen auch Gewinneinkommen beziehen, und es werden genauere Berechnungen zur Verteilung der Einkommenshöhe einzelner Haushalte vorgenommen. Diese Analysen dienen auch als Grundlage für die Marktsegmentierung und Definition von Zielgruppen im Marketing, z. B. sind wohl nur Besserverdienende im städtischen Bereich die geeignete Zielgruppe für Eigentumswohnungen, die dann durch Werbebotschaften entsprechend angesprochen werden kann.

Ein weiterer wichtiger Aspekt in der Verteilungsrechnung ist die Unterscheidung in **Nominallohn** und **Reallohn**. Je höher die Inflation (jährliche Preissteigerung), umso weniger bedeutet eine Gehaltserhöhung einen Anstieg der Kaufkraft des Einkommensbeziehers. Zur Ermittlung des Reallohns, der tatsächlichen Kaufkraft eines Haushalts, wird aus dem Nominallohn die Inflationsrate herausgerechnet (Deflationierung). Gewerkschaften versuchen in Tarifverhandlungen, eine Lohnerhöhung zumindest in Höhe der Inflationsrate durchzusetzen. Arbeitgeber argumentieren dagegen, dass höhere Löhne sie dazu zwingen, die Preise ihrer Produkte zu erhöhen. Diese sogenannte **Lohn-Preis-Spirale** kann als eine Ursache für Inflation gesehen werden.

4.5 Staatshaushalt

Der Staat spielt in der Wirtschaft nicht nur als hoheitliche, Regeln setzende und ihre Einhaltung überwachende Gewalt, sondern auch durch seine wirtschaftliche und wirtschaftspolitische Tätigkeit und die Beschaffung der dazu notwendigen Finanzmittel eine bedeutende Rolle.

Im Wirtschaftskreislauf haben Sie gesehen, dass vom Staat an die **Unternehmen** Zahlungen fließen für Staatskonsum (z. B. Büromaterial für das Finanzamt) und Subventionen. An die **Haushalte** fließen Einkommenszahlungen für Beamte und Angestellte des Staates sowie Transferzahlungen aus dem Sozialbudget. Die Sozialversicherungsträger werden dem Sektor Staat zugeordnet.

Der Staat erhält sowohl von den Unternehmen als auch von den Haushalten **Abgaben**; das sind Steuern, Gebühren und Beiträge. Die folgende Übersicht zeigt den Aufbau des Staatshaushalts:

Staatshaushalt	
Staatseinnahmen	**Staatsausgaben**
Produktionsabgaben und direkte Steuern	Staatsverbrauch (Staatskonsum)
Gebühren und Beiträge (inklusive Sozialversicherungsbeiträge)	Transferzahlungen an Haushalte
Einnahmen aus wirtschaftlicher Tätigkeit	Subventionen an Unternehmen

Über viele Jahrzehnte waren die Staatseinnahmen der Bundesrepublik Deutschland, wie auch in vielen anderen Ländern, kleiner als die Ausgaben. Ein Haushaltsloch wird durch **Kreditaufnahme** bei den Banken und Sparkassen geschlossen (Neuverschuldung, Nettokreditaufnahme); dadurch ist die **Staatsverschuldung** (der Schuldenstand) in den letzten Jahrzehnten kontinuierlich gewachsen.

Beispiel:
Sie verfolgen eine Diskussion über den Haushaltsplan der Bundesrepublik Deutschland. Welche der folgenden Aussagen ist richtig?

1. Um ein Einnahmedefizit auszugleichen, hat die Bundesregierung das Recht, ohne weiteres Gesetzgebungsverfahren Steuererhöhungen durchzusetzen.
2. Die Einnahmen des Staates müssen in jedem Haushaltsjahr höher als die Staatsausgaben sein, damit der Bundeshaushalt verabschiedet werden kann.
3. Die Neuverschuldung des Bundes hat für den Haushaltsplan keine Bedeutung.
4. Der Bundeshaushalt wird ausschließlich durch Steuern finanziert.
5. Der weit überwiegende Teil der Staatsausgaben der Bundesrepublik Deutschland sind Ausgaben für die soziale Sicherung der Bürger.

Lösung:
Aussage 5
Aussage 1 ist falsch, weil die Höhe jeder Steuer im betreffenden Steuergesetz festgelegt ist und Gesetze nur durch das Gesetzgebungsverfahren des Parlamentes verabschiedet werden können.
Aussage 2 ist falsch, weil der Haushalt stets ausgeglichen sein muss, d. h. Einnahmen und Ausgaben müssen übereinstimmen.
Die Neuverschuldung (Aussage 3) dient der Deckung einer Haushaltslücke, wenn die Einnahmen kleiner sind als die Ausgaben.
Aussage 4 ist falsch, weil der Staat neben Steuereinnahmen auch Einnahmen aus Gebühren und Beiträgen sowie aus wirtschaftlicher Tätigkeit hat.

Die Ausgaben für Arbeit und Soziales sind im Bundeshaushalt der größte Posten und machen knapp 40 % der gesamten Staatsausgaben aus. Die beiden zweitgrößten Posten sind die Neuverschuldung und die Verteidigung mit jeweils 11 %.

Der Bundeshaushalt ist formal ein Gesetz, das von der Bundesregierung aufgestellt und vom Bundestag verabschiedet werden muss. Dabei unterliegt die Bundesregierung auch den Anforderungen der **Europäischen Währungsunion**, die für die weitere Mitgliedschaft gesamtwirtschaftliche Größen, insbesondere die maximale Höhe der Neuverschuldung, als Bedingung stellt und berechtigt ist, bei Überschreiten dieser Werte Sanktionen (Strafmaßnahmen) zu ergreifen.

Die Staatsverschuldung wächst mit jedem Jahr, in dem der Haushalt mit einem **Defizit** abgeschlossen wird. Dies ist ein gängiges Phänomen in vielen Ländern. Jedoch bemühen sich mehr und mehr Regierungen weltweit, das Defizit zurückzuführen und zumindest einen ausgeglichenen Staatshaushalt zu erreichen. Die nachfolgenden Zahlen sind dem Bundeshaushaltsentwurf 2013 entnommen.

Bundeshaushaltsentwurf 2013 (in Mio. €)		
Arbeit und Soziales	118.737,99	39,29 %
Verteidigung	33.283,10	11,01 %
Bundesschuld	33.282,75	11,01 %
Verkehr, Bau und Stadtentwicklung	25.720,39	8,51 %
Bildung und Forschung	13.752,10	4,55 %
Gesundheit	12.489,22	4,13 %
Familie, Senioren, Frauen und Jugend	7.127,83	2,36 %
Wirtschaftliche Zusammenarbeit und Entwicklung	6.420,44	2,12 %
Wirtschaft und Technologie	6.179,61	2,04 %
Innere Sicherheit	5.844,84	1,93 %
Ernährung, Landwirtschaft und Verbraucherschutz	5.260,18	1,74 %
Umwelt, Naturschutz und Reaktorsicherheit	1.645,25	0,54 %
Sonstiges	32.456,29	10,74 %
Summe	**302.199,99**	**100,00 %**

Der größte Anteil an den Staatsausgaben betrifft den Bereich Soziale Sicherung. Der zweithöchste Posten wird, neben den Rüstungsausgaben, für Zinsen und Tilgung der Staatsverschuldung aufgewendet. Etwa ein Drittel der Zinszahlungen fließen an ausländische Kapitalanleger und belasten damit die Devisenbilanz (siehe Abschnitt 7 Außenwirtschaft). Die restlichen Zinszahlungen fließen inländischen Kapitalanlegern als Einkommen zu. Hauptsächlich sind dies Kreditinstitute, die die Zinszahlungen abzüglich ihrer Marge als Sparzinsen an ihre Kunden weiterreichen. Dies ist ein Sachverhalt, der bei der Einkommensverteilungsrechnung (vgl. Abschnitt 4.4) berücksichtigt werden muss. Man spricht von einer Umverteilung von arm nach reich, da die breite Masse der Steuerzahler die Zinszahlungen finanziert, die an wenige Wohlhabende fließen.

Wenn diese wenigen Wohlhabenden mit ihren Zinseinkünften Investitionen finanzieren und so Arbeitsplätze schaffen, wird Einkommen erzeugt, das zur Finanzierung der Steuereinnahmen notwendig ist. Somit schließt sich der Wirtschaftskreislauf.

In der Presse der letzten Monate haben Sie verfolgt, dass die Regierung eine Schuldenbremse eingeführt und die Neuverschuldung auf „Null" gesenkt hat. Recherchieren Sie dazu die aktuellen Haushaltszahlen im Internet und vergleichen Sie die hier aufgeführten Zahlen von 2013 damit. Wie hoch ist die gesamte Staatsverschuldung der Bundesrepublik Deutschland und wie viele Milliarden Euro Zinsen muss unser Staat 2015 an die Gläubiger der Staatsschulden zahlen?

5 Wirtschaftspolitik

Ihre Kenntnisse über Wirtschaftspolitik beziehen sich auf den steuernden Einfluss des Staates in der Wirtschaft. Schwerpunkte sind das magische Vier- bzw. Sechseck (Stabilitätspolitik) sowie Regeln und Maßnahmen zum Schutz des Marktmechanismus (Wettbewerbspolitik).

5.1 Ordnungspolitik und Prozesspolitik

Wirtschaftspolitische Aufgabe des Staates ist es, für eine gut funktionierende Wirtschaft zu sorgen. Dazu stehen ihm verschiedene Instrumente und Maßnahmen zur Verfügung. Er setzt Regeln (Rahmenbedingungen) in Form von Gesetzen, wie z. B. das Stabilitätsgesetz, das Kartellgesetz, die gesamte Umwelt- und Sozialgesetzgebung.

Das Setzen von Rahmenbedingungen für die Wirtschaft wird als **Ordnungspolitik** bezeichnet. Ferner greift der Staat durch konkrete Maßnahmen in das Wirtschaftsgeschehen ein, indem er z. B. Subventionen an Unternehmen in strukturschwachen Regionen oder Branchen zahlt, mit Sanktionen gegen Missbrauch von Marktmacht vorgeht oder Bauaufträge vergibt, um Arbeitsplätze zu sichern. Das direkte Eingreifen des Staates in den Wirtschaftsprozess wird auch als **Prozesspolitik** bezeichnet.

Beispiel:
Prüfen Sie, in welcher Zeile die ordnungspolitischen und strukturpolitischen Maßnahmen des Staates richtig zugeordnet sind.

	Ordnungspolitische Maßnahmen	Strukturpolitische Maßnahmen
1.	Steuererleichterungen und Investitionszuschüsse für strukturschwache Branchen	Missbrauchsaufsicht über Monopole durch das Bundeskartellamt
2.	Überwachen des Marktverhaltens bei Großunternehmen (Missbrauchsaufsicht)	Genehmigung von Fusionen unter Auflagen durch das Bundeskartellamt
3.	Gesetz gegen unlauteren Wettbewerb	Subventionen für den Bergbau zur Sicherung von Arbeitsplätzen
4.	Sonderabschreibungsmöglichkeiten bei der Wohnraumsanierung	Eigenheimzulage für den Wohnungsbau
5.	Festlegen von Einfuhrkontingenten für Kraftfahrzeuge	Vergabe von öffentlichen Aufträgen in strukturschwachen Regionen

Lösung:
Zeile 3
Ordnungspolitische Maßnahmen sind Gesetze, die Rahmenbedingungen für die Wirtschaft festlegen. Suchen Sie daher in der linken Spalte nach einem Gesetz und prüfen Sie dann in der rechten Spalte, ob die dort angegebene Maßnahme der Förderung einer Region oder Branche dient.

Die Sonderabschreibungsmöglichkeiten in Zeile 4 werden zwar auch in einem Gesetz, dem Einkommensteuergesetz, festgeschrieben. Da dieses als Jahressteuergesetz jedoch häufigen Änderungen unterliegt, liegt hier Prozesspolitik vor.

5.2 Stabilitätspolitik

Grundlage für die Stabilitätspolitik ist das **Stabilitätsgesetz** von 1967. Es enthält ursprünglich die vier Ziele Inflationsbekämpfung (Geldwertstabilität), Bekämpfung der Arbeitslosigkeit (hoher Beschäftigungsstand), Zahlungsbilanzausgleich (außenwirtschaftliches Gleichgewicht) und Förderung des Wohlstands (stetiges und angemessenes Wirtschaftswachstum).

Inzwischen wurden zwei weitere Ziele mit in die stabilitätspolitischen Überlegungen einbezogen: Für die Stabilität der Gesellschaft ist es notwendig, dass einkommensschwachen Mitbürgern über eine Umverteilung ihr Existenzminimum gesichert wird (gerechte Einkommensverteilung). Ferner ist die Bewahrung einer lebenswerten Umwelt inzwischen als wichtiges Ziel erkannt worden (Umweltschutz).

Magisches Vier- bzw. Sechseck

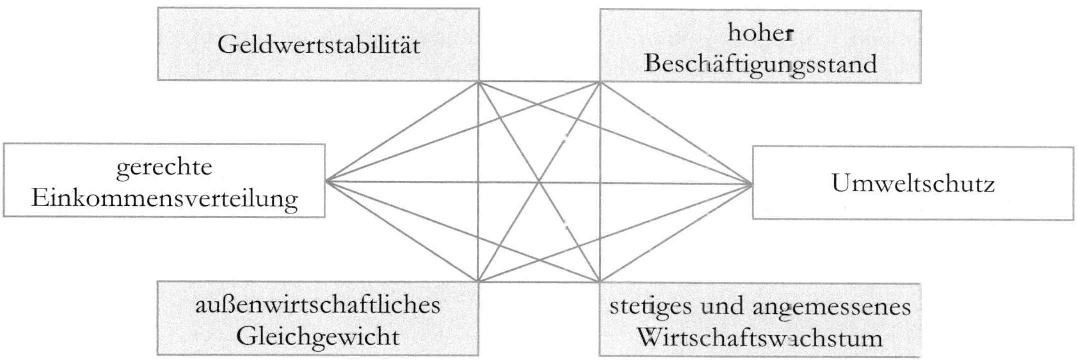

Dieses Vier- bzw. Sechseck von wirtschaftspolitischen Zielen wird als magisch bezeichnet, weil sich die Ziele gegenseitig behindern. Man spricht daher auch von **Zielkonflikten**. Der wichtigste Zielkonflikt ist der zwischen Inflation und Arbeitslosigkeit, der sich aus dem Konjunkturzyklus ergibt (siehe Abschnitt 3.1). Aber auch der Konflikt zwischen Umweltschutz und Schaffung von Arbeitsplätzen ist problematisch. Ein Beispiel für eine **Zielharmonie** ist, dass es bei geringer Arbeitslosigkeit weniger Bedarf für eine Einkommensumverteilung gibt.

Wichtig ist, dass Sie die sechs Ziele kennen, wissen, wie sie gemessen werden, und wirtschaftspolitische Maßnahmen daraufhin beurteilen können, auf welches der Ziele sie wie wirken.

Beispiel:
Mit welcher Messgröße wird das volkswirtschaftliche Wachstum erfasst?

1. Veränderung der Handelsbilanz
2. Veränderung der Zahlungsbilanz
3. Nachfrage nach Konsumgütern
4. Veränderung des realen Bruttoinlandprodukts
5. Steuereinnahmen des Staates

Lösung:
Aussage 4
Die Zunahme des Bruttoinlandsprodukts als Wert aller Güter und Dienstleistungen, die in einem Jahr im Inland erwirtschaftet wurden, ist das Maß für Wachstum. Beachten Sie, dass es sich um das reale, um Preissteigerungen bereinigte BIP handelt.

Beispiel:
Die Hochkonjunktur ist dadurch gekennzeichnet, dass die gesamtwirtschaftliche Nachfrage schneller steigt als das gesamtwirtschaftliche Angebot und die Produktionskapazitäten der Industrie voll ausgelastet sind. Die Bundesregierung überlegt im Rahmen des Gesetzes zur Förderung der Stabilität und des Wachstums der Wirtschaft (StWG) Maßnahmen gegen diese Überhitzung zu ergreifen. Welches Ziel des Stabilitätsgesetzes ist unmittelbar gefährdet?

1. hoher Beschäftigungsstand
2. Umweltschutz
3. gerechte Einkommensverteilung
4. Stabilität des Preisniveaus
5. außenwirtschaftliches Gleichgewicht
6. stetiges und angemessenes Wirtschaftswachstum

Lösung:
Ziel Nr. 4 Preisniveaustabilität
Die überschießende Nachfrage kann nur durch allgemeine Preiserhöhungen zurückgedrängt werden. Die Produktionskapazitäten reichen nicht aus, die Nachfrage zu befriedigen, und können auch nicht so schnell erweitert werden.

Beispiel:
Die Bundesrepublik fördert Weiterbildungs- und Umschulungsmaßnahmen sowie Existenzgründungen für Arbeitssuchende. Welches Ziel der staatlichen Wirtschaftspolitik nach dem Gesetz zur Förderung der Stabilität und des Wachstums der Wirtschaft (StWG) wird damit vorrangig verfolgt?

1. Umweltschutz
2. hoher Beschäftigungsstand
3. Stabilität des Preisniveaus
4. außenwirtschaftliches Gleichgewicht
5. gerechte Einkommens- und Vermögensverteilung
6. stetiges und angemessenes Wirtschaftswachstum

Lösung:
Ziel Nr. 2 hoher Beschäftigungsstand

Es lassen sich die folgenden vier Arten von Arbeitslosigkeit unterscheiden:

Arten von Arbeitslosigkeit			
konjunkturelle	**strukturelle**	**saisonale**	**friktionelle**
In der Rezession und in der Depression nehmen die Entlassungen zu und die Zahl der offenen Stellen nimmt ab.	In Branchen oder Regionen mit strukturellen Schwierigkeiten gibt es in den angestammten Berufen keine Beschäftigung mehr.	Bei Saisonberufen wie im Bau, im Tourismus oder in der Landwirtschaft gibt es Zeiten mit geringer Nachfrage nach Arbeitskräften.	Die unproblematische Sucharbeitslosigkeit dauert nur kurze Zeit, von der Aufgabe der alten Arbeitsstelle bis zur Neueinstellung.

Achten Sie in der Presse und in den Nachrichten auf Maßnahmen zu den anderen Zielen des magischen Sechsecks, z. B. erhöht der Staat das Kindergeld, um für einkommensschwache Familien mit Kindern eine Unterstützung zu schaffen, oder er vergibt Fördermittel für die Nutzung erneuerbarer Energien. Mehr zum Ziel des außenwirtschaftlichen Gleichgewichts (Zahlungsbilanzausgleich) finden Sie in Abschnitt 7.3 Zahlungsbilanzpolitik.

Das Problem der **Zielkonflikte** führt zu politischen Diskussionen im Parlament und in der Presse, welche Maßnahmen zur Steuerung der Wirtschaft in der jeweiligen gesamtwirtschaftlichen Situation sinnvoll sind und von der Bundesregierung ergriffen werden sollen.

Beispiel:
Prüfen Sie, welche der folgenden Aussagen zu den Zielkonflikten aufgrund der Vorgaben des Stabilitätsgesetzes zutreffend ist.

1. Zinssenkungen führen automatisch zu einem hohen Beschäftigungsstand, da nun kreditfinanzierte Investitionen in neue Produktionsanlagen günstiger sind.
2. Je gerechter die Einkommensverteilung ist, umso eher kann von hohem Wachstum ausgegangen werden, was jedoch das außenwirtschaftliche Gleichgewicht gefährdet.
3. Ein hoher Beschäftigungsstand ist erreicht, wenn die Arbeitslosigkeit nicht mehr als 7 % beträgt, da ein geringerer Wert das Ziel des Umweltschutzes gefährden würde.
4. Ein hoher Beschäftigungsstand führt dazu, dass auch Geldwertstabilität und ausgeglichene Zahlungsbilanz gewährleistet sind.
5. Mit dem Erreichen eines hohen Beschäftigungsstandes gerät in der Regel das Ziel der Preisniveaustabilität in Gefahr.

Lösung:
Aussage 5
Der problematischste Zielkonflikt ist der statistisch nachgewiesene negative Zusammenhang zwischen Arbeitslosigkeit und Inflation.
Aussage 1 ist falsch, weil die Unternehmen ohne positive Zukunftserwartungen auch bei niedrigen Zinsen keine Investitionsbereitschaft haben.
Zu Aussage 2 beachten Sie, dass es verschiedene Denkansätze gibt, was unter einer gerechten Einkommensverteilung zu verstehen ist. Absolute Gleichverteilung (Kommunismus) zerstört jeglichen Anreiz zur Leistung, extreme Ungleichverteilung (Frühkapitalismus) führt zu sozialen Problemen.
Vollbeschäftigung (Aussage 3) ist erreicht, wenn alle Arbeitssuchenden ohne längere Wartezeit eine passende Beschäftigung finden können.

5.3 Wettbewerbspolitik

In der sozialen Marktwirtschaft ist es eine wichtige Aufgabe des Staates, die Funktionsfähigkeit des **Preismechanismus** zu gewährleisten. Der Preismechanismus sorgt auf den Märkten für den Ausgleich von Angebot und Nachfrage und lenkt die Produktionsmittel in die effizienteste Verwendung (vgl. Abschnitt 2.1).

Daher übt das **Bundeskartellamt** als staatliche Institution eine Missbrauchsaufsicht aus, d. h. es beobachtet das Verhalten der Unternehmen am Markt und greift bei Verstößen gegen die Wettbewerbsregeln mit hoheitlicher Gewalt ein.

Unterschieden werden Unternehmen mit marktbeherrschender Stellung (Monopole und Oligopole) und Unternehmenszusammenschlüsse, die mit dem Ziel erfolgen, den Markt zum eigenen Vorteil zu beeinflussen (Preiskartelle und Gebietskartelle).

Beispiel:
Die Berliner Wohnungsbau GmbH entschließt sich, mit einem Konkurrenten, der Basse GmbH, zusammenzuarbeiten. Vereinbart wird, dass zur Sicherung ihrer Wettbewerbsposition auf dem Markt für hochwertige Eigentumswohnungen die Verkaufspreise abgestimmt werden sollen. Ferner will man sich gegenseitig bei der Verbesserung der Betriebsabläufe und in Bezug auf Ansätze zu Kosteneinsparungen unterstützen.

a) Um welche Art von Kartell handelt es sich bei der Abstimmung der Verkaufspreise und wie ist diese Kartellart wettbewerbsrechtlich zu beurteilen?
b) Um welche Art von Kartell handelt es sich bei der Kooperation in Bezug auf die Verbesserung der Betriebsabläufe und wie ist diese Kartellart wettbewerbsrechtlich zu beurteilen?

Lösung:
a) Preisabsprachen (Preiskartelle) sind verboten.
b) Die Kooperation zur Verbesserung der Betriebsabläufe ist ein Rationalisierungskartell. Da die erzielten Kosteneinsparungen den Nachfragern zugute kommen können, sind solche Kooperationen erlaubt.

Gesetzlich geregelt ist die Arbeit des Bundeskartellamtes im **Kartellgesetz** (Gesetz gegen Wettbewerbsbeschränkungen, GWB). Darin ist geregelt, dass Preiskartelle, Gebietskartelle und auch Importkartelle verboten und alle anderen grundsätzlich erlaubt sind.

Unter **Gebietskartellen** versteht man dabei Absprachen, die den Markt räumlich unter die beteiligten Unternehmen aufteilen, z. B. reichen bei Bauausschreibungen in einem bestimmten Gebiet alle „Konkurrenten" teurere Gebote ein, damit das Unternehmen, das den Zuschlag erhalten soll, diesen zu entsprechend überhöhten Preisen realisieren kann.

Mit der letzten Novelle des Kartellgesetzes 2007 sind die begrifflichen Benennungen der erlaubten Kartelle (Normen- und Typenkartell, Konditionenkartell, Rationalisierungskartell, Spezialisierungskartell, Strukturkrisenkartell etc.) weggefallen und durch eine allgemeine Formulierung ersetzt worden. Erlaubt sind danach Vereinbarungen:

(...), die unter angemessener Beteiligung der Verbraucher an dem entstehenden Gewinn zur Verbesserung der Warenerzeugung oder -verteilung oder zur Förderung des technischen oder wirtschaftlichen Fortschritts beitragen, ohne dass den beteiligten Unternehmen

1. *Beschränkungen auferlegt werden, die für die Verwirklichung dieser Ziele nicht unerlässlich sind, oder*
2. *Möglichkeiten eröffnet werden, für einen wesentlichen Teil der betreffenden Waren den Wettbewerb auszuschalten.*

(§ 2 Abs. 1 GWB)

Mittelstandskartelle (§ 3 GWB) können auf Antrag erlaubt werden, wenn sie die Wettbewerbsfähigkeit kleiner oder mittlerer Unternehmen zu verbessern helfen.

Ein weiteres für die Wettbewerbspolitik wichtiges Gesetz ist das **Gesetz gegen unlauteren Wettbewerb** (UWG). Unlauter sind Wettbewerbshandlungen, die den Wettbewerb zum Nachteil der Mitbewerber, der Verbraucher oder der sonstigen Marktteilnehmer nicht nur unerheblich beeinträchtigen. Werbung darf einen Konkurrenten nicht verunglimpfen und geschützte Produkte dürfen nicht imitiert werden. Vergleichende Werbung ist erlaubt, sofern der Vergleich objektiv nachprüfbar ist.

Beispiel:
Die Paste AG mit Sitz in München ist der europaweit führende Anbieter von Laminiergeräten. Zum weiteren Ausbau der Marktstellung überlegt die Paste AG verschiedene Maßnahmen.
Überprüfen Sie, welche der im Folgenden genannten Maßnahmen mit dem deutschen Wettbewerbsrecht nicht vereinbar ist.

1. Die Paste AG stellt in einer vergleichenden Werbeaktion heraus, dass der Stromverbrauch ihrer Laminiergeräte günstiger ist als bei den Geräten eines Mitbewerbers.
2. Die Paste AG bietet ihre Laminiergeräte über einen längeren Zeitraum unter Herstellkosten an, um Konkurrenten vom Markt zu verdrängen.
3. Die Paste AG verkauft ihre Laminiergeräte an größere Unternehmen zu geringeren Preisen als an kleinere Unternehmen und Privathaushalte.
4. Die Paste AG will mit einer massiven Werbeaktion Laminiergeräte auch für Privatpersonen interessant machen, um die Produktionskapazitäten besser auslasten zu können.
5. Die Paste AG bietet in einer Sonderaktion technisch veraltete Laminiergeräte besonders preisgünstig an, um in den Verkaufslagern Platz zu schaffen.

Lösung:
Maßnahme 2 ist verboten.
Maßnahme 1 stellt keinen Verstoß gegen das UWB dar, sofern sich objektiv nachweisen lässt, dass der Stromverbrauch geringer ist.

Marktmachtmissbrauch bedeutet, Konkurrenten vom Markt zu verdrängen, weil so das Angebot reduziert wird (Verschiebung der Angebotskurve nach links oben) und die Preise steigen. Nur finanzstarke Unternehmen sind in der Lage, längere Zeit nicht kostendeckend zu produzieren. Man nennt dieses missbräuchliche Verhalten **Dumping**.

Das Bundeskartellamt wirft im Rahmen seiner Aufgabe, den Wettbewerb zu schützen, auch einen Blick auf **Unternehmenszusammenschlüsse** (Konzern oder Fusion), die von der Unternehmenskooperation (Kartell, Arbeitsgemeinschaft, Joint Venture) unterschieden werden müssen.

Beispiel:
Zusammenschlüsse von Unternehmen werden allgemein nach der Wirkung auf die rechtliche und auf die wirtschaftliche Selbstständigkeit beurteilt. Ordnen Sie die in der nachfolgenden Tabelle dargestellten Wirkungen den genannten Arten von Zusammenschlüssen richtig zu.
a) Kartell b) Konzern c) Fusion

	Wirtschaftliche Selbstständigkeit	Rechtliche Selbstständigkeit
1.	bleibt vollständig erhalten	bleibt erhalten
2.	wird teilweise aufgegeben	bleibt erhalten
3.	wird vollständig aufgegeben	bleibt erhalten
4.	bleibt vollständig erhalten	wird aufgegeben
5.	wird teilweise aufgegeben	wird aufgegeben
6.	wird vollständig aufgegeben	wird aufgegeben

Lösung:
a) Zeile 2, b) Zeile 3, c) Zeile 6

Bei einem **Kartell** bleiben die beteiligten Unternehmen rechtlich selbstständig und geben nur für den Bereich der Zusammenarbeit ihre wirtschaftliche Selbstständigkeit auf. Bei der Bildung eines **Konzerns** geht die wirtschaftliche Selbstständigkeit des Tochterunternehmens vollständig verloren, es bleibt jedoch weiterhin als eigenständige juristische Person im Handelsregister eingetragen. Bei der **Fusion** geht die rechtliche und die wirtschaftliche Selbstständigkeit mindestens eines der beteiligten Unternehmen vollständig verloren. Unterschieden werden die Fusion durch Aufnahme und die Fusion durch Neugründung:

Arten der Fusion	
Fusion durch Aufnahme	**Fusion durch Neugründung**
A nimmt B auf.	A und B werden zu C.
• Unternehmen A bleibt erhalten, vergrößert sich um Unternehmen B. • Unternehmen B wird im Handelsregister ausgetragen und hört auf zu existieren.	• Beide Unternehmen werden im Handelsregister ausgetragen. • Ein neues Unternehmen C, das sich aus A und B zusammensetzt, wird ins Handelsregister eingetragen.

Unternehmenszusammenschlüsse können ferner in horizontale, vertikale und sonstige (anorganische, konglomerate, heterogene, diagonale) Zusammenschlüsse unterschieden werden, je nachdem, welcher Branche die beteiligten Unternehmen angehören.

Beispiel:
In welchem der nachfolgenden Beispiele liegt ein
1. vertikaler,
2. horizontaler,
3. anorganischer

Zusammenschluss vor?

Beispiele:
a) Bergwerk – Hüttenwerk – Walzwerk
b) Damenoberbekleidung – Herrenoberbekleidung
c) Wohnungsbau – Werkzeugmaschinenbau

Lösung:
a) Ziffer 1. Sie erkennen die Reihenfolge bei der Stahlblecherzeugung; es ist ein vertikaler Zusammenschluss, da die Produktionsstufen aufeinander aufbauen.
b) Ziffer 2. Wenn sich zwei Unternehmen der gleichen Branche zusammenschließen, spricht man von einem horizontalen Zusammenschluss. Das können auch zwei Bauträger oder zwei Immobilienunternehmen sein.
c) Ziffer 3. Zusammenschlüsse, die weder vertikal noch horizontal sind, werden in der Fachliteratur recht unterschiedlich bezeichnet, auch als konglomerat, heterogen oder diagonal.

6 Geldpolitik

Ihre Kenntnisse zur Geldpolitik der Europäischen Zentralbank (EZB) beziehen sich vor allem auf den wirtschaftspolitischen Auftrag der EZB, auf die zur Erfüllung ihres Auftrags eingesetzten geldpolitischen Instrumente und deren Wirkung sowie auf die Organisation der EZB.

6.1 Wirtschaftspolitischer Auftrag der EZB

Hauptzielsetzung der Europäischen Zentralbank und damit ihr wirtschaftspolitischer Auftrag ist die Sicherung der **Geldwertstabilität** im Euro-Währungsraum. Statt von Geldwertstabilität wird auch von Preisniveaustabilität gesprochen oder seltener von der Bekämpfung der Inflation.

Das Preisniveau wird gemessen durch einen Verbraucherpreisindex. Dazu wird ein Warenkorb aus üblicherweise von den Verbrauchern erworbenen Waren gebildet und die Preisentwicklung dieser Waren über die letzten fünf Jahre wird statistisch zu einer Kennzahl aufbereitet, dem **„harmonisierten Verbraucherpreisindex“**.

Sie erkennen hier die wirtschaftspolitische Absicht, die Wirtschaft vor allgemeinen Preissteigerungen zu schützen, damit die weiter oben bereits beschriebenen Funktionen des Preises in einer Marktwirtschaft gewährleistet bleiben. Denken Sie hier insbesondere an die **Informationsfunktion** des Preises: Bei Inflation ist nicht mehr zu erkennen, ob eine Preissteigerung bei einem Gut eine veränderte Marktsituation für dieses Gut anzeigt oder nicht.

Beispiel:
Mit dem Start der Europäischen Währungsunion wurde die Verantwortung für die europäische Geldpolitik auf das Europäische System der Zentralbanken (ESZB) übertragen. Welches ist die Hauptzielsetzung des ESZB?

1. Die von der Wirtschaft benötigte Menge an Banknoten zu drucken und bereitzuhalten, damit alle Mitgliedsländer ein einheitliches wirtschaftliches Niveau erreichen.
2. Den Weisungen der Europäischen Kommission und des Europäischen Parlamentes zu folgen und diese umzusetzen.
3. Die Währungsreserven der Mitgliedstaaten zu minimieren, damit Verwaltungskosten eingespart werden können.
4. Die Geldpolitik in der Europäischen Union so zu steuern, dass Geldwertstabilität gewährleistet ist.
5. Den Gewinn der Europäischen Zentralbanken gleichmäßig auf die Mitgliedsländer zu verteilen, um die wirtschaftliche Entwicklung zu fördern.

Lösung:
Aussage 4

Die EZB ist organisatorisch ein Zusammenschluss der nationalen Zentralbanken, daher wird auch vom Europäischen System der Zentralbanken (ESZB) gesprochen. Die **Hauptzielsetzung** der EZB ist die Gewährleistung der Geldwertstabilität. Es ist zwar auch eine Aufgabe der Zentralbanken, die benötigte Geldmenge bereitzuhalten, aber das Drucken der Geldnoten besorgen die nationalen Gelddruckereien, in Deutschland die Bundesdruckerei.

Die EZB ist bei ihren geldpolitischen Entscheidungen **unabhängig**, d. h. an keinerlei Weisungen nationaler Regierungen oder europäischer Institutionen gebunden. So kommt es zu Konflikten, wenn Regierungen Inflation in Kauf nehmen, um die Arbeitslosigkeit zu senken, und die EZB an ihrem Ziel der Geldwertstabilität festhält.

Die EZB hält Währungsreserven, das sind Bestände an ausländischen Währungen (Devisenbestände, z. B. US-Dollar, Schweizer Franken, Japanischer Yen), die sich z. B. aus Exportüberschüssen ergeben. Es handelt sich dabei nicht um Stapel von Geldbündel in den Tresoren, die Verwaltungsaufwand erfordern, sondern um Guthaben bei ausländischen Banken. Und ein guter Bestand an Währungsreserven dient dazu, internationale Wirtschaftskrisen abzudämpfen und auf negative Wechselkursentwicklungen Einfluss nehmen zu können.

Der Gewinn der Europäischen Zentralbank wird nach den Anteilen der nationalen Zentralbanken verteilt und an die jeweiligen Staatshaushalte abgeführt. Die Gewichtsanteile richten sich nach den Bruttoinlandsprodukten der beteiligten Länder und werden alle fünf Jahre aktualisiert.

6.2 Geldpolitische Instrumente der EZB

Die EZB steuert die Preisniveaustabilität über eine Beeinflussung der **Geldmenge**, die der Wirtschaft, d. h. den Unternehmen und Haushalten, für ihre wirtschaftlichen Transaktionen zur Verfügung steht. Diese Geldmenge ist der Wirtschaft über das Bankensystem zugänglich, da der überwiegende Teil aller Wirtschaftssubjekte Konten bei den Geschäftsbanken unterhält. Wenn daher die EZB die **Liquidität** der Geschäftsbanken, d. h. die den Geschäftsbanken zur Kreditvergabe zur Verfügung stehenden finanziellen Mittel, beeinflusst, kann sie auf diese Weise Einfluss auf die im Umlauf befindliche Geldmenge nehmen.

Beispiel:
Welche geldpolitische Maßnahme der Europäischen Zentralbank (EZB) erhöht die Liquidität der Kreditinstitute?

1. Die EZB verkauft Devisen.
2. Die EZB nimmt Termineinlagen entgegen.
3. Die EZB gibt Schuldverschreibungen heraus.
4. Die EZB nimmt Einlagen über Nacht entgegen.
5. Die EZB gewährt befristete Kredite gegen Verpfändung von Wertpapieren.

Lösung:
Aussage 5

Das wichtigste Instrument zur Steuerung der Liquidität der Geschäftsbanken ist die sogenannte **Hauptrefinanzierungsfazilität** der EZB. Fazilität bedeutet „Möglichkeit“: Die EZB bietet den Geschäftsbanken Kredite gegen Verpfändung von Wertpapieren an. Über den Kreditbetrag und die Zinshöhe für diese Kredite steuert die EZB die Geldmenge. Wegen der Besicherung durch Wertpapiere spricht man auch von Wertpapierpensionsgeschäften.

Prägen Sie sich den folgenden **Wirkungsmechanismus** gut ein:

- Erhöht die EZB den **Zinssatz** für die Hauptrefinanzierungsfazilität (Leitzins) und schränkt sie das **Kreditvolumen** ein, so wird für die Kreditinstitute Liquidität teurer und knapper; damit steigen die Zinsen für Kredite an Unternehmen und Haushalte, die Nachfrage nach Krediten geht zurück, die Geldmenge verringert sich.
- Und umgehrt: Senkt die EZB den **Zinssatz** für die Hauptrefinanzierungsfazilität (Leitzins) und erhöht sie das **Kreditvolumen**, so wird für die Kreditinstitute Liquidität preiswerter und weniger knapp; damit sinken die Zinsen für Kredite an Unternehmen und Haushalte, die Nachfrage nach Krediten nimmt zu, die Geldmenge steigt.

Und nun stellen Sie die Verbindung zum **Konjunkturzyklus** her:

- Nimmt die Geldmenge ab, so geht die Nachfrage nach Konsum- und Investitionsgütern zurück, der Inflationsdruck nimmt ab. Das ist sinnvoll, wenn sich die Wirtschaft auf die **Boomphase** zubewegt.
- Nimmt die Geldmenge zu, so steigt die Nachfrage nach Konsum- und Investitionsgütern, damit steigt die Investitionsbereitschaft, Arbeitsplätze werden geschaffen, das Einkommen der Haushalte nimmt zu. Das ist sinnvoll, wenn die Wirtschaft in eine **Rezession** (einen Abschwung) eintritt.

Die folgenden Übersichten zeigen Ihnen diese beiden Wirkungsketten in einer Form, die Sie sich gut einprägen können:

Steuerung der Geldmenge im Aufschwung			
EZB	**Geschäftsbanken**	**Wirtschaft**	**Geldmenge**
• erhöht Leitzins • schränkt Kreditvolumen ein	• erhöhen Zinsen für Kredite • schränken Kreditvergabe ein	• Nachfrage nach Krediten geht zurück • Nachfrage nach Gütern geht zurück	• nimmt ab • sinnvoll, wenn die Wirtschaft sich auf einen Boom zubewegt

Steuerung der Geldmenge im Abschwung			
EZB	**Geschäftsbanken**	**Wirtschaft**	**Geldmenge**
• senkt Leitzins erhöht Kreditvolumen	• senken Zinsen für Kredite • erhöhen Kreditvergabe	• Nachfrage nach Krediten steigt • Nachfrage nach Gütern steigt	• nimmt zu • sinnvoll, wenn die Wirtschaft sich im Abschwung befindet

Schauen Sie sich nun noch einmal die anderen Aussagen des Beispiels an: Der Verkauf von Devisen führt dazu, dass die EZB Euro einnimmt und damit den Banken Liquidität entzieht.

Die Hereinnahme von Termineinlagen gehört zu den **Feinsteuerungsinstrumenten** der EZB, sie entzieht den Banken Liquidität. Die EZB gibt keine Schuldverschreibungen aus. Sie nimmt Einlagen über Nacht entgegen; dies ist die **Einlagenfazilität**: Geschäftsbanken können überschüssige Liquidität über Nacht bei der EZB verzinslich „parken".

Weitere Instrumente der EZB sind die Mindestreservepolitik und diverse Feinsteuerungsinstrumente. Die Übersicht zeigt Ihnen in einer Zusammenfassung alle geldpolitischen Instrumente:

Geldpolitische Instrumente der EZB	
Hauptrefinanzierungsfazilität (Leitzins)	• wichtigstes Instrument der EZB: Kreditvergabe an Geschäftsbanken gegen Verpfändung von Wertpapieren • Laufzeit meist zwei Wochen • ständige Neuauflage zu angepassten Bedingungen
Spitzenrefinanzierungsfazilität und Einlagenfazilität	• bieten den Geschäftsbanken die Möglichkeit, Liquiditätsspitzen bei der EZB auszugleichen • als Instrument zur Steuerung der Geldmenge weniger gut geeignet
Mindestreservepolitik	• Geschäftsbanken müssen einen Teil ihrer Kundeneinlagen bei der EZB hinterlegen (verzinslich). • Über die Höhe des Mindestreservesatzes kann die Liquidität der Geschäftsbanken gesteuert werden. • hat heute keine praktische Bedeutung mehr für die Geldpolitik
Feinsteuerungsinstrumente	• Der EZB steht noch eine weitere Auswahl an Instrumenten zur Verfügung, wie z. B. die Hereinnahme von Termineinlagen, mit denen sie ein Feintuning der Geldmenge vornehmen kann.

Die **Diskontpolitik**, d. h. der Ankauf von Wechseln, wurde von der EZB inzwischen vollständig abgeschafft. Oft wird die Veränderung des Leitzinses auch als Offenmarktpolitik oder als Wertpapierpensionsgeschäfte bezeichnet.

6.3 Organisation der EZB

Unterscheiden Sie bei der Organisation der EZB zunächst zwischen Beschlussorganen, in denen geldpolitische Entscheidungen getroffen werden, und dem ausführenden Organ, das die Entscheidungen in die Praxis umsetzt.

Das ausführende Organ ist das **EZB-Direktorium**: Es setzt sich aus dem Präsidenten, einem Vizepräsidenten und vier weiteren Mitgliedern zusammen und wird alle acht Jahre von den Staats- und Regierungschefs der Teilnehmerstaaten auf Empfehlung der Finanz- und Wirtschaftsminister gewählt.

Dem **EZB-Rat** als oberstes beschlussfassendes Organ gehören das Direktorium und alle Präsidenten der nationalen Zentralbanken des Euro-Systems an. Geldpolitische Entscheidungen werden mit einfacher Mehrheit getroffen. Der EZB-Rat tagt grundsätzlich alle 14 Tage.

Im **Erweiterten Rat** der EZB sitzen zusätzlich die Notenbankpräsidenten der nicht am Euro-System beteiligten EU-Staaten, die dort offiziell über die Beschlüsse des EZB-Rates informiert werden. Der Erweiterte Rat tritt grundsätzlich einmal pro Quartal zusammen. An den Tagungen können, ohne Stimmrecht, ein Mitglied der Europäischen Kommission und der Präsident des Ministerrates (EU-Rates) teilnehmen.

Unterscheiden Sie Europäische Kommission, EU-Rat (Ministerrat), Europäisches Parlament und Europa-Rat.

Beispiel:
Der EZB-Rat ist das wichtigste Entscheidungsgremium im Europäischen System der Zentralbanken (ESZB). Wer vertritt die Mitgliedstaaten der EU in diesem Gremium?

1. die Wirtschaftsminister der Mitgliedstaaten
2. die Direktoriumsmitglieder der EZB
3. die Präsidenten der nationalen Zentralbanken
4. die Vizepräsidenten der EZB
5. die zuständigen EU-Kommissare der Mitgliedstaaten

Lösung:
Aussage 3
Die Wirtschaftsminister der Mitgliedstaaten (Aussage 1) bilden den Wirtschaftsministerrat (EU-Rat). Aussage 4 ist falsch, da es nur einen Vizepräsidenten gibt. Ebenso ist Aussage 5 falsch: Die EU-Kommissare werden von den Mitgliedstaaten mit Zustimmung des Europäischen Parlaments ernannt.

7 Außenwirtschaft

Ihre Kenntnisse zum Thema Außenwirtschaft beziehen sich auf die statistische Erfassung des grenzüberschreitenden Wirtschaftsverkehrs in der Zahlungsbilanz, auf die Wirkung von Wechselkursen und auf zahlungsbilanzpolitische Maßnahmen des Staates.

7.1 Zahlungsbilanz

Als Zahlungsbilanz wird die statistische Erfassung des grenzüberschreitenden Wirtschaftsverkehrs bezeichnet. Sie gliedert sich in verschiedene Teilbilanzen und wird von der Europäischen Zentralbank geführt. Prägen Sie sich vor allem die Gliederung der Leistungsbilanz ein.

Zahlungsbilanz	
Leistungsbilanz	
Handelsbilanz	Ausfuhr (+) und Einfuhr (–) von Waren
Dienstleistungsbilanz	Auslandsreisen = Dienstleistungsimporte (–)
Erwerbs- und Vermögenseinkommen	Auslandseinkommen der Inländer (+) Inlandseinkommen der Ausländer (–)
Bilanz der laufenden Übertragungen	z. B. staatliche Beiträge zu internationalen Organisationen, Entwicklungshilfe, private Übertragungen (z. B. Renten)
Bilanz der (unentgeltlichen) Vermögensübertragungen	
Kapitalbilanz	
Investitionen, Wertpapieranlagen, Kreditverkehr usw.	Kapitalimporte (+) und Kapitalexporte (–)
Veränderung der Währungsreserven des Euro-Systems	

Der Saldo der Erwerbs- und Vermögenseinkommen ist Ihnen bereits aus der Volkswirtschaftlichen Gesamtrechnung bekannt. Dort heißt er seit 2005 **Saldo der Primäreinkommen** und enthält zusätzlich die Nettoproduktionsabgaben an das Ausland (vgl. Abschnitt 4.2).

Der **Außenbeitrag** (Exporte minus Importe, vgl. Abschnitt 4.3) setzt sich aus Handelsbilanz und Dienstleistungsbilanz zusammen.

Die Bezeichnung als Zahlungsbilanz ergibt sich daraus, dass die **Zahlungsströme** erfasst werden. Werden z. B. Waren exportiert, fließen dem Eurosystem die Exporterlöse zu. Zahlungsmittelzuflüsse werden mit (+) erfasst, Zahlungsmittelabflüsse, z. B. für Importe, mit (–).

Sind die Zuflüsse größer als die Abflüsse, ergibt sich in den Währungsreserven des Euro-Systems ein **Überschuss**, die Zahlungsbilanz wird dann als **aktiv** bezeichnet.

Sind die Zuflüsse kleiner als die Abflüsse, ergibt sich ein **Defizit**, die Zahlungsbilanz wird dann als **passiv** bezeichnet.

Die unterste Position in der Übersicht Zahlungsbilanz, die **Veränderung der Währungsreserven** des Euro-Systems, stellt daher den Saldo der Zahlungsbilanz dar.

Aktive und passive Zahlungsbilanz		
aktive Zahlungsbilanz = Zahlungsbilanzüberschuss		
Zahlungsmittelzuflüsse aus Güterexporten und Kapitalimporten	sind *größer* als	*Zahlungsmittelabflüsse* aus Güterimporten und Kapitalexporten
passive Zahlungsbilanz = Zahlungsbilanzdefizit		
Zahlungsmittelzuflüsse aus Güterexporten und Kapitalimporten	sind *kleiner* als	*Zahlungsmittelabflüsse* aus Güterimporten und Kapitalexporten

Beispiel:
Ordnen Sie die nachfolgenden Begriffe aus dem Bereich der Außenwirtschaft den genannten Sachverhalten zu.

Begriffe:
1. Warenverkehr
2. Dienstleistungsverkehr
3. Kapitalverkehr
4. Devisenverkehr
5. Übertragungsverkehr

Sachverhalte:
a) Ein ausländischer Arbeitnehmer überweist von seinem in Deutschland verdienten Lohn einen Teil an seine Familie in der Ukraine.
b) Eine deutsche Bank gewährt einem Schweizer Bauunternehmer einen längerfristigen Kredit.
c) Ein japanischer Architekt stellt seine Planungsleistung für ein Großbauprojekt in Berlin in Rechnung.
d) Ein deutscher Automobilbauer exportiert Fahrzeuge in die USA.

Lösung:
a) 5. Übertragungsverkehr: Handelt es sich um eine regelmäßige Zahlung, so wird sie in den laufenden Übertragungen erfasst, einmalige oder seltene Zahlungen in den Vermögensübertragungen.
b) 3. Kapitalverkehr: Hier liegt ein Kapitalexport vor, da die Zahlungsmittel aus dem Euro-System herausfließen.
c) 2. Dienstleistungsverkehr: Es handelt sich um einen Dienstleistungsimport, da die Leistung von einem Ausländer erbracht wird.
d) 1. Warenverkehr: Der Warenexport führt zu Zahlungsmittelzuflüssen für das Euro-System. Die Währungsreserven nehmen zu, da die Exporterlöse in US-Dollar gezahlt werden.

Der **Devisenverkehr** spiegelt alle anderen die Zahlungsbilanz betreffenden Vorgänge. Daher entspricht der Saldo der Zahlungsbilanz der Veränderung der Währungsreserven.

Erhält z.B. ein Exporteur für seine Ware eine Zahlung in US-Dollar, kann er diese bei der Zentralbank in Euro umtauschen und die Währungsreserven der Zentralbank nehmen zu.

Möchte ein Investor in den USA investieren, benötigt er dazu US-Dollar, die er gegen Zahlung des Eurogegenwerts bei der Zentralbank erhält. Die Währungsreserven der Zentralbank nehmen ab.

In der Praxis werden diese Vorgänge meist über die Geschäftsbanken abgewickelt, die aber auch eigene Auslandskonten in Fremdwährung unterhalten.

Beispiel:
Welcher der folgenden Sachverhalte kann zu einer **passiven Zahlungsbilanz** führen?
1. Zunahme der Investitionen amerikanischer Unternehmen in Deutschland
2. Zunahme der Gewinnabführungen ausländischer Tochtergesellschaften an ihre deutschen Muttergesellschaften
3. Zunahme der Ausgaben japanischer Touristen in Deutschland
4. Zunahme der deutschen Exporte in südamerikanische Länder
5. Zunahme der Ausgaben deutscher Touristen in Tunesien

Lösung:
Aussage 5
Alle anderen Sachverhalte führen zu Zahlungsmittelzuflüssen, die ein Zahlungsbilanzdefizit reduzieren bzw. einen Zahlungsbilanzüberschuss erhöhen.

7.2 Wechselkurse

Wenn ein europäisches Handelsunternehmen Waren in den USA kaufen und importieren möchte, benötigt es amerikanische Dollar. Ein europäischer Exporteur, der Waren nach USA verkauft, erhält dort dafür US-Dollar. Der **Preis für US-Dollar**, ausgedrückt in Euro, bildet sich auf dem europäischen Devisenmarkt durch Angebot und Nachfrage. Ein Importeur fragt US-Dollar nach, ein Exporteur bietet US-Dollar an.

Der Preis für US-Dollar, ausgedrückt in Euro, wird als **Wechselkurs** bezeichnet. Da es sich um zwei Währungen handelt, können Sie auch umgekehrt den **Preis für Euro in US-Dollar** ausdrücken.

Achten Sie daher bei einer Kursangabe immer darauf, welche Währung die Menge und welche Währung der Preis ist. Die folgende Übersicht zeigt den europäischen Devisenmarkt für US-Dollar.

Europäischer Devisenmarkt für US-Dollar

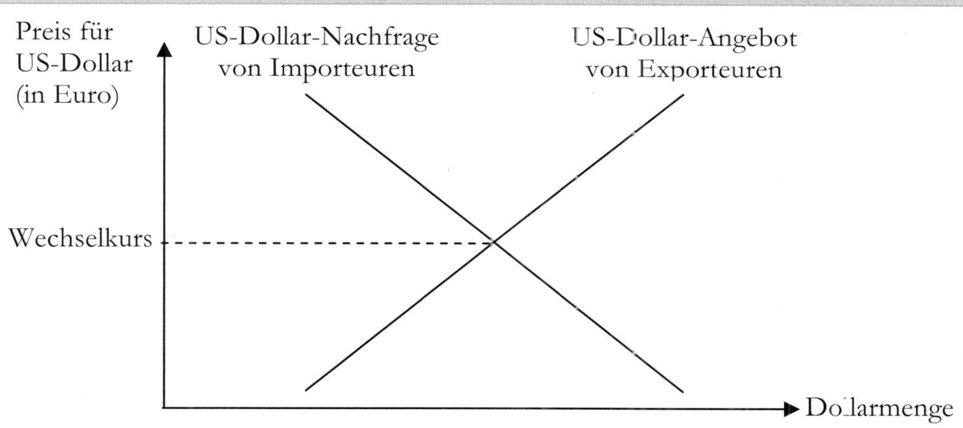

Die Formulierung „Preis für US-Dollar (in Euro)“ wird auch **Preisnotierung** genannt. Überlegen Sie sich, wie der Devisenmarkt für Euro aus der Sicht amerikanischer Exporteure und Importeure aussieht (**Mengennotierung**). Amerikanische Importeure fragen Euro nach, um europäische Waren bezahlen zu können. Amerikanische Exporteure bieten Euro an, die sie als Exporterlöse erhalten haben.

Eine **Aufwertung** des Euro bedeutet, dass der Euro für die Amerikaner teurer wird; dies entspricht einer Abwertung des US-Dollar. Amerikanische Waren werden für uns Europäer günstiger, europäische Waren werden für die Amerikaner teurer. Importe aus USA werden gefördert, Exporte in die USA gehen zurück.

Eine **Abwertung** des Euro bedeutet, dass der Euro für die Amerikaner günstiger wird; dies entspricht einer Aufwertung des US-Dollar. Amerikanische Waren werden für uns Europäer teurer, europäische Waren werden für die Amerikaner günstiger. Exporte in die USA werden gefördert, Importe aus den USA gehen zurück.

Beispiel:
Welche Folge kann die Aufwertung des Euro gegenüber dem US-Dollar haben?
1. Die Arbeitsplätze in der EU werden sicherer, die Arbeitslosigkeit kann zurückgehen.
2. Die Wettbewerbsfähigkeit europäischer Unternehmen auf dem Weltmarkt wird verbessert.
3. Amerikanische Produkte werden in der EU teurer.
4. Produkte aus der EU werden für die Amerikaner teurer.
5. Produkte aus der EU werden für die Amerikaner billiger.

Lösung:
Aussage 4
Mit der einfachen Regel, dass Aufwertung des Euro bedeutet, dass der Euro teurer wird, finden Sie die richtige Lösung. Aussage 1 ist falsch, weil die Auslandsnachfrage nach europäischen Waren zurückgeht und dadurch die Zukunftserwartungen der Exporteure unsicherer werden. Ebenso leidet die Wettbewerbsfähigkeit (Aussage 2).

Die Europäische Zentralbank greift steuernd in den Marktmechanismus auf dem Devisenmarkt ein, indem sie selbst als Anbieter oder Nachfrager nach US-Dollar auftritt, um zu starke Schwankungen des Wechselkurses zu vermeiden.

Die stärkste Form eines solchen Eingriffs ist das **System fixer Wechselkurse**, wie es in Euroland vor der Währungsunion galt. Der Vorteil fixer Wechselkurse liegt darin, dass es für die Unternehmen in ihrer Kalkulation keine Währungsrisiken mehr gibt. Dies war auch einer der Gründe für die Einführung des Euro. Außerdem sollte durch die Einführung des Euro der Wettbewerb in Europa gefördert werden, da der Preisvergleich vereinfacht wird (mehr Preistransparenz).

7.3 Zahlungsbilanzpolitik

Der Staat greift im Rahmen des Stabilitätsgesetzes mit weiteren Maßnahmen in den Außenwirtschaftsverkehr ein, um die Zahlungsbilanz zu beeinflussen.

Beispiel:
Im Rahmen des Stabilitätsgesetzes von 1967 soll durch wirtschaftspolitische Maßnahmen des Staates u. a. das außenwirtschaftliche Gleichgewicht hergestellt werden. Welche der folgenden Maßnahmen ist nicht geeignet, ein Zahlungsbilanzdefizit zu reduzieren?
1. Subventionierung von Branchen mit starker internationaler Konkurrenz
2. Einführung von Importkontingenten für ausländische Fahrzeuge
3. Einführung von Importzöllen für Nahrungsmittel und Haushaltswaren
4. Erhöhung von Ausfallbürgschaften für Exporte
5. Abschaffung von Steuererleichterungen für die Exportwirtschaft

Lösung:
Maßnahme 5
Ein Zahlungsbilanzdefizit bedeutet, dass die Importe größer sind als die Exporte. Gesucht ist daher eine Maßnahme, die die Importe erhöht oder die Exporte reduziert.
Durch den Wegfall der Steuererleichterungen werden die exportierten Güter teurer. Dies führt dazu, dass die Exporte zurückgehen. Damit nimmt das Zahlungsbilanzdefizit zu.

Die Subventionierung von Branchen mit starker internationaler Konkurrenz fördert die internationale Wettbewerbsfähigkeit, erhöht die Exporte und vermindert somit ein Defizit in der Zahlungsbilanz.

Die Einführung von Importkontingenten bedeutet, dass nur eine begrenzte Menge an ausländischen Fahrzeugen importiert werden darf. Das reduziert die Höhe der Importe.

Ebenso führen Importzölle zu einem Rückgang der Importe, weil die Waren durch Zölle teurer werden und deshalb die Nachfrage danach zurückgeht.

Ausfallbürgschaften des Staates dienen dazu, Exporte zu fördern, denn wenn der ausländische Käufer nicht zahlt, springt der deutsche Staat als Bürge ein und zahlt.

Aufgaben

Aufgaben zu Kapitel 1

1 Sie verfolgen in einer Talkshow eine Diskussion über Möglichkeiten, die Arbeitslosigkeit in der Bundesrepublik Deutschland deutlich zu reduzieren. Ein Arbeitgebervertreter beklagt sich insbesondere darüber, dass durch die Forderungen der Gewerkschaft in den Tarifverhandlungen die ständig steigenden Lohnkosten eine weltweit wettbewerbsfähige Produktion in Deutschland immer schwieriger machen würden. Ein Vertreter der Bundesregierung weist darauf hin, dass es dem Staat nicht möglich ist, auf Tarifverhandlungen direkt einzuwirken. Auf welches ordnungspolitische Prinzip der sozialen Marktwirtschaft kann er sich dabei berufen?

1. Schutz des Privateigentums an den Produktionsmitteln
2. Erhalt und Förderung des Wettbewerbs
3. Gewerbefreiheit
4. Tarifautonomie
5. Recht auf freie Meinungsäußerung

2 Das Wirtschaftssystem der Bundesrepublik Deutschland ist eine soziale Marktwirtschaft. In welcher Zeile sind drei Merkmale des Wirtschaftssystems der Bundesrepublik Deutschland richtig dargestellt?

1. Tarifautonomie – Sozialbindung des Eigentums – dezentrale Planung und Lenkung
2. staatliche Preisfestsetzung – staatliche Einkommensumverteilung – Koalitionsfreiheit
3. zentrale Planung und Lenkung – Tarifautonomie – Privateigentum
4. Kollektiveigentum – dezentrale Planung und Lenkung – Tarifautonomie
5. Privateigentum – zentrale Planung und Lenkung – Freizügigkeit

3 Welche der folgenden staatlichen Maßnahmen ist mit der sozialen Marktwirtschaft vereinbar?

1. sozialverträgliche Preisfestsetzung bei Grundnahrungsmitteln
2. Zuteilung von Produktionshelfern in wirtschaftskritischen Bereichen
3. Einführung von Investitionskontrollen bei Risiko-Technologien
4. Verstaatlichung der Stromwirtschaft
5. Verbot von Herstellerpreisbindungen

4 Welche der folgenden Aussagen zur Stiftung Warentest ist richtig?

1. Die Stiftung Warentest wurde von Mitgliedern des Einzelhandelsverbands gegründet, um bessere Werbung für gute Produkte machen zu können.
2. Die Stiftung Warentest wird hauptsächlich durch Spenden der deutschen Produktionswirtschaft finanziert, damit die Konsumenten heimische Produkte kaufen und so Arbeitsplätze im Inland sichern.
3. Die Stiftung Warentest ist eine staatliche Institution, die der Industrie Vorgaben für die herzustellenden Produkte macht und diese dann in ihren Publikationen vorstellt.
4. Die Stiftung Warentest wird staatlich gefördert, damit sie Waren objektiv untersuchen und die Verbraucher darüber unterrichten kann.
5. Die Stiftung Warentest ist eine Abteilung des Verbraucherschutzministeriums, die als hoheitliche Gewalt gegenüber Unternehmen auch Strafen bei schlechten Produkten verhängen kann.

5 Welche der folgenden Aussagen zu Bedürfnissen, Bedarf und Güterarten ist richtig?

1. Als Bedürfnisse bezeichnet man die mit Kaufkraft verbundene Nachfrage nach Gütern.
2. Ein Bedarf führt stets auch dazu, dass die benötigten Güter erworben werden.
3. Gebrauchsgüter sind Konsumgüter, die dem Konsumenten zum einmaligen Gebrauch dienen, wie z. B. Einweg-Rasierer.
4. Komplementärgüter werden auch als Ergänzungsgüter bezeichnet. Geht die Nachfrage nach einem Gut zurück, so wird auch vom Ergänzungsgut weniger gekauft.
5. Substitutionsgüter werden auch als Ersatzgüter bezeichnet. Sinkt der Preis eines Gutes, so wird es vollständig durch sein Ersatzgut ersetzt.

6 Die Berliner Wohnungsbau GmbH handelt wie jedes marktwirtschaftliche Unternehmen nach dem erwerbswirtschaftlichen Prinzip. Welche Aussage entspricht diesem Prinzip?
1. Möglichst hohe Produktionszahlen, um zahlreiche Arbeitsplätze schaffen zu können.
2. Eine möglichst hohe Auslastung der Produktionsanlagen, um stets im Kostenminimum produzieren zu können.
3. Kooperation mit anderen Unternehmen, um den Bedarf am Markt stets decken zu können.
4. Ein breites Angebot, um möglichst jeden Kundenwunsch befriedigen zu können.
5. Gewinnmaximierung, um das Einkommen und damit die Zufriedenheit der Gesellschafter bestmöglich zu gestalten.

7 Die Bergthaler Hausgeräte GmbH verwendet für die Produktion von Hausgeräten für das Gehäuse i. d. R. Stahlblechverkleidungen. Welche betriebliche Zielsetzung entspricht dem Minimalprinzip?
1. Die Bergthaler Hausgeräte GmbH will einen möglichst hohen Marktanteil auf dem Hausgerätemarkt erzielen und sieht den Einsatz von Stahlblechen als Qualitätsmerkmal.
2. Die Vermarktung der Hausgeräte soll mit einem möglichst hohen Stückdeckungsbeitrag erfolgen, damit innovative Unternehmensbereiche quersubventioniert werden können.
3. Mit einem minimalen Verbrauch an Stahlblech soll eine maximale Menge an Hausgeräten gefertigt werden.
4. Mit einem hohen Verbrauch an Stahlblech soll eine maximale Menge an Hausgeräten gefertigt werden.
5. Mit einem möglichst geringen Verbrauch an Stahlblech soll eine bestimmte Menge an Hausgeräten gefertigt werden.

8 Die folgende Abbildung zeigt den Vergleich der Wirtschaftsstruktur in Deutschland zu Beginn der Industriellen Revolution und heute. Welche der folgenden Aussagen lässt sich aus der Darstellung ableiten?
1. Die Darstellung zeigt, inwieweit sich der Wohlstand unserer Gesellschaft in 200 Jahren verändert hat.
2. Der Anteil des Primärsektors an der gesamten Wirtschaftsleistung (Bruttoinlandsprodukt) hat erheblich zugenommen.
3. Während der tertiäre Sektor vor 200 Jahren nur eine geringe Bedeutung hatte, macht er heute über 70 % unserer gesamten Wirtschaftsleistung aus.
4. Die industrielle Produktion hat über 200 Jahre kontinuierlich zugenommen.
5. Während Deutschland im 18. Jahrhundert ein noch sehr rohstoffreiches Land war, sind diese Rohstoffe heute weitgehend ausgebeutet.

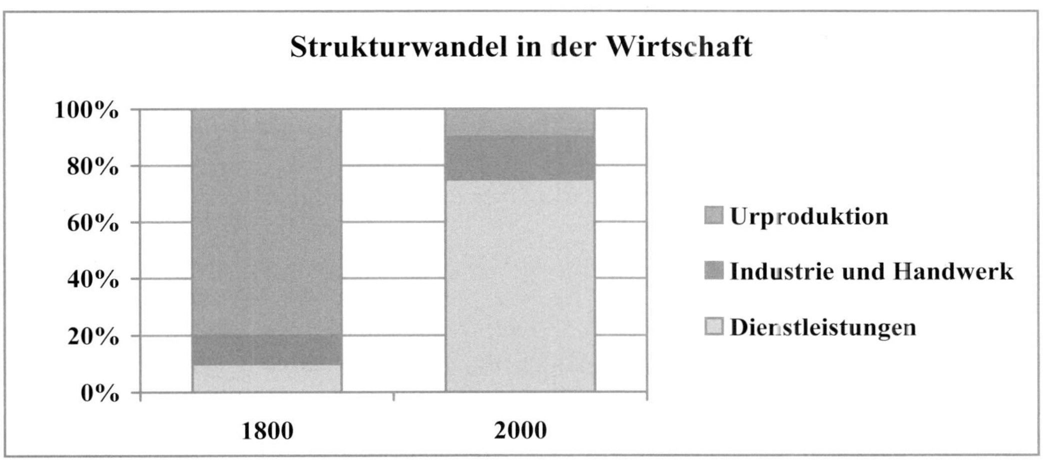

Aufgaben zu Kapitel 2

9 Prüfen Sie, welche der folgenden Aussagen zum Modell von Angebot und Nachfrage zutreffend ist.
1. Der Gleichgewichtspreis sinkt, wenn die Nachfrage bei unverändertem Angebot steigt.
2. Der Gleichgewichtspreis sinkt, wenn das Angebot bei unveränderter Nachfrage sinkt.
3. Der Gleichgewichtspreis sinkt, wenn das Angebot sinkt und die Nachfrage steigt.
4. Der Gleichgewichtspreis steigt, wenn die Nachfrage bei unverändertem Angebot sinkt.
5. Der Gleichgewichtspreis steigt, wenn das Angebot bei unveränderter Nachfrage steigt.
6. Der Gleichgewichtspreis steigt, wenn das Angebot sinkt und die Nachfrage steigt.

10 Welcher der folgenden Sachverhalte wirkt sich auf dem Markt für Laserdrucker angebotsvermindernd aus?
1. Durch Rationalisierungsmaßnahmen sinken die Stückkosten.
2. Die Auftragseingänge haben zugenommen.
3. Die Lohnabschlüsse lagen unter dem Produktivitätsfortschritt.
4. Die Absatzchancen auf den asiatischen Märkten verschlechtern sich.
5. Die Abschreibungsmöglichkeiten für Investitionsgüter wurden verbessert.

11 Welcher der folgenden Sachverhalte führt zu einer Steigerung der Nachfrage auf dem Markt für Faxgeräte?
1. Wegfall von Sonderabschreibungsmöglichkeiten
2. Zunahme der Rohstoffkosten
3. Senkung der Einkommensteuersätze und sinkende Sparquote der privaten Haushalte
4. Sinkende Auftragseingänge
5. Festsetzung von Importkontingenten

12 Durch welche Veränderung sinkt die nachgefragte Menge an Mikrowellengeräten?
1. Die Kreditzinsen werden gesenkt.
2. Die Sparquote der privaten Haushalte nimmt ab.
3. Die Einkommensteuer wird gesenkt.
4. Die Umsatzsteuer wird erhöht.
5. Es werden Mikrowellengeräte mit Zusatzfunktionen zum gleichen Preis angeboten.

13 Dem Preis werden in einer Marktwirtschaft die folgenden Funktionen zugeschrieben:
1. Lenkungsfunktion
2. Signalfunktion
3. Erziehungsfunktion
4. Ausgleichsfunktion

Ordnen Sie den folgenden Sachverhalten die jeweils beschriebene Preisfunktion richtig zu.

a) Ist die Nachfrage größer als das Angebot, so steigt der Preis. Dadurch wird der Markt für Anbieter attraktiver, während die Nachfrage zurückgeht, bis Angebot und Nachfrage etwa gleich groß sind.

b) Nachfrager, die nicht bereit sind, den auf dem Markt geltenden Preis zu zahlen, müssen auf den Konsum der gewünschten Güter verzichten.

c) Unternehmen planen für den Markt unter dem Gesichtspunkt der Gewinnmaximierung. Sie produzieren Güter, für die ein möglichst hoher Preis zu erzielen ist. Konsumenten verteilen ihr Einkommen auf dem Markt so, dass sie einen möglichst hohen Nutzen erzielen.

d) Der Marktpreis spiegelt die Knappheitsverhältnisse der Güter wider und gibt so Orientierungshilfen für Anbieter und Nachfrager. Ein steigender Preis signalisiert, dass das Gut knapper wird.

e) Ist das Angebot größer als die Nachfrage, so sinkt der Preis. Dadurch wird der Markt für Nachfrager attraktiver, während das Angebot eingeschränkt wird, bis Angebot und Nachfrage etwa gleich groß sind.

f) Anbieter, die mit zu hohen Kosten produzieren und deshalb zu hohe Preise verlangen, werden vom Markt verdrängt.

14 Einem Makler an der Kaffeebörse liegen folgende Kauf- und Verkaufsaufträge vor:

Kaufaufträge		Verkaufsaufträge	
Säcke	**Maximalpreis**	**Säcke**	**Mindestpreis**
150.000	0,50 €/Sack	150.000	0,65 €/Sack
60.000	0,55 €/Sack	90.000	0,60 €/Sack
90.000	0,60 €/Sack	135.000	0,55 €/Sack
45.000	0,65 €/Sack	60.000	0,50 €/Sack

a) Ermitteln Sie den Gleichgewichtspreis für einen Sack Kaffee.
b) Wie viele Säcke Kaffee werden zum Gleichgewichtspreis abgesetzt?
c) Stellen Sie fest, welche Marktsituation bei einem Preis von 0,60 € je Sack Kaffee vorliegt.
   1. Verkäufermarkt – Nachfragelücke
   2. Käufermarkt – Angebotsüberhang
   3. Käufermarkt – Nachfrageüberhang
   4. Verkäufermarkt – Angebotslücke
   5. Gleichgewicht – Angebot = Nachfrage
d) Wie hoch ist der Umsatz bei einem Preis von 0,65 € je Sack Kaffee?

15 Die nachfolgende Grafik zeigt eine Verschiebung der Nachfragekurve von N1 nach N2 auf dem Markt für Nudeln.

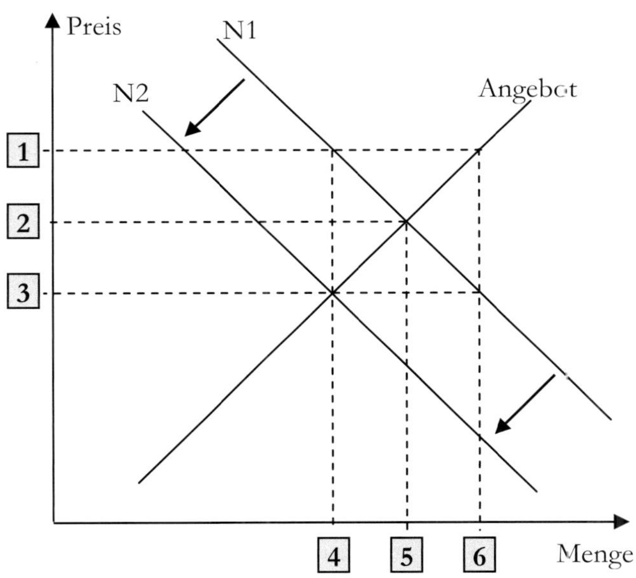

a) Welche der in der Grafik eingetragenen Ziffern gibt die Gleichgewichtsmenge vor der Verschiebung der Nachfragekurve an?
b) Welche der in der Grafik eingetragenen Ziffern gibt den Gleichgewichtspreis nach der Verschiebung der Nachfragekurve an?
c) Welche der folgenden Aussagen gibt die Ursache für die Verschiebung zutreffend an?
   1. Aufgrund der schlechten Wirtschaftslage sparen die privaten Haushalte einen größeren Teil ihres verfügbaren Einkommens. Ferner ist aufgrund der zunehmenden Auslaugung der Böden der Ernteertrag bei Weizen zurückgegangen, was zu einem deutlichen Anstieg der Preise für Nudeln geführt hat.
   2. Aufgrund sinkender Zinsen hat die Sparneigung der privaten Haushalte abgenommen. Unterstützt wird dies durch die Erhöhung der Einfuhr von Nudelprodukten aus südamerikanischem Anbau.
   3. Die Nudelproduzenten mussten aufgrund knapper Auftragslage die Preissteigerungen auf dem Markt für landwirtschaftliche Geräte an die Verbraucher weitergeben.

4. Wegen der Diskussion um die gesundheitlichen Gefahren genmanipulierten Weizens, der zur Nudelproduktion eingesetzt wird, ist das Vertrauen der Verbraucher in das Konsumgut Nudeln gesunken.
5. Der Preis für das Substitutionsgut Kartoffeln ist gestiegen.

16 Sie lesen in der Wirtschaftspresse, dass auf einem Markt die Anpassung der Preise an die veränderte Marktsituation nur zögerlich stattfindet. Welche Bedingung des vollkommenen Marktes ist nicht erfüllt?
1. Weder Anbieter noch Nachfrager haben Präferenzen (Vorzüge).
2. Alle Marktteilnehmer haben vollständige Marktübersicht.
3. Die angebotenen Güter werden als gleichartig wahrgenommen.
4. Angebot und Nachfrage treffen zur gleichen Zeit am selben Ort aufeinander.
5. Käufer und Verkäufer reagieren sofort auf veränderte Marktsituationen.

17 Prüfen Sie, in welcher Zeile die Merkmale eines Käufermarktes und eines Verkäufermarktes richtig zugeordnet sind.

	Merkmale des Käufermarktes	Merkmale des Verkäufermarktes
1.	Die Verkäufer bestimmen das Marktgeschehen.	Das Angebot ist größer als die Nachfrage.
2.	Es herrscht große Konkurrenz auf der Anbieterseite.	Gut informierte, kritische und preisbewusste Konsumenten stehen den Anbietern gegenüber.
3.	Produktionsengpässe führen zu längeren Lieferfristen.	Es herrscht große Konkurrenz und harter Wettbewerb auf der Anbieterseite.
4.	Die Käufer bestimmen das Marktgeschehen.	Auf der Anbieterseite herrscht geringer Wettbewerb.
5.	Die Nachfrage ist größer als das Angebot.	Das Angebot ist kleiner als die Nachfrage.

18 Je nach Zahl der Anbieter und Nachfrager, die sich auf einem Markt begegnen, unterscheidet man verschiedene Marktformen. Ordnen Sie vier der insgesamt sieben Beispiele für Marktsituationen den Marktformen zu.

Marktsituationen
1. Fluggesellschaften kaufen Großraumpassagierflugzeuge.
2. Auf Wochenmärkten wird Obst und Gemüse angeboten.
3. Der deutsche Staat kauft eigens für Reisepässe gefertigtes Spezialpapier.
4. Wenige Molkereien kaufen die gesamte Milch der Landwirte einer Region auf.
5. Wenige große Software-Unternehmen bieten professionelle Publishing-Software an.
6. Ein Vertragshändler für Einbauküchen bezieht sein Sortiment ausschließlich von einem großen Möbelhersteller.
7. Kaninchenzüchter bieten ihre Zuchterfolge auf überregionalen Messen an.

Marktformen
a) Angebotsoligopol
b) Nachfrageoligopol
c) Nachfragemonopol
d) Zweiseitiges Oligopol
e) Polypol

19 Ein Software-Unternehmen bringt ein neues Programm auf den Markt, für das es bisher keinerlei Konkurrenz gibt, das aber bei der Zielgruppe der Nachfrager auf sehr großes Interesse stößt. Welche der folgenden Aussagen über die Preispolitik des Software-Unternehmens in dieser Situation ist zutreffend?

1. Das Software-Unternehmen hat eine Monopolstellung inne und muss daher bei seiner Preispolitik auf die Nachfrager und ihre Preisvorstellungen keine Rücksicht nehmen.
2. Trotz seiner Monopolstellung muss das Software-Unternehmen bei seiner Preisfindung Preisvorstellungen und Zahlungsbereitschaft der Nachfrager in seine Überlegungen mit einbeziehen.
3. Das Software-Unternehmen kann die Absatzmenge beliebig und ohne Wirkung auf den Preis festlegen.
4. Je größer die verkaufte Anzahl Lizenzen, umso höher ist der Gewinn, auch wenn der Preis für höhere Verkaufszahlen gesenkt werden muss.
5. Das Software-Unternehmen kann den Preis beliebig hoch festsetzen, ohne Absatzprobleme zu bekommen.

20 Der Eigentümer eines gebrauchten Mittelklasse-Pkw bietet sein Fahrzeug auf einem großen Gebrauchtfahrzeugmarkt zum Verkauf an. Prüfen Sie, um welche Marktform es sich im dargestellten Sachverhalt handelt.

1. Vollkommener Markt
2. Verbrauchsgütermarkt
3. Monopol
4. Oligopol
5. Polypol

Aufgaben zu Kapitel 3

Situation zu den Aufgaben 21 und 22

Für die Beurteilung der zu erwartenden Konjunkturentwicklung werden von Wirtschaftsforschungsinstituten Indikatoren entwickelt, anhand derer Aussagen über die zukünftige Entwicklung der Wirtschaft unternommen werden. Beispielhaft sind im Folgenden ein Pressebericht zur Konjunkturentwicklung und die Grafik eines Geschäftsklimaindex Deutschland abgebildet.

Pressebericht

Der Aufschwung in Deutschland präsentiert sich nach wie vor in einer sehr robusten Verfassung. Neben einem günstigen weltwirtschaftlichen Umfeld trägt dazu die Stärkung der Binnennachfrage bei, die im Prognosezeitraum zur alleinigen Säule des weiteren Wachstums wird.

Während in diesem Jahr die Unternehmensinvestitionen besonders kräftig zulegen, wird in den Folgejahren die private Konsumnachfrage zur dominanten Schubkraft für die weitere Expansion.

Bei einer Inflation von unter 2 Prozent wird die Arbeitslosigkeit deutlich – von 8,9 Prozent in 2007 auf 7,7 Prozent in 2009 – sinken. Die zunehmende Verknappung des Angebots an qualifizierten Arbeitskräften wird dabei im Prognosezeitraum mehr und mehr zu einem Hemmschuh für das weitere Wachstum. In der Diskussion um die Verlängerung der Bezugsdauer des Arbeitslosengeldes I für Ältere wird vernachlässigt, dass es aus ökonomischer Sicht Aufgabe der Arbeitslosenversicherung ist, das Unterbeschäftigungsrisiko über den Konjunkturzyklus hinweg auszugleichen.

Die öffentlichen Haushalte werden bereits in diesem Jahr mit rund 7 Milliarden Euro im Plus sein und sich auch weiter positiv entwickeln.

Die Finanzpolitik bleibt aufgefordert, die derzeitigen Finanzierungsüberschüsse im Sinne einer antizyklischen Fiskalpolitik konsequent für den Schuldenabbau zu nutzen und die Ausgabenanteile für wachstumsfördernde Investitionen zu stärken.

Prognosen der weltwirtschaftlichen Entwicklung sind wegen der Unsicherheit bei der Einschätzung der Finanzkrise aufgrund der Probleme auf dem US-Hypothekenmarkt gegenwärtig erschwert.

Weder die Dauer der Krise noch ihre realwirtschaftlichen Auswirkungen sind momentan vollständig absehbar. Sicher scheint aber zu sein, dass es – vor allem in den USA – zu einer gewissen Abschwächung der wirtschaftlichen Dynamik kommen wird.

In der ersten Hälfte dieses Jahres ist das Wachstum der Weltwirtschaft zwar schwächer geworden, bislang hat es sich aber als robust erwiesen, nicht zuletzt wegen der anhaltend hohen Dynamik in vielen Entwicklungs- und Schwellenländern. Die internationalen Finanzmärkte spielen dabei nach anfänglichen Verunsicherungen wieder eine stabilisierende Rolle. Auch ein deutlicher Rückschlag auf den Aktienmärkten ist nicht zu erwarten.

Quelle: DIW Wochenbericht Nr. 42/2007

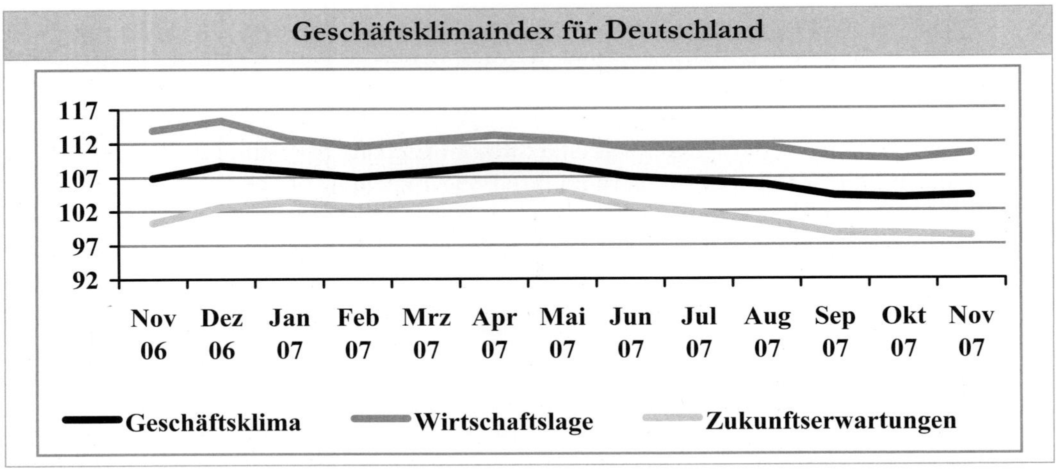

21 Die folgenden Aussagen beziehen sich auf den zuvor angegebenen Pressebericht. Welche der Aussagen stellt die Sachverhalte richtig dar?

1. Aufgrund der von den Wirtschaftsforschern prognostizierten Wachstumsraten war mit einem weiter anhaltenden Abschwung zu rechnen.
2. Die Verlängerung der Bezugsdauer für Arbeitslosengeld I sollte sich nachhaltig auf die Konjunktur auswirken und die Höhe der Arbeitslosigkeit weiter reduzieren.
3. Die internationale Finanzkrise an den Hypothekenmärkten unterstützte die Prognose, dass die Weltwirtschaft sich auf eine Depression zubewegt.
4. Das DIW prognostizierte für das Jahr 2009 eine Arbeitslosenquote von 7,7 %.
5. Das öffentliche Haushaltsdefizit sollte auf 7 Mrd. € anwachsen.

22 Die folgenden Aussagen beziehen sich auf die oben dargestellte Grafik zum Geschäftsklimaindex. Welche der Aussagen stellt die Sachverhalte richtig dar?

1. Im September 2007 lagen die Zukunftserwartungen noch deutlich höher als im Januar 2007.
2. Von Januar 2007 bis April 2007 hatte sich die Wirtschaftslage der Unternehmen deutlich verschlechtert.
3. Die jeweilige Wirtschaftslage der Unternehmen hat keinen Einfluss auf die Zukunftserwartungen der Unternehmen.
4. Im Zeitraum November 2006 bis November 2007 waren die Zukunftserwartungen stets besser als die Wirtschaftslage der Unternehmen.
5. In dem dargestellten Geschäftsklimaindex wird das Geschäftsklima als Mittelwert aus der Wirtschaftslage und den Zukunftserwartungen ermittelt.

23 Die Aufschwungphase wird auch als Expansion oder Prosperität bezeichnet. Welche der folgenden Aussagen zur Aufschwungphase stellt die konjunkturellen Sachverhalte richtig dar?

1. Die Sparneigung nimmt zu, da Haushalte ihren Nachholbedarf an Konsumgütern befriedigen und von den Vorteilen der niedrigen Zinsen profitieren wollen.
2. Es kommt zu einer Ausweitung der Produktionskapazitäten, da die Unternehmen mit sinkenden Auftragseingängen zu rechnen haben und deshalb vermehrt in die Lagerhaltung investieren.
3. Aufgrund der zunehmenden inländischen Nachfrage und voller Auftragsbücher werden sich die Unternehmen vermehrt auf den Export konzentrieren, um den unsicheren Zukunftserwartungen entgegenzutreten.
4. Die Gefahr der Überhitzung bedeutet vor allem, dass die zunehmende gesamtwirtschaftliche Nachfrage über die Ausweitung der Produktionskapazitäten hinausgeht, wodurch es zu nachfrageinduzierter Inflation kommen kann.
5. Die Arbeitslosenquote wird insbesondere dann deutlich zurückgehen, wenn sie hauptsächlich strukturell bedingt ist.

24 Der Assistent der Geschäftsleitung soll einen Überblick über die Entwicklung der wirtschaftlichen Situation in den Ländern der Europäischen Union geben. Ihnen liegen die nachstehenden Zahlen vor.

Entwicklung in den Ländern der Europäischen Union			
Indikatoren	Vorjahr	aktuelles Jahr	Folgejahr
	Ist-Werte	Schätzwerte	Schätzwerte
Inflationsrate	2,1 %	2,0 %	1,8 %
Arbeitslosenquote	9,8 %	10,1 %	11,2 %
Wirtschaftswachstum	3,5 %	1,7 %	0,2 %

Mit welchem der folgenden Begriffe lässt sich die dargestellte Situation am treffendsten beschreiben?

1. Stillstand/Stagnation
2. Aufschwung/Expansion
3. Höchststand/Boom
4. Abschwung/Rezession
5. Tiefstand/Depression

25 Die folgende Grafik zeigt Ihnen eine Prognose der wirtschaftlichen Entwicklung der Europäischen Wirtschafts- und Währungsunion. Prüfen Sie, welche zutreffende Feststellung sich aus der Grafik ableiten lässt.

1. In 2016 wird das Wirtschaftswachstum stärker zunehmen als 2015.
2. Die Prognosedaten zeigen eindeutig an, dass es mit der Konjunktur in Euroland bergauf geht.
3. Trotz leichter Abschwächung des Wirtschaftswachstums gegenüber dem Vorjahr wird von einer kontinuierlichen Abnahme der Arbeitslosenquote ausgegangen.
4. Die Verbraucherpreise werden im gesamten Prognosezeitraum gleichmäßig steigen.
5. Das Staatsdefizit wird, gemessen am Bruttoinlandsprodukt, laut Prognose weiter zunehmen.

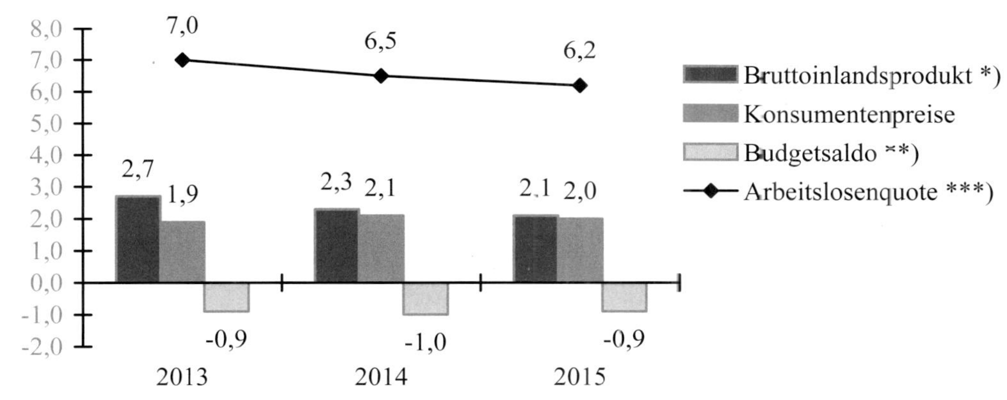

*) Wachstumsrate des realen Bruttoinlandsprodukts
**) in Prozent des nominalen Bruttoinlandsprodukts
***) in Prozent der Erwerbspersonen

26 Der Bundesregierung stehen verschiedene Maßnahmen zur Verfügung, um in der Phase des Abschwungs die Konjunktur wieder zu beleben. Welche vier der nachfolgenden Maßnahmen wirken auf die Konjunktur belebend?

1. Steuersenkungen
2. Abbau von Subventionen
3. Verminderung der Staatsaufträge

4. Zulassung von Sonderabschreibungen
5. Abschaffung der Eigenheimzulage
6. Gewährung von Investitionszulagen
7. Erhöhung des Kindergeldes
8. Steuererhöhungen

Aufgaben zu Kapitel 4

27 Prüfen Sie, welche Definition zur Volkswirtschaftlichen Gesamtrechnung richtig ist.
1. Volkseinkommen + Produktionsabgaben – Subventionen = Bruttonationaleinkommen
2. Volkseinkommen – Abschreibungen = Bruttoinlandsprodukt
3. Konsum + Investitionen + Staatsverbrauch + Außenbeitrag = Bruttoinlandsprodukt
4. Bruttoinlandsprodukt + Auslandseinkommen der Inländer = Volkseinkommen
5. Bruttoinlandsprodukt + Exporte – Importe = Außenbeitrag

28 Welche der folgenden Aussagen zur Volkswirtschaftlichen Gesamtrechnung ist richtig?
1. Sie haben mit Ihrem Pkw einen Unfall mit Blechschaden und lassen den Schaden in einer Werkstatt reparieren. Die Reparatur Ihres Pkw vermindert das Bruttoinlandsprodukt.
2. Aufgrund einer Erkältung gehen Sie zum Arzt. Dadurch steigt das Bruttoinlandsprodukt.
3. Ein deutscher Schauspieler erhält eine gut bezahlte Rolle bei einem Actionfilm, der in Hollywood, USA, gedreht wird. Dadurch steigt das Bruttoinlandsprodukt.
4. Eine Hausfrau und Mutter hilft ihren Kindern bei den Hausaufgaben. Da sie nun weniger Zeit für den Haushalt hat, sinkt das Bruttoinlandsprodukt.
5. Die Konsumausgaben der privaten Haushalte sind um 30 Mrd. € gesunken und die Exporte sind um 20 Mrd. € gestiegen. Das Bruttoinlandsprodukt steigt um 10 Mrd. €.

29 Das Gehalt einer Mitarbeiterin der Bergthaler Büromaschinen GmbH stieg binnen Jahresfrist von 2.400,00 € auf 2.520,00 €. Im gleichen Zeitraum stiegen die Lebenshaltungskosten um 3%. Welche der folgenden Aussagen stellt die Entwicklung des Realeinkommens dieser Mitarbeiterin richtig dar?
1. Das Realeinkommen der Mitarbeiterin beträgt 2.400,00 €.
2. Das Realeinkommen der Mitarbeiterin beträgt 2.520,00 €.
3. Das Realeinkommen der Mitarbeiterin hat sich um 5% erhöht.
4. Das Realeinkommen der Mitarbeiterin hat sich um 2% erhöht.
5. Das Realeinkommen der Mitarbeiterin hat sich um 3% erhöht.

30 Der Mitarbeiter eines Wirtschaftsforschungsinstituts hat für die Analyse gesamtwirtschaftlicher Größen folgendes Berechnungsschema zur Ermittlung des Nettonationaleinkommens aufgestellt. Dabei ist ihm ein Fehler unterlaufen. Geben Sie anhand der Ziffer vor der Zeile diejenige Zeile an, die den Fehler enthält.

1.		Produktionswert (zu Herstellungspreisen)
2.	–	Vorleistungen
3.	=	Bruttowertschöpfung
4.	–	Gütersteuern + Gütersubventionen
5.	=	Bruttoinlandsprodukt
6.	–	Abschreibungen
7.	=	Nettoinlandsprodukt
8.	–	Saldo der Primäreinkommen
9.	=	Nettonationaleinkommen

Situation zu den Aufgaben 31 bis 35
Den folgenden Grafiken entnehmen Sie Informationen zur Volkswirtschaftlichen Gesamtrechnung der Bundesrepublik Deutschland.

Bruttoinlandsprodukt (BIP) und Volkseinkommen in Deutschland (in Mrd. Euro)

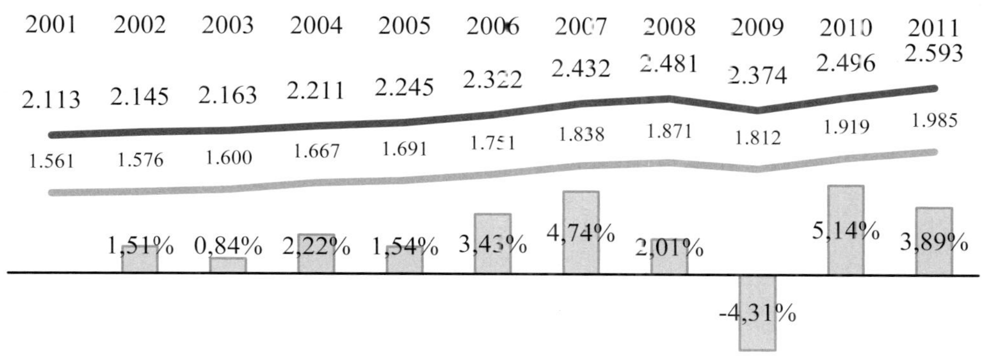

Volkswirtschaftliche Gesamtrechnung 2011 (in Prozent)

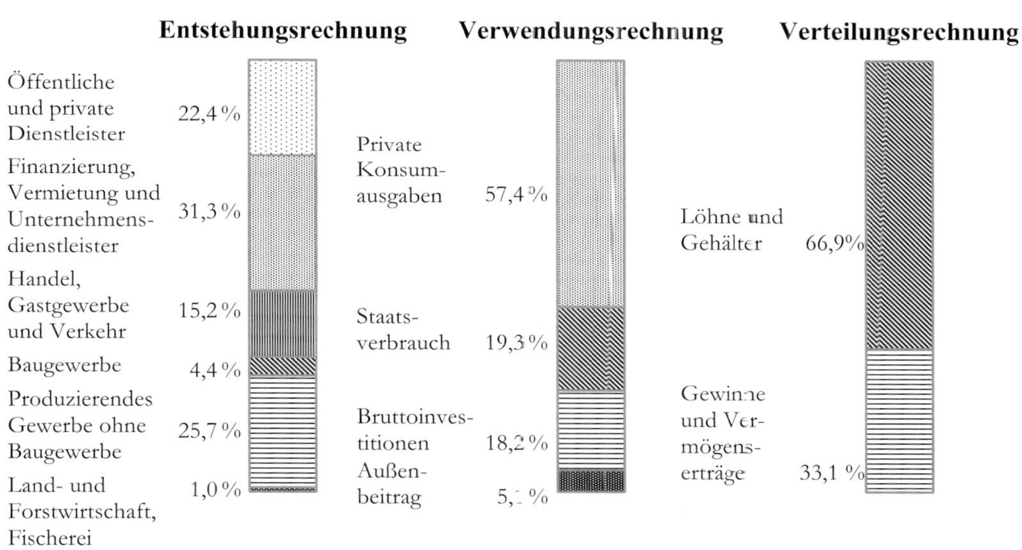

31 Welche der folgenden Aussagen zur Entwicklung des Bruttoinlandsprodukts (BIP) im Zeitraum 2001 bis 2011 ist richtig?

1. Das Bruttoinlandsprodukt ist von 2001 bis 2011 um 22,71 % gestiegen.
2. Das Volkseinkommen ist von 2008 auf 2009 um 4,31 % gesunken.
3. Die angegebene Veränderung in Prozent bezieht sich auf das Volkseinkommen.
4. Das Basisjahr für die Berechnung des realen Bruttoinlandsprodukts ist das Jahr 2005.
5. Im Jahr 2011 betrug die Summe aus Abschreibungen und sonstigen Nettoproduktionsabgaben 608 Mrd. €.

32 Ermitteln Sie anhand des Schaubilds die Lohnquote.

33 Ermitteln Sie anhand des Schaubilds für das Jahr 2011 den Anteil des tertiären Sektors an der gesamten Wirtschaftsleistung.

34 Ermitteln Sie anhand des Schaubilds für das Jahr 2011 den Staatsverbrauch in Mrd. € (nominal).

35 Welche der folgenden Aussagen zur Volkswirtschaftlichen Gesamtrechnung ist richtig?
1. Die Entstehungsrechnung ermittelt, wie das Volkseinkommen verwendet wird.
2. Die Verteilungsrechnung ermittelt die Differenz zwischen den Inlandseinkommen der Ausländer und den Auslandseinkommen der Inländer.
3. Um aus dem Bruttoinlandsprodukt das Bruttonationaleinkommen zu berechnen, müssen die Abschreibungen abgezogen und die Subventionen hinzugerechnet werden.
4. Der Saldo der Primäreinkommen ist die Differenz zwischen den Inlandseinkommen der Ausländer und den Auslandseinkommen der Inländer (inklusive Nettoproduktionsabgaben an das Ausland).
5. Die Verwendungsrechnung ermittelt, wie sich das Bruttonationaleinkommen auf die Bereiche Konsum, Investitionen, Staat und Außenwirtschaft verteilt.

36 Irma Findig ist Mitarbeiterin der Müller Heiztechnik GmbH. Ihr Gehalt betrug im Jahr 2012 nominal monatlich 2.320,00 €. Laut Angaben des Statistischen Bundesamtes betrug Ende 2012 der Verbraucherpreisindex 111,1 (2005 = 100). Ermitteln Sie anhand dieser Angaben das Realeinkommen von Frau Findig auf der Basis des Jahres 2005.

37 Die nachfolgenden Zahlen sind dem Bundeshaushaltsentwurf 2013 entnommen (in Mio. €). Ermitteln Sie den Anteil der Neuverschuldung am gesamten Haushaltsvolumen in Prozent (auf zwei Stellen kaufmännisch runden).

Arbeit und Soziales	118.737,99
Verteidigung	33.283,10
Bundesschuld	33.282,75
Verkehr, Bau und Stadtentwicklung	25.720,39
Bildung und Forschung	13.752,10
Familie, Senioren, Frauen und Jugend	12.489,22
Wirtschaft und Technologie	7.127,83
Sonstiges	57.806,61

Aufgaben zu Kapitel 5

38 Ordnen Sie drei der sieben wirtschaftspolitischen Maßnahmen den hiervon direkt begünstigten Wirtschaftszweigen zu.

Wirtschaftspolitische Maßnahmen
1. Einschränkung der Staatsverschuldung
2. Erhöhung der Kilometerpauschale
3. Erhöhung der Mineralölsteuer
4. Subventionen für Kohlekraftwerke
5. Erhöhung der Konjunkturausgleichsrücklage
6. Senkung der Grunderwerbsteuer
7. Abschaffung der Tabaksteuer

Begünstigte Wirtschaftszweige
Bergbau
Automobilindustrie
Wohnungsbauunternehmen

39 Stellen Sie fest, in welchem der folgenden Sachverhalte strukturelle Arbeitslosigkeit vorliegt.
1. In vielen Betrieben wird aufgrund der sich verschlechternden Wirtschaftslage Kurzarbeit angeordnet. Zu Entlassungen kommt es jedoch nicht.
2. Aufgrund fehlender Nachfrage im Abschwung müssen die Unternehmen Produktionsanlagen stilllegen und daher auch Arbeitskräfte entlassen.
3. Arbeitnehmer im Schiffsbau werden entlassen, da angesichts der internationalen Konkurrenz der Schiffsbau in Deutschland nicht mehr wettbewerbsfähig ist.
4. Ältere Erwerbstätige entscheiden sich, vorzeitig aus dem Erwerbsleben auszuscheiden und ihnen zustehende Rentenansprüche zu nutzen.
5. Erwerbstätige kündigen ihre Arbeitsstelle, um sich an einem anderen Ort oder in einem anderen Betrieb auf eine neue Stelle zu bewerben, die ihnen besser gefällt.

40 Die Bundesregierung erwägt die Anhebung der Umsatzsteuer, um den hohen Schuldenstand zurückzuführen. Auf welches Ziel des Stabilitätsgesetzes wird sich diese wirtschaftspolitische Maßnahme unmittelbar auswirken?
1. außenwirtschaftliches Gleichgewicht
2. Geldwertstabilität
3. gerechte Einkommensverteilung
4. hoher Beschäftigungsstand
5. stetiges und angemessenes Wirtschaftswachstum
6. Umweltschutz

41 Das magische Sechseck enthält Zielkonflikte, die das gleichzeitige Erreichen aller sechs wirtschaftspolitischen Ziele unmöglich machen. Welche der folgenden Aussagen stellt einen solchen Zielkonflikt richtig dar?
1. Ein hoher Beschäftigungsstand erfordert eine Nachfragesteigerung nach Konsumgütern. Die so entstehenden Nachfrageüberhänge bewirken Preissenkungen und beeinträchtigen das Ziel, die Umwelt vor schädigenden Einflüssen zu schützen.
2. Investitionen in Umweltschutz schaffen Arbeitsplätze, was dem Ziel der Vollbeschäftigung zugutekommt, wodurch das Ziel der Geldwertstabilität gefährdet sein könnte.
3. Stetiges und angemessenes Wirtschaftswachstum erfordert eine hohe Produktion, die aufgrund des sinkenden Energieverbrauchs zu starken Umweltbelastungen und einer Gefährdung der Geldwertstabilität führt.
4. Die Verfolgung des Zieles einer gerechten Einkommensverteilung führt am Markt zu Nachfrageüberhängen, wodurch die Preise sinken und das Ziel des hohen Beschäftigungsstandes gefährdet wird.
5. Umweltschutz erfordert die massive Einschränkung der Produktion. Zwar kann so die Arbeitslosenquote reduziert werden, aber das Wirtschaftswachstum wird ausgebremst.

42 Sie erhalten den Auftrag, eine Statistik zur wirtschaftlichen Entwicklung der Bundesrepublik Deutschland auszuwerten. Welche der folgenden Aussagen lässt sich aus der unten abgebildeten Tabelle zutreffend ablesen?
1. Die Statistik zeigt, dass der Wohlstand der Gesellschaft sinkt.
2. Die Arbeitslosenquote hat kontinuierlich zugenommen.
3. Aus der Entwicklung der Verbraucherpreise ergibt sich eine Inflationsgefahr.
4. Verbraucherpreise und Wirtschaftswachstum entwickeln sich gleichgerichtet.
5. Wirtschaftswachstum und Außenbeitrag entwickeln sich tendenziell gleich.

Berichtsjahr	1	2	3	4
Außenbeitrag in Mrd. €	18,2	23,1	34,5	38,7
Wirtschaftswachstum in %	0,7	1,6	2,3	2,8
Verbraucherpreisentwicklung in %	2,2	1,5	0,9	0,3
Arbeitslosenquote in %	7,8	6,4	8,1	9,2

43 Ordnen Sie den genannten Messgrößen die zutreffenden wirtschaftspolitischen Ziele zu.

Wirtschaftspolitische Ziele
1. Zahlungsbilanzausgleich
2. Vollbeschäftigung
3. Wirtschaftswachstum
4. Umweltschutz
5. Geldwertstabilität

Messgrößen
Harmonisierter Verbraucherpreisindex
Arbeitslosenquote

44 Welche der folgenden Aussagen zum Wirtschaftswachstum ist richtig?
1. Qualitatives Wirtschaftswachstum fördert die Erhaltung einer lebenswerten Umwelt.
2. Quantitatives Wirtschaftswachstum erhöht immer automatisch die Gewinneinkommen.
3. Qualitatives Wirtschaftswachstum erhöht immer automatisch das Bruttoinlandsprodukt.
4. Quantitatives Wirtschaftswachstum beeinträchtigt qualitatives Wirtschaftswachstum.
5. Qualitatives Wirtschaftswachstum sorgt für eine gerechte Einkommensverteilung.

45 Welche der im Folgenden beschriebenen Maßnahmen führt zu Inflation?
1. starke Einschränkung der öffentlichen Investitionen
2. Ausdehnung der Exporte in das nichteuropäische Ausland
3. Erhöhung der Steuersätze bei der Einkommensteuer
4. deutliche Anhebung der Steuersätze für Unternehmen
5. starke Ausdehnung der Geldmenge durch gesteigerte Kreditgewährung

46 Sie lesen in einer Veröffentlichung des Umweltbundesamtes die folgende Statistik über Umweltschutzinvestitionen im verarbeitenden Gewerbe. Welche der nachfolgenden Aussagen dazu ist richtig?

Umweltschutzinvestitionen im verarbeitenden Gewerbe	
vorbeugender (integrierter) Umweltschutz	424 Mio. €
chemische Industrie	200 Mio. €
Fahrzeugbau	100 Mio. €
Metallerzeugung und Metallbearbeitung	23 Mio. €
nachsorgender (additiver) Umweltschutz	863 Mio. €

1. Die gesamten Umweltschutzinvestitionen im verarbeitenden Gewerbe betrugen insgesamt 1.610 Mio. €.
2. Die chemische Industrie gibt etwa 16 % ihres Investitionsbudgets für Umweltschutzinvestitionen aus.
3. Von allen Branchen ist in der Metallerzeugung und Metallverarbeitung das Interesse an Umweltschutzinvestitionen am geringsten.
4. Der vorbeugende Umweltschutz macht etwa ein Drittel der gesamten Umweltschutzinvestitionen im verarbeitenden Gewerbe aus.
5. Zwei Drittel aller Umweltschutzinvestitionen der gesamten Wirtschaft bestehen aus nachsorgendem Umweltschutz.

47 Die Bundesregierung möchte sozial schwache Mitbürger besser absichern. Welche der folgenden Maßnahmen dient dieser Zielsetzung und sind im Rahmen der sozialen Marktwirtschaft realisierbar?

1. Abschaffung des Kinderfreibetrages bei der Einkommensteuer
2. Einführung einer Lohnobergrenze für die Feiertagsarbeit
3. Erhöhung des Mehrwertsteuersatzes auf 20 %
4. Erhöhung des Kindergeldes für Haushalte mit niedrigem Einkommen
5. Verbot von Tariferhöhungen im öffentlichen Personennahverkehr

48 In welchem der nachfolgend genannten Gesetze finden sich grundsätzliche wettbewerbspolitische Regelungen zum Zusammenschluss von Unternehmen?

1. Grundgesetz
2. Bürgerliches Gesetzbuch
3. Handelsgesetzbuch
4. Gesetz gegen Wettbewerbsbeschränkungen
5. Gesetz gegen den unlauteren Wettbewerb

49 Nach Inhalt und Ziel der Vereinbarungen lassen sich verschiedene Arten von Kartellen unterscheiden. Ordnen Sie den dargestellten Kartellvereinbarungen die richtige Bezeichnung zu.

Kartellart

1. Rationalisierungskartell
2. Strukturkrisenkartell
3. Preiskartell
4. Normen- und Typenkartell
5. Konditionenkartell
6. Gebietskartell

Kartellvereinbarung

a) Zwei Hersteller von Büromaschinen einigen sich darauf, gemeinsam neue Produkte zu entwickeln.
b) Vier regionale Bauunternehmer teilen das Gebiet für öffentliche Aufträge untereinander auf.
c) Drei Produzenten von Kopiergeräten entschließen sich zur Verbesserung ihrer Absatzchancen, die Toner-Kartuschen zu vereinheitlichen.

50 In welchem der im Folgenden dargestellten Sachverhalte liegt horizontale Konzentration vor?

1. Ein Unternehmen, das Wurstkonserven herstellt, kauft einen Schweinemastbetrieb auf.
2. Ein Versicherungsunternehmen erwirbt die Aktienmehrheit an einer Fleischfabrik.
3. Ein Automobilunternehmen fusioniert mit einem anderen Automobilunternehmen.
4. Ein Großhändler für Büromaschinen beteiligt sich an einer Brotfabrik.
5. Ein Hersteller von Faxgeräten kooperiert mit einer Papierfabrik.

51 Das Bundeskartellamt überwacht u. a. Unternehmenszusammenschlüsse. In welchem der genannten Sachverhalte handelt es sich um

1. ein Kartell?
2. eine Fusion?
3. einen Konzern?
4. eine Arbeitsgemeinschaft?

Sachverhalte

a) Mehrere Straßenbau-Unternehmen arbeiten gemeinsam an einer neuen Autobahn.
b) Ein Bergbau-Unternehmen erwirbt die Aktienmehrheit an einem Stahlerzeuger.
c) Mehrere Büromaschinenhersteller einigen sich auf eine einheitliche Preisgestaltung.
d) Zwei Versicherungsunternehmen schließen sich zu einem neuen Unternehmen zusammen.

52 Zu Unternehmenszusammenschlüssen kommt es, weil sie aus betriebswirtschaftlicher Sicht den beteiligten Unternehmen Vorteile bringen. Welche Wirkung von Unternehmenszusammenschlüssen ist aus gesamtwirtschaftlicher Sicht nicht vorteilhaft?
1. steuerliche Vorteile
2. Rationalisierungsvorteile
3. Beschränkung des Wettbewerbs
4. Vorteile für Forschung und Entwicklung
5. Verbesserung der Kapitalbeschaffungsmöglichkeiten

53 Prüfen Sie, welche der folgenden Aussagen über die Eingriffsmöglichkeiten des Staates bei Unternehmenszusammenschlüssen nicht zutreffend ist.
1. Zusammenschlüsse von Unternehmen, durch die die Unternehmen eine marktbeherrschende Stellung erlangen, unterliegen der Kontrolle durch das Bundeskartellamt.
2. Dem Prinzip der sozialen Marktwirtschaft widerspricht es, wenn Unternehmenszusammenschlüsse kontrolliert werden, weil der Marktmechanismus das Auftreten von Marktmacht regelt und automatisch für eine gegenläufige Tendenz sorgt.
3. Das Bundeskartellamt verweigert grundsätzlich Unternehmenszusammenschlüssen die Genehmigung, wenn die Gefahr eines Marktmachtmissbrauchs besteht.
4. Durch Ministererlaubnis können Fusionen genehmigt werden, die vom Kartellamt untersagt worden sind, wenn gesamtwirtschaftliche Vorteile für die Genehmigung sprechen.
5. Das Gesetz gegen Wettbewerbsbeschränkungen regelt, ab welcher Größe Unternehmen Zusammenschlüsse anzeigen müssen, damit eine wirksame Kontrolle gewährleistet ist.

Aufgaben zu Kapitel 6

54 In einer Diskussion hören Sie verschiedene Ansichten darüber, welche die wichtigste Aufgabe der Europäischen Zentralbank (EZB) als Teil des Europäischen Systems der Zentralbanken (ESZB) ist. Prüfen Sie, welche der folgenden Meinungen richtig ist.
1. Die EZB legt die Richtlinien der Geldpolitik des Euro-Währungsgebietes fest.
2. Die EZB regelt die Konjunktur durch eine einheitliche Gestaltung der Bank-Gesetze.
3. Die EZB garantiert die Stabilität des Preisniveaus in ganz Europa.
4. Die EZB koordiniert die Handelsbeziehungen der Wirtschaftsunternehmen des Euro-Währungsgebietes zu den Unternehmen im außereuropäischen Wirtschaftsraum.
5. Die EZB legt fest, zu welchem Wechselkurs US-Dollar und Euro gehandelt werden.

55 In den Nachrichten hören Sie, dass die Europäische Zentralbank (EZB) den Hauptrefinanzierungssatz (Leitzins) von 1,5 % auf 0,5 % gesenkt hat. Prüfen Sie, in welcher wirtschaftlichen Situation die EZB diese Maßnahme sinnvollerweise durchführen wird und welches Ziel sie damit verfolgt.
1. Es herrscht hohes Wirtschaftswachstum bei starkem Preisdruck. Mit der Leitzinssenkung beabsichtigt die EZB, die Wirtschaft zu entlasten und so die Inflation zu bekämpfen.
2. Die Haushalte sollen einen Anreiz erhalten, mehr zu sparen, damit in Zeiten des Abschwungs den Kreditinstituten mehr Liquidität zur Verfügung steht.
3. Die Arbeitslosenzahlen steigen und das Wirtschaftswachstum ist rückläufig. Mit der Zinssenkung beabsichtigt die EZB, eine Belebung der Konjunktur zu bewirken.
4. Das aufgrund einer Hochkonjunktur zu hohe Zinsniveau soll gesenkt und somit das Wirtschaftswachstum gebremst werden.
5. Da inflationäre Tendenzen die Wirtschaft beherrschen, beabsichtigt die EZB, mit der Zinssenkung den Außenhandel anzukurbeln.

56 In Ihrer Tageszeitung lesen Sie, dass die EZB „Offenmarktgeschäfte" getätigt hat. Welche der folgenden Maßnahmen gehört dazu?
1. Festlegen des Basiszinssatzes
2. Veränderung der ständigen Fazilitäten
3. Senkung der Mindestreserven der Kreditinstitute
4. Vergabe von Krediten gegen Verpfändung von Wertpapieren
5. Erhöhung der Mindestreserven der Kreditinstitute

57 Die EZB beabsichtigt, die Mindestreservesätze zu senken. Prüfen Sie, welche der folgenden Aussagen die voraussichtlichen Auswirkungen einer solchen Maßnahme richtig darstellt.
1. Die Kreditschöpfungsmöglichkeiten der Geschäftsbanken verschlechtern sich.
2. Die Investitionsbereitschaft der Unternehmen wird zurückgehen.
3. Die Maßnahme wirkt sich konjunkturdämpfend aus.
4. Die im Umlauf befindliche Geldmenge sinkt.
5. Die im Umlauf befindliche Geldmenge bleibt gleich.
6. Die im Umlauf befindliche Geldmenge steigt.

58 Aufgrund einer deutlichen Abschwächung der konjunkturellen Entwicklung in Europa beschließt die Europäische Zentralbank (EZB) verschiedene Maßnahmen zur Konjunkturbelebung. Prüfen Sie, in welcher Zeile die genannten geldpolitischen Maßnahmen der EZB richtig zugeordnet sind, um eine konjunkturbelebende Wirkung zu erzielen.

	Mindestreservesätze	Wertpapiere bei Offenmarktgeschäften	Zinssätze bei Offenmarktgeschäften
1.	senken	kaufen	erhöhen
2.	senken	kaufen	senken
3.	erhöhen	kaufen	erhöhen
4.	erhöhen	verkaufen	senken
5.	erhöhen	verkaufen	senken

59 Seit 1999 ist die Europäische Zentralbank (EZB) für die Geldpolitik in der Europäischen Union (EU) verantwortlich. Zum 1. Januar 2002 wurden die Euro-Banknoten und -Münzen eingeführt. Prüfen Sie, welche der nachfolgenden Aussagen über Europas Geldpolitik zutreffend ist.
1. Das Recht zur Ausgabe von Euro-Banknoten und -Münzen (Münzregal) liegt ausschließlich in der Verantwortung der einzelnen Mitgliedstaaten.
2. Die Ausgabe von Euro-Banknoten muss von der EU-Kommission genehmigt werden.
3. Neben den neuen Euro-Banknoten sind die bisherigen nationalen Zahlungsmittel weiterhin gesetzliches Zahlungsmittel in der Europäischen Union (EU).
4. Die Geschäftsbanken dürfen Zahlungsmittel bei der EZB ausschließlich über die Rediskontierung von Handelswechseln beschaffen, da somit die Geldmenge unter Kontrolle bleibt.
5. Die Europäische Zentralbank (EZB) hat das ausschließliche Recht, die Ausgabe von Euro-Banknoten und -Münzen in der Gemeinschaft zu genehmigen.

60 Welches Ziel verfolgt der Internationale Währungsfonds (IWF)?
1. Förderung von Vollbeschäftigung und Wirtschaftswachstum in den Mitgliedsländern.
2. Förderung der internationalen Zusammenarbeit auf dem Gebiet der Währungspolitik und Währungsstabilität; Kreditgewährung an Länder mit Zahlungsbilanzschwierigkeiten.
3. Abstimmung der Konjunkturpolitik der Mitgliedsländer mit dem Ziel, die Liberalisierung und Ausweitung des Welthandels zu fördern.
4. Überbrückung auftretender Zahlungsschwierigkeiten bei Kreditinstituten.
5. Belebung des Ost-West-Handels zur Förderung der wirtschaftlichen Zusammenarbeit der europäischen Staaten.

Aufgaben zu Kapitel 7

61 Prüfen Sie, welche der folgenden Aussagen die Zahlungsbilanz am besten charakterisiert.
1. Die Zahlungsbilanz erfasst alle Güterbewegungen zwischen Inland und Ausland.
2. Die Zahlungsbilanz erfasst alle Güterbewegungen und Dienstleistungen zwischen Inland und Ausland.
3. Die Zahlungsbilanz erfasst die Entwicklung des Kapitalverkehrs zwischen Inland und Ausland.
4. Die Zahlungsbilanz erfasst alle Devisenbewegungen zwischen Inland und Ausland.
5. Die Zahlungsbilanz erfasst alle wirtschaftlichen Transaktionen zwischen Inland und Ausland.

62 Ordnen Sie die genannten Sachverhalte den Teilbilanzen der Zahlungsbilanz zu.

Teilbilanzen

1. Handelsbilanz	3. Übertragungsbilanz	5. Kapitalbilanz
2. Dienstleistungsbilanz	4. Leistungsbilanz	6. Devisenbilanz

Sachverhalte
a) Veränderungen der Forderungen und Verbindlichkeiten gegenüber dem Ausland
b) Veränderung der Gold- und Devisenbestände der Zentralbank
c) Gegenüberstellung der Werte aller exportierten und importierten Waren

63 Ein Ziel des Stabilitätsgesetzes von 1967 wird als „Außenwirtschaftliches Gleichgewicht" bezeichnet. Ungleichgewichte äußern sich in der Zahlungsbilanz als Defizite oder Überschüsse. Prüfen Sie, in welcher der folgenden Aussagen die Ursachen von Zahlungsbilanzungleichgewichten nicht richtig dargestellt sind.
1. Zahlungsbilanzüberschüsse entstehen durch eine aktive Handelsbilanz, wenn z. B. eine erhöhte Kaufkraft ausländischer Währungen im Inland zu Exportsteigerungen führt.
2. Zahlungsbilanzdefizite entstehen durch eine passive Handelsbilanz, wenn z. B. eine erhöhte Kaufkraft der inländischen Währung im Ausland zu Importsteigerungen führt.
3. Zahlungsbilanzüberschüsse entstehen durch eine passive Dienstleistungsbilanz, die eine starke Zunahme von Urlaubsreisen ins Ausland zur Folge hat.
4. Zahlungsbilanzüberschüsse entstehen durch eine aktive Handelsbilanz, das heißt, die Exporte sind größer als die Importe.
5. Zahlungsbilanzdefizite entstehen durch eine Aufwertung des Euro gegenüber ausländischen Währungen, wenn es dadurch zu einer überproportional starken Zunahme der Importe aus dem nichteuropäischen Ausland kommt.

64 Welche richtige Schlussfolgerung ziehen Sie aus dem Schaubild zum Außenhandel der Bundesrepublik Deutschland?

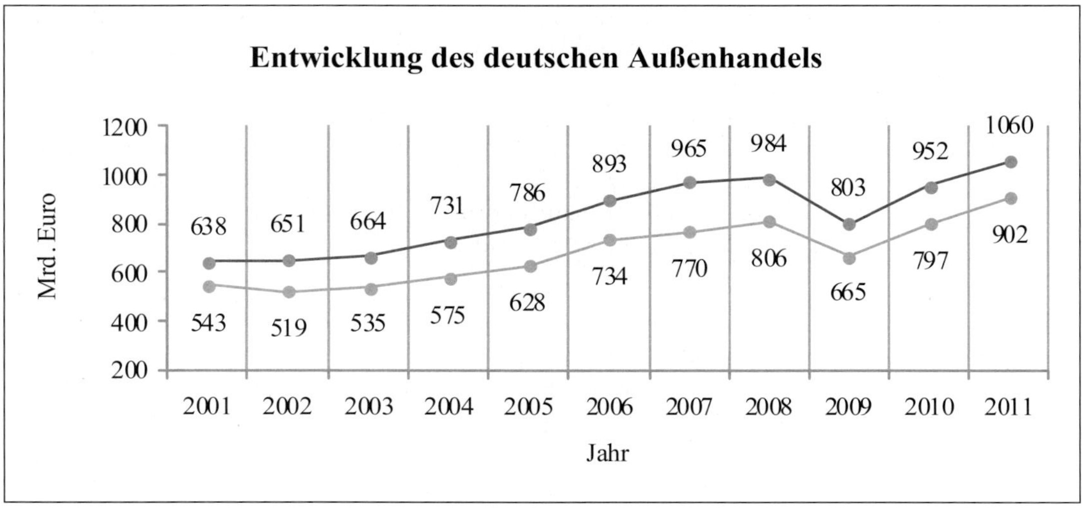

1. Die Importe sind zwischen 2000 und 2006 kontinuierlich gestiegen.
2. Die Exporte sind zwischen 2006 und 2011 kontinuierlich gesunken.
3. Der Außenbeitrag für das Jahr 2009 betrug + 158 Mrd. €.
4. Der Außenbeitrag für das Jahr 2006 betrug + 1.627 Mrd. €.
5. Der Außenbeitrag ist von 2001 bis 2011 um rund 66 % angestiegen.

65 Die Bergthaler Hausgeräte GmbH erhält eine Lieferung aus dem Ausland. Den Transport führt das deutsche Speditionsunternehmen Hurtig KG durch. In welcher Teilbilanz der Zahlungsbilanz wird die Transportleistung erfasst?
1. Handelsbilanz
2. Devisenbilanz
3. Kapitalbilanz
4. Dienstleistungsbilanz
5. Übertragungsbilanz

66 In einer Diskussion über den Einfluss von Wechselkursen auf die Wirtschaft hören Sie verschiedene Meinungen. Welche der folgenden Aussagen ist richtig?
1. Aufwertung oder Abwertung des Euro haben keine Auswirkung auf die Wirtschaft; sie betreffen nur Vorgänge innerhalb des Bankensystems.
2. Durch die Aufwertung des Euro werden die Exporte in das Ausland billiger.
3. Durch die Abwertung des Euro werden die Exporte in das Ausland teurer.
4. Durch die Aufwertung des Euro werden die Importe aus dem Ausland billiger.
5. Durch die Abwertung des Euro werden die Importe aus dem Ausland billiger.

67 Der Kurs Euro/US-Dollar ist von Mai bis August 2012 von 1,3284 US-Dollar auf 1,2042 US-Dollar gefallen. Prüfen Sie, in welcher Zeile die Auswirkungen auf Importe aus den USA und auf Reisen amerikanischer Touristen nach Deutschland unter sonst gleichen Bedingungen richtig zugeordnet sind.

	Importe aus den USA	Reisen amerikanischer Touristen nach Deutschland
1.	werden erschwert	werden billiger
2.	werden erleichtert	werden teurer
3.	werden erschwert	keine Auswirkungen
4.	werden erleichtert	werden billiger
5.	keine Auswirkungen	werden teurer

68 Im Rahmen des Stabilitätsgesetzes von 1967 soll durch wirtschaftspolitische Maßnahmen des Staates u. a. das außenwirtschaftliche Gleichgewicht hergestellt werden. Welche der folgenden Maßnahmen ist geeignet, ein Zahlungsbilanzdefizit zu reduzieren?
1. Abschaffung von Steuererleichterungen für die Exportwirtschaft
2. Abschaffung von Subventionen für Branchen mit starker internationaler Konkurrenz
3. Reduzierung der Höhe von Importkontingenten für ausländische Fahrzeuge
4. Abschaffung von Importzöllen für Nahrungsmittel und Haushaltswaren
5. Reduzierung von Ausfallbürgschaften für Exporte

Lernfeld 13 Jahresabschlussarbeiten vornehmen und Informationen zur Unternehmenssteuerung bereitstellen

1 Grundlagen des Jahresabschlusses

1.1 Wesen und Aufgaben des Jahresabschlusses

In der Regel haben am Ende des Geschäftsjahres die Unternehmen aller Branchen einen Jahresabschluss zu erstellen. Ein solcher Abschluss soll einen Einblick in die **Vermögens-, Finanz- und Ertragslage** geben. Der Jahresabschluss besitzt dabei insbesondere eine **Informations- und Schutzfunktion** gegenüber **Gläubigern, Gesellschaftern, Staat** und der **Öffentlichkeit**.

Der **Jahresabschluss** ist der kaufmännische, rechnerische Abschluss eines Geschäftsjahres. Der Begriff Jahresabschluss beschreibt zum einen den arbeitsreichen **Prozess**

- der Erstellung von Rechenwerken und Dokumenten (**Aufstellung**),
- der Vorbereitung und Durchführung der **Prüfung** dieser Unterlagen,
- der Billigung (**Feststellung**) der Unterlagen durch die entsprechenden Gremien und
- der **Information** zu den Ergebnissen.

Zum anderen ist der Jahresabschluss aber auch das **Dokument** selbst, das innerhalb dieses Prozesses entsteht. Er gibt Auskunft über die wirtschaftliche Entwicklung des Unternehmens innerhalb des Berichtsjahres, vermittelt einen Überblick über Chancen und Risiken künftiger Entwicklungen und ist eine entscheidende Grundlage für die Außendarstellung.

1.2 Bestandteile des Jahresabschlusses

Zu den Jahresabschlussdokumenten gehören die **Bilanz**, die **Gewinn- und Verlustrechnung** und der **Anhang**. Mittelgroße und große Kapitalgesellschaften[1] haben darüber hinaus auch einen **Lagebericht** zu erstellen (§ 264 HGB).

1.2.1 Bilanz

> Als **Zeitpunktrechnung** weist die **Bilanz** zum Bilanzstichtag die Höhe des Vermögens, des Eigen- und des Fremdkapitals aus und ist nach den Grundsätzen ordnungsmäßiger Buchführung zu erstellen.

Um ein reales – und mit anderen Unternehmen vergleichbares – Bild der **Vermögens-, Finanz- und Ertragslage** des Unternehmens zu vermitteln, orientieren sich die Unternehmen in der Regel an der im HGB vorgegebenen Bilanzgliederung (§ 266 HGB) und an den in diesem Gesetz ausgewiesenen Bewertungsvorschriften zu den Aktiv- und Passivpositionen.

Wohnungsunternehmen jedoch gestalten die Abschlussbilanz entsprechend der **Formblätter für die Gliederung des Jahresabschlusses von Wohnungsunternehmen (JAbschlWUV)**[2], die die wirtschaftlichen Besonderheiten dieser Branche berücksichtigen. Danach hat die Bilanz von Wohnungsunternehmen den nachfolgend ausgewiesenen Aufbau.

---

[1] Inwieweit Kapitalgesellschaften in kleine, mittelgroße und große Gesellschaften zu unterteilen sind, wird unter Punkt 1.3.1 erläutert.

[2] Verordnung über Formblätter für die Gliederung des Jahresabschlusses von Wohnungsunternehmen in der Fassung vom 25. Mai 2009.

Gliederung der Bilanz von Wohnungsunternehmen

Aktivseite

A. Anlagevermögen

I. Immaterielle Vermögensgegenstände

II. Sachanlagen

1. Grundstücke und grundstücksgleiche Rechte mit Wohnbauten
2. Grundstücke und grundstücksgleiche Rechte mit Geschäfts- und anderen Bauten
3. Grundstücke und grundstücksgleiche Rechte ohne Bauten
4. Grundstücke mit Erbbaurechten Dritter
5. Bauten auf fremden Grundstücken
6. Technische Anlagen und Maschinen
7. Andere Anlagen, Betriebs- und Geschäftsausstattungen
8. Anlagen im Bau
9. Bauvorbereitungskosten
10. Geleistete Anzahlungen

III. Finanzanlagen

1. Anteile an verbundenen Unternehmen
2. Ausleihungen an verbundene Unternehmen
3. Beteiligungen
4. Ausleihungen an Unternehmen, mit denen ein Beteiligungsverhältnis besteht
5. Wertpapiere des Anlagevermögens
6. Sonstige Ausleihungen

B. Umlaufvermögen

I. Zum Verkauf bestimmte Grundstücke und andere Vorräte

1. Grundstücke und grundstücksgleiche Rechte ohne Bauten
2. Bauvorbereitungskosten
3. Grundstücke und grundstücksgleiche Rechte mit unfertigen Bauten
4. Grundstücke und grundstücksgleiche Rechte mit fertigen Bauten
5. Unfertige Leistungen
6. Andere Vorräte
7. Geleistete Anzahlungen

II. Forderungen und sonstige Vermögensgegenstände

1. Forderungen aus Vermietung
2. Forderungen aus Grundstücksverkäufen
3. Forderungen aus Betreuungstätigkeit
4. Forderungen aus anderen Lieferungen und Leistungen
5. Forderungen gegen verbundene Unternehmen
6. Forderungen gegen Unternehmen, mit denen ein Beteiligungsverhältnis besteht
7. Sonstige Vermögensgegenstände

III. Wertpapiere

1. Anteile an verbundenen Unternehmen
2. Eigene Anteile
3. Sonstige Wertpapiere

IV. Flüssige Mittel und Bausparguthaben

1. Schecks, Kassenbestand, Bundesbank- und Postbankguthaben, Guthaben bei Kreditinstituten
2. Bausparguthaben

C. Rechnungsabgrenzungsposten

D. Aktive latente Steuern

E. Aktiver Unterschiedsbetrag aus der Vermögensverrechnung

Gliederung der Bilanz von Wohnungsunternehmen

Passivseite

A. Eigenkapital
- **I. Gezeichnetes Kapital**
- **II. Kapitalrücklage**
- **III. Gewinnrücklage**
  1. Gesetzliche Rücklage
  2. Rücklage für eigene Anteile
  3. Satzungsmäßige Rücklage
  4. Bauerneuerungsrücklage
  5. Andere Gewinnrücklagen
- **IV. Gewinnvortrag/Verlustvortrag**
- **V. Jahresüberschuss/Jahresfehlbetrag**

B. Rückstellungen
1. Rückstellungen für Pensionen und ähnliche Verpflichtungen
2. Steuerrückstellungen
3. Rückstellungen für Bauinstandhaltung
4. Sonstige Rückstellungen

C. Verbindlichkeiten
1. Anleihen, davon konvertibel
2. Verbindlichkeiten gegenüber Kreditinstituten
3. Verbindlichkeiten gegenüber anderen Kreditgebern
4. Erhaltene Anzahlungen
5. Verbindlichkeiten aus Lieferungen und Leistungen
6. Verbindlichkeiten aus der Annahme gezogener Wechsel und der Ausstellung eigener Wechsel
7. Verbindlichkeiten gegenüber verbundenen Unternehmen
8. Verbindlichkeiten gegenüber Unternehmen, mit denen ein Beteiligungsverhältnis besteht
9. Sonstige Verbindlichkeiten
   – davon aus Steuern
   – davon im Rahmen der sozialen Sicherheit

D. Rechnungsabgrenzungen

E. Passive latente Steuern

Der Inhalt zentraler Bilanzpositionen wurde bereits in den vorangegangenen Bänden dieser Lehrwerksreihe erläutert. Bei der Betrachtung der hier dargestellten Bilanz aber wird deutlich, dass die Gliederung mit einigen Positionen weit über das bereits Vermittelte hinausgeht. Nun sind auch Bilanzpositionen auszuweisen, die sich insbesondere im Rahmen von Jahresabschlussarbeiten ergeben. Einige der wichtigsten Positionen werden im Folgenden ausführlicher erläutert.

1.2.2 Gewinn- und Verlustrechnung

Als **Zeitraumrechnung** weist die **Gewinn- und Verlustrechnung** alle Aufwendungen und Erträge des Geschäftsjahres aus und gewährt damit Einblick in die **Quellen des Jahreserfolgs**.

Einzelunternehmen und Personengesellschaften erstellen die GuV-Rechnung in Kontenform, Kapitalgesellschaften müssen die zu veröffentlichende GuV-Rechnung in Staffelform (gemäß § 275 HGB) aufstellen. Auch hier ist für die Wohnungsunternehmen die Struktur durch die erwähnte Formblatt-Verordnung vorgegeben.

Gliederung der Gewinn- und Verlustrechnung

1. **Umsatzerlöse**
   a) aus Hausbewirtschaftung
   b) aus Verkauf von Grundstücken
   c) aus Betreuungstätigkeit
   d) aus anderen Lieferungen und Leistungen
2. **Erhöhung oder Verminderung des Bestands** an zum Verkauf bestimmten Grundstücken mit fertigen und noch nicht fertigen Bauten sowie unfertigen Leistungen
3. **Andere aktivierte Eigenleistungen**
4. **Sonstige betriebliche Erträge**
5. **Aufwendungen für bezogene Lieferungen und Leistungen**
   a) Aufwendungen für die Hausbewirtschaftung
   b) Aufwendungen für Verkaufsgrundstücke
   c) Aufwendungen für andere Lieferungen und Leistungen
6. **Personalaufwand**
   a) Löhne und Gehälter
   b) Soziale Abgaben und Aufwendungen für Altersversorgung und für Unterstützung, davon für Altersversorgung
7. **Abschreibungen**
   a) auf immaterielle Vermögensgegenstände des Anlagevermögens und Sachanlagen sowie auf aktivierte Aufwendungen für die Ingangsetzung und Erweiterung des Geschäftsbetriebs
   b) auf Vermögensgegenstände des Umlaufvermögens, soweit sie die in der Kapitalgesellschaft (Genossenschaft) üblichen Abschreibungen überschreiten
8. **Sonstige betriebliche Aufwendungen**
9. **Erträge aus Beteiligungen**, davon aus verbundenen Unternehmen
10. **Erträge aus anderen Wertpapieren und Ausleihungen** des Finanzanlagevermögens, davon aus verbundenen Unternehmen
11. **Sonstige Zinsen und ähnliche Erträge**, davon aus verbundenen Unternehmen
12. **Abschreibungen auf Finanzanlagen und auf Wertpapiere** des Umlaufvermögens
13. **Zinsen und ähnliche Aufwendungen**
14. **Ergebnis der gewöhnlichen Geschäftstätigkeit**
15. **Außerordentliche Erträge**
16. **Außerordentliche Aufwendungen**
17. **Außerordentliches Ergebnis**
18. **Steuern vom Einkommen und vom Ertrag**
19. **Sonstige Steuern**
20. **Jahresüberschuss/Jahresfehlbetrag**

Ausführliche Erläuterungen zu den Positionen der Bilanz wie auch der Gewinn- und Verlustrechnung lassen sich dem „Kommentar zum Kontenrahmen der Wohnungswirtschaft" entnehmen. [3]

[3] GdW Bundesverband deutscher Wohnungs- und Immobilienunternehmen e.V. (Hrsg.): Kommentar zum Kontenrahmen der Wohnungswirtschaft, Hamburg 2010.

1.2.3 Anhang

Die gesellschaftlichen Vertreter einer Kapitalgesellschaft sowie der Vorstand einer Genossenschaft haben den **Jahresabschluss um einen Anhang** zu erweitern, der mit der Bilanz und der Gewinn- und Verlustrechnung eine Einheit bildet (§§ 264 Abs. 1 und 336 Abs. 1 HGB).

> Der **Anhang** ist ein **Erläuterungsbericht**, dessen zentrale Aufgabe die **Informationsvermittlung** ist. Er soll **Positionen der Bilanz und der Gewinn- und Verlustrechnung erläutern** und darüber hinaus Informationen bereitstellen, die den bisher besprochenen Dokumenten nicht zu entnehmen sind.

Der Anhang soll helfen, **Informationsnachteile der Jahresabschlussadressaten** (etwa Mitarbeiter, Gläubiger, Gesellschafter ohne Geschäftsführungsbefugnis, potenzielle Anleger, Staat, Allgemeinheit) **gegenüber der Geschäftsleitung** nach Möglichkeit und im Rahmen der vom Gesetzgeber und den Fachgremien als legitim angesehenen (standardisierten) Informationsinteressen zu **vermindern**.

Inhalt und Struktur der **Anhangsangaben** werden in den §§ 284 bis 288 HBG und darüber hinaus in rechtsformspezifischen Regelungen benannt. Sie umfassen:

(1) Angaben zu angewandten Bilanzierungs- und Bewertungsgrundsätzen (§ 284 Abs. 2 HGB)
Bilanzierungsgrundsätze treffen Aussagen darüber, ob reale Objekte oder Vorgänge in die Bilanz aufgenommen werden. Bewertungsgrundsätze bestimmen, mit welchen Werten diese Positionen in der Bilanz erscheinen.

(2) Erläuterungen zu Positionen der Bilanz und Gewinn- und Verlustrechnung
Ausgewählte Bilanzpositionen, aber auch Positionen der Gewinn- und Verlustrechnung sind in ihrer strukturellen Zusammensetzung im Anhang ausführlicher zu erläutern, um die Aussagefähigkeit des Jahresabschlusses zu erhöhen und Entwicklungstendenzen nachvollziehbarer darzustellen.

Das erfolgt beispielsweise durch einen **Anlagespiegel**, einen **Verbindlichkeitenspiegel** oder auch einen **Forderungsspiegel**.

(3) Ausgewählte sonstige Pflichtangaben
Nach § 285 HGB sind im Anhang aber auch **Angaben zu außerbilanziellen Geschäften** des Unternehmens und zu den damit verbundenen Auswirkungen, Chancen und Risiken zu machen. Diesbezüglich muss der Anhang beispielsweise Informationen bereitstellen, die Auskunft geben

- über Art, Zweck sowie Risiken und Vorteile von nicht in der Bilanz enthaltenen Geschäften,[4]
- über die durchschnittliche Zahl der beschäftigten Arbeitnehmer,
- zu den gewährten Gesamtbezügen der Mitglieder des Geschäftsführungsorgans, Aufsichtsrats, Beirats oder einer ähnlichen Einrichtung.[5]

[4] Zum Beispiel Angaben zu langfristigen Abnahmeverträgen im Betriebskostenbereich, zu lang- und mittelfristig wirkenden Pacht- und Mietvereinbarungen oder zu Leasingverträgen.
[5] Ausführlicher hierzu in § 285 HGB Punkte 1 bis 29.

Wesen und Inhalte des Anhangs

Anhang

- Wesen

  Erläuterungsbericht zu Positionen der Bilanz und der Gewinn- und Verlustrechnung

- Inhalt

  Erläuterungen
  - Bilanzierungs- und Bewertungsmethoden (§ 284 Abs. 1 HGB)
  - Positionen der Bilanz und der Gewinn- und Verlustrechnung (§ 268 HGB)
  - Sonstige Pflichtangaben (§ 285 HGB)

1.2.4 Lagebericht

Mittelgroße und große Kapitalgesellschaften sowie Genossenschaften haben zusätzlich zum Jahresabschluss einen Lagebericht aufzustellen (§§ 264 Abs. 1 und 336 Abs. 1 HGB).

Der **Lagebericht ist ein eigenständiges Rechnungslegungsinstrument**, das die Aufgabe hat, den **Geschäftsverlauf und die Lage** des Unternehmens auf der Basis der Jahresabschlusszahlen zu **erläutern.**

Er umfasst zumindest einen **Wirtschaftsbericht** und einen **Prognosebericht**[6].

(1) Wirtschaftsbericht

Mit dem **Wirtschaftsbericht** wird der **Geschäftsverlauf** des Berichtsjahres **dargestellt** und **analysiert.**

a) Die **Darstellung des Geschäftsverlaufs** hat so zu erfolgen, dass ein den tatsächlichen Verhältnissen entsprechendes Bild vermittelt wird.
Dazu ist unter anderem einzugehen auf
- die gesamtwirtschaftliche Entwicklung und die Entwicklung der Branche,
- die Umsatzentwicklung und den Geschäftsumfang,
- die Investitionen und den Modernisierungsstand,
- die Gestaltung des Risikomanagementsystems sowie
- die Entwicklung ausgewählter Geschäftsbereiche.

b) Die **Analyse des Geschäftsverlaufs** konzentriert sich auf die Analyse der **Vermögens-, Finanz- und Ertragslage** des Unternehmens. Sie erfolgt verbal bzw. in Tabellenform und wird durch den Ausweis entsprechender Kennzahlen unterstützt.
- **Analyse der Vermögenslage**
  Die Analyse der Vermögenslage
  - soll ein Bild von der **Struktur des Vermögens** vermitteln (etwa Verhältnis von Anlage- und Umlaufvermögen aufzeigen),
  - soll sichtbar machen, inwieweit **langfristig gebundenes Vermögen** hinreichend durch **langfristiges Kapital** gedeckt ist und
  - zeigen, in welchem Maße **kurzfristig liquidierbare Vermögenspositionen** zur Ablösung **kurzfristiger Verbindlichkeiten** verfügbar sind.

[6] Die Darstellungen zum Wirtschafts- und Prognosebericht orientieren sich an: Fischer/Neubeck/Stibi/Thoms-Meyer: HGB Jahresabschluss: Erstellung, prüferische Durchsicht und Prüfung 2009/10. STOTAX, Stollfuß Jahrbücher 2010, S. 236 ff.

- **Analyse der Finanzlage**
  Die Analyse der Finanzlage ist mit der Darstellung und Erläuterung der **Kapitalstruktur** (etwa Verhältnis von Eigen- und Fremdkapital) des Unternehmens und seiner wesentlichen externen und internen **Finanzierungsquellen und -instrumente** verbunden.

  Aber auch die **Liquiditätsanalyse** des Unternehmens ist Gegenstand der Darstellungen zur Finanzlage. Im Mittelpunkt steht dabei die Frage, inwieweit verfügbare liquide Mittel, offene Forderungen und andere **Umlaufvermögenspositionen** ausreichen, um die **kurzfristigen Verbindlichkeiten** zu **begleichen**.

- **Analyse der Ertragslage**
  Mit der Analyse der Ertragslage werden die Ergebnisentwicklung, die Ergebnisstrukturen und deren Quellen dargestellt und erläutert. Die wesentlichen Veränderungen im Vergleich zum Vorjahr sind zu erläutern und zu begründen.

(2) Prognosebericht

Mit dem Prognosebericht hat eine ausgewogene **Berichterstattung über positive und negative Entwicklungen** unter Berücksichtigung der Grundsätze der Wahrheit und Klarheit zu erfolgen.

- Die Darstellung der Chancen künftiger Entwicklungen, also die Darstellung der Möglichkeiten positiver Entwicklungen, hat sich auf die wesentlichen Sachverhalte zu beschränken.
- Risiken der künftigen Entwicklung, also Möglichkeiten negativer Entwicklungen, sind im Prognosebericht aufzuführen, sofern sie sich wesentlich auf die Vermögens-, Finanz- und Ertragslage des Unternehmens auswirken. Auf bestandsgefährdende Risiken ist gesondert zu verweisen.

1.3 Erstellung des Jahresabschlusses – Rahmenbedingungen

1.3.1 Größenklassen bei Kapitalgesellschaften

Nicht alle Kapitalgesellschaften müssen den Jahresabschluss mit all seinen Bestandteilen, also mit Bilanz, Gewinn- und Verlustrechnung, Anhang und Lagebericht erstellen. Und nicht alle Kapitalgesellschaften haben bei der Erstellung der Dokumente die gleiche Ausführlichkeit (Tiefengliederung) in der Darstellung zu wahren. Es gibt sogenannte größenabhängige Erleichterungen.

Um **Umfang** der Jahresabschlussdokumente und deren **Darstellungstiefe** auszuloten, ist eine Unterscheidung der Kapitalgesellschaften in kleine, mittelgroße und große Unternehmen erforderlich. Die dafür geltenden Kriterien werden in § 267 HGB beschrieben.

	kleine Gesellschaft	**mittelgroße Gesellschaft**	**große Gesellschaft**
Bilanzsumme	bis 4.840 T€	bis 19.250 T€	über 19.250 T€
Umsatz	bis 9.680 T€	bis 38.500 T€	über 38.500 T€
Beschäftigte	bis 50	bis 250	über 250

Die Zuordnung des Unternehmens zu einer dieser Größenklassen erfolgt, wenn zwei dieser drei Merkmale an den Abschlussstichtagen von zwei aufeinanderfolgenden Geschäftsjahren über- oder unterschritten werden.

1.3.2 Aufstellungspflicht

§ 242 HGB regelt, dass **alle Kaufleute** über das zurückliegende Geschäftsjahr durch einen Jahresabschluss, zumindest aus Bilanz sowie Gewinn- und Verlustrechnung bestehend, **zu berichten haben**.

Eine **Ausnahme** gilt **für Einzelkaufleute**, die nach § 241a von der Pflicht zur Buchführung und Bilanzierung befreit sind, wenn sie „an den Abschlussstichtagen von zwei aufeinanderfolgenden Geschäftsjahren nicht mehr als 500.000 Euro Umsatzerlöse und 50.000 Euro Jahresüberschuss aufweisen".

1.3.3 Aufstellungsfristen

Für die Aufstellung des Jahresabschlusses ist nur für **Kapitalgesellschaften** und **Genossenschaften** eine bestimmte Frist vorgeschrieben (§ 264 Abs. 1 HGB).

- **Mittelgroße und große Kapitalgesellschaften** müssen den Jahresabschluss in den ersten **drei Monaten** des Geschäftsjahres für das vergangene Geschäftsjahr aufstellen.
- Für **kleine Kapitalgesellschaften** beträgt die Frist höchstens bis zu **sechs Monate** nach Beendigung des Geschäftsjahres.
- Genossenschaften haben gemäß § 336 HGB ihren Jahresabschluss und ihren Lagebericht in den ersten **fünf Monaten** des Geschäftsjahres für das vergangene Geschäftsjahr aufzustellen.

Der **Jahresabschluss gilt als aufgestellt** und damit fertiggestellt, „**wenn alle** vom Gesetzgeber verlangten notwendigen **Unterlagen vollständig ausgearbeitet** wurden[7]" und dem Prüfer zugänglich sind.

1.3.4 Prüfungspflicht

Unverzüglich nach seiner **Aufstellung** haben die gesetzlichen Vertreter **mittelgroßer und großer Kapitalgesellschaften** den Jahresabschluss **dem Abschlussprüfer vorzulegen** (§ 320 HGB) und diesem zu gestatten, die Bücher und Schriften der Kapitalgesellschaft sowie die Vermögensgegenstände und Schulden zu prüfen.

- Nach § 3 Genossenschaftsgesetz (GenG) besteht eine solche Prüfungspflicht auch für Genossenschaften.
- Bei Unternehmen, an denen die öffentliche Hand beteiligt ist, erfolgt die Prüfung des Jahresabschlusses auch nach § 3 des Gesetzes über die Grundsätze des Haushaltsrechts des Bundes und der Länder (HGrG).

Ziel der Prüfung ist es festzustellen, ob der Jahresabschluss in **Einklang** mit den **gesetzlichen Vorschriften** steht und ein den tatsächlichen Verhältnissen entsprechendes **Bild von der Vermögens-, Finanz- und Ertragslage** vermittelt.

Bestätigungsvermerk des Wirtschaftsprüfers
Hat der Wirtschaftsprüfer keine wesentlichen Beanstandungen gegen den Jahresabschluss, die Buchführung und den Lagebericht, wird er eine uneingeschränkte Bestätigung erteilen. Das erfolgt über einen **uneingeschränkten Bestätigungsvermerk**.

---

[7] Küting, K./Weber, C./Boecker, C.: Fast Close - Beschleunigung der Jahresabschlusserstellung: (zu) schnell am Ziel?!. In: Steuer- und Bilanzpraxis, Heft 1/2004, S. 2

Dieser kann wie folgt lauten:

Beispiel:
„Wir haben unsere Jahresabschlussprüfung nach § 317 HGB … vorgenommen. Nach unserer Beurteilung … entspricht der Jahresabschluss den gesetzlichen Vorschriften und den ergänzenden Bestimmungen des Gesellschaftervertrags und vermittelt ein … den tatsächlichen Verhältnissen entsprechendes Bild der Vermögens-, Finanz- und Ertragslage der Gesellschaft. Der Lagebericht steht im Einklang mit dem Jahresabschluss, vermittelt insgesamt ein zutreffendes Bild von der Lage der Gesellschaft und stellt die Chancen und Risiken der zukünftigen Entwicklung zutreffend dar." [8]

1.3.5 Feststellung

Die Feststellung (Billigung) ist der Akt der **offiziellen Anerkennung des Jahresabschlusses** durch die gesetzlichen Vertreter des Unternehmens. Hier wird die endgültige, nicht mehr veränderbare Fassung des **Jahresabschlusses bestätigt**. Die **gesetzlichen Vertreter übernehmen die Verantwortung** für die Richtigkeit und Vollständigkeit des Jahresabschlusses.[9] Dies ist wichtig, da nun durch Unterschrift bestätigt wird, dass „alle Pflichten erfüllt wurden".
Die Feststellung des Jahresabschlusses erfolgt bei Unternehmen

- in der Rechtsform einer **GmbH** durch Vorlage bei den Gesellschaftern auf der **Gesellschafterversammlung** (§ 42a GmbHG),
- in der Rechtsform einer **Aktiengesellschaft** (AG) wird der Jahresabschluss durch **Vorstand und Aufsichtsrat** (Aufsichtsratssitzung) (§ 172 AktG) oder durch die **Hauptversammlung** (§ 173 AktG) bestätigt und
- bei **Genossenschaften** obliegt die Feststellung des Jahresabschlusses der **Generalversammlung** (§ 48 (1) GenG).

1.3.6 Publizitätspflicht

Publizitätspflicht ist die Pflicht zur Offenlegung/Veröffentlichung des Jahresabschlusses im Elektronischen Bundesanzeiger.

- **Kapitalgesellschaften** sind nach § 325 HGB, **Genossenschaften** nach § 339 HGB publizitätspflichtig. Eine solche Publizitätspflicht kann sich aber auch aus der **Größe des Unternehmens** oder aus der Zugehörigkeit zu einer bestimmten **Branche** (Kreditinstitute, Versicherungsunternehmen) ergeben. **Ziel** dieser Publizierung ist es, Gesellschafter, Geschäftspartner, Angestellte, aber auch den weiteren Umkreis **über die wirtschaftliche Lage des Unternehmens zu informieren.**
- Die gesetzlichen Vertreter von Kapitalgesellschaften haben den **Jahresabschluss unverzüglich nach seiner Vorlage** an die Gesellschafter beim Betreiber des elektronischen Bundesanzeigers **elektronisch einzureichen**, spätestens jedoch vor Ablauf des zwölften Monats des Geschäftsjahres, das dem Abschlussstichtag folgt (§325 (1) HGB).
- Der Betreiber des elektronischen **Bundesanzeigers, die Bundesanzeiger Verlagsgesellschaft mbH in Köln, ist die zentrale Stelle zur Entgegennahme, Speicherung und Veröffentlichung von Abschlussunterlagen.**
  - Seit dem 01.01.2007 wird die Publizitätspflicht der Unternehmen durch das **Gesetz über elektronische Handelsregister und Genossenschaftsregister sowie das Unternehmensregister (EHUG)** geregelt. Damit hat sich das Verfahren zur Offenlegung dahingehend geändert, dass die publizitätspflichtigen Unterlagen nun nicht mehr in Papierform dem Handelsregister zu übermitteln, sondern in elektronischer Form beim Betreiber des elektronischen Bundesanzeigers einzureichen sind.

---

[8] Fischer/Neubeck/Stibi/Thoms-Meyer: HGB Jahresabschluss: Erstellung, prüferische Durchsicht und Prüfung 2009/10. STOTAX, Stollfuß Jahrbücher 2010, S. 263/RZ 864.
[9] Vgl. Küting, K./Weber, C./Boecker, C.: Fast Close - Beschleunigung der Jahresabschlusserstellung: (zu) schnell am Ziel?!.In: Steuer- und Bilanzpraxis, Heft 1/2004, S. 4.

Zusammenfassung

Grundfragen des Jahresabschlusses von Kapitalgesellschaften

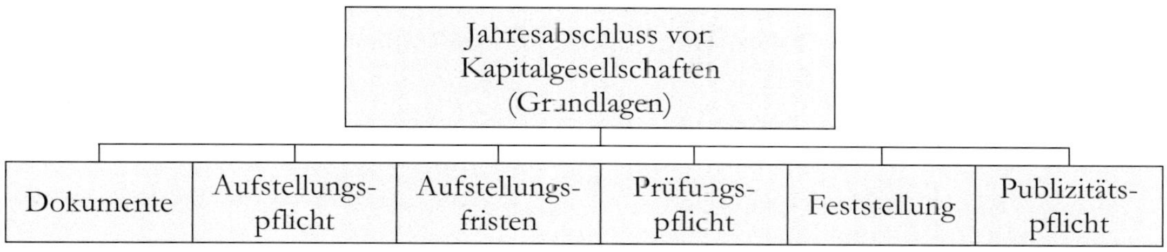

Die Größe der Kapitalgesellschaft hat wesentliche Bedeutung für die bereitzustellenden Bestandteile des Jahresabschlusses, für die Aufstellungsfristen, aber auch die Publizitäts- und Prüfungspflicht. Die größenabhängigen Anforderungen lassen sich der folgenden Übersicht entnehmen.

	Kleine Kapitalgesellschaft	**Mittelgroße Kapitalgesellschaft**	**Große Kapitalgesellschaft**
Bestandteile	Bilanz GuV Anhang	Bilanz GuV Anhang Lagebericht	
Aufstellungsfrist	innerhalb von 6 Monaten nach Abschluss des Geschäftsjahres	innerhalb von 3 Monaten nach Abschluss des Geschäftsjahres	
Prüfungspflicht	keine Prüfungspflicht	Prüfungspflicht für alle Jahresabschlussbestandteile, einschließlich Lagebericht	
Publizitätspflicht	Der Jahresabschluss ist **unverzüglich nach Vorlage** an die Gesellschafter, spätestens jedoch innerhalb von zwölf Monaten mit dem Bestätigungsvermerk oder dem Vermerk über dessen Versagung einzureichen.		
	Zu veröffentlichen ist die Bilanz in einer verkürzten Form.[10] Anhang, Gewinn- und Verlustrechnung müssen nicht veröffentlicht werden.	Zu veröffentlichen sind – Bilanz (in Kurzform), – Gewinn- und Verlustrechnung, – Anhang und – Lagebericht.	Zu veröffentlichen sind – (ausführliche) Bilanz, – Gewinn- und Verlustrechnung, – Anhang und – Lagebericht.

[10] Vgl. § 266 HGB: „Kleine Kapitalgesellschaften (§ 267 Abs. 1) brauchen nur eine verkürzte Bilanz aufzustellen, in die nur die in den Absätzen 2 und 3 mit Buchstaben und römischen Zahlen bezeichneten Posten gesondert und in der vorgeschriebenen Reihenfolge aufgenommen werden."

2 Wechselwirkung von handels- und steuerrechtlichem Jahresabschluss

2.1 Handelsrechtlicher Jahresabschluss

In erster Linie hat jeder **Kaufmann** einen **Jahresabschluss nach den Vorschriften des Handelsgesetzbuches (HGB)** zu erstellen. Dieser Abschluss soll Einblick in die **Vermögens-, Finanz- und Erfolgslage** des Unternehmens geben.

Einerseits hat er damit eine besondere **Informations- und Schutzfunktion** „für
- die Anteilseigner von Unternehmen mit breit gestreutem Eigentumsbesitz und strenger Trennung von Eigentum und Geschäftsführung,
- die Gläubiger von Unternehmen mit beschränktem Haftungskapital und
- die allgemeine Öffentlichkeit in Bezug auf alle Unternehmen, denen aufgrund ihrer Größe oder Geschäftstätigkeit eine besondere volkswirtschaftliche Bedeutung zukommt," [11]

wahrzunehmen.

Es soll allen am Unternehmen Beteiligten „eine **Abschätzung von Ausmaß und Sicherheitsgrad** der zu erwartenden Zielrealisation ihrer Beteiligung am Unternehmen"[12] ermöglicht werden.

Andererseits hat der handelsrechtliche Abschluss die „Aufgabe, der Gewinnermittlung als Grundlage zur Bemessung ergebnisabhängiger Einkommenszahlungen wie Dividenden- und Erfolgsbeteiligungen"[13] zu dienen.

Der **handelsrechtliche Abschluss (Handelsbilanz)** ist ein Abschluss, der **unter Beachtung handelsrechtlicher Vorschriften** (HGB) erstellt wird. Er dient zum einen der **Information** des Unternehmers und der **Rechenschaftslegung** über die wirtschaftliche Entwicklung des Unternehmens gegenüber allen am Unternehmen Beteiligten. Zum anderen dient er der **Gewinnermittlung**.

2.2 Steuerrechtlicher Jahresabschluss

Der steuerrechtliche Jahresabschluss ist ein **Abschluss nach ertragssteuerrechtlichen Vorschriften** (Einkommensteuergesetz, Körperschaftsteuergesetz und Gewerbesteuergesetz), dessen einziger Adressat die Finanzbehörden sind. Diese ermitteln auf der Basis des steuerlichen Abschlusses die abzuführenden Steuerbeträge.

Der **steuerliche Jahresabschluss (Steuerbilanz)** ist ein Abschluss, der den ertragssteuerrechtlichen Vorschriften entspricht. Er ist ein aus der Handelsbilanz abgeleiteter Abschluss und dient ausschließlich der steuerlichen Gewinnermittlung.

2.3 Wechselwirkung von handels- und steuerrechtlichem Abschluss

Zwischen dem handelsrechtlichen Jahresabschluss (Handelsbilanz) und dem steuerrechtlichen Jahresabschluss (Steuerbilanz) besteht eine enge Verbindung, die durch den **Grundsatz der Maßgeblichkeit** im Sinne des § 5 Abs. 1 EStG geprägt ist.

[11] Coenenberg, A. G./Haller, A./Schultze, W.: Jahresabschluss und Jahresabschlussanalyse: Betriebswirtschaftliche, handelsrechtliche, steuerrechtliche und internationale Grundlagen – HGB, IAS/IFRS, US-GAAP, DRS, Stuttgart 2010, S. 17.
[12] Ebenda S. 18.
[13] Ebenda.

Der **Maßgeblichkeitsgrundsatz** besagt, dass die Steuerbilanz aus der Handelsbilanz abzuleiten, die **Handelsbilanz also für die Erstellung der Steuerbilanz maßgeblich ist.**

Eine solche „einfache" Wechselwirkung besteht jedoch nur solange, wie durch das Einkommensteuergesetz keine anderen, davon abweichenden Regelungen getroffen werden. Diesbezüglich ist in § 5 Abs. 1 EStG zu lesen, dass bilanzierende Unternehmen für den Jahresabschluss ein **Betriebsvermögen** anzusetzen haben, „das **nach** den **handelsrechtlichen Grundsätzen** [...] auszuweisen ist, es **sei denn, im Rahmen der Ausübung eines steuerlichen Wahlrechts wird oder wurde ein anderer Ansatz gewählt.**"

Der Maßgeblichkeitsgrundsatz umfasst

- eine **materielle Maßgeblichkeit**, in der festgeschrieben ist, dass handelsrechtliche **Bilanzierungsgrundsätze** auch für die Steuerbilanz gelten, solange im Steuerrecht nichts anderes gefordert wird, und
- eine **formelle Maßgeblichkeit**, die festschreibt, dass die **Bewertungsgrundätze** des Handelsrechts auch für den steuerlichen Ansatz gelten, sofern im Steuerrecht nichts anderes verlangt wird.

Die handelsrechtlichen Bestimmungen haben „grundsätzlich unmittelbare steuerliche Bedeutung, da eine Bindung der Steuerbilanz an die Handelsbilanz besteht" [14].

2.3.1 Bilanzierungs- und Bewertungsgrundsätze

Eine differenziertere Darstellung des Zusammenhangs von handels- und steuerrechtlichem Abschluss erfordert es, genauer zwischen **Bilanzierungs- und Bewertungsgrundsätzen** zu unterscheiden.

Bilanzierungsgrundsätze legen fest, **ob** wirtschaftlich reale Objekte oder Vorgänge in die Bilanz aufgenommen werden können.

Bewertungsgrundsätze hingegen bestimmen, **in welcher Höhe** der Wertansatz für die Bilanzpositionen in der Bilanz gewählt werden kann.

2.3.1.1 Bilanzierungsgrundsätze

Bilanzierungsgrundsätze legen fest, ob Vermögens- und Schuldenpositionen zu bilanzieren sind. Das wird im Einzelnen geregelt durch:

a) Bilanzierungs**gebote**
b) Bilanzierungs**wahlrechte**
c) Bilanzierungs**verbote**

a) Bilanzierungsgebote

Bilanzierungsgebote fordern zwingend die Bilanzierung der zum Unternehmen gehörenden Vermögenspositionen, Schulden und Rechnungsabgrenzungsposten.

[14] Horschitz, H./Groß, W./Fanck, B.: Bilanzsteuerrecht und Buchführung, Stuttgart 2010, S. 147.

Beispiel:
Für **geleistete Vorauszahlungen** gilt ein **Aktivierungsgebot** (z. B. sind Gerichtskostenvorschüsse erst dann als Aufwand zu verbuchen, wenn eine endgültige Abrechnung darüber erfolgt ist, bis dahin sind sie **als (250) Kostenvorschüsse zu aktivieren**).

Für **erhaltene Vorauszahlungen** (etwa Betriebskostenvorauszahlungen) gilt ein **Passivierungsgebot**; sie sind bis zur eigentlichen Abrechnung als **(43) Erhaltene Anzahlungen zu passivieren**.

b) Bilanzierungswahlrechte

Bilanzierungswahlrechte stellen es dem Unternehmen frei, bestimmte Positionen in der Bilanz auszuweisen/anzusetzen oder dies zu unterlassen.

Beispiel:
Handelsrechtlich besteht ein **Aktivierungswahlrecht** für Geldbeschaffungskosten, das Damnum **kann** aktiviert werden (§ 250 Abs. 3 HGB).

Passivierungswahlrechte lassen die Bildung ausgewählter Passivpositionen zu. Vor dem Bilanzrechtsmodernisierungsgesetz (BilMoG) bestanden Passivierungswahlrechte für **(38) Rückstellungen für Bauinstandhaltung** und **(391) Rückstellung für unterlassene Instandhaltungen**, nachzuholen in den Monaten 4 bis 12 des Folgejahres. Diese und andere Passivierungswahlrechte sind inzwischen weitgehend aufgehoben.

c) Bilanzierungsverbote

Bilanzierungsverbote verbieten den Bilanzausweis bestimmter Vermögens- und Kapitalpositionen. Sie erscheinen als Aktivierungsverbot und Passivierungsverbot.

Handelsrechtlich werden in § 248 HGB bestimmte Bilanzierungsverbote gesetzlich festgelegt.

Bilanzierungs**gebote**	–	Positionen sind zwingend zu bilanzieren.
Bilanzierungs**verbote**	–	Positionen dürfen nicht bilanziert werden.
Bilanzierungs**wahlrechte**	–	Die Bilanzierung ist freigestellt.

Bilanzierungsgrundsätze in der Wechselwirkung von Handels- und Steuerrecht
Bisher wurden die handelsrechtlichen Bilanzierungsgrundsätze betrachtet. Wie stellt sich jedoch diesbezüglich die Wechselwirkung von Handels- und Steuerrecht dar?

Sofern das Steuerrecht keine andere Bestimmung enthält, werden
- handelsrechtliche Aktivierungswahlrechte steuerrechtlich zu einem Aktivierungsgebot (es muss aktiviert werden).
- handelsrechtliche Passivierungswahlrechte werden steuerrechtlich zu einem Passivierungsverbot (es darf nicht passiviert werden).
- Handelsrechtliche Bilanzierungsgebote und -verbote gelten nach dem Maßgeblichkeitsgrundsatz auch für die Steuerbilanz, sofern das Steuerrecht nicht nachdrücklich etwas anderes fordert.

Bilanzierungsgrundsätze

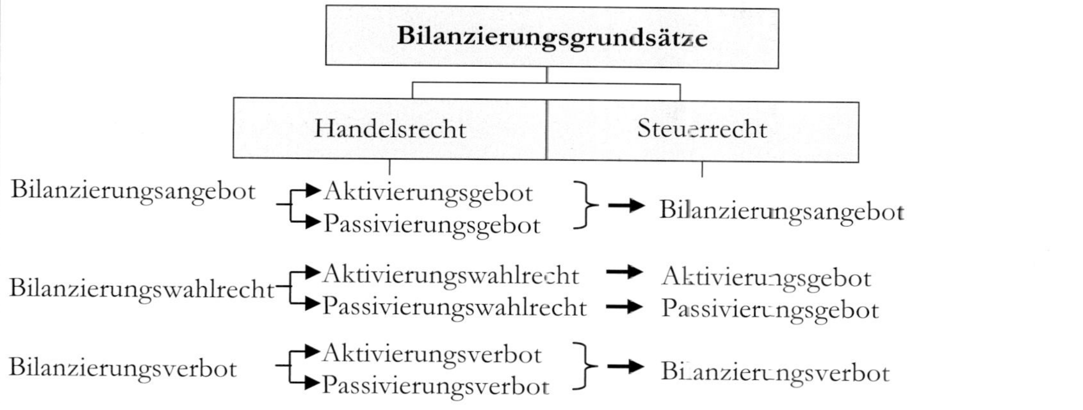

2.3.1.2 Bewertungsgrundsätze

Die Zuordnung einer in Mengen von Geldeinheiten ausgedrückten Wertgröße zu einem artmäßig bestimmten Bilanzobjekt ist als Bewerten/Bewertung zu verstehen.

Obwohl das **Bewerten** ein ökonomisches Problem ist, unterliegt der Bewertungsvorgang in den Unternehmen einer Vielzahl rechtlicher Reglementierungen. Das Bilanzrecht sieht verschiedene Wertkategorien (Wertbegriffe, Wertmaßstäbe) vor, die für die Handels- und die Steuerbilanz zum Teil eigenständig zuständig sind, zum Teil aber auch für beide Bilanzen gemeinsam gelten. Zwischen der Handels- und der Steuerbilanz besteht also auch hier ein Zusammenhang.

a) **Allgemeine Bewertungsgrundsätze des Handelsrechts (HGB)**
Das HGB enthält **allgemeine Bewertungsgrundsätze** (§ 252 HGB) und **spezielle Regelungen** für die Wertansätze der Vermögensgegenstände und Schulden im Jahresabschluss (§§ 253–256 HGB). Diese allgemeinen Bewertungsgrundsätze, von denen nur in begründeten Ausnahmefällen abgewichen werden darf, sind im Einzelnen der folgenden Übersicht zu entnehmen.

Grundsatz	Inhalt
Grundsatz der **Bilanzidentität** § 252 Abs. 1 Ziffer 1 HGB	Die Wertansätze in der Eröffnungsbilanz des Geschäftsjahres müssen mit denen der Schlussbilanz des vorhergehenden Geschäftsjahres übereinstimmen. Die Schlussbilanz ist gleichzeitig die Eröffnungsbilanz des Folgejahres.
Grundsatz der **Unternehmensfortführung** (Going-concern-Prinzip) § 252 Abs. 1 Ziffer 2 HGB	Bei der Bewertung ist von der Fortführung der Unternehmenstätigkeit auszugehen, sofern dem nicht tatsächliche oder rechtliche Gegebenheiten entgegenstehen (etwa die Liquidation des Unternehmens).
Grundsatz der **Einzelbewertung** § 252 Abs. 1 Ziffer 3 HGB	Bilanzpositionen sind zum Abschlussstichtag einzeln zu bewerten. Aus Gründen der Wirtschaftlichkeit sind jedoch Vereinfachungsverfahren gesetzlich zugelassen (Gruppen- oder Sammelbewertung nach § 240 Abs. 4 HGB).

Grundsatz der **Stichtagsbezogenheit** § 252 Abs. 1 Ziffer 3 HGB	Die Bewertung der Vermögensgegenstände und Schulden hat sich nach den Verhältnissen am Abschlussstichtag zu richten. Alle Sachverhalte, die am Bilanzstichtag objektiv bestanden, sind zu berücksichtigen, auch wenn sie erst nach diesem Zeitpunkt, jedoch noch vor der Bilanzaufstellung bekannt werden (wertaufhellende Tatsachen).
Grundsatz der kaufmännischen **Vorsicht** § 252 Abs. 1 Ziffer 4 HGB	Es ist vorsichtig zu bewerten, insbesondere sind alle vorhersehbaren Risiken und Verluste zu berücksichtigen, die bis zum Abschlussstichtag entstanden sind, selbst wenn diese erst zwischen dem Abschlussstichtag und dem Tag der Aufstellung des Jahresabschlusses bekannt geworden sind. Vermögensgegenstände sind eher niedriger **(Niederstwertprinzip)** und Schulden eher höher **(Höchstwertprinzip)** anzusetzen.
• Imparitätsprinzip	Zum Bilanzstichtag zu erwartende Verluste sind bei der Erstellung des Jahresabschlusses zu beachten.
• Realisationsprinzip	Gewinne sind nur zu berücksichtigen, wenn sie am Abschlussstichtag tatsächlich entstanden, also realisiert sind.
Grundsatz der **Periodenabgrenzung** von Aufwendungen und Erträgen § 252 Abs. 1 Ziffer 5 HGB	Aufwendungen und Erträge sind dem Geschäftsjahr zuzuweisen, in dem sie wirtschaftlich verursacht wurden, ohne Rücksicht auf den Zeitpunkt der Ausgabe oder der Einnahme.
Grundsatz der **Bilanzierungs- und Bewertungsstetigkeit** § 252 Abs. 1 Ziffer 6 HGB § 246 Abs. 3 HGB	Die auf den vorhergehenden Jahresabschluss angewandten Bilanzierungsgrundsätze (Ansatzmethoden) und Bewertungsmethoden sind beizubehalten.

Grundsatz der kaufmännischen Vorsicht
In konkreter Anwendung des Vorsichtsprinzips sind das **Niederstwertprinzip** zur Bewertung von Positionen des Anlage- und Umlaufvermögens und das **Höchstwertprinzip** zur Bewertung von Schulden besonders hervorzuheben.

- **Niederstwertprinzip – ein Prinzip zur Bewertung von Vermögen**

> Das **Niederstwertprinzip** besagt, dass am Bilanzstichtag von zwei möglichen Wertansätzen (Tageswert und Anschaffungskosten) der niedrigere anzusetzen ist.

Beispiel:

(1) Wurde etwa ein **(02) Unbebautes Grundstück des Anlagevermögens** für 220.000 € erworben und hat sich dessen Verkehrswert zum Bilanzstichtag auf 300.000 € erhöht, dürfen nach deutschem Bilanzrecht höchstens die Anschaffungskosten bilanziert werden. **Der Gewinn, der möglicherweise durch einen Verkauf erzielt werden könnte (aber noch nicht realisiert wurde), darf nicht ausgewiesen werden.**

(2) **Sinkt** jedoch der Wert dieses **Grundstücks** auf 100.000 €, etwa wegen wertmindernder Standortbedingungen, ist das Grundstück mit dem niedrigeren Wert zu bilanzieren. Die damit verbundene **Abwertung (Wertminderung)** erfolgt durch eine **Abschreibung**.

In diesem Sinne regelt § 253 HGB:
„**Vermögensgegenstände** sind **höchstens** mit den Anschaffungs- oder Herstellungskosten, vermindert um die Abschreibungen, [...] anzusetzen."

- **Höchstwertprinzip – ein Prinzip zur Bewertung von Schulden**
  Dem Niederstwertprinzip für die Aktiva entspricht das Höchstwertprinzip für die Passiva.

Von zwei möglichen Bilanzansätzen für Verbindlichkeiten ist stets der höhere zu wählen. Verbindlichkeiten sind zu ihrem Rückzahlungsbetrag, Rentenverpflichtungen, für die eine Gegenleistung nicht mehr zu erwarten ist, zu ihrem Barwert und Rückstellungen nur in Höhe des Betrages anzusetzen, der nach vernünftiger kaufmännischer Beurteilung notwendig ist.

Beispiel:
Ausgangssituation
Hat das Unternehmen Zielkäufe im Ausland getätigt, ist die Eingangsrechnung zunächst zu verbuchen. Es wird unterstellt, dass der Rechnungseingang zum 12.12.01 über einen Betrag von 10.000 $ erfolgt. Bei einem Kurs von 1,20 € für 1,00 $ ergeben sich umgerechnete Verbindlichkeiten in Höhe von 12.000 €.

Ist diese Rechnung zum Bilanzstichtag (31.12.01) noch nicht beglichen, muss sie bilanziert werden.

(1) Liegt der Kurs zum 31.12.01 bei 1,40 €/1,00 $, sind die Schulden mit dem höheren Wert von 14.000 € zu bilanzieren.

(2) Sollte der Kurs zum 31.12.01 jedoch bei 1,10 €/1,00 $ liegen, hat die Bilanzierung wegen des Höchstwertprinzips weiterhin mit 12.000 € zu erfolgen.

In diesem Sinne regelt § 253 HGB:
„**Verbindlichkeiten** sind zu ihrem Erfüllungsbetrag und Rückstellungen in Höhe des nach vernünftiger kaufmännischer Beurteilung notwendigen Erfüllungsbetrages anzusetzen."

b) Bewertungen nach Steuerrecht

Im Steuerrecht gibt es keinen Katalog „allgemeiner" Bewertungsgrundsätze, wie sie aus dem Handelsrecht bekannt sind. Vielmehr schreibt das Einkommensteuerrecht unter anderem in den §§ 6 und 7 EStG eine Vielzahl konkreter Einzelregelungen fest. Als Konsequenz ergibt sich, dass zwar die Wertansätze der Handelsbilanz grundsätzlich für die Steuerbilanz maßgebend sind, von den handelsrechtlichen Wertansätzen jedoch abgewichen werden muss, wenn das Steuerrecht dies zwingend vorschreibt.

Aus der Sicht des **Bewertungsrechts** sind die **handelsrechtlichen Vorschriften** also stets **auch für die Steuerbilanz verbindlich, sofern** das **Steuerrecht nicht** ausdrücklich etwas **anderes fordert**.

Aus dem **Maßgeblichkeitsgrundsatz** folgt aber auch, dass handelsrechtliche Bewertungsvorschriften, die steuerlich zulässig sind, in Handels- und Steuerbilanz nicht unterschiedlich ausgeübt werden können. Wird von einem Wahlrecht in der Handelsbilanz in einer bestimmten Weise Gebrauch gemacht, kann in der Steuerbilanz keine andere Beurteilung vorgenommen werden, sofern steuerrechtlich keine abweichenden Regelungen gelten.

Bewertungsgrundsätze

Bewertungsgrundsätze

Handelsrecht

Allgemeine Bewertungsgrundsätze nach §§ 252–256 HGB

Grundsatz der
- Bilanzidentität
- Unternehmensfortführung
- Einzelbewertung
- Stichtagsbezogenheit
- Vorsicht
- Periodenabgrenzung
- Bilanzierungs- und Bewertungsstetigkeit

Steuerrecht

Konkrete Bewertungsregeln nach §§ 6 und 7 EStG

3 Die zeitlichen Abgrenzungen in der Jahreserfolgsrechnung

Nicht selten **fallen Bezahlung** oder der **Erhalt von Zahlungen auf** der einen Seite **und** deren **wirtschaftliche Zuordnung** zu einem bestimmten Wirtschaftsjahr zeitlich **auseinander**.

- So kann im November eines Jahres (00) ein Versicherungsbeitrag für zwölf Monate im **Voraus** gezahlt werden. Die Zahlung erfolgt also im Jahr 00, wirtschaftlich jedoch gehört ein Teil der bezahlten Beiträge in das Jahr 00 und ein anderer in das Folgejahr 01.
- Gleiches kann für **nachträgliche Zahlungen** gelten. Möglich ist, dass bereits im Jahr 00 ein Darlehen in Anspruch genommen wird, die ersten Zinszahlungen aber erst im Jahr 01 fällig sind. Auch hier fallen Zahlung und wirtschaftliche Verursachung auseinander.

Es ist Aufgabe des Jahresabschlusses, Aufwendungen und Erträge in dem Maße der Erfolgsrechnung des Berichtsjahres (00) zuzuweisen, wie sie durch dieses auch verursacht wurden, und so muss unter der Überschrift „Zeitliche Abgrenzung von Aufwendungen und Erträgen" eine solche Zuordnung vorgenommen werden.

Zur genauen Ermittlung des Jahreserfolgs ist es erforderlich, mit dem Jahresabschluss **alle Aufwendungen und Erträge unabhängig vom Zeitpunkt der Zahlung** (Geldfluss) dem Geschäftsjahr zuzuordnen, zu dem sie wirtschaftlich und damit auch erfolgsmäßig gehören.

Aufwendungen und Erträge des Geschäftsjahres sind unabhängig von den Zeitpunkten der entsprechenden Zahlungen im Jahresabschluss zu berücksichtigen (§ 252 Abs. 1 Ziffer 5 HGB).

3.1 Sonstige Forderungen und sonstige Verbindlichkeiten

Es ist nicht selten, dass **Zahlungen** für **im Berichtsjahr (00) verursachte Erträge und Aufwendungen erst im Folgejahr** getätigt werden. Das ist zum Beispiel dann der Fall, wenn das Wohnungsunternehmen für ein gewährtes Darlehen die Zinsen vertragsgemäß jahresübergreifend **nachträglich erhält**. Oder auch dann, wenn das Wohnungsunternehmen für ein aufgenommenes Darlehen die Zinsen jahresübergreifend **nachträglich zahlt**. Die handels- und steuerrechtlich geforderte **zeitliche Abgrenzung** macht jedoch die richtige Zuordnung der Erträge und Aufwendungen in das abzuschließende Geschäftsjahr erforderlich.

Erträge und Aufwendungen, die erst im Folgejahr (01) bezahlt bzw. vereinnahmt werden, wirtschaftlich jedoch in das Berichtsjahr (00) gehören, sind am Bilanzstichtag als **(259) Sonstige Forderungen** bzw. als **(479) Sonstige Verbindlichkeiten** zu erfassen und in der Bilanz auszuweisen.[15]

Im Zusammenhang mit den Buchungen **(259) Sonstiger Forderungen** und **(479) Sonstiger Verbindlichkeiten** sind hier vor allem deren **Bildung** und **Auflösung** zu berücksichtigen. Die damit verbundenen Buchungen sollen im Folgenden beispielhaft erläutert werden.

[15] **Sonstige Forderungen** und **sonstige Verbindlichkeiten** werden auch als antizipative Posten (lat. anticipere: vorwegnehmen) bezeichnet.

3.1.1 Sonstige Forderungen

Beispiel:
Das Wohnungsunternehmen hat zum 01.05.00 ein langfristiges Darlehen gewährt und eine jährlich nachträgliche Zahlung vereinbart. Der Kreditnehmer zahlt dem Unternehmen die fälligen Zinsen (2.400 €) für die Zeit vom 01.05.00 bis 30.04.01 am 01.05.01.

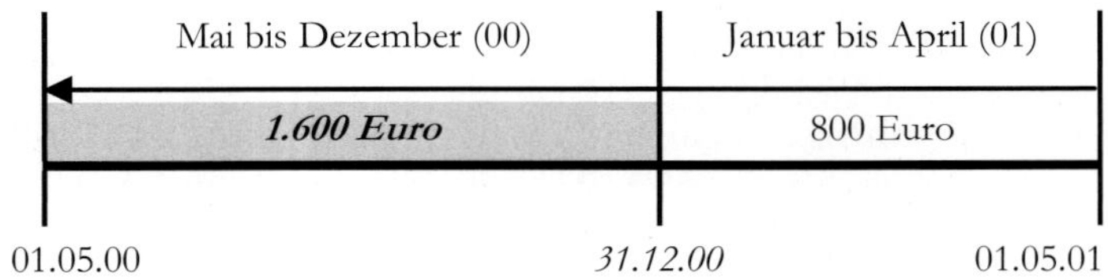

Der **(676) Zinsertrag** für die Monate Mai bis Dezember (00) ist bereits zum 31.12.00 erfolgswirksam zu erfassen, auch wenn noch kein Geld geflossen ist. Unabhängig vom Geldfluss im Folgejahr (01) betrifft dieser Zinsertrag wirtschaftlich die Erfolgsrechnung des Berichtsjahres (00).

Zum Bilanzstichtag (00) müssen alle in diesem Jahr wirtschaftlich verursachten Erträge in der Erfolgsrechnung des Unternehmens ausgewiesen werden. Das schließt auch den anteiligen Zinsertrag dieses Geschäftsfalls in Höhe von 1.600 € ein. Gleichzeitig ergibt sich in gleicher Höhe eine „echte" Geldforderung gegenüber dem Schuldner, die als **(259) Sonstige Forderung** zu bilanzieren ist.

Buchung zum 31.12.00
Bildung der **(259) Sonstigen Forderung**

(259)	an	(676)	1.600 Euro

Buchung zum 01.05.01
Die nächste Buchung erfolgt erst im Folgejahr (01), am 01.05.01, also dann, wenn die geforderte Zahlung des Schuldners eingeht.

Auflösung der **(259) Sonstigen Forderung** bei Zahlungseingang

(274)			2.400 Euro
	an	(259)	1.600 Euro
	an	(676)	800 Euro

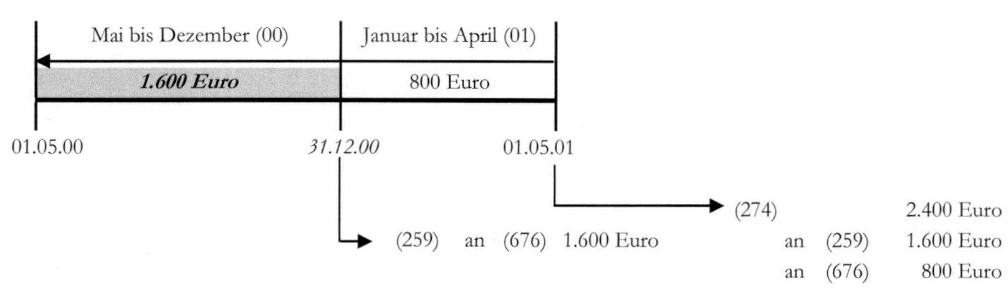

3.1.2 Sonstige Verbindlichkeiten

Beispiel:
Das Wohnungsunternehmen zahlt für ein aufgenommenes Darlehen die für die Zeit vom 01.07.00 bis zum 30.06.01 fälligen Zinsen in Höhe von 4.800 € vertragsgemäß nachträglich am 01.07.01.

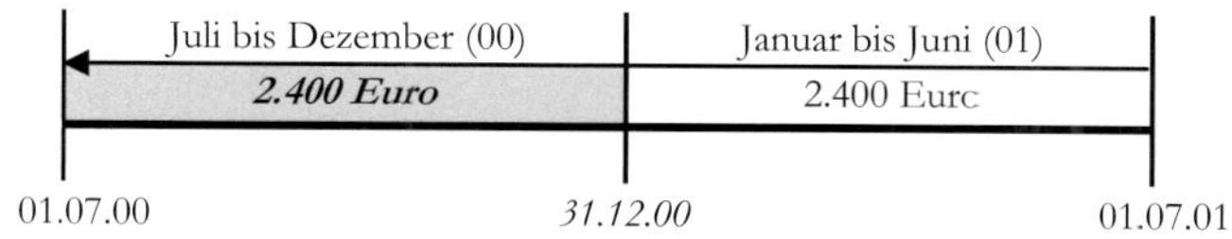

Auch hier ist zum 31.12.00 die zeitliche Abgrenzung vorzunehmen. Unabhängig von der Geldausgabe im Folgejahr (01) gehört ein Teil dieses **(872) Zinsaufwands** wirtschaftlich zum Berichtsjahr (00). Er muss daher bereits in der Erfolgsrechnung des Jahres (00) berücksichtigt werden. Gleichzeitig ist dieser (geschuldete) Zinsaufwand zum 31.12.00 in Höhe von 2.400 € als „echte" Verbindlichkeit, und zwar als **(479) Sonstige Verbindlichkeit** gegenüber dem Gläubiger auszuweisen.

Buchung zum 31.12.00
Bildung der **(479) Sonstigen Verbindlichkeiten**

(872)	an	(479)	2.400 Euro

Der Zinsaufwand erscheint nun als **Aufwand** in der Erfolgsrechnung des Berichtsjahres (00). Da er aber noch nicht zu einer Ausgabe führt, steht ihm eine **(479) Sonstige Verbindlichkeit** gegenüber.

Buchung zum 01.07.01
Die nächste Buchung erfolgt im Folgejahr (01), am 01.07.01, dann also, wenn das Wohnungsunternehmen die fälligen Zinsen überweist.

Auflösung der **Sonstigen Verbindlichkeiten (479)** bei Banküberweisung

(479)			2.400 Euro
(872)			2.400 Euro
	an	(274)	4.800 Euro

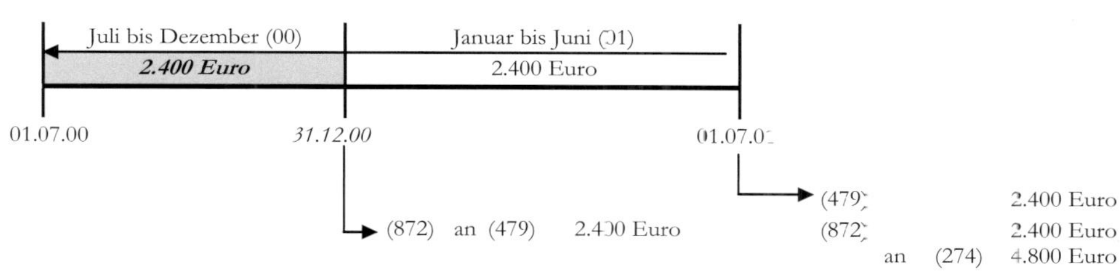

3.2 Aktive und passive Rechnungsabgrenzungsposten

Auf den Konten **(259) Sonstige Forderungen** und **(479) Sonstige Verbindlichkeiten** wurden **Erträge und Aufwendungen** des Berichtsjahres (00) bilanziert, die erst im Folgejahr (01) und damit **nachträglich** zu **Einnahmen und Ausgaben** führen.

Möglich sind jedoch auch **Zahlungen** im Berichtsjahr (00), die wirtschaftlich betrachtet erst im Folgejahr (01) zu Aufwendungen und Erträgen werden.

- Bereits im Berichtsjahr (00) getätigte Zahlungen des Wohnungsunternehmens, die den Aufwand erst im Folgejahr (01) darstellen, also im **Voraus geleistete Zahlungen**, sind zum Bilanzstichtag (00) als **(29) aktive Rechnungsabgrenzungsposten** zu bilanzieren.
- Bereits im Berichtsjahr (00) vom Wohnungsunternehmen vereinnahmte Gelder, die erst im Folgejahr (01) den Ertrag darstellen, also im **Voraus erhaltene Zahlungen**, sind zum Bilanzstichtag (00) als **(49) passive Rechnungsabgrenzungsposten** zu bilanzieren.

Diese **Rechnungsabgrenzungsposten** dienen, ebenso wie die **Sonstigen Forderungen und Sonstigen Verbindlichkeiten**, der periodengerechten Abgrenzung von Aufwendungen und Erträgen, damit der Jahreserfolg des Unternehmens adäquat ermittelt werden kann.[16]

3.2.1 Aktive Rechnungsabgrenzungen

Als **(29) aktive Rechnungsabgrenzungsposten** werden alle Aufwendungen erfasst, die bereits im Berichtsjahr (00) im Voraus bezahlt und gebucht wurden, wirtschaftlich aber teilweise oder auch ganz dem Folgejahr (01) zuzurechnen sind.

Diesbezüglich weist der Kontenrahmen der Wohnungswirtschaft zwei Konten aus. Das Konto **(290) Geldbeschaffungskosten** dient der zeitlichen Abgrenzung des Damnums/Disagios, über das Konto **(291) andere Rechnungsabgrenzungsposten** werden die erforderlichen Abgrenzungen anderer Aufwendungen vorgenommen.

Beispiel:
Durch das Wohnungsunternehmen wird am 01.11.00 eine vierteljährliche Zinsvorauszahlung in Höhe von 12.000 € geleistet.

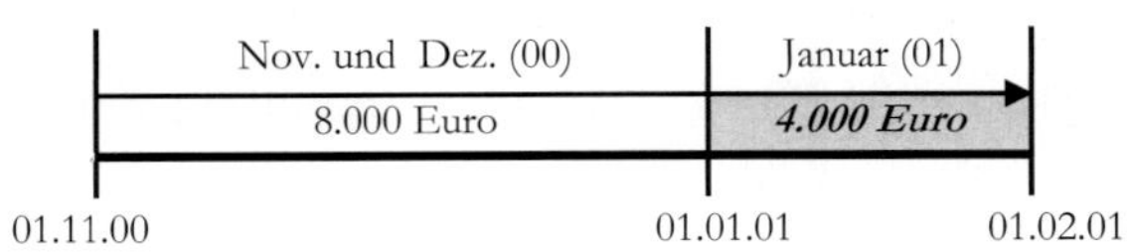

Buchung zum 01. 11. 00
Zahlung der Zinsen

(872)	an	(274)	12.000 Euro

S	872	H
01.11.00 12.000 Euro		

S	274		H
(980)	5.000 Euro	(872)	12.000 Euro

Da die bezahlten und gebuchten Zinsen aber Aufwendungen für die Monate November (00), Dezember (00) und Januar (01) sind, ist der **(872) Zinsaufwand** um den Betrag für den Januar (4.000 €) zu **korrigieren**. Lediglich ein Zinsaufwand von 8.000 € gehört in das Berichtsjahr (00).

Buchung zum 31. 12. 00
Diese Aufwandskorrektur erfolgt über die Bildung eines **(291) aktiven Rechnungsabgrenzungspostens.**

(291)	an	(872)	4.000 Euro

[16] Sie werden häufig auch als **transitorische Posten** (lat. transire: hinübergehen) bezeichnet.

Durch diese Buchung gelangt der vorausbezahlte Aufwand als Aktivposten in die Schlussbilanz und durch die Habenbuchung auf dem **Konto (872)** wird zugleich die erforderliche Minderung des Aufwandskontos vorgenommen.

S		872			H
01.11.00	(274)	12.000 Euro	31.12.00	(291)	4.000 Euro

S		291			H
31.12.00	(872)	4.000 Euro			

Buchung zum 01.01.01
Mit Beginn des Folgejahres (01) ist der **(291) aktive Rechnungsabgrenzungsposten** aufzulösen.

(872)	an	(291)	4.000 Euro

Exkurs
Nicht selten wird in der Praxis schon bei Geldfluss berücksichtigt, dass feststeht, welchem Zeitraum der im Voraus bezahlte Aufwand zuzurechnen ist. In diesen Fällen findet die zeitliche Abgrenzung nicht erst zum Bilanzstichtag, sondern bereits bei der Zahlung statt. Bezogen auf das angeführte Beispiel, gehört der gesamte Zinsaufwand von 12.000 € mit 8.000 € in das Berichtsjahr (00) und mit 4.000 € in das Folgejahr (01).

Bei Zahlung am 01.11.00 kann gebucht werden:

(872)			8.000 Euro
(291)			4.000 Euro
	an	(274)	12.000 Euro

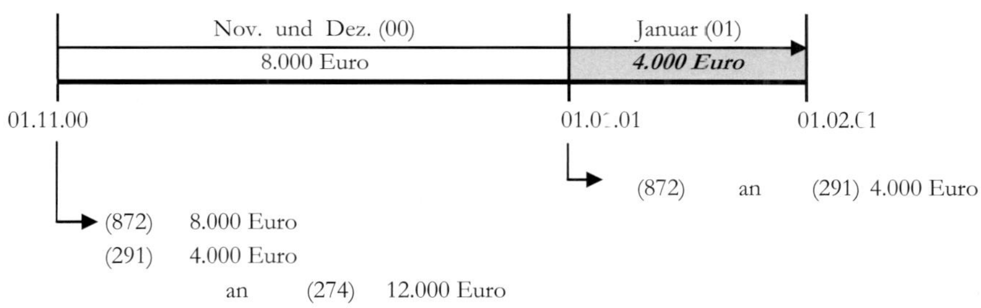

3.2.2 Passive Rechnungsabgrenzungen

Als **(49) passive Rechnungsabgrenzungsposten** werden alle Erträge erfasst, die im Berichtsjahr (00) bereits zu Einnahmen geführt haben, wirtschaftlich aber teilweise oder vollständig als Ertrag dem Folgejahr (01) zuzuordnen sind.

Beispiel:
Das Wohnungsunternehmen erhält am 01.11.00 die vierteljährliche Zinsvorauszahlung (12.000 €) für ein gewährtes Darlehen.

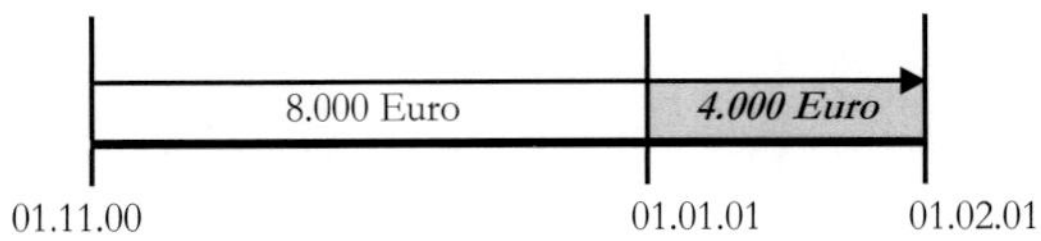

Buchung zum 01.11.00
Zahlung der Zinsen:

(274)	an	(676)	12.000 Euro

S			274		H
(980)		5.000 Euro			
01.11.00	(676)	12.000 Euro			

S			676		H
			01.11.00	(676)	12.000 Euro

Da diese erhaltenen Zinsen bereits als Ertrag für die Monate November (00), Dezember (00) und Januar (01) erfasst wurden, ist der **Zinsertrag** für den Monat Januar (4.000 €) **abzugrenzen**. Lediglich der Zinsertrag über 8.000 € gehört in das Berichtsjahr (00).

Buchung zum 31.12.00
Die **Ertragskorrektur** erfolgt durch die **Bildung** einer **(49) passiven Rechnungsabgrenzung**.

(676)	an	(49)	4.000 Euro

Durch diese Buchung gelangt der im Voraus erhaltene Ertrag als Passivposten in die Schlussbilanz und zugleich wird durch die Sollbuchung auf dem **Konto (676)** die erforderliche Minderung des Ertragskontos vorgenommen.

S			676		H
31.12.00	(49)	4.000 Euro	01.11.00	(274)	12.000 Euro

S			49		H
			31.12.00	(676)	4.000 Euro

Buchung zum 01.01.01
Zum 01.01.01 des Folgejahres (01) ist der **(49) passive Rechnungsabgrenzungsposten** wieder **aufzulösen**.

(49)	an	(676)	4.000 Euro

Exkurs
Auch beim Vorauserhalt von Zahlungen, denen erst im Folgejahr (01) wirtschaftliche Erträge gegenüberstehen, ist eine **vereinfachte Buchung** möglich. Schon bei Geldfluss lässt sich buchen:

(274)			12.000 Euro
	an	(676)	8.000 Euro
	an	(49)	4.000 Euro

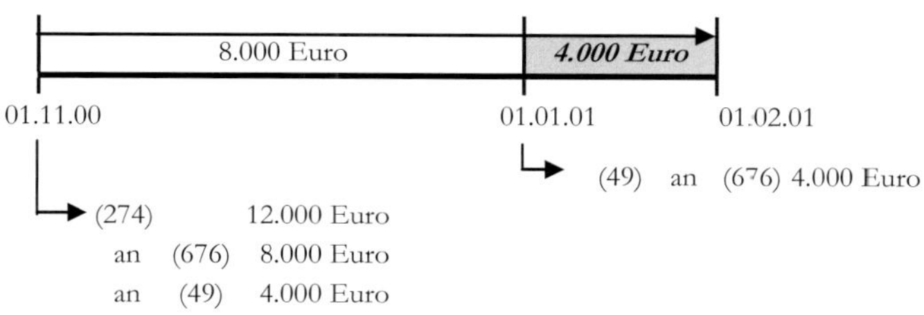

3.3 Rückstellungen

Aufwendungen des Berichtsjahres (00), für die Zahlungen erst im Folgejahr (01), also **nachträglich** geleistet werden, sind grundsätzlich als **(479) Sonstige Verbindlichkeiten** zu bilanzieren. Es gibt jedoch auch Aufwendungen, die **wirtschaftlich** zwar durch das Berichtsjahr (00) verursacht wurden, deren exakte **Höhe** und/oder **Fälligkeit** jedoch erst im Folgejahr (01) oder später bekannt werden. Solche Aufwendungen sind im Jahresabschluss als **Rückstellungen** auszuweisen.

Rückstellungen sind ungewisse Schulden für Aufwendungen, die am Bilanzstichtag des Berichtsjahres zwar dem Grunde nach, nicht jedoch in ihrer Höhe und/oder Fälligkeit feststehen.

§ 249 HGB – Rückstellungen

(1) Rückstellungen sind für ungewisse Verbindlichkeiten und für drohende Verluste aus schwebenden Geschäften zu bilden. Ferner sind Rückstellungen zu bilden für
1. im Geschäftsjahr unterlassene Aufwendungen
für Instandhaltung, die im folgenden Geschäftsjahr innerhalb von drei Monaten oder für Abraumbeseitigung, die im folgenden Geschäftsjahr nachgeholt werden,
2. Gewährleistungen, die ohne rechtliche Verpflichtung erbracht werden.

(2) **Für andere als die in Absatz 1 bezeichneten Zwecke dürfen keine Rückstellungen gebildet werden.** Rückstellungen dürfen nur aufgelöst werden, soweit der Grund hierfür entfallen ist.

3.3.1 Bildung von Rückstellungen

Im Allgemeinen erfolgt die **Bildung der Rückstellungen** zum Bilanzstichtag durch die folgende Buchung:

(Aufwand)	an	(Rückstellung)

Dabei liegt es in der Natur der Sache, dass der mit der Bildung der Rückstellung verbundene **Aufwand** zu **schätzen** ist.

- Zum einen ist gerade deshalb darauf zu verweisen, dass **Rückstellungen nur in der Höhe des** nach „vernünftiger kaufmännischer Beurteilung notwendigen **Erfüllungsbetrages** anzusetzen“[17] sind, also mit einem Betrag, der **nach vernünftiger kaufmännischer Beurteilung notwendig ist**, um die Verpflichtungen aus allen Risiken abzudecken, die auf das Unternehmen voraussichtlich zukommen könnten.
- Zum anderen ist bei einer „vernünftigen kaufmännischen Beurteilung“ auch der **Grundsatz der Wahrheit** zu beachten. Dieser gestattet keinesfalls die Bildung von Rückstellungen ohne jede wirtschaftlich vertretbare Begründung oder mit offenbar unrichtigen und den tatsächlichen Verhältnissen nicht entsprechenden Begründungen.

Im Konkreten ist eine Vielzahl von Rückstellungen zu bilden, die über die **Kontengruppen (36) bis (39)** zu bilanzieren sind.

Dazu gehören

a) **Rückstellungen für Pensionen und ähnliche Aufwendungen (36)**
Hier sind Rückstellungen für laufende Pensionen und Anwartschaften auf Pensionen zu buchen. Bei der Bildung der **(36) Pensionsrückstellungen** sind die aufgrund versicherungsmathematischer Berechnungen erforderlichen Zuführungen zu erfassen.

Buchung bei Bildung von Pensionsrückstellungen:

(832)	an	(36)

b) **Steuerrückstellungen (37)**
Als **(37) Steuerrückstellungen** sind alle noch zu **erwartenden Schlusszahlungen** für noch nicht durch Steuerbescheide veranlagte Steuern zu erfassen. Hierher gehören aber auch die noch zu erwartenden **Nachzahlungen**, soweit die jeweiligen Bescheide bis zur Bilanzerstellung noch nicht vorliegen.

Für die Bildung von Steuerrückstellungen stehen beispielsweise die Konten
Rückstellungen für
(370) Körperschaftsteuer,
(371) Gewerbesteuer und
(373) Sonstige Steuern
zur Verfügung.

Bei der Bildung von Steuerrückstellungen ist zu buchen:

(89)	an	(37)

c) **Sonstige Rückstellungen (39)**
Weitere Rückstellungen sind im Kontenrahmen der Wohnungswirtschaft ausgewiesen. Die folgende Übersicht benennt diese Konten und die bei der Bildung anzusprechenden Aufwandspositionen.

[17] Vgl. § 253 Abs. 1 HGB.

Sonstige Rückstellungen in der Wohnungswirtschaft[18]			
Rückstellungskonten		Aufwandsposten	
(390)	Rückstellung für unterlassene Instandhaltungen/Nachholung in den ersten drei Monaten (Pflichtrückstellung nach § 249 Abs. 1 Satz 2 Ziff. 1 HGB) /	(808)	Zuführung zur Rückstellung für unterlassene Instandhaltung
(392)	Rückstellungen für Abraumbeseitigung	(859)	Übrige Aufwendungen
(393)	Rückstellungen für drohende Verluste aus schwebenden Geschäften	(859)	Übrige Aufwendungen
(394)	Rückstellungen für Gewährleistungsverpflichtungen	(819)	Sonstige Aufwendungen für Verkaufsgrundstücke
(395)	Rückstellungen für Kosten der Hausbewirtschaftung	(8000) bis (804)	Aufwendungen für Hausbewirtschaftung
(396)	Rückstellungen für Abschluss-, Prüfungs- und Veröffentlichungskosten sowie Aufbewahrungskosten	(850)	Sächlicher Verwaltungsaufwand
(397)	Rückstellungen für sonstige Verwaltungskosten (Urlaub, Jubiläum, Altersteilzeit)	(830)	Personalaufwand
(398)	Rückstellungen für noch anfallende Baukosten	(814)	Zuführung zur Rückstellung für noch anfallende Kosten
(399)	Rückstellungen für erbrachte Bauleistungen	(00) (01) (06) ...	Je nach Art und Grad der Fertigstellung der Bauten des Anlagevermögens

3.3.2 Auflösung von Rückstellungen

Rückstellungen sind aufzulösen, „soweit der Grund hierfür entfallen ist" (§ 249 Abs. 3 Satz 2 HGB).

- **Auflösung bei Inanspruchnahme**
  Im Regelfall erfolgt diese Auflösung durch die Inanspruchnahme der Rückstellung, also bei Eingang einer entsprechenden Rechnung. Dann ist zu buchen:

Rückstellung	an	Verbindlichkeiten/Geldkonto

- **Auflösung ohne Inanspruchnahme**
  In vorausgegangenen Jahresabschlüssen gebildete Rückstellungen sind erfolgswirksam über das Konto **(662) Erträge aus der Auflösung von Rückstellungen** aufzulösen, **wenn** bei Erstellung des Abschlusses für das Berichtsjahr (00) bekannt ist, dass **mit einer Inanspruchnahme nicht mehr zu rechnen ist**, weil sich die Verhältnisse geändert haben oder neue Informationen vorliegen, die zu einer geänderten Beurteilung der Verhältnisse führen.[19]

[18] Vgl. Kommentar zum Kontenrahmen der Wohnungswirtschaft, Hamburg 2010, S. 87 f.
[19] Vgl. Erläuterungen zur Rechnungslegung der Wohnungsunternehmen, Hamburg 2010, S. 146.

Im Zusammenhang mit der Auflösung von Rückstellungen ist zu beachten, dass die Beträge zuvor geschätzt wurden und hieraus Abweichungen zwischen den Werten der **Rückstellung** und den **tatsächlich Verbindlichkeiten** entstehen können. Die erforderlichen Buchungen sollen beispielhaft dargestellt werden.

Ausgangssituation
Das Wohnungsunternehmen ging davon aus, dass für den Abschluss des Berichtsjahres (00) im Folgejahr (01) mit Kosten in Höhe von 10.000 € zu rechnen sein wird. In dieser Höhe wurde eine Rückstellung gebildet.

Zum 31.12.00 wurde deshalb gebucht:

(850)	an	(396)	10.000 Euro

Buchung bei Rechnungseingang Folgejahr – drei Fälle sind möglich:

a) **Höhe des Rechnungsbetrags der Eingangsrechnung stimmt mit der Höhe der Rückstellung überein**

Beispiel:
Am 23.03.01 gehen alle den Jahresabschluss (00) betreffenden Rechnungen über 10.000 € ein.

Bei Rechnungseingang am 23.03.01 ist zu buchen:

(396)	an	(4421)	10.000 Euro

S	396		H
(4421)	10.000 Euro	(980)	10.000 Euro

S	4421		H
		(396)	10.000 Euro

b) **Rechnungsbeträge sind kleiner als die jeweilige Rückstellung**

Beispiel:
Am 23.03.01 gehen alle den Jahresabschluss (00) betreffenden Rechnungen über insgesamt 8.000 € ein.

Bei Rechnungseingang ist zu beachten, dass die Rückstellungen im Vorjahr (00) um 2.000 € zu hoch angesetzt waren. Bei der Auflösung ist dieser **zu hohe Betrag** nun erfolgswirksam über ein Ertragskonto, das Konto **(662) Erträge aus der Auflösung von Rückstellungen,** aufzulösen.

Zu buchen ist also:

(396)			10.000 Euro
	an	(4421)	8.000 Euro
	an	**(662)**	**2.000 Euro**

S	396		H
(4421)/(662)	10.000 Euro	(980)	10.000 Euro

S	4421		H
		(396)	8.000 Euro

S	662		H
		(396)	2.000 Euro

c) Rechnungsbeträge sind größer als die jeweilige Rückstellung

Beispiel:
Am 23.03.01 gehen alle den Jahresabschluss (00) betreffenden Rechnungen über insgesamt 11.000 € ein.

Bei Rechnungseingang ist zu beachten, dass die Rückstellungen im Vorjahr (00) um 1.000 € zu niedrig angesetzt waren. Dieser im Vorjahr (00) nur unzureichend berücksichtigte Betrag muss im Jahr (01) als zusätzlicher Aufwand verbucht werden.

Zu buchen ist:

(396)			10.000 Euro
(850)			1.000 Euro
	an	(4421)	11.000 Euro

S	396		H
(4421)	10.000 Euro	(980)	10.000 Euro

S	4421		H
		(396)/ (850)	8.000 Euro

S	850		H
(4421)	1.000 Euro		

3.4 Zusammenfassung

Alle Formen der zeitlichen Abgrenzung stellen eine Korrektur von Erfolgskonten dar. Die abschließende Übersicht soll verdeutlichen, dass es stets nur darum gehen kann, die Aufwendungen bzw. Erträge im Rahmen der zeitlichen Abgrenzung zu erhöhen (+) oder zu vermindern (–).

Bildung und Auflösung zeitlicher Abgrenzungen

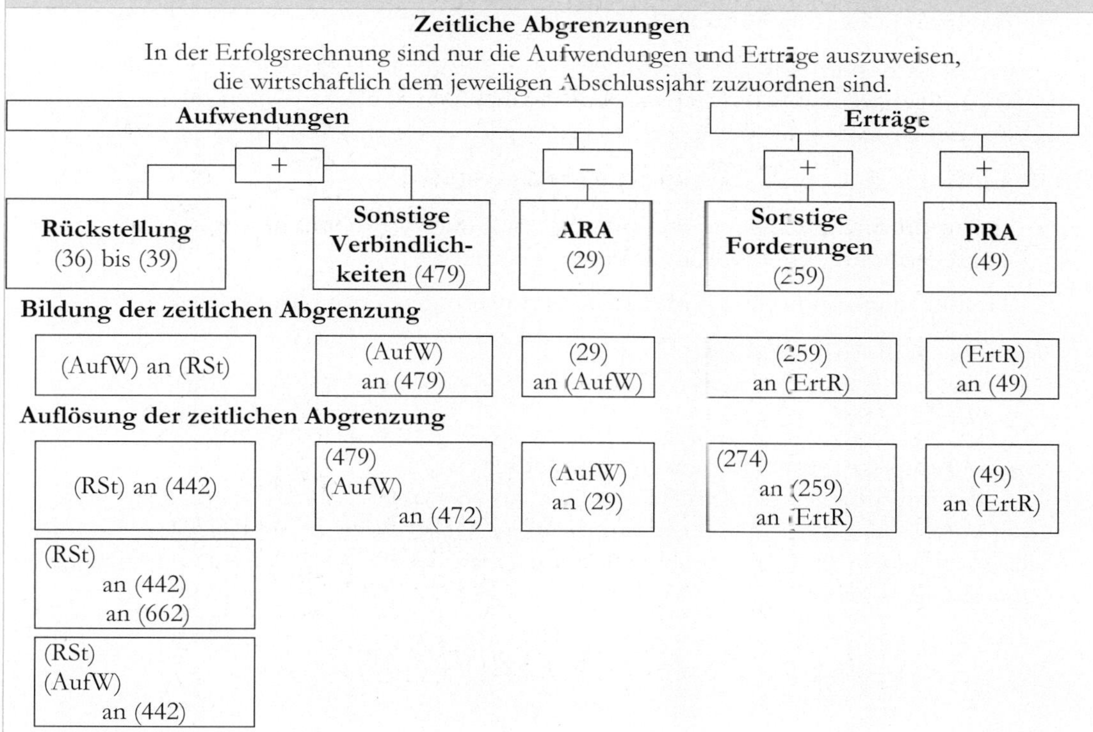

4 Bewertung des Anlagevermögens

4.1 Zugangsbewertung von Gütern des Anlagevermögens

Deutsches Handels- und Steuerrecht verlangen, dass Positionen des Anlagevermögens in der Bilanz mit ihren **Anschaffungs- bzw. Herstellungskosten oder den an deren Stelle tretenden niedrigeren** Werten auszuweisen sind.[20]

4.1.1 Anschaffungskosten als Wertansatz erworbener Anlagegüter

In Umsetzung dieses allgemeinen Grundsatzes sind die durch das Wohnungsunternehmen erworbenen **Anlagegüter mit den Anschaffungskosten** oder gegebenenfalls – im Sinne der kaufmännischen Vorsicht – **mit einem niedrigeren Wert** zu bilanzieren.

Anschaffungskosten sind nach § 255 Abs. 1 Satz 1 HGB alle Aufwendungen, die geleistet werden,

- um einen Vermögensgegenstand zu erwerben und ihn
- in einen betriebsbereiten Zustand zu versetzen,

soweit die Kosten dem Vermögensgegenstand einzeln zugeordnet werden können.

Zu den Anschaffungskosten gehören auch die Nebenkosten sowie die nachträglichen Anschaffungskosten. Anschaffungspreisminderungen sind abzusetzen.

Diese handelsrechtliche Definition stimmt grundsätzlich mit dem steuerrechtlichen Verständnis der Anschaffungskosten überein.

Umfang der Anschaffungskosten

- Bestandteil der Anschaffungskosten sind
  - **Anschaffungspreis** (Entgelt)
  - **Anschaffungsnebenkosten und**
  - **nachträgliche Anschaffungskosten.**

  Eingeschlossen sind hier alle durch den Erwerb und die Herstellung der Betriebsbereitschaft/Nutzungsfähigkeit des Anlageguts verursachten Kosten. Bedingung ist, dass diese Kosten der Anschaffung einzeln zugeordnet werden können.

- **Nicht Bestandteil** der Anschaffungskosten sind
  - **Aufwendungen**, die dem jeweiligen Anschaffungsvorgang **nicht direkt**, sondern nur indirekt **zugerechnet werden können**, aber auch
  - **Geldbeschaffungs- und Finanzierungskosten** des Kaufpreises.

- **Vorsteuer und Anschaffungskosten**
  Die Vorsteuer gehört nur zu den Anschaffungsnebenkosten, wenn das Unternehmen nicht vorsteuerabzugsberechtigt ist.

- **Anschaffungskosten bei bebauten Grundstücken**
  Beim Erwerb bebauter Grundstücke sind die Anschaffungskosten in einen Kostenanteil für Grund und Boden und einen Kostenanteil für die Gebäude zu unterteilen. Das ist erforderlich, da die planmäßige Abschreibung nur auf Gebäudekosten möglich ist, nicht jedoch auf Grund und Boden.

[20] Vgl. § 253 Abs. 2 HGB und § 6 Abs. 1 EStG.

4.1.2 Herstellungskosten als Wertansatz selbst geschaffener Anlagegüter

Herstellungskosten bilden den grundlegenden **Wertansatz für selbst geschaffene Anlagegüter**. In der Immobilienwirtschaft ist das für die Bewertung selbst errichteter Gebäude von besonderer Bedeutung.

> **§ 255 HGB – Herstellungskosten**
>
> [...]
>
> (2) Herstellungskosten sind die Aufwendungen, die durch den Verbrauch von Gütern und die Inanspruchnahme von Diensten
>
> - für die **Herstellung eines Vermögensgegenstands**,
> - seine **Erweiterung** oder
> - für eine über seinen ursprünglichen Zustand hinausgehende wesentliche **Verbesserung** entstehen.
>
> Dazu gehören die **Materialkosten**, die **Fertigungskosten** und die **Sonderkosten der Fertigung** sowie angemessene Teile der **Materialgemeinkosten**, der **Fertigungsgemeinkosten** und des **Werteverzehrs des Anlagevermögens**, soweit dieser durch die Fertigung veranlasst ist. Bei der Berechnung der Herstellungskosten dürfen angemessene Teile der Kosten der allgemeinen Verwaltung sowie angemessene Aufwendungen für soziale Einrichtungen des Betriebs, für freiwillige soziale Leistungen und für die betriebliche Altersversorgung einbezogen werden, soweit diese auf den Zeitraum der Herstellung entfallen. Forschungs- und Vertriebskosten dürfen nicht einbezogen werden.
>
> [...]
>
> (3) **Zinsen für Fremdkapital** gehören nicht zu den Herstellungskosten. Zinsen für Fremdkapital, das zur Finanzierung der Herstellung eines Vermögensgegenstands verwendet wird, dürfen angesetzt werden, soweit sie auf den Zeitraum der Herstellung entfallen; in diesem Falle gelten sie als Herstellungskosten des Vermögensgegenstands.

4.2 Abschreibung auf bewegliche Wirtschaftsgüter

4.2.1 Wesenszüge der Abschreibung

Anschaffungskosten und Herstellungskosten bilden **Ausgangspunkt** und zugleich **Wertobergrenze** bei der Bilanzierung des Anlagevermögens. Es ist handels- und steuerrechtlich jedoch gefordert, Anlagegüter im Jahresabschluss **gegebenenfalls mit einem niedrigeren Wert** (Anschaffungskosten bzw. Herstellungskosten, vermindert um eine planmäßige Abschreibung/Absetzung für Abnutzung, erhöhte Absetzungen, Sonderabschreibungen, Abzüge nach § 6b EStG und ähnliche Abzüge) **zu bilanzieren** (Niederstwertprinzip).

Die Ermittlung eines solchen niedrigeren Wertansatzes erfolgt im Rahmen der unterschiedlichen Abschreibungsverfahren, die sich in Abhängigkeit von der Art des Wirtschaftsguts gestalten.

> **Abschreibungen** sind die Wertminderungen der Anlagegüter, die durch Nutzung (physischer Verschleiß), technischen Fortschritt, wirtschaftliche Entwertung oder durch außergewöhnliche Ereignisse verursacht werden. Im Steuerrecht werden sie **Absetzung für Abnutzung (AfA)** genannt. Sie führen einerseits zu einer Verringerung des Buchwerts des Anlageguts und belasten andererseits als Aufwand die Erfolgsrechnung

Ursachen für die Abschreibung können sein:

- **technische Gründe**
  - Abnutzung durch Gebrauch
  - natürlicher Verschleiß (Alterung)
  - Wertminderung durch außergewöhnliche Vorfälle (Unfälle, Katastrophen)
  - Abbau der Substanz
- **wirtschaftliche Gründe**
  - technischer Fortschritt (Neuentwicklungen)
  - Nachfrageveränderungen
  - falsche Einschätzungen der Investition
- **Zeitablauf**
  - Verträge laufen aus

4.2.2 Planmäßige und außerplanmäßige Abschreibung

Grundsätzlich ist zwischen einer

- **planmäßigen Abschreibung und**
- **außerplanmäßigen Abschreibung**

zu unterscheiden.

a) Planmäßige Abschreibung

> **Planmäßige Abschreibungen** haben den Zweck, die Anschaffungs- oder Herstellungskosten der abnutzbaren Gegenstände des Anlagevermögens nach einem festgelegten Plan (Abschreibungsplan) auf die **voraussichtliche Nutzungsdauer** zu verteilen. Sie dienen dazu, die vorhersehbaren Wertminderungen zu erfassen.

Die **planmäßige Abschreibung** – im Steuerrecht wird sie als Absetzung für Abnutzung (AfA) bezeichnet – unterstellt eine planmäßige Verteilung der Anschaffungs- bzw. Herstellungskosten auf die Geschäftsjahre, in denen der Vermögensgegenstand voraussichtlich genutzt werden kann.

Dazu ist ein Abschreibungsplan zu erstellen, der folgende Größen zu berücksichtigen hat:

- **Anschaffungs- und Herstellungskosten**
  Anschaffungs- und Herstellungskosten sind durch § 255 HGB definiert.
- **Betriebsgewöhnliche Nutzungsdauer**
  Die Bestimmung der betriebsgewöhnlichen Nutzungsdauer liegt handels- und steuerrechtlich im Ermessen des Unternehmers, soweit er nicht gegen die Regeln sorgfältiger Prüfung und ordnungsgemäßer Wirtschaft verstößt. Gegebenenfalls ist sie im Zuge einer Einzelfallbestimmung zu schätzen. Diese Schätzung muss den Erfahrungen zur technischen und wirtschaftlichen Nutzungsdauer entsprechen. Als **Richtwert** für die zutreffende Schätzung der **betriebsgewöhnlichen Nutzungsdauer** dienen die **AfA-Tabellen**, die vom Bundesminister der Finanzen veröffentlicht werden.
- **Abschreibungsbeginn**
  Abschreibungsbeginn ist der Zeitpunkt der Anschaffung **(Zeitpunkt der Lieferung)** bzw. der Herstellung **(Zeitpunkt der Fertigstellung)**. Von da an werden die Anschaffungs- bzw. Herstellungskosten je nach Abschreibungsmethode auf die verbleibende Nutzungsdauer verteilt.

Bei Wirtschaftsgütern, die im Laufe eines Jahres angeschafft oder hergestellt werden, kann für das **Jahr der Anschaffung oder Herstellung** in der Regel **nur der Teil des auf ein Jahr entfallenden Abschreibungsbetrags angesetzt werden**, der dem Zeitraum zwischen der Anschaffung oder Herstellung des Wirtschaftsguts und dem Ende des Jahres entspricht („pro – rata – temporis") [21].

Für **den Monat der Anschaffung oder Herstellung ist ein ganzer Monatsbetrag** der Abschreibung zu **berücksichtigen**, auch wenn das Wirtschaftsgut erst zum Monatsende angeschafft oder fertiggestellt wurde (§ 7 Abs. 1 Satz 4 EStG).

- **Abschreibungsende**
  Scheidet das Anlagegut noch vor Ende der betriebsgewöhnlichen Nutzungsdauer aus dem Unternehmen aus, ist für dieses Jahr eine zeitanteilige (monatsgenaue) Abschreibung vorzunehmen.

b) Außerplanmäßige Abschreibung und Wertaufholung

Außerplanmäßige Abschreibungen haben den Zweck, abnutzbare und nicht abnutzbare **Gegenstände des Anlagevermögens** bei nicht vorhersehbaren Wertminderungen auf einen niedrigeren Wert abzuwerten, der ihnen am Abschlussstichtag beizulegen ist.

Neben den planmäßigen Abschreibungen sind also auch **außerplanmäßige Abschreibungen bzw. Absetzungen für außergewöhnliche technische oder wirtschaftliche Abnutzung (AfaA) zulässig** (§ 253 (3) Satz 2 HGB, § 7 (1) EStG). Voraussetzung dafür ist jedoch die Vermutung einer voraussichtlich dauernden Wertminderung.

Zugleich ist aber zu beachten, dass ein solcher

„niedrigerer Wertansatz ... nicht beibehalten werden (darf), wenn die Gründe dafür nicht mehr bestehen" (§ 253 Abs. 5).

Sind die Ursachen, die eine außerplanmäßige Abschreibung/außergewöhnliche Absetzung bedingten, nicht mehr gegeben und befindet sich das Wirtschaftsgut noch im Betriebsvermögen, ist eine **Wertaufholung/Zuschreibung** vorzunehmen.

4.2.3 Methoden planmäßiger Abschreibung auf bewegliche Wirtschaftsgüter des Anlagevermögens

Abschreibungsmethoden sind Verfahren zur Festlegung der jährlichen Abschreibungsbeträge. Für **planmäßige Abschreibungen in der Handelsbilanz** sind verschiedene Methoden zulässig. Bestimmte Methoden sind nicht vorgeschrieben.

Die gewählte Abschreibungsmethode muss in erster Linie den allgemeinen Bewertungsgrundätzen des HGB genügen. Zugleich aber ist festzustellen, dass § 253 Abs. 3 Satz 1 HGB lediglich konstatiert, **dass** bei „Vermögensgegenständen des Anlagevermögens, deren Nutzung zeitlich begrenzt ist, ... die **Anschaffungs- oder die Herstellungskosten um planmäßige Abschreibungen zu vermindern** (sind). Der Plan muss die Anschaffungs- oder Herstellungskosten auf die Geschäftsjahre verteilen, in denen der Vermögensgegenstand voraussichtlich genutzt werden kann."

Damit sind **handelsrechtlich keine konkreten Abschreibungsmethoden definiert**. Jedoch bietet das **Einkommensteuerrecht eine Vielzahl von Einzelregelungen**, die in der Praxis häufig auch, insbesondere in Ermangelung konkreter handelsrechtlicher Regelungen, im handelsrechtlichen Abschluss angewandt werden. Deshalb werden im Folgenden die einkommensteuerrechtlichen Regelungen zur Bewertung des Anlagevermögens ausführlicher erläutert.

[21] Ausnahmen von dieser Regel bestehen für geringwertige Wirtschaftsgüter (GWG) und bei der degressiven Gebäudeabschreibung.

Aus steuerrechtlicher Sicht ist insbesondere einzugehen auf
- den Umgang mit **geringwertigen Wirtschaftsgütern (GWG)** und auf die
- Methoden
  - der **linearen Abschreibung** (Abschreibung in gleichen Jahresbeträgen),
  - der **degressive Abschreibung** (Abschreibung mit fallenden Jahresbeträgen) und
  - der **Leistungsabschreibung** (Abschreibung entsprechend der Inanspruchnahme des Wirtschaftsguts).

4.2.3.1 Geringwertige Wirtschaftsgüter (GWG)

Als **geringwertige Wirtschaftsgüter (GWG)** gelten bewegliche, abnutzbare und selbstständig nutzbare Güter, deren Anschaffungskosten „von geringem Wert“ sind.

Diesbezüglich gelten gegenwärtig zwei mögliche Regelungen:

150-€-Regelung/Regelung ab dem 01. 01. 2008
- Mit Wirkung zum 01. 01. 2008 wurde im Einkommensteuerrecht festgelegt, dass als geringwertiges Wirtschaftsgut (GWG) jedes **bewegliche, abnutzbare und selbstständig nutzbare** Gut gilt, dessen **Anschaffungskosten** den Betrag von **150 €** (netto) nicht übersteigt. Diese Kosten **können in voller Höhe als Betriebsausgaben** abgesetzt, also als Aufwand verbucht werden (EStG § 6 Abs. 2a).
- Als geringwertig gelten die oben bezeichneten Güter aber **auch dann, wenn deren Nettoanschaffungskosten über 150 €, jedoch unter 1.000 € liegen**. Nach § 6 Abs. 2a EStG sind diese in einen sogenannten **Sammelposten** einzustellen, der im Wirtschaftsjahr seiner Bildung und in den folgenden vier Wirtschaftsjahren linear jeweils mit 20 Prozent aufwandswirksam aufzulösen (abzuschreiben) ist.

410-€-Regelung/Regelung ab dem 01. 01. 2010
- Zum 01. 01. 2010 wurde festgelegt, dass **selbstständig nutzbare Wirtschaftsgüter des Anlagevermögens**, deren Anschaffungs- bzw. Herstellungskosten **150 €** (netto) nicht überschreiten, sofort **als Aufwand erfasst werden können**.
- Liegen die Nettoanschaffungs-/Herstellungskosten nicht über **410 €**, besteht ein **Abschreibungswahlrecht**. Das bedeutet, dass die **Anschaffungs- bzw. Herstellungskosten im Jahr der Anschaffung/Herstellung sofort abgeschrieben oder auf die gewöhnliche Nutzungsdauer** verteilt werden können.

Die aktuelle Rechtsprechung lässt gegenwärtig also sowohl die „150-€-Regel“ als auch die „410-€-Regel“ zu. Das Unternehmen muss sich jedoch für eine dieser Regelungen einheitlich für alle geringwertigen Wirtschaftsgüter entscheiden.

Die recht umfangreiche Regelung des Einkommensteuerrechts zum Umgang mit geringwertigen Wirtschaftsgütern (GWG) soll durch folgenden Auszug aus dem Einkommensteuergesetz konkretisiert werden.

§ 6 Abs. 2 EStG

1 Die **Anschaffungs- oder Herstellungskosten** [...] von **abnutzbaren beweglichen Wirtschaftsgütern** des Anlagevermögens, die einer **selbstständigen Nutzung** fähig sind, können im Wirtschaftsjahr der Anschaffung, Herstellung oder Einlage des Wirtschaftsguts oder der Eröffnung des Betriebs in voller Höhe als **Betriebsausgaben** abgezogen werden, wenn die Anschaffungs- oder Herstellungskosten, vermindert um einen darin enthaltenen Vorsteuerbetrag [...] für das einzelne Wirtschaftsgut 410 Euro nicht übersteigen.

[...]

4 Wirtschaftsgüter im Sinne des Satzes 1, deren Wert 150 Euro übersteigt, sind […] in ein besonderes, laufend zu führendes Verzeichnis aufzunehmen.
5 Das Verzeichnis braucht nicht geführt zu werden, wenn diese Angaben aus der Buchführung ersichtlich sind.

§ 6 Abs. 2a EStG – Sammelposten

1 Abweichend von Absatz 2 Satz 1 **kann für die** abnutzbaren beweglichen **Wirtschaftsgüter** des Anlagevermögens, die einer **selbstständigen Nutzung** fähig sind, […] ein **Sammelposten** gebildet werden, wenn die Anschaffungs- oder Herstellungskosten, vermindert um einen darin enthaltenen Vorsteuerbetrag, […] für das einzelne Wirtschaftsgut 150 Euro, aber nicht 1.000 Euro übersteigen.
2 Der Sammelposten ist im Wirtschaftsjahr der Bildung und den folgenden vier Wirtschaftsjahren mit **jeweils einem Fünftel gewinnmindernd aufzulösen**.
3 Scheidet ein Wirtschaftsgut im Sinne des Satzes 1 **aus dem Betriebsvermögen aus, wird der Sammelposten nicht vermindert**.
4 Die Anschaffungs- oder Herstellungskosten […] können im Wirtschaftsjahr […] in voller Höhe als Betriebsausgaben abgezogen werden, wenn die Anschaffungs- oder Herstellungskosten, vermindert um einen darin enthaltenen Vorsteuerbetrag […] für das einzelne Wirtschaftsgut 150 Euro nicht übersteigen.
5 **Die Sätze 1 bis 3 sind für alle in einem Wirtschaftsjahr angeschafften, hergestellten oder eingelegten Wirtschaftsgüter einheitlich anzuwenden.**

4.2.3.2 Lineare Abschreibung auf bewegliche Wirtschaftsgüter

Bei der **linearen Abschreibung** werden die Anschaffungskosten in **jährlich gleich bleibenden Abschreibungsbeträgen** auf die geschätzte wirtschaftliche Nutzungsdauer verteilt. Am Ende der Nutzungsdauer ist das Anlagegut voll abgeschrieben.

Es wird jährlich mit einem gleichbleibenden **Abschreibungssatz** von den Anschaffungskosten abgeschrieben. Die **Abschreibungsbeträge** bleiben jährlich gleich.

Beispiel:
Das Unternehmen schreibt Betriebs- und Geschäftsausstattung linear ab.

Anschaffungskosten (AK):	50.000 €
Geschätzte Nutzungsdauer (ND):	5 Jahre
Abschreibungsbeginn:	1. Januar des laufenden Geschäftsjahres
Abschreibungssatz:	20 %

Abschreibungsplan

Jahr	Abschreibungssatz	Anschaffungskosten bzw. Restbuchwert	
1. Jahr	20 % der AK	Anschaffungskosten Abschreibung	50.000 Euro 10.000 Euro
2. Jahr	20 % der AK	Restbuchwert Abschreibung	40.000 Euro 10.000 Euro
3. Jahr	20 % der AK	Restbuchwert Abschreibung	30.000 Euro 10.000 Euro
4. Jahr	20 % der AK	Restbuchwert Abschreibung	20.000 Euro 10.000 Euro
5. Jahr	20 % der AK	Restbuchwert Abschreibung	10.000 Euro 9.999 Euro
			1 Euro

↓

Verbleibt das Wirtschaftsgut auch nach der betriebsgewöhnlichen Nutzungsdauer und nach der eigentlich vollen Abschreibung weiterhin im Unternehmen, beträgt der letzte Abschreibungsbetrag 9.999 €. Das Wirtschaftsgut wird zumeist weiterhin mit einem Erinnerungswert von 1 € bilanziert.

4.2.3.3 Degressive Abschreibung auf bewegliche Wirtschaftsgüter

Bei einer **degressiven Abschreibung** werden die Anschaffungskosten in jährlich fallenden Abschreibungsbeträgen als Aufwand auf die geschätzte wirtschaftliche Nutzungsdauer verteilt.

Die degressive Abschreibung berücksichtigt im Gegensatz zur linearen Abschreibung, dass der Wertverlust bei Anlagegütern zu Beginn der Nutzung höher als gegen Ende der Nutzungsdauer ist. Steuerrechtlich ist (war) diese degressive Abschreibung jedoch nur **bei beweglichen abnutzbaren** Anlagegütern und **innerhalb spezifischer Grenzen** möglich.

Dabei wird der Abschreibungsbetrag über einen festen Prozentsatz errechnet. Im Jahr der Anschaffung/Herstellung wird der Abschreibungssatz auf die Anschaffungs- bzw. Herstellungskosten des Anlageguts verrechnet, in den Folgejahren auf den jeweiligen Restbuchwert.

Abschreibungssätze

Für **bewegliche Wirtschaftsgüter**, die **vor dem 01. 01. 2001** angeschafft wurden, durfte der Satz der degressiven AfA das dreifache des linearen AfA-Satzes betragen, 30 % aber nicht überschreiten. Danach galten bzw. gelten für die degressive Abschreibung die folgenden Höchstgrenzen:

- Für die Zeit vom **01. 01. 2001 bis zum 31. 12. 2005** regelte § 7 Abs. 2 EStG, dass für die nach dem 31. 12. 2000 und vor dem 01. 01. 2006 angeschafften beweglichen Wirtschaftsgüter der Satz der degressiven Abschreibung das Doppelte des linearen Abschreibungssatzes betragen durfte, aber 20 Prozent nicht überschreiten **(„20-%-Regelung“)**.
- Vom **01. 01. 2006 bis zum 31. 12. 2007** galt die sogenannte **„30-%-Regelung“**, die besagte, dass der Satz der degressiven Abschreibung das Dreifache des linearen Abschreibungssatzes betragen, aber 30 Prozent nicht überschreiten durfte.
- Im Jahr **2008** war die Inanspruchnahme einer degressiven Abschreibung für in diesem Jahr angeschaffte oder hergestellte bewegliche Wirtschaftsgüter nicht möglich.
- Für die Zeit vom **01. 01. 2009 bis zum 31. 12. 2010** wurde eine degressive Abschreibung wieder zugelassen. Der Satz der degressiven Abschreibung durfte das Zweieinhalbfache des linearen Abschreibungssatzes betragen, aber 25 Prozent nicht überschreiten **(„25-%-Regelung“)**.
- Seit dem **01. 01. 2011** ist die Inanspruchnahme einer degressiven Abschreibung nicht mehr möglich.

Konsequenz:

Auch wenn in der aktuellen Fassung des § 7Abs. 2 EStG die Möglichkeit zur Inanspruchnahme einer degressiven Abschreibung auf bewegliche Wirtschaftsgüter, angeschafft oder hergestellt nach dem 31. 12. 2010, nicht mehr besteht, sind die Regelungen der degressiven Abschreibung für in den Vorjahren angeschaffte/hergestellte bewegliche Wirtschaftsgüter weiterhin gültig. Es gilt der Grundsatz der Bewertungsstetigkeit, der besagt, dass einmal gewählte Bewertungsmethoden beizubehalten sind.

Deshalb sind bereits begonnene degressive Abschreibungen bis zum Ende der Nutzungsdauer bzw. bis zum Ausscheiden aus dem Betriebsvermögen, und das über das Jahr 2011 hinaus, beizubehalten.

Beispiel:
Das Unternehmen schreibt einen Gegenstand der Betriebs- und Geschäftsausstattung, der im Januar des Jahres (01) angeschafft wurde, degressiv ab.

Anschaffungskosten:	50.000 €
Geschätzte Nutzungsdauer:	7 Jahre
Abschreibungsbeginn:	1. Januar des laufenden Geschäftsjahres
Abschreibung:	nach der „25-%-Regelung"

Abschreibungsplan

Jahr	Abschreibungssatz	Anschaffungskosten bzw. Restbuchwert	
1. Jahr	25 % von den AK	Anschaffungskosten Abschreibung	50.000,00 Euro 12.500,00 Euro
2. Jahr	25 % vom Restbuchwert	Restbuchwert Abschreibung	37.500,00 Euro 9.375,00 Euro
3. Jahr	25 % vom Restbuchwert	Restbuchwert Abschreibung	28.125,00 Euro 7.031,25 Euro
4. Jahr	25 % vom Restbuchwert	Restbuchwert Abschreibung	21.093,75 Euro 5.273,44 Euro
5. Jahr	25 % vom Restbuchwert	Restbuchwert Abschreibung	15.820,31 Euro 3.955,08 Euro
6. Jahr	25 % vom Restbuchwert	Restbuchwert Abschreibung	11.865,23 Euro 2.966,31 Euro
7. Jahr	25 % vom Restbuchwert	Restbuchwert Abschreibung	8.898,93 Euro 2.224,73 Euro
			6.674,19 Euro

Da nach dieser Methode der Buchwert jährlich kleiner wird, ergeben sich fallende Abschreibungsbeträge. Sie sinken von 12.500 € im Jahr 01 auf 2.224,73 im Jahr 07.
Nach Ablauf der geschätzten wirtschaftlichen Nutzungsdauer verbleibt jedoch ein Restwert von 6.674,19 €.

Um aber auch unter den Bedingungen der degressiven Abschreibung eine volle Abschreibung zu ermöglichen, lässt das Steuerrecht einen Wechsel von der degressiven zur linearen Abschreibungsmethode zu. Dieser Wechsel ist vorteilhaft, weil

- das Anlagegut am Ende der Nutzungsdauer voll abgeschrieben und
- der lineare Abschreibungsbetrag vom Zeitpunkt des Wechsels an höher als bei degressiver Abschreibung (Steuervorteil) ist.

Beispiel:
Das Unternehmen schreibt einen Vermögensgegenstand zunächst degressiv ab und wechselt zu gegebenem Zeitpunkt zur linearen Abschreibung.

Anschaffungskosten (AK):	275.000 €
Geschätzte Nutzungsdauer (BD):	10 Jahre
Abschreibungsbeginn:	1. Januar des laufenden Geschäftsjahres (01)
Abschreibung:	Bei der degressiven AfA wird ein steuerlich zulässiger Höchstsatz von 25 % berücksichtigt und zum günstigen Zeitpunkt der Methodenwechsel vorgenommen.

↓

Abschreibungsplan und Vergleich linearer und degressiver Abschreibung

	Lineare AfA 10 %	**Degressive AfA 25 %**	**Übergang degressiv – linear**
Anschaffungskosten AfA: 1. Jahr	275.000,00 Euro 27.500,00 Euro	275.000,00 Euro 68.750,00 Euro	
Restbuchwert AfA: 2. Jahr	247.500,00 Euro 27.500,00 Euro	206.250,00 Euro 51.562,50 Euro	
Restbuchwert AfA: 3. Jahr	220.000,00 Euro 27.500,00 Euro	154.687,50 Euro 38.671,88 Euro	
Restbuchwert AfA: 4. Jahr	192.500,00 Euro 27.500,00 Euro	116.015,63 Euro 29.003,91 Euro	
Restbuchwert AfA: 5. Jahr	165.000,00 Euro 27.500,00 Euro	87.011,72 Euro 21.752,93 Euro	
Restbuchwert AfA: 6. Jahr	137.500,00 Euro 27.500,00 Euro	**65.258,79 Euro** ***16.314,70 Euro***	
Restbuchwert AfA: 7. Jahr	110.000,00 Euro 27.500,00 Euro	48.944,09 Euro ***12.236,02 Euro***	48.944,09 Euro ***12.236,02 Euro***
Restbuchwert AfA: 8. Jahr	82.500,00 Euro 27.500,00 Euro	36.708,07 Euro 9.177,02 Euro	36.708,07 Euro ***12.236,02 Euro***
Restbuchwert AfA: 9. Jahr	55.000,00 Euro 27.500,00 Euro	27.531,05 Euro 6.882,76 Euro	24.472,05 Euro ***12.236,02 Euro***
Restbuchwert AfA: 10. Jahr	27.500,00 Euro 27.500,00 Euro	20.648,29 Euro 5.162,07 Euro	12.236,02 Euro ***12.236,02 Euro***
Restbuchwert nach 10 Jahr	**0,00 Euro**	**15.486,22 Euro**	**0,00 Euro**

An diesem Beispiel lässt sich der Wechsel der Abschreibungsmethoden deutlich machen. Die lineare Abschreibung erreicht nach dem Ablauf der zehnjährigen Nutzungsdauer den Nullwert. Die degressive Abschreibung endet dagegen mit einem Restwert von 15.486,22 €. Es ist aus bekannten Gründen zweckmäßig, die Abschreibungsmethode zu wechseln.

Dieser **Methodenwechsel** ist dann günstig, wenn der Betrag der **linearen Abschreibung des Restbuchwerts** (lineare Restabschreibung) **gleich bzw. größer** ist als der Betrag der sonst **fortgeführten degressiven Abschreibung.**

Für das gegebene Beispiel empfiehlt sich das Jahr (07) für den Methodenwechsel. Zu Beginn dieses Jahres beträgt der Restbuchwert 48.944,09 €, der von diesem Jahr an auf die noch verbleibenden vier Nutzungsjahre zu verteilen ist. Das ergibt einen jährlichen Abschreibungsbetrag von 12.236,02 €. Der Betrag der linearen Abschreibung des Restbuchwertes ist damit im Jahr des Wechsels eben so groß wie der der fortgeführten degressiven Abschreibung. In den Folgejahren übersteigt er jedoch regelmäßig den Betrag der (ansonsten) fortgeführten degressiven Abschreibung.

4.2.3.4 Leistungsabschreibung

Möglich ist auch eine Abschreibung nach Maßgabe der Leistung **(Leistungsabschreibung)**, die bei beweglichen Wirtschaftsgütern des Anlagevermögens vorgenommen werden kann, deren Leistung in der Regel erheblich schwankt und deren Verschleiß dementsprechend wesentliche Unterschiede aufweist.

R7.4 (5) EStR

„[…] bei beweglichen **Wirtschaftsgütern des Anlagevermögens** (kann eine) **AfA nach Maßgabe der Leistung** vorgenommen werden, wenn deren **Leistung** in der Regel **erheblich schwankt** und deren **Verschleiß** dementsprechend **wesentliche Unterschiede aufweist. Voraussetzung** für AfA nach Maßgabe der Leistung ist, dass der auf das einzelne Wirtschaftsjahr entfallende **Umfang der Leistung nachgewiesen** wird. Der Nachweis kann z. B. bei einer Maschine durch ein die Anzahl der Arbeitsvorgänge registrierendes **Zählwerk**, einen **Betriebsstundenzähler** oder bei einem Kraftfahrzeug durch den **Kilometerzähler** geführt werden."

In diesen Fällen sind die Anschaffungs- bzw. Herstellungskosten auf die potenzielle Leistung zu verteilen. Erforderlich ist beispielsweise die Verteilung der Anschaffungskosten eines Lkw auf die zu erwartende Fahrleistung. Diese Abschreibungsmethode kommt der technischen Abnutzung am nächsten. Jedoch müssen die auf das einzelne Wirtschaftsjahr entfallenden Leistungen nachgewiesen werden.

Beispiel:
Das Wohnungsunternehmen hat im Jahr (00) einen Transporter für 125.000 € erworben. Die Papiere des Fahrzeugs weisen eine potenziale Laufleistung von 200.000 km aus. Nach einer Fahrleistung von 200.000 km soll nach den Vorstellungen der Geschäftsleitung das Fahrzeug abgeschrieben sein.

Der Abschreibungsbetrag (€/km) ergibt sich aus der Verteilung der Anschaffungskosten auf die Leistungseinheiten (hier auf die zu fahrenden Kilometer).

Es gilt:

$$\text{Abschreibung je km (€/km)} = \frac{\text{Anschaffungskosten (€)}}{\text{potenzielle Leistungen}}$$

Für das Beispiel bedeutet dies:

$$\text{Abschreibung je km (€/km)} = \frac{125.000\text{ €}}{200.000\text{ km}} = \mathbf{0{,}625\text{ €/km}}$$

Bei gegebener Laufleistung je Geschäftsjahr lässt sich – nachträglich – der folgende Abschreibungsplan erstellen:

Geschäftsjahr	Gefahrene Kilometer	Abschreibungsbetrag (€/Jahr)
Jahr (00)	35.000	21.875
Jahr (01)	75.000	46.875
Jahr (02)	65.000	40.625
Jahr (03)	25.000	15.625
	200.000	**125.000**

Zum Ende des Geschäftsjahres (03) ist das Fahrzeug abgeschrieben.

4.3 Gebäudeabschreibung

Auch bei der Gebäudeabschreibung bilden die Anschaffungs- und Herstellungskosten den Ausgangspunkt und zugleich die Wertobergrenze der Bilanzierung. Gegenstand der Abschreibung sind hier jedoch Gebäude als nicht bewegliche (immobile) Wirtschaftsgüter.

4.3.1 Abgrenzung unbebauter und bebauter Grundstücke

Grundstücke
Grundstücke sind ein räumlich abgegrenzter Teil der Erdoberfläche. Zu unterscheiden ist zwischen unbebauten und bebauten Grundstücken.

Unbebaute Grundstücke nach § 72 Bewertungsgesetz (BewG)
Als unbebaut gelten

- Grundstücke, auf denen sich **keine benutzbaren Gebäude** befinden,
- **Grundstücke mit Gebäuden**, deren Zweckbestimmung und Wert gegenüber der Zweckbestimmung und dem Wert des Grund und Bodens **von untergeordneter Bedeutung** sind und
- **Grundstücke**, auf denen infolge der Zerstörung oder des Verfalls der Gebäude auf die Dauer **benutzbarer Raum nicht mehr vorhanden** ist.

Bebaute Grundstücke
Bebaute Grundstücke sind **Grundstücke, auf denen sich benutzbare Gebäude befinden.** Das ist der Fall, wenn den zukünftigen Bewohnern oder sonstigen Benutzern zugemutet werden kann, sie zu benutzen; die Abnahme durch die Bauaufsichtsbehörde ist nicht entscheidend (§ 72 BewG).

Erstmaliger Bilanzansatz und Wertfortschreibung unbebauter Grundstücke

- Der erstmalige Bilanzansatz (Zugangsbewertung) erfolgt mit den **Anschaffungs- bzw. Herstellungskosten** im Sinne des § 255 HGB.
- **Unbebaute Grundstücke (Grund und Boden)** gelten als zeitlich unbegrenzt nutzbare, also **nicht abnutzbare** Wirtschaftsgüter, die **keiner planmäßigen Abschreibung** unterliegen. Ist jedoch eine voraussichtlich dauernde Wertminderung (technisch/wirtschaftlich bedingt) zu vermuten, sind **außerplanmäßige Abschreibungen** vorzunehmen. Bei Wegfall der die außerplanmäßige Abschreibung veranlassten Umstände hat eine **Wertaufholung** zu erfolgen.

Gebäude
Gebäude sind unbewegliche, abnutzbare Vermögensgegenstände. Sie sind ein Bauwerk auf eigenem oder fremdem Grund und Boden, die Menschen oder Sachen durch räumliche Umschließung Schutz gegen äußere Einflüsse gewährt, den Aufenthalt von Menschen gestattet, fest mit dem Grund und Boden verbunden, von einiger Beständigkeit und standfest ist.

Ein Gebäude kann **teils eigenbetrieblich, teils fremdbetrieblich, teils zu eigenen und teils zu fremden Wohnzwecken** genutzt werden. In diesem Falle ist jeder der vier unterschiedlich genutzten Gebäudeteile ein besonderes Wirtschaftsgut, weil das Gebäude in verschiedenen Nutzungs- und Funktionszusammenhängen steht.

Die sich daraus ergebende Konsequenz besteht darin, dass jeder dieser Gebäudeteile einer eigenen Abschreibung folgt oder keiner Abschreibung unterliegt. Es geht hier also um die differenzierte Behandlung

- selbst- und fremdgenutzter Wirtschaftsgebäude,
- von Gebäuden, die eigenen Wohnzwecken dienen,
- von Gebäuden, die fremden Wohnzwecken dienen.

Wohngebäude sind Gebäude und Gebäudeteile, die **Wohnzwecken** dienen. Das ist stets dann der Fall, wenn sie dazu bestimmt und geeignet sind, Menschen auf Dauer Aufenthalt und Unterkunft zu ermöglichen, auch wenn sie aus betrieblichen Gründen an Betriebsangehörige überlassen werden.

Wirtschaftsgebäude sind gewerblich genutzte Gebäude oder Gebäudeteile, die nicht Wohnzwecken dienen.

4.3.2 Bemessungsgrundlage der Abschreibungsbeträge

Anschaffungs- bzw. Herstellungskosten
Basis der Gebäudeabschreibung bilden deren Anschaffungs- bzw. Herstellungskosten.

- **Anschaffungskosten** sind Aufwendungen, die geleistet werden, um ein Haus oder eine Wohnung zu erwerben und in einen betriebsbereiten Zustand zu versetzen. Dabei ist der Kaufpreis aufzuteilen in den Teil, der auf den Grund und Boden entfällt, und den Teil, der das Gebäude betrifft. **Von den Grundstückskosten**, die als Preis für ein nicht abnutzbares Wirtschaftsgut gelten, **sind Abschreibungen im Allgemeinen nicht möglich**.
- **Herstellungskosten** sind die Aufwendungen, die bei der Vorbereitung und Durchführung eines Bauvorhabens entstehen. Sie resultieren aus den in der Kontenklasse 7 verbuchten Baukosten, die jedoch im Interesse der Zuordnung zum nichtabschreibbaren Grund und Boden und zu den selbstständigen und nicht selbstständigen Gebäudeteilen nachzubereiten sind.

Abschreibungszeitraum
Der Zeitraum, mit dem das Gebäude abzuschreiben ist, richtet sich nach der durchschnittlichen, mutmaßlichen Nutzungsdauer des Gebäudes.

Als **Nutzungsdauer** gilt der Zeitraum, in dem ein Gebäude voraussichtlich seiner Zweckbestimmung entsprechend genutzt werden kann.

Handelsrechtlich wird eine Nutzungsdauer von 80 Jahren unterstellt, was zu einer linearen Abschreibung von jährlich 1,25 % führt. Steuerrechtlich wird, je nach Art und Alter des Gebäudes, eine Nutzungsdauer von 25 bis 50 Jahren unterstellt.[23]

Abschreibungsbeginn
Mit den Abschreibungen ist zu beginnen, sobald das Gebäude **angeschafft** oder **hergestellt** ist. Ein **Gebäude ist** zu dem Zeitpunkt **angeschafft**, in dem der Erwerber das wirtschaftliche Eigentum an dem Gebäude erlangt. Das ist der Zeitpunkt, zu dem Besitz, Nutzungen, Lasten und Gefahr vertraglich auf ihn übergehen (Nutzen – Lasten – Wechsel). Es gilt als fertiggestellt, wenn es in seinen wesentlichen Bestandteilen nutzbar ist. **Im Jahr der Anschaffung/Herstellung** kann die Gebäudeabschreibung in der Regel nur **zeitanteilig** (monatsgenau) in Anspruch genommen werden.

Abschreibungsmethoden
Auch bei den Gebäuden ist zwischen einer **linearen Abschreibung** (Abschreibungen mit gleichbleibenden Beträgen) und einer **degressiven Abschreibung** (Abschreibungen mit fallenden Beträgen) zu unterscheiden.

Abschreibungsende
Die **Abschreibung endet mit Ablauf der Nutzungsdauer** bzw. mit **Ausscheiden** des Gebäudes **aus dem Betriebsvermögen**. Ein Ausscheiden aus dem Betriebsvermögen kann das Ergebnis physischer Vernichtung (Zerstörung) oder durch Verkauf bedingt sein. Scheidet ein Gebäude vor Ablauf der Nutzungsdauer aus dem Betriebsvermögen aus, ist für das Jahr des Ausscheidens eine **zeitanteilige Abschreibung** vorzunehmen.

[23] Vgl. § 7 Abs. 4 und 5 EStG.

4.3.3 Lineare Gebäudeabschreibung

Die **lineare Gebäudeabschreibung** ist eine **Abschreibung mit gleichbleibenden Beträgen**, bei der die Anschaffungs- bzw. Herstellungskosten gleichmäßig auf die Nutzungsdauer verteilt werden.

Die im Steuerrecht festgeschriebenen **Nutzungsdauern** und daran geknüpft auch die **Abschreibungssätze** richten sich im Wesentlichen nach der **Art der Gebäude** (Wirtschafts- oder Wohngebäude) und dem **Zeitpunkt** der Bauantragstellung, der Fertigstellung oder des Erwerbs.

Abschreibungssätze

- Für **Wirtschaftsgebäude** (R7.2 (1) EStR), die nicht Wohnzwecken dienen und für die der Bauantrag nach dem **31. 03. 1985 und vor dem 01. 01. 2001** gestellt wurde, beträgt die lineare Abschreibung jährlich **4 % der Anschaffungs- bzw. Herstellungskosten** (§ 52 Abs. 21b EStG).
- Bei **Wirtschaftsgebäuden**, die nicht Wohnzwecken dienen und für die der Bauantrag nach dem **31. 12. 2000** gestellt wurde, beträgt die lineare Abschreibung jährlich **3 % der Anschaffungs- bzw. Herstellungskosten** (§ 7 Abs. 4 Satz 1 Nr. 1 EStG).
- Für **alle anderen Gebäude** beträgt die lineare Abschreibung
  - 2 % der **Anschaffungs- oder Herstellungskosten**, wenn das Gebäude nach dem 31. 12. 1924 fertiggestellt worden ist und
  - 2,5 % der **Anschaffungs- oder Herstellungskosten**, wenn das Gebäude vor dem 01. 01. 1925 fertiggestellt worden ist.

Abschreibungssätze

Lineare Gebäudeabschreibung

Gebäude mit Fertigstellung		Wirtschaftsgebäude	
vor dem 01. 01. 1925	nach dem 31. 12. 1924	Gebäude, soweit • Betriebsvermögen • nicht WZw[1] dienend • Bauantrag nach dem 31. 03. 1985 und vor dem 01. 01. 2001	Gebäude, soweit • Betriebsvermögen • nicht WZw[1] dienend • Bauantrag nach dem 31. 12. 2000
2,5 v. H **40 Jahre** § 7 Abs. 4 Nr. 2b EStG	2 v. H **50 Jahre** § 7 Abs. 4 Nr. 2a EStG	4 v. H **25 Jahre** § 7 Abs. 4 Nr. 1 EStG	3 v. H **33 Jahre** § 7 Abs. 4 Nr. 1 EStG

[1] *WZw = Wohnzwecken*

Diese in § 7 Abs. 4 EStG vorgeschriebenen **Abschreibungssätze sind Mindestabschreibungen**, die regelmäßig – also auch in Verlustjahren – in Ansatz gebracht werden müssen. Sie können auch bei der Erstellung des handelsrechtlichen Abschlusses zugrunde gelegt werden.

Beispiel:
Das Unternehmen erwirbt am 22.02.2001 ein Wohngebäude für insgesamt 2.000.000 €. Die darin enthaltenen Grundstückskosten betragen 200.000 €. Als Termin der ursprünglichen Fertigstellung gilt das Jahr 1965. **Zu ermitteln ist der Betrag der linearen Abschreibung im Jahr der Anschaffung und in den folgenden Jahren.**

Lösung:

(1) Bemessungsgrundlage für die Abschreibung bilden die Gebäudekosten von 1.800.000 €.

	Anschaffungskosten gesamt	2.000.000 Euro
–	Grundstückskosten	200.000 Euro
=	**Gebäudekosten**	**1.800.000 Euro**

(2) Da es sich bei diesem Gebäude um ein Wohngebäude handelt und der Termin der Fertigstellung nach dem 31.12.1924 liegt, ist mit einem Abschreibungssatz von 2% zu rechnen.
Die jährliche Abschreibung beträgt (1.800.000 € · 2%) 36.000 €.

(3) Für die Bestimmung der Abschreibungsbeträge ist jedoch zu beachten, dass bei der linearen Abschreibung im Jahr der Anschaffung (Jahr 01) nur eine zeitanteilige Abschreibung zulässig ist.
Jahr 01/Abschreibung nur zeitanteilig = 33.000 € (36.000 €/12 · 11= 33.000 €)
Jahr 02 und Folgende/Abschreibung = 36.000 €

Abschreibungsplan

AK Gebäude				**1.800.000 Euro**
AfA (01)	2%	von	1.800.000 / 12 · 11	33.000 Euro
Buchwert (02)				**1.767.000 Euro**
AfA (02) bis (50)	2%	(49 Jahre · 2% = 98 %)		1.764.000 Euro
Buchwert (50)				**3.000 Euro**
AfA (51)	2%	von	1.800.000 / 12 · 1	3.000 Euro
Buchwert (52)				**0 Euro**

Ist die **tatsächliche Nutzungsdauer** des Gebäudes **nachweislich kürzer, kann** anstelle der gesetzlich vorgesehenen Sätze eine entsprechend **höhere Abschreibung vorgenommen werden.**

Im Jahr der Veräußerung des Gebäudes oder der Entnahme aus dem Betriebsvermögen ist nur eine zeitanteilige Abschreibung zulässig. Für den Erwerber des Gebäudes beginnt eine neue Abschreibungsperiode. Die künftige Abschreibung errechnet sich aus den Anschaffungskosten des Käufers. Der Abschreibungssatz hängt vom Jahr der Fertigstellung des Gebäudes, nicht jedoch vom Jahr der Anschaffung ab.

4.3.4 Degressive Gebäudeabschreibung

Anstelle der **linearen Gebäudeabschreibung** ist nach § 7 (5) EStG auch eine **degressive Gebäudeabschreibung** (Abschreibung mit fallenden Beträgen) möglich.

Hier fallen die **Abschreibungssätze** jedoch, da **fallende Abschreibungssätze** stets **auf** die **ursprünglichen Anschaffungs- bzw. Herstellungskosten** verrechnet werden.

Welche Abschreibungssätze zur Anwendung kommen können, verdeutlicht die folgende Übersicht.

Degressive Gebäudeabschreibung

Degressive Gebäudeabschreibung
Voraussetzung: Herstellung oder Anschaffung im Jahr der Fertigstellung

Wirtschaftsgebäude	**Gebäude, nicht Betriebsvermögen oder Betriebsvermögen und Wohnzwecken dienend**		
Staffel 85	**Staffel 89**	**Staffel 96**	**Staffel 04**
• Betriebsvermögen • nicht für Wohnzwecke • Bauantrag/ Kaufvertrag **nach** dem 31.03.1985 und **vor** dem 01.01.1994	Bauantrag/ Kaufvertrag **nach** dem 28.02.1989 und **vor** dem 01.01.1996	Bauantrag/ Kaufvertrag **nach** dem 31.12.1995 und **vor** dem 01.01.2004	Bauantrag/ Kaufvertrag **nach** dem 31.12.2003 und **vor** dem 01.01.2006
4 · 10% 3 · 5% 18 · 2,5%	4 · 7% 6 · 5% 6 · 2% 24 · 1,25%	8 · 5% 6 · 2,5% 36 · 1,25%	10 · 4% 8 · 2,5% 32 · 1,25%
25 Jahre **§ 7 Abs. 5 Nr. 1 EStG**	**40 Jahre** **§ 7 Abs. 5 Nr. 3 a EStG**	**50 Jahre** **§ 7 Abs. 5 Nr. 3 b EStG**	**50 Jahre** **§ 7 Abs. 5 Nr. 3 c EStG**

Beispiel:
Ein Steuerpflichtiger hat die Errichtung eines Mietwohnhauses am 20.10.2005 abgeschlossen. Die Gesamtkosten betragen 2.500.000 €, die darin enthaltenen Grundstückskosten belaufen sich auf 200.000 €. Da das Gebäude **selbst errichtet und vor dem 01. 01. 2006 fertiggestellt** wurde, war die Inanspruchnahme einer degressiven Gebäudeabschreibung möglich.

Es wird unterstellt, dass entsprechend § 7 (5) Nr. 3c

– im Jahre der Anschaffung und in den folgenden	9 Jahren	4%,
– in den darauffolgenden	8 Jahren	2,5%,
– in den darauffolgenden	32 Jahren	1,25%

der ursprünglichen Herstellungskosten abgeschrieben werden können.

Zu ermitteln sind die Abschreibungsbeträge für die Jahre (2005) bis (2012).

Lösung:
(1) Ausgangspunkt der Berechnung ist die Trennung der **Grundstücks- und Gebäudekosten**. Abschreibungsbemessungsgrundlage bilden die Gebäudekosten von 2.300.000 €.

(2) Bei der degressiven Gebäudeabschreibung ist zu **beachten**, dass **„im Jahre der Anschaffung und in den folgenden"** Jahren, unabhängig vom Datum der Fertigstellung, ein **ganzer Jahresbetrag abzuschreiben** ist. So waren also bereits im Jahr (2005) 4% von 2.300.000 € abzuschreiben.

> **Achtung:** Im **Jahr der Anschaffung/Herstellung** des Gebäudes ist ein **ganzer Jahresbetrag** abzuschreiben. Im Jahr der **Veräußerung** oder der Entnahme aus dem Betriebsvermögen hingegen ist nur eine **zeitanteilige Abschreibung** zulässig.

(3) Die Abschreibungsbeträge sowohl im Jahr (2005) als auch in den Jahren bis (2014) betragen jeweils 92.000 € (4% von 2.300.000 €).

Abschreibungsplan

AK Gebäude			**2.300.000,00 Euro**
Abschreibung/AfA			
Abschreibung/AfA	(2005) bis (2014)	4% · 10 Jahre	920.000,00 Euro
Buchwert (08) = Buchwert 2015			**1.380.000,000 Euro**
Abschreibung/AfA	(2015) bis (2022)	2,5% · 8 Jahre	460.000,00 Euro
Buchwert (14) = Buchwert 2023			**920.000,000 Euro**
Abschreibung/AfA	(2023) bis (2055)	1,25% · 32 Jahre	920.000,00 Euro
Buchwert (50) = Buchwert 2056			**0,00 Euro**

Degressive Gebäudeabschreibung als auslaufendes Recht

Diese degressive Gebäudeabschreibung gilt als auslaufendes Recht und wird für Neubauten Bauantrag/obligatorischer Vertrag ab dem 01.01.2006 bereits nicht mehr gewährt. Eine degressive Gebäudeabschreibung nach § 7 (5) Satz 1 Nr. 3 Buchstabe c) EStG kann nur noch für Wohngebäude in Anspruch genommen werden, deren Fertigstellung/Anschaffung auf der Basis eines Bauantrags/Kaufvertrags bis zum 31.12.2005 erfolgte.

> **Anzumerken ist jedoch:**
> Wenn auch gegenwärtig für Neubauten die Inanspruchnahme einer degressiven Abschreibung nicht mehr möglich ist, so gelten doch die Regelungen des § 7 (5) weiterhin für alle in den Vorjahren begonnenen degressiven Gebäudeabschreibungen.

Methoden der Gebäudeabschreibung

Planmäßige Gebäudeabschreibung nach deutschem Bilanzrecht

Handelsrechtlich besteht die Notwendigkeit einer planmäßigen Abschreibung. Jedoch schreibt das Handelsrecht keine konkreten Abschreibungsmethoden vor, so dass in der immobilienwirtschaftlichen Praxis die steuerlichen Vorschriften auch bei der handelsrechtlichen Bewertung zur Anwendung kommen.

- Lineare Gebäudeabschreibung

  Abschreibung mit gleichbleibenden Jahresbeträgen (§ 7 Abs. 4 EStG)

- Degressive Gebäudeabschreibung

  Abschreibung mit fallenden Jahresbeiträgen, wobei die Abschreibungssätze (je nach Staffel) sinken und stets auf die ursprünglichen Anschaffungs-/Herstellungskosten verrechnet werden (§ 7 Abs. 5 EStG)

5 Bewertung des Umlaufvermögens

5.1 Vorratsbewertung

Vorräte gehören zum Umlaufvermögen, dessen Positionen nach dem **strengen Niederstwertprinzip** zu bewerten sind. Sie dürfen höchstens mit ihren Anschaffungs-/Herstellungskosten bilanziert werden. Liegt der aktuelle Wert zum Bilanzstichtag darunter, ist der niedrigere anzusetzen.

> **§ 253 Abs. 4 HGB**
>
> „Bei Vermögensgegenständen des **Umlaufvermögens** sind **Abschreibungen** vorzunehmen, **um diese mit einem niedrigeren Wert anzusetzen, der sich aus einem Börsen- oder Marktpreis am Abschlussstichta**g ergibt. Ist ein Börsen- oder Marktpreis nicht festzustellen und übersteigen die Anschaffungs- oder Herstellungskosten den Wert, der den Vermögensgegenständen am Abschlussstichtag beizulegen ist, so ist auf diesen Wert abzuschreiben.“

Diese Regelung ist auch bei der **Bilanzierung der durch Inventur ermittelten Vorratsbestände** zu beachten.

Zudem gilt der **Grundsatz der Einzelbewertung**, wonach **alle Bilanzpositionen**, und so auch die Vorräte, grundsätzlich einzeln zu bewerten sind.

Eine solche **Einzelbewertung** ist bei zum Verkauf bestimmten **bebauten und unbebauten Grundstücken**, die ihrem Wesen nach auch zu den Vorräten gehören, **sachlich** durchaus **möglich** und **wirtschaftlich vertretbar**. Zum Bilanzstichtag noch nicht veräußerte Grundstücke und selbst errichtete Bauten lassen sich ebenso einzeln bewerten.

Oft ist für bestimmte **Materialvorräte** (beispielsweise für Heizöl) eine solche Einzelbewertung jedoch **sachlich nicht möglich** und **wirtschaftlich** auch **nicht vertretbar**. Diese Vorräte werden in der Regel zu unterschiedlichen **Zeitpunkten**, in unterschiedlichen **Mengen** und zu unterschiedlichen **Preisen** erworben. Zum Bilanzstichtag lässt sich also nicht genau ermitteln, aus welcher Lieferung der jeweilige Schlussbestand stammt und zu welchem Preis er gekauft wurde. Der Gesetzgeber erlaubt deshalb **bei gleichartigen Artikeln** eine **Sammel- oder Gruppenbewertung** in Form einer **Durchschnitts- oder Verbrauchsfolgebewertung** (§§ 240, 256 HGB).

5.1.1 Durchschnittsmethode

Enthält das **Vorratsvermögen** am Bilanzstichtag Wirtschaftsgüter,
- die im Verkehr nach Maß, Zahl oder Gewicht bestimmt werden und
- bei denen die Anschaffungskosten/Herstellungskosten wegen Schwankungen der Einstandspreise im Laufe des Wirtschaftsjahres im Einzelnen nicht mehr einwandfrei feststellbar sind,

so ist der **Wert dieser Wirtschaftsgüter zu schätzen**. In diesen Fällen stellt die **Durchschnittsbewertung** ein zweckentsprechendes Schätzungsverfahren dar (§ 240 Abs. 4 HGB und R 6.8 Abs. 3 und 4 EStR).

> **§ 240 Abs. 4 HGB**
>
> „Gleichartige Vermögensgegenstände des Vorratsvermögens ... können jeweils zu einer Gruppe zusammengefasst und mit dem gewogenen Durchschnittswert angesetzt werden.“

Diese **Durchschnittsbewertung** ist eine **Bewertung nach dem gewogenen Mittel** der im Lauf des Wirtschaftsjahres erworbenen und gegebenenfalls zu Beginn des Wirtschaftsjahres vorhandenen Wirtschaftsgüter.

Der Durchschnittswert je Einheit (€/Einheit) wird als gewogenes Mittel wie folgt errechnet:

$$€/\text{Einheit} = \frac{\text{Vorratswert (€)}}{\text{Vorratsmenge}} \quad \text{bzw.} \quad €/\text{Einheit} = \frac{\text{Gesamtkosten } (K_{Ges})}{\text{Gesamtmenge } (M_{Ges})}$$

Beispiel:
Es wird unterstellt, dass durch die Inventur ein Vorratsendbestand von 6.000 Einheiten (E) ermittelt wurde, der zu bewerten ist. Der Bewertung liegen die folgenden Daten zugrunde.

Datum	Menge	Anschaffungs-kosten/Einheit	Gesamtwert
01.01.00	5.000 E	6,00 Euro	30.000,00 Euro
10.01.00	8.000 E	5,50 Euro	44.000,00 Euro
15.07.00	10.000 E	7,00 Euro	70.000,00 Euro
20.12.00	5.000 E	5,00 Euro	25.000,00 Euro
Summe	**28.000 E**		**169.000,00 Euro**

Nach der **Durchschnittsmethode** betragen die durchschnittlichen Anschaffungskosten je Einheit 6,03571 € (169.000,00 € : 28.000 E). Der Schlussbestand von 6000 E hat nach der Durchschnittsmethode einen Wert von:

$$€/\text{Einheit} = \frac{\text{Gesamtkosten } (K_{Ges})}{\text{Gesamtmenge } (M_{Ges})} = \frac{169.000,00\ €}{28.000\ \text{E}} = \mathbf{6{,}0357\ €/E}$$

Inventurendbestand	·	Wert/Einheit	=	Bilanzansatz
6.000	·	6,0357 €	=	36.214,20 €

5.1.2 Verbrauchsfolgebewertungen

Anstelle der Durchschnittsbewertung kann eine Bewertung der Vorratsbestände auch nach der **Abfolge ihres Verbrauchs** (Verbrauchsfolgeverfahren) bewertet werden. Dabei bildet die zeitliche Reihenfolge der Zu- und Abgänge gleichartiger Vorräte bei schwankenden Anschaffungskosten die Bewertungsgrundlage. Zulässig sind die **Fifo-Methode** und die **Lifo-Methode**.

§ 256 HGB

„Soweit es den Grundsätzen ordnungsmäßiger Buchführung entspricht, kann für den Wertansatz gleichartiger Vermögensgegenstände des Vorratsvermögens unterstellt werden, dass die zuerst oder dass die zuletzt angeschafften oder hergestellten Vermögensgegenstände zuerst verbraucht oder veräußert worden sind.“

Die **Fifo-Methode** (Fifo steht für first in, first out) unterstellt, dass die zuerst erworbenen Güter auch zuerst verbraucht wurden. Der Inventurendbestand setzt sich demzufolge aus den letzten Lieferungen zusammen und ist also auch mit deren Preisen zu bewerten.

Beispiel:
Es wird unterstellt, dass durch die Inventur ein Vorratsendbestand von 6.000 Einheiten (E) ermittelt wurde, der zu bewerten ist. Der Bewertung liegen die folgenden Daten zugrunde.

Datum	Menge	Anschaffungs-kosten/Einheit	Gesamtwert
01.01.00	5.000 E	6,00 Euro	30.000,00 Euro
10.01.00	8.000 E	5,50 Euro	44.000,00 Euro
15.07.00	*10.000 E*	*7,00 Euro*	70.000,00 Euro
20.12.00	*5.000 E*	*5,00 Euro*	25.000,00 Euro
Summe	**28.000 E**		**169.000,00 Euro**

Nach dieser Bewertungsmethode ergibt sich folgende Bewertung des Inventurbestandes von 6.000 Einheiten:

5.000	Einheiten	zu	5, 00 Euro	=	25.000,00 Euro
1.000	Einheiten	zu	7, 00 Euro	=	7.000,00 Euro
6.000	**Einheiten**		**Endbestand**	**=**	***32.000,00 Euro***

Nach der Fifo-Methode beträgt der zu bilanzierende Wert 32.000,00 €.

Die **Lifo-Methode** (Lifo steht für **l**ast **i**n, **f**irst **o**ut) unterstellt, dass die zuletzt erworbenen Güter zuerst verbraucht wurden. Der Inventurendbestand setzt sich demzufolge aus dem Anfangsbestand und ersten Lieferungen zusammen und ist demzufolge auch mit deren Preisen zu bewerten.

Beispiel:

Datum	Menge	Anschaffungs-kosten/Einheit	Gesamtwert
01.01.00	*5.000 E*	*6,00 Euro*	30.000,00 Euro
10.01.00	*8.000 E*	*5,50 Euro*	44.000,00 Euro
15.07.00	10.000 E	7,00 Euro	70.000,00 Euro
20.12.00	5.000 E	5,00 Euro	25.000,00 Euro
Summe	**28.000 E**		**169.000,00 Euro**

Nach dieser Bewertungsmethode ergibt sich folgende Bewertung des Inventurbestands von 6.000 Einheiten:

5.000	Einheiten	zu	6, 00 Euro	=	30.000,00 Euro
1.000	Einheiten	zu	5, 50 Euro	=	5.500,00 Euro
6.000	**Einheiten**		**Endbestand**	**=**	**35.500,00 Euro**

Der Bilanzansatz nach der Lifo-Methode beträgt 35.500,00 €.

Im Gegensatz zum Handelsrecht sind **steuerrechtlich** nur die **Durchschnittsmethode**[24] und die **Lifo-Methode**[25] als Verfahren der Gruppenbewertung gleichartiger Wirtschaftsgüter des Vorratsvermögens **zulässig**.

[24] Vgl. R 6.8 (4) EStR.
[25] Vgl. § 6 Abs. 1 Ziffer 2a EStG.

5.2 Bewertung von Forderungen

Eine **Forderung** ist das **Recht**, von einem anderen **aufgrund eines Schuldverhältnisses** eine **(Geld-)Leistung zu fordern** (§ 241 BGB). Sie entsteht, wenn eine Lieferung/Leistung an einen Kunden erfolgt. Sie bleibt bestehen, sofern sie nicht sofort bezahlt wird.

Weder im Handels- noch im Steuerrecht gibt es besondere Vorschriften zur Bewertung von Forderungen. Grundsätzlich lassen sie sich aber in **lang- und kurzfristige Forderungen** unterteilen und so gelten auch die allgemeinen **Bewertungsgrundsätze für das Anlage- bzw. Umlaufvermögen**.

Bei der Bewertung von zum Umlaufvermögen gehörenden Forderungen ist das **strenge Niederstwertprinzip** zu beachten, das besagt, dass diese Forderungen mit den **Anschaffungskosten** oder einem niedrigeren Teilwert zu bilanzieren sind.

Die **Anschaffungskosten** einer Forderung sind in der Regel identisch mit deren **Nennwert**, zuzüglich aller Nebenkosten.

Forderungen sind im Rahmen der Jahresabschlussarbeiten **zu bewerten**. Dazu werden sie, entsprechend der Chance ihrer Realisierung, hinsichtlich des tatsächlich zu erwartenden Geldflusses in drei Kategorien eingeteilt.

Zu unterscheiden ist zwischen
- einwandfreien Forderungen,
- zweifelhaften Forderungen und
- uneinbringlichen Forderungen.

Unterscheidung der Forderungen entsprechend der zu erwartenden Zahlungen

Forderungen

Einwandfreie Forderungen	Zweifelhafte Forderungen	Uneinbringliche Forderungen
(Forderungen ohne Ausfallrisiko)	(Forderungen mit erkennbaren Ausfallrisiken)	(ausgefallene Forderungen)

- **Einwandfrei** sind **Forderungen ohne Ausfallrisiko**, also solche Forderungen, bei denen mit vollständigem Zahlungseingang zu rechnen ist. Sie sind mit ihrem **Nennwert** zu bilanzieren.
- **Zweifelhaft** sind **Forderungen, die mit einem Ausfallrisiko behaftet sind**. Das sind Forderungen, bei denen der **Zahlungseingang unsicher** ist und ein vollständiger oder teilweiser Forderungsausfall zu erwarten ist. Forderungen können insbesondere dann zweifelhaft werden, wenn
  - der Schuldner (Mieter) sich im **Zahlungsverzug** befindet und der Eingang der Zahlung ungewiss ist.
  - über das Vermögen des Schuldners das **Vergleichsverfahren** oder **Insolvenzverfahren** eingeleitet wurde und mit einem Ausfall in einer zu schätzenden Höhe zu rechnen ist.

Diese zweifelhaften Forderungen – die auch als **„Dubiose“** bezeichnet werden – sind **mit ihrem wahrscheinlichen Wert** zu bilanzieren, denn § 252 Abs. 1 Nr. 4 HGB fordert, alle vorhersehbaren Risiken und Verluste, die bis zum Abschlussstichtag entstanden sind, zu berücksichtigen. Das erfordert deren **Wertberichtigung**, auf die im Folgenden eingegangen wird.

- **Uneinbringlich** sind Forderungen, deren Ausfall endgültig feststeht. Das ist der Fall,
  - wenn durch gerichtliche Entscheidung **Forderungen für unberechtigt erklärt** werden.
  - wenn die **Einrede der Verjährung** durch den Schuldner wirksam erhoben wird.
  - wenn das **Insolvenzverfahren** über das Vermögen des Schuldners mangels Masse **eingestellt** wird.
  - die **Zwangsvollstreckung fruchtlos** ist und voraussichtlich auch künftig fruchtlos bleiben wird.
  - wenn der Schuldner eine **eidesstattliche Versicherung** abgegeben hat und wenn sich dessen Vermögenslage voraussichtlich auch in absehbarer Zeit nicht verbessern wird.
  - wenn die **Durchsetzung des Anspruchs wirtschaftlich unsinnig** wird, weil dies mit zu hohen Kosten verbunden wäre.

  Diese uneinbringlichen Forderungen sind in vollem Umfang **abzuschreiben.**

Die Bewertung (Abschreibung) der Forderungen zum Bilanzstichtag kann auf dem Weg der
- direkten Abschreibung uneinbringlicher Forderungen,
- Einzelwertberichtigung von Forderungen (indirekte Abschreibung) und
- Pauschalwertberichtigung von Forderungen (indirekte Abschreibung)

erfolgen.

5.2.1 Direkte Abschreibung uneinbringlicher Forderungen

Für ausgefallene Forderungen muss das Wohnungsunternehmen keine Risikovorsorge mehr treffen. Es gilt jedoch, diesen Ausfall buchungsmäßig abzubilden und diese Forderungen abzuschreiben. Der Rechtsanspruch auf Zahlung des ausstehenden Betrags bleibt davon unberührt. Forderungsausfälle können **sofort (unterjährig) direkt abgeschrieben** werden, also nicht erst im Rahmen des Jahresabschlusses, sondern bereits bei Bekanntwerden der Uneinbringlichkeit. Hierfür steht dafür das Konto **(855) Abschreibungen auf Forderungen und Sonstige Vermögensgegenstände** zur Verfügung.[26]

Buchung

(855)	an	(2000)

5.2.2 Einzelwertberichtigung zweifelhafter Forderungen (EWB)

Zum Bilanzstichtag sind **offene Forderungen einzeln auf ihre Einbringlichkeit hin zu überprüfen.** Eine solche **Einzelbewertung** ist das genaueste Bewertungsverfahren, um das individuelle Ausfallrisiko der einzelnen Forderungen zu berücksichtigen. In diesem Sinne sind im Wohnungsunternehmen vor allem zu überprüfen:
- Forderungen aus Vermietung
- Forderungen aus Verkauf von Grundstücken
- Forderungen aus Betreuungstätigkeit
- Forderungen aus anderen Lieferungen und Leistungen

[26] Siehe auch Lernfeld 5 Abschnitt 2, Band 1, S. 342.

Stellt sich für einzelne **Forderungen** heraus, dass sie als **zweifelhaft** gelten, also mit einem Ausfallrisiko behaftet sind, ist eine sogenannte **Einzelwertberichtigung (EWB)** vorzunehmen.

> Diese **Einzelwertberichtigung** ist eine **indirekte Abschreibung** der betreffenden Forderung.

5.2.2.1 Bildung der Einzelwertberichtigung im Berichtsjahr (00)

Das Verfahren der Einzelwertberichtigung soll im Folgenden ausführlicher dargestellt werden. Dabei ist zu unterscheiden zwischen Buchungen im Rahmen des **Jahresabschlusses (Berichtsjahr (00))** und den Buchungen im **Folgejahr (01)**. Im Jahr 01 soll die Forderung aufgelöst werden, da hier Zahlungen eingehen bzw. die Forderung ganz oder teilweise uneinbringlich wird.

Schritt 1: Umbuchung zweifelhafter Forderungen
Aus Gründen der **Klarheit der Buchführung** werden die bei der Einzelbewertung festgestellten zweifelhaften Forderungen zunächst von den einwandfreien Forderungen getrennt. Das erfolgt durch die Umbuchung der gefährdeten Einzelforderung auf ein Konto **(2004) Zweifelhafte Forderungen**, das ein Unterkonto des jeweiligen Forderungskontos ist.

Beispiel:
Aus einem Gesamtbestand an **(2000) Mietforderungen** über 50.000 € werden Forderungen gegenüber einem Mieter in Höhe von 10.000 € als zweifelhaft eingestuft. Diese zweifelhafte Forderung ist umzubuchen.

(2004)	an	(2000)	10.000 Euro

Schritt 2: Wertberichtigung der zweifelhaften Forderungen (indirekte Abschreibung)
Diese **zweifelhafte Forderung** ist mit ihrem **wahrscheinlichen Wert** zu bilanzieren. Sie ist auf einen entsprechenden niedrigeren Wert abzuschreiben.

Aus Gründen der **Klarheit und Übersichtlichkeit** erfolgt dies **nicht direkt** über das Konto **(2004) Zweifelhafte Forderungen**, sondern **indirekt** über das Konto **(355) Steuerrechtliche Wertberichtigungen/EWB**. Dieses Konto ist dem Wesen nach ein Passivkonto, das als Korrektiv zum Konto (2004) Zweifelhafte Forderungen gilt. Die Buchung der Einzelwertberichtigung (als indirekte Abschreibung) erfolgt über das Konto **(8575) Einstellung in Steuerrechtliche Wertberichtigung/EWB**.

Beispiel:
Die zuvor ermittelte zweifelhafte Forderung ist zu bewerten. Ausgehend vom zu erwartenden Ausfall ist deren wahrscheinlicher Wert zu bestimmen. Bezogen auf das begonnene Beispiel wird unterstellt, dass die zweifelhafte Forderung (10.000 €) nur in Höhe von 8.000 € beglichen wird. Es ist mit einem Ausfall von 2.000 € zu rechnen.

Dieser Ausfall wird aufwandswirksam erfasst durch die Buchung:

(8575)	an	(355)	2.000 Euro

↓

Dadurch wird auf die zweifelhafte Forderung eine Einzelwertberichtigung (indirekte Abschreibung) in Höhe von 2.000 € vorgenommen. Die kontenmäßige Darstellung hat folgendes Aussehen:

S	2000	H
(600) 50.000 Euro		(2004) 10.000 Euro

S	2004	H
(2000) 10.000 Euro		

S	8575	H
(355) 2.000 Euro		

S	355	H
		(8575) 2.000 Euro

Schritt 3: Abschluss der Konten zum Bilanzstichtag
Das **Konto (2004)** bleibt durch diese indirekte Abschreibung in seinem Wert unverändert. Es wird mit seinem ursprünglichen Betrag über das **(989) Schlussbilanzkonto** als aktives Bestandskonto abgeschlossen. Das Konto **(355) Einzelwertberichtigung** wird als **passives Bestandskonto** über das **(989) SBK** abgeschlossen. Das **Konto (8575)** ist erfolgswirksam über das **(982) Gewinn- und Verlustkonto** abzuschließen.

Beispiel:
Für das vorangegangene Beispiel bedeutet dies, dass folgende Abschlussbuchungen zum 31. 12. 00 vorgenommen werden.

(989)	an	(2000)	40.000 Euro
(989)	an	(2004)	10.000 Euro
(355)	an	(989)	2.000 Euro
(982)	an	(8575)	2.000 Euro

Die Methode der Einzelwertberichtigung hat den Vorteil, dass
- der Bestand der **(2004) Zweifelhaften Forderungen** zum Bilanzstichtag in voller Höhe ausgewiesen wird und so mit dem eigentlichen Rechtsanspruch auf diese Forderung übereinstimmt und
- die **(355) Wertberichtigung** die Höhe des zu erwartenden Verlusts aufzeigt.

Zu beachten ist aber, dass

in den zu erstellenden Bilanzen zweifelhafte Forderungen und Wertberichtigungen nicht gesondert ausgewiesen werden dürfen (§ 266 HGB). **(355) Wertberichtigungen** sind vorab aktivisch mit den entsprechenden **(2004) Zweifelhaften Forderungen** zu verrechnen.

S	(982) GuV	H
(8575) 2.000 Euro		

S	(989) SBK	H
(2000) 40.000 Euro		(355) 2.000 Euro
(2004) 10.000 Euro		

Aktiva	Bilanz	Passiva
MietF 48.000 Euro		

5.2.2.2 Buchungen bei Auflösungen im Folgejahr (01)

Nachdem zu Beginn des neuen Geschäftsjahres die **Konten (2004)** und **(355)** eröffnet wurden, sind sie erst wieder interessant, wenn eine Entscheidung über die zweifelhafte Forderung gefallen ist. Diese Entscheidungen sind in der Regel mit dem Geldeingang auf die als zweifelhaft definierten Forderungen bzw. mit dem vollkommenen Ausfall dieser Forderung verbunden.

Schritt 4: Begleichung und/oder Ausfall der Forderungen
Beim **Eingang einer Zahlung** ist zunächst stets zu buchen:

(274)	an	(2004)

Häufig ist mit dem Geldeingang das Schicksal der **(2004) Zweifelhaften Forderung** geklärt, sie ist aufzulösen. Aufzulösen ist aber auch die damit verbundene **(355) Einzelwertberichtigung**.
Zu beachten sind drei mögliche Fälle, die mittels des gewählten Beispiels erläutert werden.

a) Die tatsächlichen Ausfälle sind mit den erwarteten Forderungsausfällen identisch.

Beispiel:

Die zweifelhafte Forderung (10.000 €) wird, wie erwartet, in Höhe von 8.000 € per Bank beglichen, der Rest der Forderung jedoch gilt als uneinbringlich.

Buchungen

Geldeingang:	(274)	an	(2004)	8.000 Euro
Auflösung der EWB:	(355)	an	(2004)	2.000 Euro

S	2004		H
(980)	10.000 Euro	(274)	8.000 Euro
		(355)	2.000 Euro

S	355		H
(2004)	2.000 Euro	(980)	2.000 Euro

S	274		H
(2004)	8.000 Euro		

b) Die tatsächlichen Ausfälle sind größer als erwartet, was eine weitere direkte Abschreibung auf die zweifelhafte Forderung erfordert.

Beispiel:
Für die zweifelhafte Forderung (10.000 €) werden statt der erwarteten 8.000 € nur 7.000 € überwiesen, der Rest gilt als uneinbringlich. Das bedeutet, dass die bisherige Einzelwertberichtigung von 2.000 € nicht ausreicht und die zweifelhafte Forderung nun direkt um weitere 1.000 € abgeschrieben werden muss.

Buchungen

Geldeingang:	(274)	an	(2004)	7.000 Euro
Auflösung der EWB:	(355)	an	(2004)	2.000 Euro
Direkte Abschreibung:	(855)	an	(2004)	1.000 Euro

↓

Möglich ist auch die Buchung:

(274)	an	(2004)	7.000 Euro
(355)	an		2.000 Euro
(855)	an		1.000 Euro
		(2004)	3.000 Euro

S	2004		H
(980)	10.000 Euro	(274)	7.000 Euro
		(355)	2.000 Euro
		(855)	1.000 Euro

S	355		H
(2004)	2.000 Euro	(980)	2.000 Euro

S	274		H
(2004)	7.000 Euro		

S	855		H
(2004)	1.000 Euro		

c) **Die tatsächlichen Ausfälle sind geringer als erwartet. Der überschüssige Betrag auf dem Wertberichtigungskonto ist als (6675) Ertrag aus der Auflösung steuerrechtlicher Wertberichtigungen/EWB zu erfassen.**

Beispiel:
Auf die zweifelhafte Forderung gehen statt der erwarteten 8.000 € tatsächlich 9.000 € per Bank ein. Der Forderungsverlust ist nicht so groß wie erwartet. 1.000 € sind als Ertrag auf dem **Konto (6675)** zu buchen.

Buchungen

Geldeingang:	(274)	an	(2004)	9.000 Euro
Auflösung der EWB:	(355)	an	(2004)	1.000 Euro
Direkte Abschreibung:	(355)	an	(6675)	1.000 Euro

Möglich ist auch:

(274)	an	(2004)	7.000 Euro
(355)			2.000 Euro
	an	(2004)	1.000 Euro
	an	(6675)	1.000 Euro

S	2004		H
(980)	10.000 Euro	(274)	9.000 Euro
		(355)	1.000 Euro

S	355		H
(2004)	1.000 Euro	(980)	2.000 Euro
(6675)	1.000 Euro		

S	274		H
(2004)	9.000 Euro		

S	6675		H
		(355)	1.000 Euro

Zusammenfassung

Bildung und Auflösung einer Einzelwertberichtigung auf Mietforderungen

1. Abgrenzung der zweifelhaften Forderungen von den einwandfreien Forderungen

(2004)	an	(2000)

2. Wertberichtigung auf die zweifelhafte Forderung zum 31. 12. 00

(8575)	an	(355)

3. Kontenabschlüsse zum 31. 12. 00

(989)	an	(2000)
(989)	an	(2004)
(355)	an	(989)
(982)	an	(8575)

4. Konteneröffnungen zum 01. 01. 01

(2000)	an	(980)
(2004)	an	(980)
(980)	an	(355)

5. Auflösung zweifelhafter Forderung bei Geldeingang

Zahlung < Erwartung

(274)	an	(2004)
(355)		
(855)	an	(2004)

Zahlung = Erwartung

(274)	an	(2004)
(355)	an	(2004)

Zahlung > Erwartung

(274)	an	(2004)
(355)	an	(2004)
	an	(6675)

5.2.3 Pauschalwertberichtigung von Forderungen (PWB)

Auch wenn für die Bewertung von Forderungen der Grundsatz der Einzelbewertung gilt, ist es durchaus legitim, neben der **Einzelwertberichtigung auf zweifelhafte Forderungen** auch auf die als einwandfrei geltenden Forderungen eine **Pauschalwertberichtigung** vorzunehmen. Dadurch wird dem allgemein bestehenden Risiko Rechnung getragen, dass auch ein Teil dieser Forderungen ausfallen kann. Die pauschale indirekte Abschreibung von Forderungen **(Pauschalwertberichtigung (PWB))** kann nur auf der Basis von Schätzungen erfolgen. Die Finanzverwaltungen folgen dabei in der Regel den Schätzungen des Unternehmens, wenn es sich nicht um eine bewusst falsche Bewertung handelt.

Aufgrund der betrieblichen Erfahrungen (Forderungsausfälle der letzten 3 bis 5 Jahre) wird ein Prozentsatz ermittelt und auf den Bestand der Forderungen (Nettowert) angewandt. Dieser Pauschalsatz muss rechnerisch nachweisbar sein und sollte aus steuerlichen Gründen 1 % nicht übersteigen.

5.2.3.1 Bildung einer Pauschalwertberichtigung im Berichtsjahr (00)

Auch hier wird die Pauschalabschreibung nicht direkt über das Konto (2000) Mietforderungen, sondern indirekt im Haben eines besonderen Wertberichtigungskontos vorgenommen. Der Abschreibungsbetrag wird zunächst im Soll des Aufwandskontos **(8576) Einstellung in steuerrechtliche Wertberichtigungen/PWB** gebucht. Die entsprechende Habenbuchung erscheint auf dem Passivkonto **(356) Steuerrechtliche Wertberichtigung/PWB**.

(8576)	an	(356)

5.2.3.2 Abschluss der Konten zum Bilanzstichtag (00)

Zum Jahresende wird das **Konto (8576)** über das **GuV-Konto (982)**, das **Konto (356)** über das **SBK (989)** abgeschlossen. Im SBK bildet somit die auf der Passivseite der Bilanz ausgewiesene **Pauschalwertberichtigung** einen Korrekturposten zu den **Forderungen** auf der Aktivseite der Bilanz. Auch hier gilt, dass in der Bilanz des Unternehmens Wertberichtigungen nicht ausgewiesen werden dürfen.

Beispiel:
Das Wohnungsunternehmen hat zum Ende des Geschäftsjahres einen Gesamtbestand an Mietforderungen von 200.000 €. Errechnet wurde ein durchschnittliches Ausfallrisiko von 3 %. Eine Pauschalwertberichtigung ist also in Höhe von 6.000 € vorzunehmen.

Buchung bei der Bildung der PWB

(8576)	an	(356)	6.000 Euro

S	2000	H
(600) 200.000 Euro		

S	8576	H
(356) 6.000 Euro		

S	356	H
		(8576) 6.000 Euro

Nachdem die Pauschalwertberichtigung gebildet wurde, sind die Konten zum 31. 12. abzuschließen.

(982)	an	(8576)	6.000 Euro
(989)	an	(2000)	200.000 Euro
(356)	an	(989)	6.000 Euro

S	(989) SBK	H
(2000) 200.000 Euro		(356) 6.000 Euro

S	(982) GuV	H
(8576) 6.000 Euro		

Aktiva	Bilanz	Passiva
MietF 194.000 Euro		

5.2.3.3 Anpassung von Pauschalwertberichtigungen im Folgejahr (01)

Bei Ausfall von Forderungen während des laufenden Geschäftsjahres wird die **Pauschalwertberichtigung zunächst nicht in Anspruch genommen**. Der Ausfall wird direkt über das **Konto (855)** verbucht. Ein Ausfall über 2.500 € wird also über die Buchung

(855)	an	(2000)	2.500 Euro

erfasst.

Jeweils zum Bilanzstichtag aber ist die **Pauschalwertberichtigung an den neuen Forderungsbestand anzupassen**. Sie muss entweder herauf- oder herabgesetzt werden.
Eine **Aufstockung** bedeutet eine zusätzliche Neubildung in Höhe des Unterschiedsbetrags zwischen dem **Bestand der PWB** und dem zu bildenden **neuen Wert**.
Eine **Herabsetzung** bedingt eine entsprechende **Auflösung der PWB** über das Konto **(6676) Erträge aus der Auflösung steuerrechtlicher Wertberichtigungen/PWB**.

Beispiel:

a) Zum 31.12.01 beträgt der Bestand offener Mietforderungen 250.000 €. Das pauschale Ausfallrisiko liegt weiterhin bei 3 %. Zu Beginn des Jahres (01) wurde das Konto (356) Pauschalwertberichtigung mit einem Wert von 6.000 € eröffnet, nun ist es um 1.500 € heraufzusetzen.

Saldo des Kontos (2000) Mietforderungen	250.000 €
Kalkuliertes **Ausfallrisiko** (3 % von 250.000 €)	7.500 €
Saldo des Kontos (356) PWB	6.000 €

Da der Saldo eines **Wertberichtigungskontos** stets **mit** dem **Ausfallrisiko übereinstimmen** muss, ist die Pauschalwertberichtigung hier um 1.500 € zu erhöhen.

Buchung

(8576)	an	(356)	1.500 Euro

S	2000	H
(600) 250.000 Euro		

S	8576	H
(356) 1.500 Euro		

S	356	H
		(980) 6.000 Euro
		(8576) 1.500 Euro

b) Zum 31.12.01 beträgt der Bestand offener Mietforderungen nur noch 100.000 €. Das pauschale Ausfallrisiko beträgt weiterhin 3 %.

Saldo des Kontos (2000) Mietforderungen	100.000 €
Kalkuliertes **Ausfallrisiko** (3 % von 100.000 €)	3.000 €
Saldo des Kontos (356) PWB	6.000 €

Da der Saldo eines **Wertberichtigungskontos** stets **mit** dem **Ausfallrisiko übereinstimmen** muss, ist die Pauschalwertberichtigung in diesem Fall um 3.000 € herabzusetzen.

↓

Buchung

(356)	an	(6676)	3.000 Euro

S	2000	H
(600) 100.000 Euro		

S	6676	H
		(356) 3.000 Euro

S	356	H
(6676) 3.000 Euro		(980) 6.000 Euro

Zusammenfassung

Bildung und Anpassung von Pauschalwertberichtigungen auf Mietforderungen

1. Bildung der Pauschalwertberichtigung durch Anwendung des ermittelten Pauschalsatzes auf den aktuellen Forderungssaldo

(8576)	an	(356)

2. Kontenabschlüsse zum 31.12.00

(989)	an	(2000)
(356)	an	(989)
(982)	an	(8576)

3. Konteneröffnungen zum 01.01.01

(2000)	an	(980)
(980)	an	(356)

4. Erfassung konkreter Forderungsausfälle

(855)	an	(2000)

5. Anpassung der Pauschalwertberichtigung zum 31.12.01

Aufstockung			Herabsetzung		
(8576)	an	(356)	(356)	an	(6676)

6 Eigenkapitalausweis im Jahresabschluss von Kapitalgesellschaften

6.1 Eigenkapitalpositionen von Kapitalgesellschaften

Bei **Einzelunternehmen und Personengesellschaften** ist es möglich, das Ergebnis des Geschäftsjahres – ermittelt über das Gewinn- und Verlustkonto als Gegenüberstellung aller Aufwendungen und Erträge – direkt in ein Konto **(30) Eigenkapital** zu überführen. Dies ist möglich, da das Eigenkapital in der Bilanz dieser Unternehmen, sofern sie bilanzierungspflichtig sind, als eine **Sammelposition** erscheint, die gegebenenfalls lediglich bezüglich der Firmeninhaber unterteilt wird.

In der Bilanz von **Kapitalgesellschaften** hingegen erscheint das Eigenkapital als Summe verschiedener **Einzelpositionen**.

Dazu gehören:

30 Gezeichnetes Kapital

Das gezeichnete Kapital ist das Kapital, mit dem die Gesellschafter für die Schulden der Gesellschaft haften (§ 272 Abs. 1 HGB). Es ist das laut Satzung im Handelsregister eingetragene **Haftungskapital**, das in Abhängigkeit von der Rechtsform der Unternehmen als **Grundkapital** (Aktiengesellschaften), **Stammkapital** (GmbH) oder **Geschäftsguthaben** (Genossenschaften) bezeichnet wird.

31 Ausstehende Einlagen auf das gezeichnete Kapital

In dieser Kontengruppe werden bei Aktiengesellschaften und GmbHs die **Ansprüche des Unternehmens an die Anteilseigner** auf Einzahlung noch nicht geleisteter Einlagen ausgewiesen.

32 Kapitalrücklagen

Hier sind **Eigenkapitalzuführungen von außen** auszuweisen, die **über das gezeichnete Kapital hinausgehen**.

33 Gewinnrücklagen

Als Gewinnrücklagen werden **Beträge des Eigenkapitals** ausgewiesen, die im Abschlussjahr bzw. in vorangegangenen Geschäftsjahren **aus dem Ergebnis gebildet worden** sind. Sie erscheinen in den Bilanzen der Wohnungsunternehmen unter anderem als

- Gesetzliche Rücklagen (330),
- Gesellschaftsvertragliche/Satzungsmäßige Rücklagen (332),
- Bauerneuerungsrücklagen (333) und als
- Andere Gewinnrücklagen (334).

34 Ergebnis

Als Ergebnis werden in der Bilanz dokumentiert:

- **Jahresergebnis** als **Jahresüberschuss/Jahresfehlbetrag (341)**

> Der **Jahresüberschuss** ist der Überschuss der Erträge über die Aufwendungen des abgelaufenen Geschäftsjahres, der **Jahresfehlbetrag** hingegen ist als Überschuss der Aufwendungen über die Erträge zu definieren

- **Bilanzergebnis** als **Bilanzgewinn/Bilanzverlust (342)**

> **Bilanzgewinn** bzw. **Bilanzverlust** sind das Ergebnis der Verrechnung des Jahresergebnisses mit Gewinn- oder Verlustvorträgen und Entnahmen aus und/oder Zuführungen zu Rücklagen.

- **Ergebnisrest** als **Gewinnvortrag/Verlustvortrag (340)**

Der **Gewinnvortrag** ist der nicht ausgeschüttete Bilanzgewinn des Vorjahres (Gewinnrest), der nicht den Rücklagen zugeführt und auch nicht anderweitig verwendet worden ist, sondern durch Beschluss der Gesellschafter als Gewinn vorzutragen ist. Der **Verlustvortrag** ist nach analoger Betrachtung der Rest des Bilanzverlustes des Vorjahres, der durch eine Auflösung von Rücklagen nicht gemindert werden konnte.

6.2 Inhaltliche Bestimmung der Rücklagen

Rücklagen sind **Teil des Eigenkapitals**, werden getrennt vom gezeichneten Kapital ausgewiesen und gelten als (bilanzpolitische) Reserven des Wohnungsunternehmens. Sie werden gebildet, um mögliche Verluste in späteren Jahren auszugleichen.

Grundsätzlich ist zwischen offenen und stillen Rücklagen zu unterscheiden.

Offene Rücklagen

Offene Rücklagen entstehen entweder durch Zuführung von Eigenkapital (über das Haftungskapital hinaus) als **Kapitalrücklagen** oder durch das Einbehalten von Gewinnen als **Gewinnrücklagen**.

Sie erscheinen auf der Passivseite der Bilanz des Wohnungsunternehmens als **gesonderte Bilanzpositionen** in den Kontengruppen

- (32) Kapitalrücklagen bzw.
- (33) Gewinnrücklagen.

Für Kapitalgesellschaften schreibt das HGB § 272 Abs. 2 und 3 die Bildung solcher Rücklagen ausdrücklich vor.

Stille Rücklagen

Stille Rücklagen (stille Reserven) sind Eigenkapitalpositionen, deren Existenz der Bilanz nicht zu entnehmen ist, dort werden sie nicht gesondert ausgewiesen. Sie entstehen durch

- die Unterbewertung von Aktivposten,
- die Überbewertung von Passivposten.

Beispiel:

a) **Unterbewertung von Aktivposten**
Das Wohnungsunternehmen hat im Jahr 00 ein **unbebautes Grundstück des Umlaufvermögens** erworben. Die Anschaffungskosten betrugen 100.000 €. Zum 31. 12. 05 hat sich der Verkehrswert des Grundstücks auf 150.000 € erhöht. In der Bilanz jedoch darf das Grundstück höchstens mit den ursprünglichen Anschaffungskosten von 100.000 € bilanziert werden, da Vermögenspositionen nach dem **Niederstwertprinzip** bewertet werden müssen. Es ergibt sich in diesem Fall eine Unterbewertung und damit eine stille Rücklage in Höhe von 50.000 €.

b) **Überbewertung von Passivposten**
Dem Wohnungsunternehmen entstanden im Verlauf des Geschäftsjahres 00 Verbindlichkeiten in ausländischen Währungen über umgerechnet 20.000 €. Infolge eines Kursrückganges betragen die **Schulden** zum Bilanzstichtag nur noch 18.000 €. Da diese Schulden nach dem **Höchstwertprinzip** bewertet werden müssen, sind sie mit dem Ursprungswert von 20.000 € zu bilanzieren. Durch diese Überbewertung der Schulden entsteht eine stille Rücklage von 2.000 €.

6.2.1 Kapitalrücklagen (32)

Kapitalrücklagen sind Rücklagen, die unabhängig vom Jahresabschluss gebildet und in der Regel durch Eigenkapitalzuführungen von außen verursacht werden.

Als **Kapitalrücklage** sind nach § 272 Abs. 2 HGB auszuweisen

1. der Betrag, der bei der **Ausgabe von Anteilen** einschließlich von Bezugsanteilen **über den Nennbetrag** hinaus erzielt wird,
2. der Betrag, der bei der **Ausgabe von Schuldverschreibungen** für Wandlungsrechte und Optionsrechte zum Erwerb von Anteilen erzielt wird,
3. der Betrag von **Zuzahlungen, die Gesellschafter gegen Gewährung eines Vorzugs** für ihre Anteile leisten,
4. der Betrag von anderen **Zuzahlungen**, die Gesellschafter in das Eigenkapital leisten.

Beispiel:

Das Eigenkapital einer Wohnungsbau AG besteht zum 31.12.00 aus folgenden Eigenkapitalpositionen:

I.	**Gezeichnetes Kapitel**	2.500.000 Euro
II.	**Kapitalrücklage**	100.000 Euro
III.	**Gewinnrücklage**	
	1. Gesetzliche Rücklage	20.000 Euro
	2. Satzungsmäßige Rücklage	50.000 Euro
	1. Andere Gewinnrücklage	25.000 Euro
IV.	**Ergebnis**	
	1. Gewinnvortrag	30.000 Euro
	2. Jahresüberschuss	35.000 Euro
Summe Eigenkapital		**2.760.000 Euro**

Die Wohnungsbau AG erhöht das gezeichnete Kapital um 200.000 € (Nennwert) durch die Ausgabe neuer Aktien. Diese Aktien werden mit einem Aufgeld (Agio) von insgesamt 100.000 € ausgegeben. Die Wohnungsbau AG erhält für die Ausgabe der Aktion also insgesamt 300.000 € gutgeschrieben, von denen 200.000 € als Erhöhung des **(30) Gezeichneten Kapitals** erfasst werden müssen und 100.000 € als **(32) Kapitalrücklagen** gelten.

Buchung

(274)			300.000 Euro
	an	(30)	200.000 Euro
	an	(32)	100.000 Euro

S	274 H
300.000 Euro	

S	30 H
	(980) 2.500.000 Euro
	(274) 200.000 Euro

S	32 H
	(980) 100.000 Euro
	(274) 100.000 Euro

Diese Buchungen führen zu folgenden **Veränderungen** des Eigenkapitals:

I. Gezeichnetes Kapitel	2.700.000 Euro
II. Kapitalrücklage	200.000 Euro
III. Gewinnrücklage	
1. Gesetzliche Rücklage	20.000 Euro
2. Satzungsmäßige Rücklage	50.000 Euro
1. Andere Gewinnrücklage	25.000 Euro
IV. Ergebnis	
1. Gewinnvortrag	30.000 Euro
2. Jahresüberschuss	35.000 Euro
Summe Eigenkapital	**3.060.000 Euro**

6.2.2 Gewinnrücklagen (33)

Als **Gewinnrücklagen** werden Beträge ausgewiesen, die aus nicht ausgeschütteten Gewinnen gebildet worden sind. Diese können aus dem Berichtsjahr oder aus einem früheren Geschäftsjahr (aus dem Ergebnis) stammen. Dazu gehören gesetzliche, auf Gesellschaftsvertrag/Satzung beruhende Rücklagen oder andere Gewinnrücklagen (§ 272 Abs. 3 HGB).

Gewinnrücklagen erscheinen im Kontenrahmen der Wohnungswirtschaft in folgenden Positionen:

(330) Gesetzliche Rücklage
Gesetzliche Rücklagen sind – als besondere Form der Gewinnrücklagen – von Aktiengesellschaften gemäß § 150 Abs. 2 AktG zu bilden. Dieses Gesetz schreibt vor, dass

5 % des um einen Verlustvortrag aus dem Vorjahr geminderten Jahresüberschusses in die gesetzliche Rücklage einzustellen sind, bis die gesetzliche Rücklage und die Kapitalrücklage nach § 272 Abs. 2 HGB zusammen den zehnten oder den in der Satzung bestimmten höheren Teil des gezeichneten Kapitals erreichen.

Beispiel:

Die Wohnungsbau AG hat ein Grundkapital von 2.500.000 €. Die gesetzliche Rücklage und die Kapitalrücklage zusammen betrugen zum Ende des Vorjahres (00) insgesamt 150.000 €. Im Abschlussjahr (01) betrugen die Erträge 10.000.000 € und die Aufwendungen 8.500.000 €. Zugleich ist ein Verlustvortrag aus dem Jahr 00 in Höhe von 100.000 € vorhanden.

Ermittlung der in die gesetzliche Rücklage einzustellenden Beträge

	Erträge	10.000.000 Euro
–	Aufwendungen	8.500.000 Euro
=	**Jahresüberschuss**	**1.500.000 Euro**
–	Verlustvortrag	100.000 Euro
=	**Berechnungsgrundlage**	**1.400.000 Euro**
	davon sind 5 % in die gesetzliche Rücklage einzustellen	**70.000 Euro**

Die so ermittelten 70.000 € sind in die gesetzliche Rücklage einzustellen, da diese und die Kapitalrücklagen zusammen bisher die 10 % des gezeichneten Kapitals (Grundkapital) noch nicht erreicht haben. Der neue Stand der gesetzlichen und der Kapitalrücklage beträgt nach der Zuführung nunmehr 220.000 €, erforderlich sind jedoch 250.000 €.

(331) Rücklage für eigene Anteile
Hat eine Kapitalgesellschaft eigene Anteile erworben, so hat sie dafür eine Rücklage zu bilden. Nach § 272 Abs. 4 HGB ist hier ein Betrag einzustellen, der dem auf der Aktivseite der Bilanzposition **(261) Eigene Anteile** angesetzten Betrag entspricht. Diese Rücklage darf nur aufgelöst werden, soweit die eigenen Anteile ausgegeben, veräußert oder eingezogen werden oder soweit nach § 253 Abs. 3 HGB auf der Aktivseite ein niedrigerer Betrag angesetzt wird. Diese Rücklage soll sichern, dass Gewinnanteile in Relation der eigenen Anteile nicht für Ausschüttungen an die Gesellschafter verwendet werden, sondern im eigenen Unternehmen gebunden bleiben. Aufgelöst oder gemindert werden darf diese Rücklage erst, wenn die eigenen Anteile entsprechend verringert (außerplanmäßige Abschreibung), wieder ausgegeben, veräußert oder eingezogen werden.

(332) Gesellschaftsvertragliche/Satzungsmäßige Rücklage
Hier handelt es sich um Rücklagen, zu deren Bildung die Gesellschafter aufgrund der Satzungen bzw. Gesellschaftsverträge verpflichtet sind. Sie können beliebig gebildet oder aufgelöst werden, sofern das nicht den Einschränkungen des § 150 AktG widerspricht.

(333) Bauerneuerungsrücklage
Die Bauerneuerungsrücklage ist eine Gewinnrücklage, die nach den Vorschriften der Formblattverordnung für die Bilanzierung der Wohnungsunternehmen gegebenenfalls ausgewiesen wird. Ihrem Wesen nach ist sie eine freie Rücklage, denn die Unternehmen sind frei in ihrer Entscheidung über deren Bildung und Auflösung. Sie werden diese Rücklagen entsprechend den betrieblichen Erfordernissen und Planungen bilden, um künftig größere Instandhaltungs-/Instandsetzungsmaßnahmen an den Objekten des Anlagevermögens (zu vermietende oder selbst genutzte Immobilien) finanzieren zu können.

(334) Andere Gewinnrücklagen/Andere Ergebnisrücklagen
Auch diese Rücklagen sind als freie Rücklagen zu verstehen. Sie werden über die gesetzliche Verpflichtung hinaus gebildet. Freie Rücklagen können für beliebige Zwecke verwendet werden. Da sie aus nicht ausgeschütteten Gewinnen gebildet werden, dienen sie der Selbstfinanzierung und der Stärkung der Eigenkapitalbasis des Wohnungsunternehmens.

Zusammenfassung

Stille und offene Rücklagen

Rücklagen

Stille Rücklagen	**Offene Rücklagen**
Stille Rücklagen entstehen durch **1. Unterbewertung von Aktivposten** **2. Überbewertung von Passivposten**	Bestandteile der offenen Rücklagen sind: **1. Kapitalrücklagen (§ 272 Abs. 2 HGB)** **2. Gewinnrücklagen** a) Gesetzliche (Gewinn-)Rücklagen (§ 150 Abs. 2 AktG) b) Satzungsmäßige/gesellschaftsvertragliche Gewinnrücklagen (§ 272 Abs. 3 HGB) c) Bauerneuerungsrücklage d) Andere Gewinnrücklagen (§ 272 Abs. 3 HGB)

7 Bilanzanalyse

Im Ergebnis der Jahresabschlussarbeiten sind Dokumente wie die Bilanz, die Gewinn- und Verlustrechnung, der Anhang und der Lagebericht entstanden. Es sind Dokumente, die bereits bei erster Betrachtung eine Beurteilung der wirtschaftlichen Lage des Wohnungsunternehmens zulassen. Exaktere und vergleichbarere Aussagen aber lassen sich erst über die Erstellung eines umfangreichen Kennzahlensystems treffen.

Das klassische System der Kennziffern zur **Bilanzanalyse** umfasst
- Kennzahlen der Vermögensstruktur (Konstitution),
- Kennzahlen der Kapitalstruktur (Finanzierung),
- Kennzahlen der Anlagendeckung (Investierung) und
- Kennzahlen der Liquidität.

Im Rahmen der **Analyse der Erfolgsrechnung** lassen sich insbesondere Kennzahlen der Wirtschaftlichkeit und Rentabilität des Wohnungsunternehmens ermitteln.

Diese Kennzahlen der Jahresabschlussanalyse
- erläutern die **Vermögens-, Finanz- und Erfolgslage**,
- geben als **Zeitvergleich** (Vergleich von Kennzahlen aus der Analyse von Jahresabschlüssen mehrerer Jahre) Auskunft über die mehrjährige innerbetriebliche **Entwicklung** und
- verdeutlichen, durch den Vergleich mit den branchenüblichen Bilanz- und Leistungskennzahlen, die Position des Unternehmens innerhalb der Branche **(Branchenvergleich/wohnungswirtschaftlicher Betriebsvergleich)**.

7.1 Aufbereitung der Bilanz

Um aus der vorliegenden Bilanz Kennzahlen ableiten zu können, ist zunächst deren gezielte Aufbereitung erforderlich. Welche Schritte dabei zu beachten sind, soll am Beispiel der folgenden vereinfachten Bilanz einer Brandenburger Wohnungsbaugesellschaft demonstriert werden.

Bilanzpositionen in Gruppen zusammenfassen
Im Rahmen der Bilanzaufbereitung ist die Vielzahl von Einzelpositionen der Bilanz zu Hauptgruppen zusammenzufassen.

Vermögen:
- Anlagevermögen (immaterielle Vermögensgegenstände, Sachanlagen, Finanzanlagen) und
- Umlaufvermögen (Verkaufsgrundstücke und andere Vorräte, kurzfristige Forderungen, liquide Mittel)

Kapital:
- Eigenkapital (gezeichnetes Kapital, Kapital- und Gewinnrücklagen, Gewinn- und Verlustvortrag, Jahresüberschuss/Jahresfehlbetrag und/oder Bilanzgewinn/Bilanzverlust) und
- Fremdkapital (langfristiges Fremdkapital und kurzfristiges Fremdkapital)

Bilanzpositionen werden miteinander verrechnet:
- **Aktive Rechnungsabgrenzungsposten** sind den Forderungen, **passive Rechnungsabgrenzungsposten** den kurzfristigen Verbindlichkeiten zuzuordnen,
- **Wertpapiere des Umlaufvermögens** gehören zu den liquiden Mitteln,
- **Rückstellungen** gehören als langfristige Rückstellungen (etwa Pensionsrückstellungen) zum langfristigen Fremdkapital und als kurzfristige Rückstellungen (etwa Rückstellungen für unterlassene Instandhaltungen) zum kurzfristigen Fremdkapital.

Beispiel:

Bilanz zum 31.12.01					
Aktiva	**Angaben in T€**				**Passiva**
	BJ	**VJ**		**BJ**	**VJ**
I. Anlagevermögen			**I. Eigenkapital**		
1. Immaterielle VermG	28,0	35,0	1. Gezeichnetes Kapital	19.899,0	19.275,0
2. Sachanlagen			2. Kapitalrücklagen	197,0	139,0
Grundstücke mit Wohnbauten	283.900,0	269.385,0	3. Gewinnrücklagen	144.465,8	153.062,7
Grundstücke mit Geschäftsbauten	1.634,0	1.298,0	4. Jahresergebnis	8.297,2	6.359,3
Bauten auf fremden Grundstücken	3,0	5,0			
Maschinen	1.181,0	830,0			
BGA	377,0	384,0	**II. Fremdkapital**		
Anlagen im Bau	171,0	50,0	Rückstellungen	11.362,0	9.862,0
3. Finanzanlagen			**Verbindlichkeiten**		
Beteiligungen	27,0	20,0	Darlehen bei Banken	130.918,0	111.805,0
Ausleihungen	14.223,0	14.224,0	Erhaltene Anzahlungen	20.185,0	23.625,0
			Verbindlichkeiten aus Vermietung	34,0	16,0
II. Umlauf-vermögen			Verbindlichkeiten aus LuL	2.109,0	3.341,0
1. Vorräte			Sonstige Verbind-lichkeiten	6.464,0	842,0
Verkaufsgrundstücke	18.494,0	22.783,0			
2. Forderungen und sVermG			**III. PRA**	1,0	0,0
Forderungen aus Vermietung	357,0	374,0			
Forderungen aus GrundstücksV	5.831,0	6.982,0			
Forderungen aus Betreuung	609,0	0,0			
Forderungen aus anderen LuL	104,0	32,0			
Sonstige VermG	5.782,0	711,0			
3. Wertpapiere	4.288,0	5.317,0			
4. Geldmittel	6.906,0	5.884,0			
5. ARA	17,0	13,0			
Vermögen	**343.932,0**	**328.327,0**	**Kapital**	**343.932,0**	**328.327,0**

Schema der Bilanzaufbereitung

Aktiva	Berichtsjahr		Vorjahr		Veränderungen
	T€	%	T€	%	T€
Imm. VermG	28,00	0,01	35,00	0,01	-7,00
Sachanlagen	287.266,00	83,52	271.952,00	82,83	15.314,00
Finanzanlagen	14.250,00	4,14	14.244,00	4,34	6,00
Anlagevermögen	**301.544,00**	**87,68**	**286.231,00**	**87,18**	**15.313,00**
Vorräte	18.494,00	5,38	22.783,00	6,94	-4.289,00
Kurzfr. Forderungen	12.700,00	3,69	8.112,00	2,47	4.588,00
Flüssige Mittel	11.194,00	3,25	11.201,00	3,41	-7,00
Umlaufvermögen	**42.388,00**	**12,32**	**42.096,00**	**12,82**	**292,00**
Gesamtvermögen	**343.932,00**	**100,00**	**328.327,00**	**100,00**	**15.605,00**

Passiva	Berichtsjahr		Vorjahr		Veränderungen
	T€	%	T€	%	T€
Gezeichnetes Kapital	19.899,00	5,79	19.275,00	5,87	624,00
Kapitalrücklagen	197,00	0,06	139,00	0,04	58,00
Gewinnrücklagen	144.465,80	42,00	153.062,70	46,62	-8.596,90
Jahresergebnis	8.297,20		6.359,30		1.937,90
Eigenkapital	**172.859,00**	**50,26**	**178.836,00**	**54,47**	**-5.977,00**
Langfristige Rückst.	0,00	0,00	0,00	0,00	0,00
Langfr. Verbindl.	130.918,00	38,07	111.805,00	34,05	19.113,00
Langfr. FK	**130.918,00**	**38,07**	**111.805,00**	**34,05**	**19.113,00**
Kurzfr. Rückst.	11.362,00	3,30	9.862,00	3,00	1.500,00
Kurzfr. Verbindl.	28.793,00	8,37	27.824,00	8,47	969,00
Kurzfr. FK	**40.155,00**	**11,68**	**37.686,00**	**11,48**	**2.469,00**
Fremdkapital	**171.073,00**	**49,74**	**149.491,00**	**45,53**	**21.582,00**
Gesamtkapital	**343.932,00**	**100,00**	**328.327,00**	**100,00**	**15.605,00**

7.2 Analyse der Bilanz (Bilanzkritik)

7.2.1 Vermögensstrukturanalyse (Konstitution)

Die **Zusammensetzung (Struktur) des Vermögens,** also das Verhältnis zwischen Anlage- und Umlaufvermögen, wird entscheidend durch die Branche und deren spezifische Anlagenausstattung bestimmt. Wohnungsunternehmen sind ausgesprochen anlagenintensive Betriebe, sie verfügen im Durchschnitt über einen Anlagenanteil von 90 %.

Anlagenquote/Anlagenintensität (Q_{AV})

Das **Anlagevermögen** bindet in außerordentlich hohem Maße langfristig Kapital und verursacht ständig wiederkehrende Kosten (Instandhaltungskosten, Kapitalkosten und Abschreibungen), die unabhängig von der Beschäftigungs- und Ertragslage des Unternehmens anfallen.

Dieser Umstand fordert von den Wohnungsunternehmen vor allem das Streben nach voller Auslastung der zu vermietenden Immobilien (Reduzierung des Leerstands) und ein nachhaltiges Mietmanagement, um so gezielt auf die Entwicklung der Umsatzerlöse einzuwirken und zu sichern, dass die Fixkosten auf eine möglichst große Anzahl von Leistungseinheiten verteilt und so je Leistungseinheit möglichst niedrig gehalten werden.

Wertansatz für das Berichtsjahr

$$Q_{AV} = \frac{\text{Anlagevermögen}}{\text{Gesamtvermögen}} \cdot 100 = \frac{301.544 \text{ T€}}{343.932 \text{ T€}} \cdot 100 = \mathbf{87{,}68\%}$$

Umlaufvermögensquote (Q_{UV})

Das **Umlaufvermögen** der Wohnungsunternehmen besteht vor allem aus Vorräten (Verkaufsgrundstücke und die damit verbundenen jeweiligen Entwicklungsstadien, noch nicht abgerechnete Leistungen und andere Vorräte), Forderungen aus Lieferungen und Leistungen und den liquiden Mitteln.

Wertansatz für das Berichtsjahr

$$Q_{UV} = \frac{\text{Umlaufvermögen}}{\text{Gesamtvermögen}} \cdot 100 = \frac{42.388 \text{ T€}}{343.932 \text{ T€}} \cdot 100 = \mathbf{12{,}32\%}$$

Kennzahlen der Vermögensstruktur im Überblick

Kennzahlen der Vermögensstruktur (in %)

Kennzahl	Formel	BJ	VJ
(1) Q_{AV}	$= \frac{\text{Anlagevermögen}}{\text{Gesamtvermögen}} \cdot 100$	87,68	87,18
(2) Q_{UV}	$= \frac{\text{Umlaufvermögen}}{\text{Gesamtvermögen}} \cdot 100$	12,32	12,82
(4) Q_{Vorat}	$= \frac{\text{Vorräte}}{\text{Gesamtvermögen}} \cdot 100$	5,38	6,94
(5) $Q_{Forderungen}$	$= \frac{\text{Forderungen}}{\text{Gesamtvermögen}} \cdot 100$	3,69	2,47
(6) $Q_{Flüssige\ Mittel}$	$= \frac{\text{Flüssige Mittel}}{\text{Gesamtvermögen}} \cdot 100$	3,25	3,41

7.2.2 Kapitalstrukturanalyse (Finanzierung)

Die Analyse der **Kapitalstruktur** bringt zum Ausdruck, in welchem Maße das Wohnungsunternehmen mit eigenen **(Eigenkapital)** oder fremden **(Fremdkapital)** Mitteln arbeitet.

Um aus den Größenordnungen der Kennzahlen die richtigen Schlüsse zu ziehen, ist es erforderlich zu wissen, dass das Eigenkapital wichtige Haftungs- oder Garantiefunktionen gegenüber den Gläubigern zu erfüllen hat, aber auch der Finanzierung des langfristig im Unternehmen gebundenen Vermögens dient.

Eine grundsätzliche Regel über die notwendige Relation von Eigen- und Fremdkapital gibt es nicht, es besteht jedoch ein enger Zusammenhang zwischen der Eigenkapitalquote und der wirtschaftlichen und finanziellen Stabilität eines Wohnungsunternehmens.

Eigenkapitalquote (Q_{EK}) – Grad der finanziellen Unabhängigkeit
Die **Eigenkapitalquote** ist auch als **Grad der finanziellen Unabhängigkeit** zu verstehen, sie ist ein entscheidender Maßstab für die Kreditwürdigkeit und Krisenfestigkeit des Unternehmens.

Wertansatz für das Berichtsjahr

$$Q_{EK} = \frac{\text{Eigenkapital}}{\text{Gesamtkapital}} \cdot 100 = \frac{172.859 \text{ T€}}{343.932 \text{ T€}} \cdot 100 = \mathbf{50{,}26\%}$$

Fremdkapitalquote (Q_{FK})
Die **Fremdkapitalquote** bringt den Anteil des Fremdkapitals am Gesamtkapital zum Ausdruck. Je höher sie ist, desto stärker ist das Unternehmen in seiner **finanziellen Unabhängigkeit eingeschränkt**. Hohe Verschuldung bedeutet in der Regel, sich bei den wirtschaftlichen Entscheidungen auch den Erfordernissen der Gläubiger zu beugen. Ein neuerlicher Bedarf an Fremdkapital (Darlehen) macht es erforderlich, sich einer Kreditwürdigkeitsprüfung zu unterziehen und die Verwendung der bereitgestellten Fremdmittel nachzuweisen.

Wertansatz für das Berichtsjahr

$$Q_{FK} = \frac{\text{Fremdkapital}}{\text{Gesamtkapital}} \cdot 100 = \frac{171.073 \text{ T€}}{343.932 \text{ T€}} \cdot 100 = \mathbf{49{,}74\%}$$

Verschuldungsgrad (Anspannungskoeffizient)
Der **Verschuldungsgrad** der Unternehmen wird im Regelfall über einen sogenannten Anspannungskoeffizienten angegeben, der das **Verhältnis von Fremdkapital und Eigenkapital** zum Ausdruck bringt.

Wertansatz für das Berichtsjahr

$$\text{Verschuldungsgrad} = \frac{\text{Fremdkapital}}{\text{Eigenkapital}} \cdot 100 = \frac{171.073 \text{ T€}}{172.859 \text{ T€}} \cdot 100 = \mathbf{98{,}97\%}$$

Üblich ist, im Gegensatz zu diesem Beispiel, ein Verschuldungsgrad von etwa 200 %, was bedeutet, dass die Wohnungsunternehmen doppelt so viel Fremdkapital wie Eigenkapital gebunden haben.

Kennzahlen der Vermögensstruktur im Überblick

Kennzahlen der Kapitalstruktur und Verschuldung (in %)

		BJ	VJ
(1) Q_{EK}	$= \frac{\text{Eigenkapital}}{\text{Gesamtkapital}} \cdot 100$	50,26	54,47
(2) Q_{FK}	$= \frac{\text{Fremdkapital}}{\text{Gesamtkapital}} \cdot 100$	49,74	45,53
(3) **Verschuldungsgrad**	$= \frac{\text{Fremdkapital}}{\text{Eigenkapital}} \cdot 100$	98,97	83,59
(4) $Q_{FK\ langfristig}$	$= \frac{\text{Langfristiges Fremdkapital}}{\text{Gesamtkapital}} \cdot 100$	38,07	34,05
(5) $Q_{FK\ kurzfristig}$	$= \frac{\text{Kurzfristiges Fremdkapital}}{\text{Gesamtkapital}} \cdot 100$	11,68	11,48

7.2.3 Kennzahlen der Anlagendeckung (Investierung)

Die Anlagendeckung bringt die Finanzierung des Anlagevermögens durch langfristiges Kapital zum Ausdruck.

Bei der Würdigung dieser Kennzahl ist der **Grundsatz der Fristenkongruenz** zu berücksichtigen, der besagt, dass langfristiges Vermögen (Anlagevermögen) auch durch langfristig bereitgestelltes Kapital (Eigenkapital und langfristiges Fremdkapital) zu finanzieren ist. Dieser Grundsatz wird auch als **„Goldene Bilanzregel"** bezeichnet.

So soll gesichert werden, dass in Zeiten von Liquiditätskrisen kein Anlagevermögen veräußert werden muss. Die Anlagendeckung wird in drei sogenannten Deckungsgraden zum Ausdruck gebracht.

Anlagendeckung 1. Grades (AD_I)

Die **Anlagendeckung I (AD_I)** verdeutlicht, in welchem Maße das Eigenkapital ausreicht, um das Anlagevermögen zu finanzieren.

Wertansatz für das Berichtsjahr

$$AD_I = \frac{\text{Eigenkapital}}{\text{Anlagevermögen}} \cdot 100 = \frac{172.859 \text{ T€}}{301.544 \text{ T€}} \cdot 100 = \mathbf{57{,}32\%}$$

Anlagendeckung 2. Grades (AD_{II})
In der Regel wird das Anlagevermögen aber nicht allein über das Eigenkapital finanziert, vielmehr sichern sowohl Eigenkapital als auch langfristiges Fremdkapital (Darlehen) zusammen die Finanzierung des Anlagevermögens.

Und so verdeutlicht die **Anlagendeckung II (AD_{II})**, in welchem Maß das Eigenkapital und langfristiges Fremdkapital zusammen ausreichen, um das Anlagevermögen zu finanzieren.

Wertansatz für das Berichtsjahr

$$AD_{II} = \frac{\text{Eigenkapital} + \text{Langfristiges Fremdkapital}}{\text{Anlagevermögen}} \cdot 100 = \frac{172.859 \text{ T€} + 130.918 \text{ T€}}{301.544 \text{ T€}} \cdot 100 = \mathbf{100{,}74\%}$$

Anlagendeckung 3. Grades (AD_{III})
Insbesondere für Wohnungsunternehmen, die neben einem großen Bestand an Mietobjekten (Anlagevermögen) auch über umfangreiche Bestände an Verkaufsgrundstücken (Umlaufvermögen) verfügen, ist es wichtig, auch diesen Bestand durch langfristiges Kapital zu finanzieren.

Die **Anlagendeckung III (AD_{III})** zeigt in diesem Sinne, inwieweit langfristiges Kapital auch der Deckung langfristig gebundenen Umlaufvermögens dient.

Wertansatz für das Berichtsjahr

$$AD_{III} = \frac{\text{Eigenkapital} + \text{Langfristiges Fremdkapital}}{\text{Anlagevermögen} + \text{Langfristiges Umlaufvermögen}} \cdot 100 = \frac{172.859 \text{ T€} + 130.918 \text{ T€}}{301.544 \text{ T€} + 18.494 \text{ T€}} \cdot 100 = \mathbf{94{,}92\%}$$

Kennzahlen der Anlagendeckung im Überblick

Kennzahlen der Anlagendeckung (Investition) in %

Kennzahl	BJ	VJ
(1) **AD_I** $= \frac{\text{Eigenkapital}}{\text{Anlagevermögen}} \cdot 100$	57,32	63,48
(2) **AD_{II}** $= \frac{\text{Eigenkapital + Langfristiges FK}}{\text{Anlagevermögen}} \cdot 100$	100,74	101,54
(3) **AD_{III}** $= \frac{\text{Eigenkapital + Langfristiges FK}}{\text{Anlagevermögen + Langfristiges gebundenes Umlaufvermögen}} \cdot 100$	94,92	94,05

7.2.4 Kennzahlen der Liquiditätsanalyse

Kennziffern der Liquidität bringen die Zahlungsfähigkeit des Wohnungsunternehmens zum Ausdruck.

Ein Unternehmen gilt als zahlungsfähig, wenn es in der Lage ist, jederzeit und fristgerecht die fälligen Verbindlichkeiten zu begleichen.

Grundsätzlich ist bei der Liquiditätsanalyse zu **prüfen**, ob **kurzfristig liquidierbare Mittel** ausreichen, um **kurzfristig fälliges Fremdkapital** zu decken. In die Liquiditätsanalyse werden also nicht allein Geldmittel (liquide Mittel) einbezogen, sondern auch kurzfristige Forderungen und die anderen Positionen des Umlaufvermögens.

Die Liquidität I (Liq_I)
Die **Liquidität 1. Grades (Barliquidität)** zeigt auf, in welchem Maße die „tatsächlich Geld darstellenden" Vermögenswerte ausreichen, um kurzfristige Schulden zu decken. Zu diesen Werten gehören neben Kassen- und Bankbeständen auch diskontierbare Besitzwechsel und börsenfähige Wertpapiere des Umlaufvermögens.

Wertansatz für das Berichtsjahr

$$Liq_I = \frac{\text{Flüssige Mittel}}{\text{Kurzfristiges Fremdkapital}} \cdot 100 = \frac{11\,194\text{ T€}}{40\,155\text{ T€}} \cdot 100 = \mathbf{27{,}88\%}$$

Die Liquidität II (Liq_{II})
Die **Liquidität 2. Grades (einzugsbedingte Liquidität)** verdeutlicht, in welchem Maße sowohl die flüssigen Mittel als auch die kurzfristig fälligen Forderungen ausreichen, um kurzfristige Verbindlichkeiten zu begleichen. Zu beachten ist, dass auch die aktiven Rechnungsabgrenzungsposten (ARA) zu den kurzfristigen Forderungen gehören.

Wertansatz für das Berichtsjahr

$$Liq_{II} = \frac{\text{Flüssige Mittel} + \text{Kurzfristige Forderungen}}{\text{Kurzfristiges Fremdkapital}} \cdot 100 = \frac{11.194\text{ T€} + 12.700\text{ T€}}{40.155\text{ T€}} \cdot 100 = \mathbf{59{,}50\%}$$

Die Liquidität III (Liq_{III})
Die **Liquidität 3. Grades (umsatzbedingte Liquidität)** analysiert letztlich, inwieweit das Umlaufvermögen in seiner Gesamtheit ausreicht, um kurzfristige Schulden zu begleichen.

Wertansatz für das Berichtsjahr

$$Liq_{III} = \frac{\text{Umlaufvermögen}}{\text{Kurzfristiges Fremdkapital}} \cdot 100 = \frac{42.388\text{ T€}}{40.155\text{ T€}} \cdot 100 = \mathbf{105{,}56\%}$$

Kennzahlen der Liquidität im Überblick

Kennzahlen der Liquidität (in %)

Kennzahl	BJ	VJ
(1) **Liq_I** $= \frac{\text{Flüssige Mittel}}{\text{Kurzfristiges Fremdkapital}} \cdot 100$	27,88	29,72
(2) **Liq_{II}** $= \frac{\text{Flüssige Mittel + Kurzfristige Forderungen}}{\text{Kurzfristiges Fremdkapital}} \cdot 100$	59,5	51,25
(3) **Liq_{III}** $= \frac{\text{Umlaufvermögen}}{\text{Kurzfristiges Fremdkapital}} \cdot 100$	105,6	111,7

8 Rentabilitätskennzahlen

Die Beurteilung der wirtschaftlichen Lage kann nicht allein aufgrund vorliegender Bilanzen erfolgen. Auch die Analyse der Erfolgsrechnung (Gewinn- und Verlustrechnung) ist in den Bewertungsprozess mit einzubeziehen. Nur dann ist die Jahresabschlussanalyse vollständig, sodass sich Kennzahlen ermitteln lassen, die Auskunft über Wirtschaftlichkeit und Rentabilität des betrieblichen Leistungsprozesses der Wohnungsunternehmen geben. Die Gewinnerwirtschaftung ist das zentrale Ziel jeder unternehmerischen Tätigkeit, aber die alleinige Betrachtung der absoluten Größe dieses Jahresgewinns ist ohne Aussagekraft. Es kommt vielmehr darauf an, den Gewinn im Zusammenhang mit den ihn verursachenden Größen zu betrachten.

Die Rentabilität, also das Verhältnis des Ergebnisses (im Idealfall Gewinn) zum Eigenkapital, Gesamtkapital oder Umsatz, ist ein wichtiger Maßstab zur Beurteilung der Ertragskraft eines Unternehmens. Zu unterscheiden sind deshalb:

- Rentabilität des Eigenkapitals (R_{EK})
- Rentabilität des Gesamtkapitals (R_{GK})
- Umsatzrentabilität (R_U)

8.1 Eigenkapitalrentabilität (R_{EK})

Die Eigenkapitalrentabilität bringt die Verzinsung der eingesetzten Eigenmittel im Unternehmen zum Ausdruck. Das Jahresergebnis (Jahresüberschuss bzw. Jahresfehlbetrag) wird in Relation zum eingesetzten Eigenkapital betrachtet.

Wertansatz für das Berichtsjahr

$$\text{Eigenkapitalrentabilität } (R_{EK}) = \frac{\text{Jahresergebnis}}{\text{Eigenkapital}} \cdot 100 = \frac{8.297{,}2 \text{ T€}}{172.859 \text{ T€}} \cdot 100 = \mathbf{4{,}80\%}$$

Wird die **Eigenkapitalrentabilität (R_{EK})** mit der üblicherweise möglichen **Verzinsung langfristig angelegter Gelder** bei einer Bank verglichen, so entspricht der Überschuss der Eigenkapitalverzinsung der Prämie für das Risiko des Unternehmers (Unternehmerwagnis).

8.2 Gesamtkapitalrentabilität (R_{GK})

Die Gesamtkapitalrentabilität bringt die Verzinsung des im Unternehmen gebundenen Gesamtkapitals (Eigen- und Fremdkapital) zum Ausdruck. Da in der Finanzbuchhaltung die bei der Inanspruchnahme von Fremdkapital anfallenden Zinsen bereits als Aufwand verbucht werden, finden sie bei der Ermittlung des Jahresergebnisses bereits Berücksichtigung. Bei der Ermittlung der Gesamtkapitalrentabilität muss eine entsprechende Bereinigung stattfinden, der Zinsaufwand ist dem durch die Gewinn- und Verlustrechnung ausgewiesenen Ergebnis wieder hinzuzurechnen. Wird für die gegebene Bilanz unterstellt, dass die dazugehörige Gewinn- und Verlustrechnung einen Zinsaufwand von 10.0000 T€ aufweist, ergibt sich eine Gesamtkapitalrentabilität von 5,32 %.

Wertansatz für das Berichtsjahr

$$\text{Gesamtkapitalrentabilität } (R_{GK}) = \frac{\text{Jahresergebnis} + \text{Zinsaufwand}}{\text{Gesamtkapital}} \cdot 100 = \frac{8.297 \text{ T€} + 10.000 \text{ T€}}{343.932 \text{ T€}} \cdot 100 = \mathbf{5{,}32\%}$$

8.3 Umsatzrentabilität (R_U)

Die Kennzahl der Umsatzrentabilität zeigt, wie viel Prozent der Umsatzerlöse dem Unternehmen als Gewinn für Investitionszwecke und Gewinnausschüttung zugeflossen sind. Sie bringt zum Ausdruck, wie viel Euro Gewinn je 100 € Umsatzerlös erwirtschaftet wurden.

Wird für das Berichtsjahr ein Umsatzerlös von 80.000 T€ unterstellt, liegt die Umsatzrentabilität bei 0,37 %, das bedeutet, dass je 100 € Umsatz 10,37 € Gewinn erwirtschaftet wurden.

Wertansatz für das Berichtsjahr

$$\text{Umsatzrentabilität } (R_U) = \frac{\text{Jahresergebnis}}{\text{Umsatzerlöse}} \cdot 100 = \frac{8.297{,}2 \text{ T€}}{80.000 \text{ T€}} \cdot 100 = \mathbf{10{,}37\%}$$

9 Einführung in die Kosten- und Leistungsrechnung

Auch für die Immobilienwirtschaft ist unstrittig, dass es erforderlich ist, über die Anwendung wichtiger controllingorientierter Instrumente, zu denen bekanntlich auch die Kosten- und Leistungsrechnung gehört, nachzudenken.

9.1 Grundlagen

9.1.1 Kosten- und Leistungsrechnung im betrieblichen Rechnungswesen

Da die **Kosten- und Leistungsrechnung** aufs Engste mit den anderen **Bereichen des betrieblichen Rechnungswesens** verbunden ist, sollen diese in ihren Aufgaben und Funktionsweisen noch einmal näher umrissen werden. Kein Bereich kann ohne das Zutun der anderen wirksam funktionieren. Die Finanzbuchhaltung benötigt grundlegende Gestaltungshinweise von der Kosten- und Leistungsrechnung und den anderen Bereichen des Rechnungswesens. Die Kosten- und Leistungsrechnung selbst kann nur wirtschaftlich sein, wenn bereits in der Finanzbuchhaltung – etwa bei der Kostenerfassung – dafür Vorsorge getroffen wurde. Für das Kostenmanagement sind die ökonomischen Größen in der betrieblichen Statistik und Vergleichsrechnung aufzubereiten. Alles zusammen bildet die Grundlage der betrieblichen Planungsrechnung.

Es ist zwischen **externem** und **internem** Rechnungswesen zu unterscheiden.

Bestandteile des betrieblichen Rechnungswesens

Betriebliches Rechnungswesen

Externes Rechnungswesen	**Internes Rechnungswesen**
Rechnungswesen orientiert sich an den Erfordernissen externer Adressaten	Rechnungswesen orientiert sich an den internen Belangen der Unternehmensführung
Handels- und steuerrechtliche Vorschriften bestimmen die Gestaltung	Keine Rechtsvorschriften

Finanzbuchhaltung	**Betriebliche Statistik**	**Planungsrechnung**	**Kosten- und Leistungsrechnung**
Zeitrechnung	Vergleichsrechnung	Vorschaurechnung	Kalkulationsrechnung

Finanzbuchhaltung

Die **Finanzbuchhaltung** ist eine **Zeitrechnung**, die auf die Erfassung aller
- das Vermögen und die Vermögensquellen (Kapital) und
- die Erfolgslage

betreffenden Geschäftsfälle gerichtet ist.

Sie hat wichtige **externe Aufgaben** zu erfüllen, da sie das Unternehmensgeschehen für **externe Adressaten** dokumentiert. Deshalb wird sie auch als **externes Rechnungswesen** bezeichnet. Zugleich hat die Finanzbuchhaltung auch interne Funktionen zu erfüllen, denn sie liefert Daten zur Steuerung des betrieblichen Geschehens, stellt wichtige Daten für die Kostenrechnung, die Statistik, die Vergleichs- und die Planungsrechnung bereit.

Betriebliche Statistik und Vergleichsrechnung
Kostenrechnung und Planungsrechnung funktionieren nur, wenn sie auf die Ergebnisse der Statistik zurückgreifen können.

> **Betriebliche Statistik** hat die Aufgabe, aktuelle und vergangenheitsbezogene ökonomische **Größen systematisch** zu **erfassen** und zu **analysieren.**

Dadurch werden Daten bereitgestellt, die die Beurteilung aktueller und vergangener ökonomischer Prozesse erläutern. Zugleich aber ermöglichen die vielfältigen Instrumentarien der Statistik auch die Vorgabe von Größen für zukünftige Prozesse.

Betriebliche **Statistik** ist aufs Engste mit der **Vergleichsrechnung** verbunden, die
- den Zeitvergleich als Gegenüberstellung ausgewählter betriebswirtschaftlicher Größen zweier oder mehrerer Zeiträume bzw. Zeitpunkte,
- den **Soll-Ist-Vergleich** als Gegenüberstellung geplanter Größen (Soll-Werten) mit den tatsächlichen aktuellen Größen (Ist-Werten) und die Ermittlung der **Soll-Ist-Abweichungen** sowie
- den **zwischenbetrieblichen Vergleich** als Gegenüberstellung der Größen gleicher oder ähnlich strukturierter Unternehmen beinhaltet.

Die regelmäßige zahlenmäßige Erfassung vergangener und aktueller betrieblicher Entwicklungen und deren Vergleich mit den Werten vorheriger Perioden mit geplanten Größen oder Werten anderer Unternehmen sind wichtige Instrumente der Unternehmensteuerung.

Planungsrechnung

> **Planung** ist ein vorausschauender, rational und systematisch gestalteter Prozess der Entscheidungsvorbereitung. **Auf der Grundlage von Daten der Vergangenheit und Gegenwart werden Entscheidungen für künftige Entwicklungen abgeleitet.** Verschiedene mathematische Methoden kommen dabei zur Anwendung.

Mithilfe der Planungsrechnung wird versucht, die unternehmerische Entwicklung möglichst exakt zu planen und so Orientierungshilfen für die Unternehmenssteuerung zu schaffen. Sie basiert auf Zahlen der Finanzbuchhaltung, der Kostenrechnung und der Statistik und liefert wichtige Daten für die Erstellung diverser Teilpläne (Erfolgspläne, Finanz- und Liquiditätspläne, Investitionspläne).

Kosten- und Leistungsrechnung
Die Kosten- und Leistungsrechnung ist ein weiterer Bereich des betrieblichen Rechnungswesens, der die Prozesse der innerbetrieblichen Leistungserstellung und -verwertung erfasst und darstellt.

- **Ausgangspunkt der Kosten- und Leistungsrechnung**
  Ausgangspunkt der Kosten- und Leistungsrechnung ist die Unterscheidung aller unternehmerischen Prozesse in **betriebliche und neutrale Prozesse.**

  > Als **betrieblich** gelten nur solche Prozesse, die mit der **Erstellung und dem Verkauf unternehmenstypischer Leistungen** (Sach- und Dienstleistungen) verbunden sind.

Betriebliche Prozesse der Wohnungsunternehmen sind beispielsweise:
- Vorhaltung und V**ermietung/Verpachtung** von Grundstücken,
- Leistungserbringung im Rahmen der **Verwaltungs- und Baubetreuung**,
- **Erwerb, Erschließung, Bebauung und Verkauf von Grundstücken**.

In der Kosten- und Leistungsrechnung werden die durch die betrieblichen Prozesse verursachten Aufwendungen und Erträge von den neutralen Aufwendungen und Erträgen getrennt, um die Quellen des eigentlichen Unternehmenserfolgs deutlich zu machen.

Sichtbar wird dadurch, **in welchem Maß der Unternehmenserfolg aus der Realisierung der eigentlichen betriebstypischen Prozesse** resultiert oder inwieweit er das Ergebnis neutraler, also nicht betriebstypischer (betriebsfremder, periodenfremder oder außerordentlicher) Prozesse ist.

- **Kosten- und Leistungsrechnung als Kalkulationsrechnung**
  Die Kosten- und Leistungsrechnung kann auch als **Kalkulationsrechnung** verstanden werden. Sie hat die Aufgabe, alle bei der Realisierung betrieblicher Prozesse anfallenden Aufwendungen **(Selbstkosten)** zu ermitteln, um sie gegebenenfalls bei der **Preisbildung** zu berücksichtigen. Sie wird aber auch der **Ermittlung** von in der Bilanz auszuweisenden **Herstellungskosten** fertiger und unfertiger Leistungen sowie der zu aktivierenden Eigenleistungen dienen. Nicht zuletzt wird durch die Gegenüberstellung von Leistungen und Kosten, die von einer Marktleistung, einem betrieblichen Leistungsbereich oder dem gesamten Betrieb verursacht werden, eine **kurzfristige und permanente Erfolgskontrolle** möglich.

  > Die **kurzfristige Erfolgsrechnung** ist auf die Ermittlung des leistungsbezogenen Erfolgs eines Unternehmens, seiner verschiedenen Leistungsbereiche oder auch Leistungseinheiten gerichtet.

9.1.2 Stufen und Systeme der Kostenrechnung

Beim Aufbau der Kostenrechnung innerhalb der wohnungswirtschaftlichen Unternehmen oder bei ihrer Implementierung in einzelne Funktionsbereiche sind verschiedene Systeme zu unterscheiden.

a) Kostenarten-, Kostenstellen- und Kostenträgerrechnung als Stufen der Kostenrechnung

- **Kostenartenrechnung**
  Die **erste Stufe** der Kosten- und Leistungsrechnung beinhaltet die Organisation und Durchführung der **Kostenerfassung**. Sie wird als **Kostenartenrechnung** bezeichnet, deren Aufgabe die nach Kostenarten gruppierte Erfassung und Ermittlung angefallener Kosten ist.

  > Die **Kostenartenrechnung** hat die Frage zu beantworten, welche Kosten in welcher Höhe bei der Gestaltung der betrieblichen Prozesse entstanden sind.

- **Kostenstellenrechnung**
  In der **zweiten Stufe** der Kosten- und Leistungsrechnung steht die Verteilung der Kosten auf die **organisatorischen Einheiten (Kostenstellen)** des Betriebes zur Diskussion.

  > Die **Kostenstellenrechnung** beantwortet die Frage, wo, an welchen Stellen, innerhalb welcher organisatorischen Einheiten des Betriebes die Kosten verursacht wurden.

- **Kostenträgerrechnung**
  Auch in der **dritten Stufe der Kosten- und Leistungsrechnung** erfolgt eine Verteilung der Kosten. Hier aber werden die Kosten auf Markt- oder auch innerbetriebliche Leistungen **(Kostenträger)** verteilt.

> In der **Kostenträgerrechnung** wird deutlich, welche Kostenträger (Leistungseinheiten) die Kosten verursacht haben und daher die Umsatzerlöse zur Kostendeckung erbringen müssen.

b) Vollkosten- und Teilkostenrechnung als Systeme der Kostenrechnung
Nach Art und Umfang der Kostenverrechnung in der Kostenstellen- und Kostenträgerrechnung ist zwischen der Vollkostenrechnung und der Teilkostenrechnung zu unterscheiden.

- **Vollkostenrechnung**
  – Von einer Vollkostenrechnung ist die Rede, wenn in den kostenrechnerischen Betrachtungen **alle angefallenen Kosten Berücksichtigung finden**. Dabei werden die Kosten als **Einzelkosten (K_E)** und anteilig als **Gemeinkosten (K_G)** den Kostenträgern zugerechnet.
  – Die Vollkostenrechnung findet ihre Umsetzung in den Verfahren der **Divisionskalkulation, der Äquivalenzziffernkalkulation** oder auch der **Zuschlagskalkulation**.
  – Ermittelt werden dabei die **Selbstkosten des Kostenträgers, die der Preisbildung** zugrunde liegen. Preisbildung ist das Ergebnis dieses Systemansatzes.

> **Beispiel:**
> Basis der **Preisbildung (-findung) für eine Reparaturleistung** sollen die Selbstkosten sein. Nach dem Modell der Vollkostenrechnung wird dabei aus den Selbstkosten ein Preis abgeleitet.

	Einzelkosten (K_E)	1.000 Euro
+	Anteilige Gemeinkosten (K_G)	200 Euro
=	**Selbstkosten (SK)**	**1.200 Euro**
+	Gewinn (G)	120 Euro
=	**Preis (P)**	**1.320 € Euro**

- **Teilkostenrechnung**
  Im Rahmen der Teilkostenrechnung (Deckungsbeitragsrechnung) gestaltet sich die Fragestellung etwas anders. Hier geht die Rechnung **von einem am Markt erzielbaren Preis aus** und untersucht, in welchem Umfang der erzielbare Erlös der Kostendeckung dient.

  Die Kosten werden dabei unterteilt
  - in solche, die direkt durch die Erstellung und Verwertung einer konkreten Leistung verursacht wurden **(variable Kosten (K_v))** und
  - in solche, die allein durch die Vorhaltung der Leistungsbereitschaft des Betriebes und seiner Erwerbsabteilungen verursacht werden **(Fixkosten (K_f))**.

> Mithilfe der Informationen aus der Teilkostenrechnung wird gefragt, **ob der mögliche, erzielbare Preis ausreicht, um** die direkt durch die Leistungserstellung verursachten **variablen Kosten** zu decken, und ob er darüber hinaus einen **Beitrag zur Deckung der Fixkosten** und zur **Gewinnerwirtschaftung** zu leisten vermag.

Beispiel:
Für eine **Reparaturleistung** lässt sich am Markt ein **Preis (P)** von 1.320 € erzielen. Die variablen **Kosten (K_{vE})** je Leistungseinheit (Reparatur) betragen 1.000 €.

Frage: Lohnt es sich, zu diesem Preis die Reparaturleistung anzubieten und zu verkaufen?

Antwort: Ja, denn mit jeder Einheit einer solchen Reparaturleistung wird ein Deckungsbeitrag (DB_E) von 320 € erwirtschaftet, der der Deckung der Fixkosten und darüber hinaus ab einer bestimmten Menge auch der Gewinnerwirtschaftung dient.

	Preis (P)	**1.320 Euro**
–	Variable Kosten je Leistungseinheit (K_{vE})	1.000 Euro
=	**Deckungsbeitrag je Leistungseinheit (DB_E)**	**320 Euro**

Im Rahmen der **Teilkostenrechnung** erfolgt die Entscheidungsfindung auf der Basis eines realisierbaren Preises und nur eines Teils der Kosten – der **variablen Kosten (K_v)**.

In der Kostenrechnung der Unternehmen werden in der Regel sowohl die **Vollkostenrechnung** als auch die **Teilkostenrechnung** auf den verschiedenen Unternehmensebenen **gleichermaßen** angewendet.

9.1.3 Aufgaben der Kostenrechnung

a) **Kostenrechnung als kurzfristige Erfolgsrechnung**
Die Kostenrechnung ist ein wichtiges **Instrument der kurzfristigen Erfolgsrechnung**. Die Selbstkosten einer Rechnungsperiode werden hier ermittelt und den Erlösen, die innerhalb dieser Periode erzielt wurden, gegenübergestellt. In dieser kurzfristigen Betrachtung wird der Erfolg eines Betriebes oder seiner Erwerbsabteilungen in unterjährigen Abschnitten (Wochen, Dekaden, Monaten, Quartalen) ermittelt. Die Kostenrechnung hat der Finanzbuchhaltung gegenüber Vorzüge, die sich daraus ergeben,
- dass sie die **Erfolgsbetrachtung nicht erst am Ende eines Geschäftsjahres** vornimmt, sondern in kürzeren Abschnitten und
- dass sie **nicht alle Aufwendungen und Erträge pauschal gegenüberstellt**, sondern eine **Trennung zwischen betrieblichen und neutralen Erfolgsgrößen** vornimmt.

b) **Kostenrechnung als Lieferant von Daten zur Ermittlung bilanzieller Wertansätze**
Die **Bewertungsproblematik** ist insbesondere aus **bilanzpolitischer Sicht** bedeutsam. Von der Gestaltung der Kostenrechnung hängt in entscheidendem Maße ab, mit welchem Arbeitsaufwand die Bewertung fertiger und unfertiger Leistungen zum Ende des Geschäftsjahres verbunden ist.

Gegenstand dieser Bewertung sind insbesondere
- die noch nicht abgerechneten **Betriebskosten**,
- die selbst errichteten **fertigen** und noch **nicht fertiggestellten Bauten** des Anlage- und Umlaufvermögens, aber auch
- die Bewertung der **noch nicht abgerechneten Betreuungsleistungen**.

Ohne eine funktionierende Kosten- und Leistungsrechnung ist die Ermittlung der zu aktivierenden Herstellungskosten nicht möglich.

c) **Kostenrechnung als Instrument der Wirtschaftlichkeitskontrolle**
Wirtschaftlichkeit und Kostenrechnung stehen in einem engen Zusammenhang, denn Wirtschaftlichkeit wird durch die Relation von Kosten und Leistungen (Betriebswirtschaftlichkeit) allgemein bzw. durch die Relation von Soll-Kosten zu Ist-Kosten (Soll-Ist-Vergleich) bestimmt.

d) **Kostenrechnung als Entscheidungsbasis für die Preisbildung**
Aus der Sicht des Kunden besteht kein direkter Zusammenhang zwischen Selbstkosten und Preis. Seine Bereitschaft, einen bestimmten Preis zu zahlen, hängt weniger von den Kosten der Leistungserstellung als vielmehr von den Marktbedingungen ab. Bei der Kalkulation öffentlicher Aufträge jedoch bilden die Selbstkosten häufig die Basis der Preisbildung. Auch aus der Sicht der Unternehmensführung ist die exakte Kenntnis der Selbstkosten einzelner Leistungseinheiten wichtig, denn daran wird nicht selten die Akzeptanz der am Markt erzielbaren Preise gemessen und die eigentliche Leistungsfähigkeit bewertet.

9.2 Abgrenzungsrechnung

Die in die Erfolgsrechnung der Finanzbuchhaltung einfließenden Zahlen sind für die Zwecke der Kosten- und Leistungsrechnung nicht hinreichend aussagefähig. Sie müssen für das weitere Vorhaben differenzierter betrachtet werden.

9.2.1 Liquiditätswirksame und liquiditätsneutrale Erfolgsvorgänge

Im Mittelpunkt der Betrachtung stehen an dieser Stelle Aspekte der **Liquidität des Wohnungsunternehmens**. Es ist erforderlich, die Gesamtheit der Aufwendungen und Erträge – wie sie aus der Gewinn- und Verlustrechnung bekannt sind – in ihre **liquiditätswirksamen (l_w)** und **liquiditätsneutralen (l_n)** Bestandteile zu zerlegen.

Unter **Liquidität** wird die Fähigkeit eines Unternehmens verstanden, seine Zahlungsverpflichtungen jederzeit erfüllen zu können.

a) **Zahlungsfähigkeit**
Die **Zahlungsfähigkeit** des Wohnungsunternehmens wird dabei wesentlich durch das vorhandene **Geldvermögen** bestimmt, das sich aus
- dem **Zahlungsmittelbestand** (Gesamtheit der Bankguthaben und der Kassenbestände) und
- der Gesamtheit der **Geldforderungen und Geldverbindlichkeiten** zusammensetzt.

Es gilt:

	Zahlungsmittelbestand
+	Forderungen aus Lieferungen und Leistungen
–	Verbindlichkeiten aus Lieferungen und Leistungen
=	**Geldvermögen**

b) **Einzahlungen, Einnahmen und Erträge**

Einzahlungen sind all jene **Geschäftsfälle**, die zu einer **Erhöhung des Zahlungsmittelbestandes** führen, also stets mit einer Erhöhung der Bankguthaben und Kassenbestände verbunden sind.

Dazu gehören beispielsweise:
- Bareinlagen
- Gutschrift eines Darlehens auf dem Bankkonto
- Begleichung einer Forderung durch Barzahlung oder Banküberweisung des Kunden
- erhaltene Vorauszahlungen, Anzahlungen an das Wohnungsunternehmen
- Barverkauf von Leistungen

Einnahmen sind Geschäftsfälle, die das Geldvermögen in seiner Gesamtheit vergrößern.

Einnahmen können also unter anderem sein
- **Einzahlungen**, aber auch
- ein **Zielverkauf** von Leistungen, der mit der **Erhöhung des Forderungsbestandes** und so mit der Erhöhung des Geldvermögens verbunden ist.

> **Erträge** sind die Summe aller erfolgswirksamen Wertzuwächse einer Rechnungsperiode.

Nicht jede Einzahlung bzw. jede Einnahme ist auch erfolgswirksam, also mit einem Ertrag verbunden.

Umgekehrt führt auch nicht jeder Ertrag zu einer Einzahlung bzw. einer Einnahme. Beispielsweise kann der Verkauf von Anlagegütern zwar mit Geldeinnahmen verbunden sein, er ist aber nicht in jedem Fall mit einer Erfolgsbuchung verbunden. Umgekehrt führt die Auflösung von Rückstellungen zwar zu einer Ertragsbuchung (Erträge aus der Auflösung von Rückstellungen), nicht aber zu einer Geldeinnahme.

c) Auszahlungen, Ausgaben und Aufwendungen

> **Auszahlungen** sind Geschäftsfälle, die eine Minderung des Zahlungsmittelbestandes bewirken, also stets zu Minderungen der Bankguthaben und Kassenbestände führen.

Auszahlungen können sein:
- Rückzahlung eines Kredites
- Barkauf von Sach- und Dienstleistungen
- Begleichung einer Lieferantenrechnung per Bank oder bar
- Leistung von Anzahlungen

> **Ausgaben** sind Geschäftsfälle, die das Geldvermögen in seiner Gesamtheit mindern.

Zu den Ausgaben gehören unter anderem:
- jeglicher Barkauf
- Kauf per Bank
- Kauf auf Ziel

Wie zuvor für Einzahlungen und Einnahmen, gilt nun auch für Auszahlungen und Ausgaben die Feststellung, dass sie nicht immer erfolgswirksam sind. **Nicht jede Auszahlung bzw. Ausgabe ist also auch mit einem Aufwand verbunden.** Und nicht jeder Aufwand führt auch zu einer Auszahlung bzw. Ausgabe.

> **Aufwand** ist der gesamte erfolgswirksame Wertverzehr innerhalb einer Rechnungsperiode.

d) Cashflow-Rechnungen

Die Unterteilung der Erträge und Aufwendungen in ihre liquiditätswirksamen (l_w) und liquiditäts-neutralen (l_n) Bestandteile ist von entscheidender Bedeutung für die Ermittlung des Cashflows. Der Cashflow ergibt sich aus dem Jahresergebnis der Erfolgsrechnung, vermindert um einnahme-neutrale Erträge und vermehrt um ausgabeneutrale Aufwendungen. Er stellt eine Maßgröße für den aus dem betrieblichen Leistungsprozess erwirtschafteten Zahlungsüberschuss dar. Für die Ermittlung des Cashflows gilt:

	Jahresergebnis
–	Liquiditätsneutrale Erträge (E_{ln})
+	Liquiditätsneutrale Aufwendungen (A_{ln})
=	**Cashflow**

Beispiel:
Das aus folgenden Werten ermittelte Jahresergebnis (Jahresüberschuss) eines Wohnungsunternehmens beträgt 375.000 € und ergibt sich aus folgenden Größen:

Umsatzerlöse	8.500.000	Euro
Erträge aus der Auflösung von Wertberichtigungen	12.000	Euro
Erträge aus der Auflösung von Rückstellungen	50.000	Euro
Erträge aus dem Verkauf von Anlagegütern	125.000	Euro
Zinserträge	500.000	Euro
Summe der Erträge	**9.187.000**	**Euro**
Aufwendungen für bezogene Leistungen	4.500.000	Euro
Personalaufwendungen	1.000.000	Euro
Abschreibungen	1.100.000	Euro
Zuführungen zu Rückstellungen	55.000	Euro
Zuführungen zu Wertberichtigungen	25.000	Euro
Sonstige betriebliche Aufwendungen (ln)	200.000	Euro
Zinsaufwendungen	1.800.000	Euro
Betriebssteuern	150.000	Euro
Summe der Aufwendungen	**8.830.000**	**Euro**
Jahresüberschuss	**357.000**	**Euro**

Bekannt ist, dass ein Teil der Erträge und Aufwendungen **liquiditätswirksam bzw. liquiditätsneutral** sein kann. Auch in dieser Gewinn- und Verlustrechnung finden sich **liquiditätsneutrale Erträge (E_{ln})** und **liquiditätsneutrale Aufwendungen (A_{ln})**.

Zu den **liquiditätsneutralen Erträgen (E_{ln})** zählen:

Erträge aus der Auflösung von Wertberichtigungen	12.000 €
Erträge aus der Auflösung von Rückstellungen	50.000 €
Summe einnahmeneutraler Erträge	**62.000 €**

Zu den **liquiditätsneutralen Aufwendungen (A_{ln})** gehören:

Abschreibungen	1.100.000 €
Zuführungen zu Rückstellungen	55.000 €
Zuführungen zu Wertberichtigungen	25.000 €
Summe ausgabeneutraler Aufwendungen	**1.180.000 €**

Nach Berücksichtigung der Korrekturposten ergibt sich ein Cashflow von 1.475.000 €.

	Jahresüberschuss	357.000 €
–	Liquiditätsneutrale Erträge (E_{ln})	62.000 €
+	Liquiditätsneutrale Aufwendungen (A_{ln})	1.180.000 €
=	**Cashflow**	**1.475.000 €**

Dieser **Cashflow** bringt zum Ausdruck, dass der Beitrag des Geschäftsjahres zur Liquidität und Finanzkraft des Unternehmens **größer** ist, **als** das durch den **Jahresüberschuss** deutlich wird.

9.2.2 Betriebliche und neutrale Erfolgsvorgänge – Betriebsergebnisrechnung

Für den Aufbau einer Kosten- und Leistungsrechnung des Wohnungsunternehmens ist eine **weitere Differenzierung der Aufwendungen und Erträge** erforderlich. Zu unterscheiden ist zwischen solchen Aufwendungen und Erträgen, die durch betriebstypische und solchen, die durch betriebsuntypische Prozesse verursacht werden. Denn letztlich ist **entscheidend, ob der Erfolg durch die eigentlich typischen Prozesse** des Wohnungsunternehmens (Hausbewirtschaftung, Grundstücksverkehr oder Betreuungstätigkeit) verursacht wurde bzw. in welchem Maße er das Ergebnis von **Nebengeschäften** ist, durch Ergebnisse beeinflusst wird, die wirtschaftlich **früheren Jahren** zuzuordnen sind oder gar durch **außergewöhnliche Umstände** bedingt ist.

Die ursprüngliche Gewinn- und Verlustrechnung des Wohnungsunternehmens soll im Interesse der Gestaltung der Kosten- und Leistungsrechnung in Form einer Ergebnistabelle dargestellt werden. Die Ergebnistabelle hat dabei zunächst folgendes Aussehen:

Ergebnistabelle (T€)		
Bezeichnung	**Gesamtergebnisrechnung**	
	Aufwendungen	**Erträge**
Umsatzerlöse aus HBW		50.300
Umsatzerlöse Grundstücksverkauf		5.000
Umsatzerlöse Betreuungsdienste		6.100
Bestandsveränderungen		850
Andere aktivierte Eigenleistungen		640
Sonstige betriebliche Erträge		1.000
Zinserträge		100
Außerordentliche Erträge		30
Betriebskosten	19.000	
Instandhaltungskosten	3.000	
Andere HBW-Kosten	1.000	
Aufwendungen für Verkaufsgrundstücke	2.000	
Aufwendungen für Baubetreuung	800	
Aufwendungen für Verwaltungsbetreuung	2.500	
Löhne und Gehälter	5.000	
Soziale Abgaben	1.300	
Abschreibungen	5.000	
Sonstige betriebliche Aufwendungen	1.900	
Zinsaufwand	14.000	
Außerordentliche Aufwendungen	12	
Betriebssteuern	900	
	56.412	**64.020**
		7.608

Das Gesamtergebnis, der **Jahresüberschusses** von 7.608.000 €, ist jedoch nur bedingt aussagefähig, denn es wird nicht deutlich, wodurch es verursacht wurde. Seine Quellen werden erst nach einer wesentlich differenzierteren Betrachtung der Kategorien Ertrag und Aufwand sichtbar. Der Aufdeckung der Quellen des Unternehmenserfolges dient die **sachliche Abgrenzung der Aufwendungen und Erträge**.

> Die sachliche **Abgrenzung** dient der Definition von Aufwendungen und Erträgen, die den betriebstypischen Leistungsprozessen entspringen.
> Dazu werden die **Aufwendungen** in Kosten und sog. neutrale Aufwendungen unterschieden.
> Bei den **Erträgen** werden Leistungen und neutrale Erträge abgegrenzt.

9.2.2.1 Abgrenzung von Erträgen und Leistungen

Natürlich fallen alle Erträge, die das Wohnungsunternehmen erwirtschaftet, in der Gesamtrechnung positiv ins Gewicht. Entscheidend ist jedoch, herauszufinden, **welche Bereiche des Unternehmens** in welchem Maße zum **Unternehmenserfolg** beitragen. Dazu werden die Erträge in Leistungen und neutrale Erträge unterteilt.

> **Ertrag** ist der gesamte erfolgswirksame Wertzuwachs einer Periode.

Die Erträge lassen sich in Abhängigkeit von der Verursachung voneinander unterscheiden.

a) Betriebliche Erträge

> **Betriebliche Erträge** sind all jene Erträge, die durch den betrieblichen Leistungsprozess verursacht werden, der die typischen, für den Markt gedachten Sach- und Dienstleistungen hervorbringt. Nur sie werden im Rahmen der Kosten- und Leistungsrechnung als **Leistungen** bezeichnet.

In den Unternehmen der Immobilienwirtschaft gehören hierzu in erster Linie:

- **Umsatzerlöse**
  - aus der Hausbewirtschaftung (60)
  - aus dem Verkauf von Grundstücken (61)
  - aus der Betreuungstätigkeit (62)
  - aus anderen Lieferungen und Leistungen (63)
- **Bestandsveränderungen (64)**
  bei zum Verkauf bestimmten Grundstücken mit fertigen und unfertigen Bauten sowie unfertigen Leistungen.
- **Andere aktivierte Eigenleistungen (65),**
  die in erster Linie im Zusammenhang mit der Errichtung von Objekten des Anlagevermögens stehen.

> **Leistungen** sind die in Geldeinheiten bewerteten Wertzuwächse an Sach- und Dienstleistungen, die Ergebnis des betrieblichen Leistungsprozesses sind.

b) Neutrale Erträge
Erträge und Leistungen können voneinander abweichen. Es gibt Erträge, die keine Leistungen darstellen. Das sind Erträge, die den nichtbetriebstypischen Prozessen entspringen und als **neutrale Erträge** bezeichnet werden.

Neutrale Erträge sind über die Leistungen hinaus realisierte Erträge, die nicht in die Kosten- und Leistungsrechnung einfließen.

Dazu gehören:

- **Betriebsfremde Erträge**

Betriebsfremde Erträge sind Erträge, die nicht aus dem eigentlichen betriebstypischen Leistungsprozess resultieren, sondern durch betriebsfremde, für das Unternehmen eher atypische Prozesse verursacht werden.

Der Kontenrahmen der Wohnungswirtschaft sieht für die Erfassung diese Erträge die Gruppe **Sonstige betriebliche Erträge (66)** vor. Hierzu gehören beispielsweise

– Erträge aus Anlageverkäufen (660)
– Erträge aus Zuschreibungen (661)
– Erträge aus der Auflösung von Rückstellungen (662)
– Bearbeitungsgebühren und Kostenerstattungen (663)
– …

- **Periodenfremde Erträge**

Periodenfremde Erträge sind Erträge, die sich aus früheren Rechnungsperioden ergeben.

Sie werden in den Kontengruppen

– Erträge aus früheren Jahren (666),
– Steuererstattungen (8909) bzw. (8919)

erfasst.

Aber auch die Gruppen **Umsatzerlöse (60) bis (63)** können periodenfremde Erträge enthalten. Das ist der Fall, wenn die Erträge ursächlich früheren Rechnungsperioden zuzuordnen sind.

- **Außerordentliche Erträge**

Außerordentliche Erträge sind Erträge, die außerhalb der gewöhnlichen Geschäftstätigkeit der Wohnungsunternehmen anfallen und im Rahmen der üblichen betrieblichen Tätigkeit nicht zu erwarten sind.

Sie sind in der Regel außergewöhnlichen Umständen geschuldet und werden in der Wohnungswirtschaft auch als **(69) Außerordentliche Erträge** erfasst. Unter dieser Rubrik wären beispielsweise auch Erträge aus

– einem Steuererlass bzw.
– einem Gläubigerverzicht

auszuweisen.

Außerordentliche Erträge können auch in anderen Konten enthalten sein, die es im Rahmen der Abgrenzungsrechnung zu ermitteln gilt.

Betriebliche und neutrale Erträge

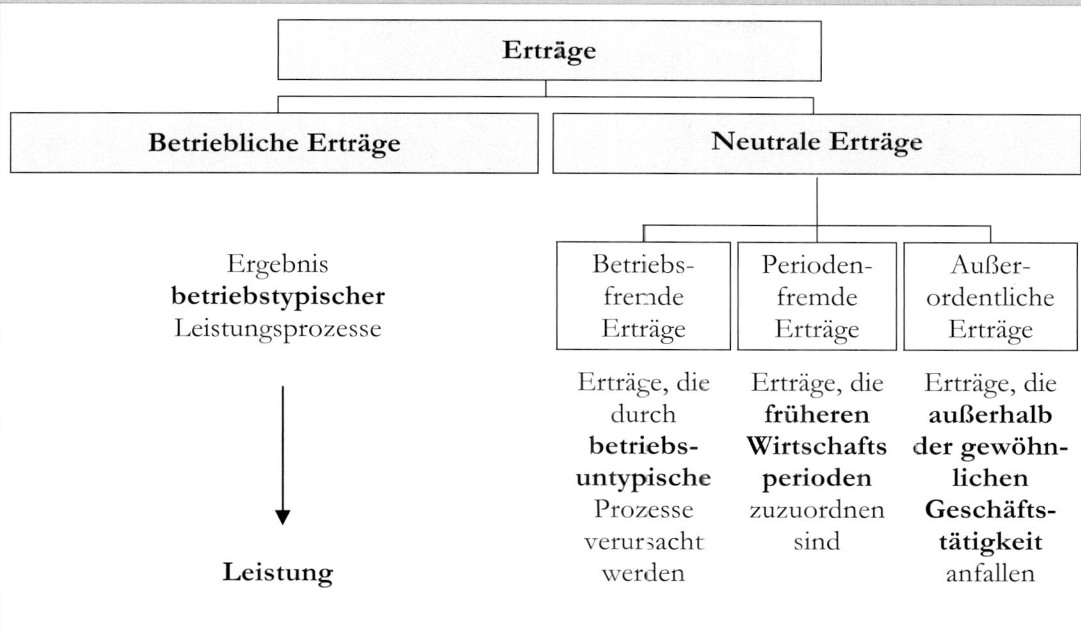

9.2.2.2 Abgrenzung von Aufwendungen und Kosten

Bedeutsam ist auch die Abgrenzung von Aufwendungen und Kosten, denn nur ein Teil der Aufwendungen ist tatsächlich auch durch betriebstypische Leistungsprozesse verursacht und als Kosten zu definieren.

Unter **Aufwand** ist der gesamte in Geld bewertete Verbrauch bzw. die in Geld bewertete Inanspruchnahme von Sachgütern, Dienstleistungen und Rechten – einschließlich der an die öffentliche Hand zu leistenden Abgaben – zu verstehen.

In Abhängigkeit von ihrer Verursachung sind die Aufwendungen zu unterscheiden.

a) **Betriebliche Aufwendungen**

Betriebliche Aufwendungen sind all jene Aufwendungen, die **durch** die **betriebstypischen Leistungsprozesse** verursacht werden. Nur sie werden im Rahmen der Kosten- und Leistungsrechnung als **Kosten** bezeichnet.

In den Wohnungsunternehmen gehören zu den betrieblichen Aufwendungen (Kosten):

- **Aufwendungen**
  - für die Hausbewirtschaftung (80)
  - für Verkaufsgrundstücke (81)
  - für andere Lieferungen und Leistungen (82)

  Bei der Betrachtung der Kosten in der Immobilienwirtschaft ist erkennbar, dass die Positionen (80) bis (82) Kosten darstellen, die auf direkte Weise mit den Prozessen der Abteilungen Hausbewirtschaftung (HBW), Grundstücksverkehr (GV) und Betreuungsdienste (BD) verbunden sind. Sie sind also stets als Kosten zu definieren.

- Anders verhält es sich mit solchen **Aufwandspositionen**, die häufig nur **teilweise** den **Kosten** zuzurechnen sind, die sowohl **betrieblichen** als auch **neutralen Prozessen geschuldet** sein können.

  Zu verweisen ist in diesem Sinne auf:

  - Personalaufwand (83)
  - Abschreibungen auf immaterielle Vermögensgegenstände des Anlagevermögens und Sachanlagen (84)
  - Sonstige betriebliche Aufwendungen (85)
  - Zinsen und zinsähnliche Aufwendungen (87)
  - Betriebssteuern (891)

  Kosten sind all jene Aufwendungen, die durch den geplanten betrieblichen Leistungsprozess verursacht werden. Sie sind der in Geldeinheiten bewertete Verzehr an Sach- und Dienstleistungen zur Erstellung und zum Absatz der betrieblichen Erzeugnisse.

  Zu den Kosten gehören alle Aufwendungen, die der eigentlichen Leistungserstellung und Aufrechterhaltung der für den betrieblichen Leistungsprozess notwendigen Kapazitäten dienen.

b) Neutrale Aufwendungen

Aufwendungen und Kosten können voneinander abweichen. Aufwendungen, die nicht den betriebstypischen Prozessen geschuldet sind, werden als neutrale Aufwendungen bezeichnet.

Neutrale Aufwendungen sind Aufwendungen, die über die Kosten hinaus im Unternehmen verursacht werden und demzufolge nicht in die Kosten- und Leistungsrechnung eingehen.

Dazu gehören:

- **Betriebsfremde Aufwendungen**

  Betriebsfremde Aufwendungen sind Aufwendungen, die **nicht durch** den eigentlichen **typischen betrieblichen Leistungsprozess verursacht** werden, sondern der Verfolgung betriebsfremder Ziele entsprechen.

  Es sind dies Aufwendungen, die durch Prozesse verursacht werden, die für den Betrieb des Wohnungsunternehmens eher untypisch sind. Betreibt ein Wohnungsunternehmen beispielsweise neben der typischen Vermietung von Immobilien auch eine Kantine oder ein Ferienobjekt, sind die dadurch verursachten **Personalaufwendungen, Abschreibungen, Zinsaufwendungen, Verwaltungskosten** oder auch **Betriebssteuern** als betriebsfremde Aufwendungen zu verstehen und in der Abgrenzungsrechnung entsprechend zu behandeln.

- **Periodenfremde Aufwendungen**

  Periodenfremde Aufwendungen sind Aufwendungen, die wirtschaftlich früheren Rechnungsperioden zuzuordnen sind.

  Im Kontenrahmen der Immobilienwirtschaft sind für diese Positionen keine besonderen Konten vorgesehen, es ist aber empfehlenswert, Aufwendungen, die durch frühere Wirtschaftsperioden verursacht wurden, auch gesondert zu erfassen. Das ermöglicht eine bessere Abgrenzung im Sinne der Ergebnisrechnung.

  Von besonderer Bedeutung sind

  - Steuernachzahlungen,
  - nachträgliche Lohnzahlungen,
  - Rückzahlungen von in Vorjahren vereinnahmten Erlösen.

- **Außerordentliche Aufwendungen**

> **Außerordentliche Aufwendungen** sind Aufwendungen, die außerhalb der gewöhnlichen Geschäftstätigkeit der Wohnungsunternehmen anfallen und im Rahmen der üblichen betrieblichen Tätigkeit nicht zu erwarten sind.

Sie werden als **außerordentliche Aufwendungen** in den Kontengruppen (885) erfasst, können aber auch in anderen Kostenkonten verborgen sein.

Davon könnten u. a. folgende Konten betroffen sein:

- **Instandhaltungskosten (805)** wegen unvorhersehbarer Schadensfälle
- **Abschreibungen** auf Vorratsposten wegen außerordentlichen Qualitätsverlusten oder Preisverfall

Betriebliche und neutrale Aufwendungen

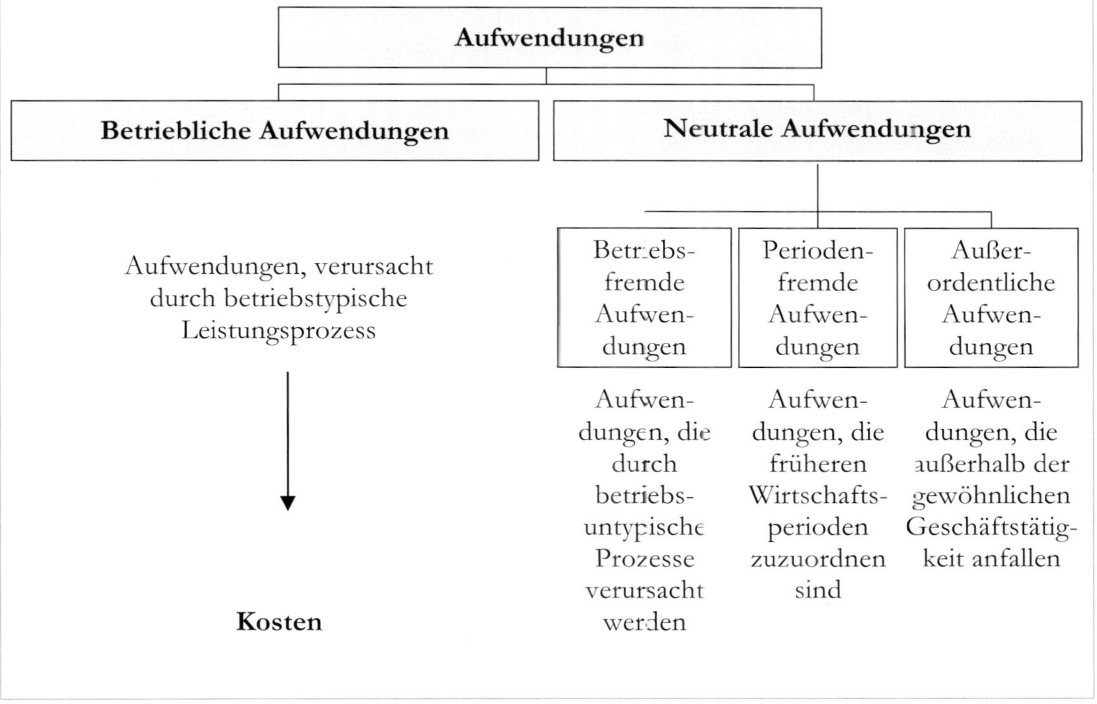

9.2.3 Betriebsergebnis und neutrales Ergebnis

Nachdem die Unterteilung der Aufwendungen und Erträge in ihre betrieblichen und neutralen Bestandteile vorgenommen wurde, kann auch das Gesamtergebnis in Teilergebnisse zerlegt werden.

1. Aus der **Gegenüberstellung der Kosten** (betrieblich verursachte Aufwendungen) und **Leistungen** (betrieblich bedingte Erträge) ergibt sich das **Betriebsergebnis**.

   Es gilt:

   > **Betriebsergebnis = Leistungen – Kosten**

2. Die **Gegenüberstellung der neutralen** (betriebsfremden, periodenfremden und außerordentlichen) **Aufwendungen** und **Erträge** ergibt das neutrale **Ergebnis**.

   Es gilt:

   Neutrales Ergebnis = Neutrale Erträge – Neutrale Aufwendungen

Die Ermittlung des Betriebsergebnisses lässt sich der folgenden Übersicht entnehmen.

Vom Gesamtergebnis zum Betriebsergebnis

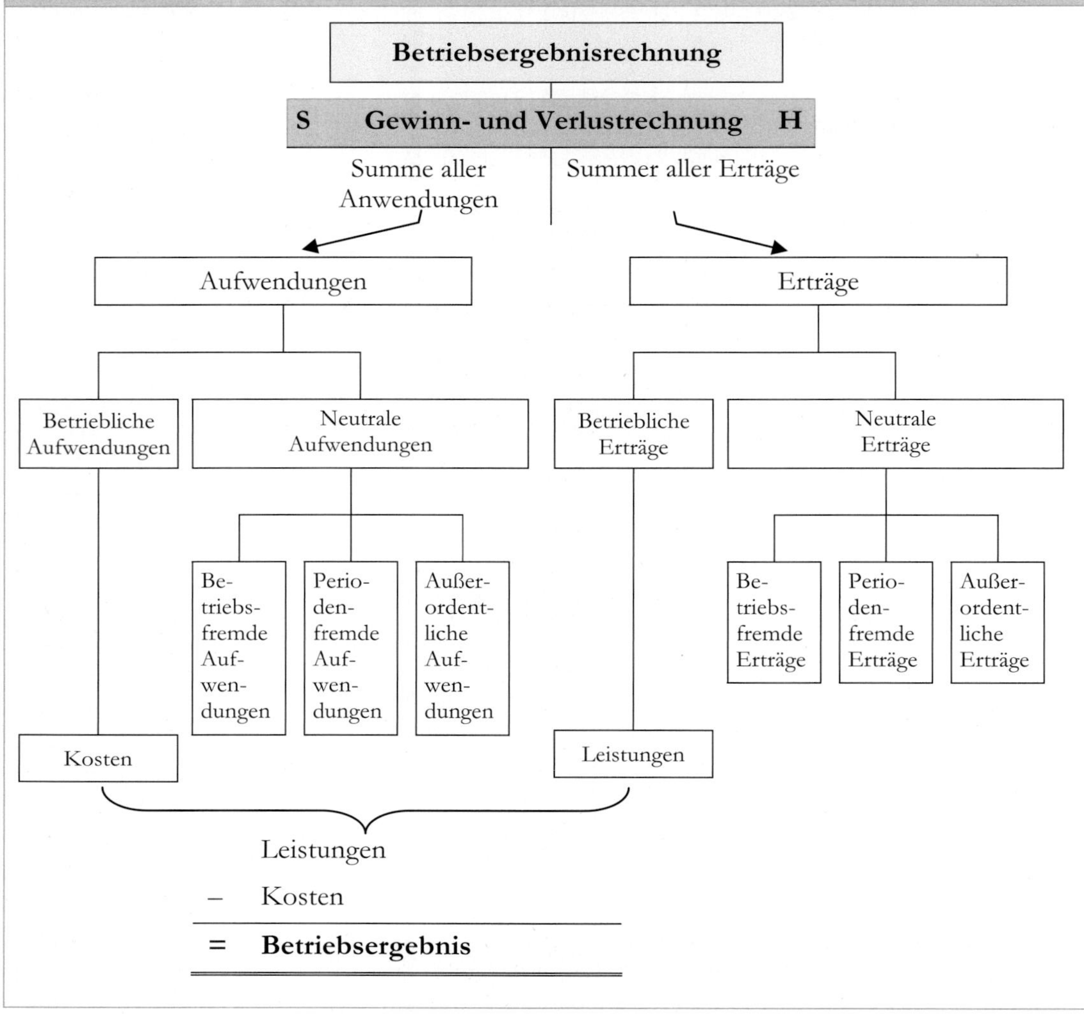

9.2.4 Ergebnistabelle als Instrument der Abgrenzungsrechnung

Die Unterscheidung der unternehmerischen Erfolgspositionen in ihre betrieblichen und neutralen Elemente bildet die Grundlage einer tabellarischen **Abgrenzungsrechnung**.

In der **tabellarischen Abgrenzungsrechnung** werden mithilfe einer Ergebnistabelle

- das Gesamtergebnis,
- das neutrale Ergebnis und
- das Betriebsergebnis

in voneinander abgegrenzter und übersichtlicher Form dargestellt.

Diese Abgrenzungsrechnung stellt eine Vorstufe der Kosten- und Leistungsrechnung dar. Sie ist ein entscheidendes Bindeglied zwischen der Finanzbuchhaltung und der Kosten- und Leistungsrechnung.

Aufbau einer Ergebnistabelle

Ergebnistabelle							
		Rechnungskreis I		**Rechnungskreis II**			
		Gesamtergebnisrechnung		Abgrenzungsrechnung		Betriebsergebnisrechnung	
		(A)		**(B)**		**(C)**	
Konten	Bezeichnung	Aufwendungen	Erträge	Neutrale Aufwend.	Neutrale Erträge	Kosten	Leistungen
6	Betriebliche Erträge						→
	Betriebsfremde Erträge				→		
	Periodenfremde Erträge				→		
	Außerordentliche Erträge				→		
8	Betriebliche Aufwendungen					→	
	Betriebsfremde Aufwendungen			→			
	Periodenfremde Aufwendungen			→			
	Außerordentliche Aufwendungen			→			
		=		=		=	
		Gesamtergebnis		**= Neutrales Ergebnis +**		**Betriebsergebnis**	

- Die **Spalte (A)** verkörpert den **Rechnungskreis I (RK I)**, in dem die aus der Finanzbuchhaltung entnommenen **Salden *aller* Aufwands- und Ertragskonten** des Wohnungsunternehmens ausgewiesen werden. Ihre Verrechnung führt zum **Gesamtergebnis**.
- Die **Spalten (B)** und **(C)** gehören zum **Rechnungskreis II (RK II)**, in dem zunächst neutrale Aufwendungen und Erträge von den Kosten und Leistungen abgegrenzt werden.
- In **Spalte (B)** werden die aus den Zahlen der Finanzbuchhaltung ausgesonderten neutralen Aufwendungen und neutralen Erträge erfasst und zum **neutralen Ergebnis** zusammengeführt.
- **Spalte (C)** führt durch den Ausweis der als **Kosten** und **Leistungen** definierten Größen zum Betriebsergebnis.

Um aus dem bisherigen Gewinn- und Verlustkonto des Wohnungsunternehmens die Werte für die Ergebnistabelle ableiten zu können, müssen auch hier zunächst die **Kosten und Leistungen** von den **neutralen Aufwendungen und den neutralen Erträgen** abgegrenzt werden. Das setzt voraus, dass die Kosten und Leistungen, aber auch die neutralen Erfolgspositionen – im Interesse einer wirksamen und im laufenden Prozess auch aufwandsarmen Kosten- und Leistungsrechnung – bereits in der Finanzbuchhaltung getrennt erfasst werden.

Arbeitsschritte zur Erstellung einer Ergebnistabelle:
Die Erstellung der Ergebnistabelle soll hier beispielhaft auf der Grundlage der bekannten Zahlen des Gewinn- und Verlustkontos demonstriert werden.

1. **Schritt:**
   Die Salden aller Erfolgskonten sind aus der Finanzbuchhaltung in die Ergebnistabelle – Spalte (A) – zu übertragen. Aus der Verrechnung der Erträge mit den Aufwendungen ergibt sich das **Gesamtergebnis** des Wohnungsunternehmens.

2. **Schritt:**
   Auf der Basis vorliegender Informationen sind die Erträge und Aufwendungen zu ermitteln, die als **neutrale Erfolgspositionen** definiert wurden. Sie sind in die **Spalte (B)** zu übertragen.

   Für die Mustergesellschaft wird dabei unterstellt, dass
   - die Sonstigen betrieblichen Erträge (66) in Höhe von 1.000 T€,
   - die Zinserträge (68) mit 100 T€ und
   - die Außerordentlichen Erträge (69) mit 30 T€

   als neutrale Erträge gelten.

   Als neutrale Aufwendungen werden definiert:
   - Personalaufwendungen (830) in Höhe von 50 T€ und soziale Abgaben (831) über 13 T€ (verursacht durch die für das Wohnungsunternehmen untypische Bewirtschaftung einer Kantine und eines Ferienheims)
   - 100 T€ der Abschreibungen (84)
   - 200 T€ der Sonstigen betrieblichen Aufwendungen (85)
   - die gesamten Außerordentlichen Aufwendungen (885)

   Die Verrechnung der neutralen Erträge und Aufwendungen aus **Spalte (B)** ergibt das **neutrale Ergebnis**.

3. **Schritt:**
   Nun sind die Erträge, die als **Leistungen** gelten **und** die Aufwendungen, die sich als **Kosten** definieren lassen, in die **Spalte (C)** zu übertragen. Als **Leistungen** sind
   - die Umsatzerlöse aus der Hausbewirtschaftung (60),
   - die Umsatzerlöse aus dem Verkauf von Grundstücken (61),
   - die Umsatzerlöse aus der Betreuungstätigkeit (62), teilweise
   - die Umsatzerlöse aus anderen Lieferungen und Leistungen (63), aber auch
   - die Bestandsveränderungen (64) sowie
   - die Anderen aktivierten Eigenleistungen (65)

   in die Spalte (C) zu übernehmen. Sie sind mit den Werten der Finanzbuchhaltung zu übertragen.

   Als **Kosten**, die mit den Werten der Finanzbuchhaltung in die Kosten- und Leistungsrechnung zu übernehmen sind, gelten:
   - Betriebskosten (800)
   - Instandhaltungsaufwendungen (805)
   - Andere Betriebskosten (802)
   - Aufwendungen für Verkaufsgrundstücke (81)
   - Fremdkosten für die Baubetreuung (820)
   - Fremdkosten für die Verwaltungsbetreuung (821)

   Als Kosten gelten nur anteilig, da sie teilweise zu den neutralen Aufwendungen gehören:
   - Personalaufwand (83)
   - Abschreibungen (840)
   - Sonstige betriebliche Aufwendungen (85)
   - Sonstige Steuern (891)
   - Zinsen und ähnliche Aufwendungen (87)

Nachdem die entsprechenden Arbeitsschritte vollzogen wurden, ergibt sich die in der folgenden Abbildung dargestellte Ergebnistabelle. Die Auswertung zeigt, dass der Gewinn der Gesellschaft zum großen Teil durch betriebliche Leistungsprozesse verursacht wurde.

Ergebnistabelle zur Auswertung der Gewinn- und Verlustrechnung

	Rechnungskreis I		**Rechnungskreis II**			
	Gesamtergebnisrechnung		Abgrenzungsrechnung		Betriebsergebnisrechnung	
	Angaben in T€					
	AufW	**ErtR**	**neutr. AufW**	**neutr. ErtR**	**Kosten**	**LeistG**
UE HBW		50.300				50.300
UE GV		5.000				5.000
UE BD		6.100				6.100
UE a. LL						
BestandsV		850				850
Andere aktivierte EigenL		640				640
Sonstige betriebliche Erträge		1.000		1.000		
Erträge aus Finanzanlagen						
Sonstige Zinserträge		100		100		
Außerordentliche Erträge		30		30		
Betriebskosten	19.000				19.000	
Instandhaltungskosten	3.000				3.000	
Andere HBW-Kosten	1.000				1.000	
AufW für Verkaufsgrundstücke	2.000				2.000	
AufW für Baubetreuung	800				800	
AufW für VerwaltungsB	2.500				2.500	
Löhne/Gehälter	5.000		50		4.950	
Soz. Abgaben	1.300		13		1.287	
Abschreibungen	5.000		100		4.900	
Sonstige betriebliche AufW	1.900		200		1.700	
Zinsaufwand	14.000				14.000	
Außerordentlicher Aufwand	12		12			
Betriebssteuern	900				900	
	56.412	64.020	375	1.130	56.037	62.890
	7.608		**755**		**6.853**	
	Gesamtergebnis = Neutrales Ergebnis + Betriebsergebnis					

9.3 Grund-, Anders- und Zusatzkosten

Nachdem die Kategorie Kosten definiert wurde, ist zu untersuchen, ob die verschiedenen Kostenarten mit den Werten der Finanzbuchhaltung unverändert in die Kostenrechnung übernommen werden können. Zur Beantwortung dieser Frage sind die Kosten in Grundkosten, Anderskosten und Zusatzkosten zu unterteilen.

a) Grundkosten

Grundkosten sind die Kosten, die **mit** unveränderten **Werten der Finanzbuchhaltung** in die Kostenrechnung übernommen werden können (aufwandsgleiche Kosten).

Dazu gehören unter anderem:
- die als Aufwendungen für bezogene Leistungen definierten Kosten der Hausbewirtschaftung (80), für Verkaufsgrundstücke (81) und Kosten für Fremdleistungen im Zusammenhang mit der Betreuungstätigkeit (82)
- Instandhaltungskosten (805)
- Personalkosten (83)
- die meisten Positionen des sächlichen Verwaltungsaufwands (850)
- Betriebssteuern (891)

b) Anderskosten

Anderskosten sind Aufwendungen, die zwar betrieblich verursacht sind, aber **mit anderen Werten** als denen der Finanzbuchhaltung in die Kostenrechnung einfließen (aufwandsungleiche Kosten).

Anderskosten können unter anderem sein:
- Abschreibungen, die als kalkulatorische Abschreibungen
- Forderungsausfälle, die als kalkulatorische Wagnisse
- Zinsaufwendungen, die als kalkulatorische Zinsen

in der Kostenrechnung Berücksichtigung finden.

c) Zusatzkosten

Zusatzkosten sind Kosten, für die sich aus der **Finanzbuchhaltung keine Werte** entnehmen lassen. Sie sind leistungsbedingter Werteverzehr, der in der Finanzbuchhaltung nicht erfasst wird, in der Kostenrechnung jedoch berücksichtigt werden muss.

Hierzu gehören unter anderem:
- der kalkulatorische Unternehmerlohn
- die kalkulatorische Miete

Kostenrechnerische Korrekturen

Anderskosten und Zusatzkosten sind Kosten, deren Höhe und/oder Berechnungsmethode in der Finanzbuchhaltung nicht den Erfordernissen der Kostenrechnung entsprechen. Im Rahmen kostenrechnerischer Korrekturen sind sie verursachungsgerecht als kalkulatorische Kosten zu ermitteln.

Kostenrechnerische Korrekturen stellen sicher,
- dass die in der Finanzbuchhaltung ausgewiesenen Kosten mit den Werten zum Tragen kommen, die den Erfordernissen der Kostenrechnung genügen und
- dass die tatsächlich anfallenden Kosten Berücksichtigung finden werden – unabhängig davon, ob sie in der Finanzbuchhaltung erfasst wurden oder nicht.

Mit den kostenrechnerischen Korrekturen werden die in der Kalkulation zu berücksichtigenden Kosten realer ausgewiesen, die Basis für unternehmenspolitische Entscheidungen ist exakter.

10 Die Kostenartenrechnung

10.1 Aufgaben der Kostenartenrechnung

Als Ausgangspunkt der Kostenrechnung hat die **Kostenartenrechnung** die Aufgabe, alle bei der Erstellung und Verwertung betrieblicher Leistungen anfallenden Kosten systematisch zu erfassen und aus der Analyse der Kostenentwicklung erste Maßnahmen zur Kostensenkung abzuleiten.

Die Einzelaufgaben der Kostenartenrechnung zeigt die folgende Abbildung.

Aufgaben der Kostenartenrechnung

Aufgabe der Kostenartenrechnung

- **Definition und Gliederung** der Kostenarten
- **Erfassung** der Kostenarten
- **Ermittlung der Beträge** aller Kostenarten
- **Analyse und Beurteilung** der Entwicklung einzelner Kostenarten und -gruppen

10.2 Gliederung der Kostenarten

Bei der Einrichtung der Kostenartenrechnung ist eine den Zielstellungen der Kostenrechnung, entsprechende Gliederung der Kostenarten vorzunehmen. Es gilt, alle innerhalb einer Rechnungsperiode anfallenden Kosten nach geeigneten Kriterien zu ordnen und für die weitere Verarbeitung zu erfassen. Das ermöglicht eine erste Analyse, Beurteilung und Beeinflussung der Kostenentwicklung. Zugleich ist all das aber auch die Grundlage der späteren Weiterverrechnung von Kosten auf Kostenstellen und Kostenträger.

Die Kosten lassen sich unterteilen:
a) nach der **Art der verbrauchten Produktionsfaktoren** (Personalkosten, Instandhaltungskosten, Kapitalkosten),
b) nach der **Herkunft der Einsatzgüter** in Primärkosten und Sekundärkosten,
c) nach der **Verteilbarkeit auf Bezugsgrößen** in Einzel- und Gemeinkosten,
d) nach ihrem Verhalten bei **Beschäftigungsschwankungen** in variable und fixe Kosten.

a) Kostengliederung nach Art der verbrauchten Produktionsfaktoren

Art und Umfang der in den Wohnungsunternehmen anfallenden Kosten hängen in erster Linie von den dort stattfindenden Leistungsprozessen und den dabei zum Einsatz kommenden Produktionsfaktoren ab.

Betriebliche Produktionsfaktoren sind die der Leistungserstellung und -verwertung zugrunde liegenden Einsatzgüter, deren Verknüpfung zu innerbetrieblichen Leistungen und zu Marktleistungen führen.

Zu ihnen gehören

- **Arbeitsleistung** als Gesamtheit eingesetzter körperlicher und geistiger Fähigkeiten der Menschen im betrieblichen Leistungsprozess (z. B. Löhne, Gehälter, Lohnnebenkosten)
- **Betriebsmittel** als Gesamtheit aller materiell-technischen und immateriellen Bedingungen, derer sich das Wohnungsunternehmen zur Realisierung der betrieblichen Leistungsprozesse bedient,
- **Werkstoffe** als Gesamtheit jener Güter, die durch Umformung, Substanzveränderung oder durch Einbau zu neuen Leistungen werden. Sie umfassen bekanntermaßen Roh-, Hilfs- und Betriebsstoffe.
- **Zusatzfaktoren**, zu denen insbesondere beanspruchte Fremdleistungen, Kapital und indirekte Leistungen des Staates gehören.

b) Kostengliederung nach der Herkunft der Produktionsfaktoren

Für die Steuerung der betrieblichen Prozesse kann auch die Bestimmung der Herkunft von Produktionsfaktoren von Bedeutung sein. Sie gibt Auskunft darüber, ob die zum Einsatz kommenden Faktoren von außen bezogen (Primärkosten) oder innerhalb des eigenen Betriebes (Sekundärkosten) erstellt werden.

Primärkosten sind Kosten, die auf **von außen bezogene Produktionsfaktoren** zurückzuführen sind.

Dazu gehören unter anderem:

- Personalkosten, die durch die in den jeweiligen Abteilungen eingestellten und beschäftigten Mitarbeiter verursacht werden
- Kosten für die Inanspruchnahme von Fremdleistungen (Betriebs-, Instandhaltungskosten)
- Steuern und Abgaben

Sekundärkosten sind Kosten, die durch den Einsatz und die **Weiterverrechnung innerbetrieblicher Leistungen** (innerbetriebliche Leistungsverrechnung) verursacht werden.

Sie entstehen beispielsweise, wenn

- Handwerker eigener Regiebetriebe Reparaturen an den Mietobjekten der Abteilung Hausbewirtschaftung durchführen,
- eigene Regiebetriebe die Reinigung der Mietobjekte oder die Pflege der Grünanlagen übernehmen.

Sekundärkosten entstehen in den **Erwerbsabteilungen** immer dann, wenn sie Komponenten der Leistungserstellung nicht von außerhalb, sondern von innerbetrieblichen Organisationseinheiten beziehen. Sie entstehen also auch dann, wenn die Erwerbsabteilungen Leistungen der Geschäftsleitung oder anderer allgemeiner Bereiche des Betriebes (Finanzbuchhaltung, Personalabteilung, Fuhrpark) nutzen. Die Unterscheidung in Primär- und Sekundärkosten gibt Aufschluss über die eigene **Fertigungstiefe**, aber auch über **die Außenabhängigkeiten** des Unternehmens.

c) Kostengliederung nach der Zurechenbarkeit zu Bezugsgrößen

Die verursachungsgerechte Verteilung der Kosten auf Bezugsgrößen (Kostenträger, Kostenstellen oder auch Prozesse) erfordert deren Unterteilung in **Einzelkosten und Gemeinkosten.**

Als **Bezugsgröße** sind die Verursacher von Kosten zu verstehen. Das können unter anderem

- Leistungseinheiten (Kostenträger),
- Orte der Leistungserstellung (Kostenstellen), aber auch einzelne
- Leistungsprozesse

sein.

Die eindeutige Zuordnung der im betrieblichen Leistungsprozess angefallenen Kosten auf zuvor bestimmte Bezugsgrößen bedingt die Unterscheidung in Einzel- und Gemeinkosten.

Einzelkosten (K_E) sind Kosten, die einer Bezugsgröße direkt zugeordnet werden können.

Nach der Wahl der Bezugsgröße werden
- die einem **Kostenträger** direkt zuzuordnenden Kosten als **Kostenträgereinzelkosten**,
- die einer **Kostenstelle** direkt zuzuordnenden Kosten als **Kostenstelleneinzelkosten** und
- die einzelnen **Prozessen** direkt zuzuordnenden Kosten als **Prozesseinzelkosten**

bezeichnet.

Jedoch lassen sich nicht alle Kosten ohne Weiteres einer Bezugsgröße zuordnen. Solche nicht direkt zuordenbaren Kosten werden Gemeinkosten genannt.

Gemeinkosten (K_G) sind Kosten, die einer **Bezugsgröße nicht direkt zugeordnet** werden können. Nur über gesondert zu definierende Schlüssel ist deren Verteilung auf die Bezugsgrößen möglich.

In diesem Sinne lassen sich beispielsweise die Gehälter einiger Mitarbeiter, Abschreibungen oder auch bestimmte Verwaltungskosten nicht direkt auf eine Bezugsebene verteilen. Deren Zuordnung kann nur über Verteilerschlüssel erfolgen.

d) Kostengliederung entsprechend unterschiedlicher Beschäftigung

Die **Beschäftigung** ist ein weiteres wichtiges Kriterium der Kostengliederung.

Die **Beschäftigung** ist das **Leistungsvermögen** eines Unternehmens, sie stellt seine vorhandene **Kapazität** bei gegebenen Produktionsbedingungen dar. Sie bringt zum Ausdruck, welche Leistungsmenge unter gegebenen materiell-technischen und personellen Bedingungen erbracht werden kann.

Beispiel:
Die **Kapazität** (mögliche Beschäftigung) eines Wohnungsunternehmens kann beispielsweise
- durch einen zu bewirtschaftenden Bestand von 40.000 Wohn- und Gewerbeeinheiten oder auch
- durch die materiell-technischen und personellen Bedingungen zur Betreuung von 2.000 Verwaltungseinheiten

bestimmt werden.

In welchem Maße die Kapazität wirklich ausgelastet ist, zeigt allerdings erst der **Beschäftigungsgrad**.

Der **Beschäftigungsgrad** ist als **Grad der Kapazitätsauslastung** zu verstehen und stellt das Verhältnis aus tatsächlicher Auslastung der Kapazität und der technisch möglichen Kapazität dar.

Beispiel:
Verfügt ein Wohnungsunternehmen über einen Bestand von 40.000 Wohneinheiten, stellen diese die mögliche Kapazität (Beschäftigung) dar. Sind davon jedoch nur 38.000 Wohneinheiten vermietet, entspricht das einer Kapazitätsauslastung (Beschäftigungsgrad) von 95 Prozent.

$$\text{Beschäftigungsgrad} = \frac{38.000 \text{ WE}}{40.000 \text{ WE}} \cdot 100 = 95\,\%$$

In Abhängigkeit von der Kapazitätsauslastung ist zwischen **fixen Kosten** und **variablen Kosten** zu unterscheiden.

- **Fixkosten (K_f)**
  Ein Wohnungsunternehmen und jede seiner betrieblichen Einheiten verfügt über ein bestimmtes **technologisches Leistungsvermögen**, das verdeutlicht, was (welche Leistungsmenge/Ausbringungsmenge) unter den gegebenen Bedingungen möglich und realisierbar ist. Es wird in erster Linie bestimmt durch
  - die Ausstattung mit Betriebsmitteln und
  - die personelle Ausstattung.

  Eine solche Leistungsbereitschaft und -fähigkeit muss – unabhängig davon, wie hoch der Grad der Kapazitätsauslastung ist – stets vorhanden sein. Dieses Bereitschaftspotenzial verursacht Kosten, die auch als **Bereitschaftskosten bzw. Fixkosten** bezeichnet werden.

  > **Fixkosten (K_f)** sind Kosten, die unabhängig vom Grad der Kapazitätsauslastung anfallen und durch die Aufrechterhaltung der Betriebs- und Leistungsbereitschaft verursacht werden. Sie werden auch als **Bereitschaftskosten** bezeichnet.

- **Variable Kosten (K_V)**
  Neben den Fixkosten gibt es auch Kosten, die nur anfallen, wenn tatsächlich Leistungen erbracht werden, Wohnungen also tatsächlich vermietet, Objekte wirklich betreut oder Verkaufsobjekte errichtet werden. Anders ausgedrückt: Werden keine Leistungen produziert, fallen diese Kosten auch nicht an. Diese sich mit der Größe der Leistungsmenge verändernden Kosten werden als **variable Kosten (K_V)** bezeichnet.

  > **Variable Kosten (K_V)** sind Kosten, die sich mit dem sich verändernden (variierenden) Umfang der Leistungserbringung verändern.

Gliederungsaspekte der Kostenarten

Kosten lassen sich unterscheiden nach

Art der verbrauchten Produktionsfaktoren	Herkunft der Produktionsfaktoren	Verteilbarkeit auf Bezugsgrößen	Verhalten bei Beschäftigungsschwankungen
• Personalkosten • Betriebsmittelkosten • Materialverbrauch • Zinsen • Abgaben • Kosten für bezogene Fremdleistungen	• Primärkosten (von außen) • Sekundärkosten (von innen)	• Einzelkosten (der Bezugsgröße direkt zurechenbar) • Gemeinkosten (der Bezugsgröße nicht direkt zurechenbar)	• Fixkosten (leistungsmengenunabhängig, Bereitschaftskosten • Variable Kosten (mengenabhängig)

11 Die Kostenstellenrechnung

11.1 Aufgaben und Ziele der Kostenstellenrechnung

Kosten sind bekanntlich Aufwendungen, die durch betriebliche Leistungsprozesse verursacht werden, die sich in den bestehenden organisatorischen Einheiten eines Betriebes (seinen jeweiligen Bereichen, Abteilungen und Unterabteilungen, in Arbeitsgruppen wie auch am Arbeitsplatz eines einzelnen Mitarbeiters) vollziehen. An diesen Orten der Leistungserstellung und -verwertung werden die betrieblichen Produktionsfaktoren genutzt und verbraucht, hier entstehen die Kosten. Diese **Orte der Leistungserstellung** werden in der Kostenrechnung als **Kostenstellen** bezeichnet.

> **Kostenstellen** sind **Organisationseinheiten** eines Unternehmens, innerhalb derer sich der betriebliche Leistungsprozess vollzieht. Hier werden Leistungen für den innerbetrieblichen Kreislauf und für den Markt erbracht.

Die Kostenstellenrechnung hat die Aufgabe, Kosten auf die Orte ihrer Entstehung (Kostenstellen) zu verteilen. Dies dient zwei zentralen Zielen.

(1) Zum einen sind durch die Kostenstellenrechnung Bedingungen für **die Kontrolle und Steuerung der Wirtschaftlichkeit des Gesamtunternehmens und seiner Teilbereiche (Kostenstellen)** zu schaffen.
(2) Zum anderen hat die Kostenstellenrechnung wesentliche **Grundlagen für die Verteilung von Gemeinkosten auf Kostenträger und die Ermittlung ihrer Selbstkosten** zu schaffen.

Die Kostenstellenrechnung und die darauf basierende Ermittlung der Selbstkosten von Leistungseinheiten sind zudem wichtige Voraussetzungen für Entscheidungen über die Eigenfertigung oder den Kauf von Leistungen.

11.2 Die Kostenstellenbildung in Unternehmen der Wohnungswirtschaft

Aufbau und Gestaltung der Kostenstellenrechnung in den Wohnungsunternehmen sind meist an die vorhandenen Organisationsstrukturen gebunden. Nur in den Fällen, in denen eine grundsätzliche Umstrukturierung des Betriebes oder der Abteilung geplant ist, können völlig neue Ansätze zur Kostenstellenbildung entwickelt werden. **In der Regel aber folgt sie der Aufbauorganisation des Unternehmens.**

11.2.1 Prinzipien der Kostenstellenbildung

Ausgehend von der Zielstellung der Kostenrechnung folgt die Kostenstellenbildung verschiedenen Prinzipien.

a) Verrichtungsorientierte Kostenstellenbildung (Funktionalprinzip)

> Nach dem **Funktionalprinzip** werden gleichartige Arbeitsgänge und Verrichtungen in Kostenstellen zusammengefasst.

So lassen sich die Tätigkeiten aus der Sicht der Kostenstellenbildung wie folgt zusammenfassen:

- **Vermietung** von Wohn- und Gewerberäumen des eigenen Bestandes in der Abteilung **Hausbewirtschaftung (HBW)**
- **Erwerb, Bebauung und Verkauf** von Eigentumsobjekten in der Abteilung **Grundstücksverkehr (GV)**
- **Verwaltungs- und Baubetreuung** in der Abteilung **Betreuungsdienste (BD)**

Innerhalb dieser Abteilungen können wiederum tiefere Gliederungen vorgenommen und weitere Kostenstellen gebildet werden. In der Abteilung Hausbewirtschaftung ließen sich so Kostenstellen für die Mietenbuchhaltung, das Mietvertragswesen, die Mieterbetreuung, die Betriebskosten etc. bilden.

Die **Kostenstellenbildung** nach dem **Funktionalprinzip** ist nach wie vor die allgemein übliche Form. Kostenstellen werden dabei **streng arbeitsteilig** und entsprechend der erforderlichen Verrichtungen gebildet.

In einem Wohnungsunternehmen, das nach dem Funktionalprinzip gegliedert ist, könnten beispielsweise folgende Kostenstellen bestehen:

- Geschäftsleitung (GL)
- Kaufmännische Abteilung (KA)
- Technische Abteilung (TA)
- Zentrale Dienste (ZD)
- Abteilung Hausbewirtschaftung (HBW)
- Abteilung Grundstücksverkehr (GV)
- Abteilung Betreuungsdienste (BD)

Die verrichtungsorientierte Organisation des Wohnungsunternehmens und seiner Abteilungen führt häufig zu langen Durchlaufzeiten von Vorgängen und fehlender Kundennähe. Die Mieterbetreuung liegt in vielen Händen. Ein Mitarbeiter ist für die Mietenbuchhaltung, ein anderer für die Instandhaltung und Instandsetzung, ein weiterer wieder für die Betriebskostenabrechnung zuständig.

Häufig gibt es beachtliche Reibungsverluste und Mehrfacharbeiten sind nicht ausgeschlossen. Deshalb ist eine **objekt-(prozess-)bezogene Organisation der Kostenstelle** die eigentlich erforderliche Form.

b) Objekt-/prozessbezogene Kostenstellenbildung (Objektprinzip)

Im Rahmen der **objekt-/prozessbezogenen Kostenstellenbildung** werden Kostenstellen als Verantwortungsbereiche geschaffen, die sich nicht an einzelnen Verrichtungen, sondern an den zu realisierenden Objekten (Prozessen) orientieren.

Dabei können beispielsweise in der Erwerbsabteilung Hausbewirtschaftung Kostenstellen gebildet werden, denen die Betreuung eines kompletten Mietobjektes oder einer Objektgruppe obliegt.

Der einzelne Mitarbeiter ist also nicht für eine bestimmte Tätigkeit, sondern für das (die) gesamte Objekt (Objektgruppe) und damit für die Gesamtheit der dort zu realisierenden Prozesse zuständig.

c) Raumbezogene Kostenstellenbildung (Territorialprinzip)

Die **raumbezogene Kostenstellenbildung** orientiert sich an den örtlichen Gegebenheiten. Territorial abgegrenzte Betriebsteile werden zu einer Kostenstelle zusammengefasst.

Eine solche Kostenstellenbildung ist immer dann sinnvoll, wenn tatsächlich territorial getrennte, eigenständige Bereiche existieren. In den großen Wohnungsunternehmen verstärkt sich in diesem Sinne die Bildung von Regionalbüros, die sich in unmittelbarer Nähe der Objekte und Mieter befinden und die die komplexe Verantwortung für einen bestimmten Bestand an Objekten tragen.

Regionalbüros lassen sich auch als wirtschaftlich selbstständige und sich selbst tragende Einheiten (Profitcenter) etablieren. Die Verantwortung für die Umsätze aus dem Bestand und die durch dessen Bewirtschaftung verursachten Kosten liegen in der Verantwortung der Mitarbeiter vor Ort.

Räumlich orientierte Kostenstellen sind **objektbezogene Verantwortungsbereiche**, die an verschiedenen Orten wirken. Sowohl objektbezogene als auch räumlich orientierte Kostenstellen realisieren die mit der Vermietung von Objekten verbundenen Prozesse in ihrer Gesamtheit.

d) **Abrechnungsbezogene Kostenstellenbildung (Verrechnungsprinzip)**
Um eine künftige Weiterverrechnung der Gemeinkosten von Stellen, die für das Gesamtunternehmen Leistungen erbringen, auf die Erwerbsabteilungen und später auf die Kostenträger zu ermöglichen, ist die Kostenstellenbildung auch abrechnungsorientiert zu gestalten. Dazu werden die Kostenstellen aus ihrer Rolle im betrieblichen Leistungsprozess heraus betrachtet.

Zu unterscheiden ist nun zwischen:

- Allgemeinen Kostenstellen (AKSt)
- Hauptkostenstellen (HaKSt)
- Nebenkostenstellen (NeKSt)
- Hilfskostenstellen (HiKSt)

- **Allgemeine Kostenstellen (AKSt)**

Allgemeine Kostenstellen (AKSt) sind Kostenstellen, die Leistungen für alle Unternehmensbereiche erbringen und an diese weiterreichen.

In den Wohnungsunternehmen können hierzu unter anderem gehören:

- Geschäftsleitung
- Allgemeine Verwaltung
- Finanzbuchhaltung
- Personalabteilung

Da die allgemeinen Kostenstellen ihre Leistungen an andere Stellen abgeben, sind auch deren Kosten auf der Basis von Schlüsselzahlen oder aber Pauschalen den empfangenen Stellen zuzurechnen.

- **Hauptkostenstellen (HaKSt)**

Hauptkostenstellen (HaKSt) sind Kostenstellen, in denen sich die Erstellung und der Vertrieb der zum Leistungsprogramm des Wohnungsunternehmens gehörenden Hauptleistungen (Sach- oder Dienstleistungen) vollzieht.

Dazu gehören insbesondere die **Erwerbsabteilungen**:

- Hausbewirtschaftung (HBW)
- Grundstücksverkehr (GV)
- Betreuungsdienste (BD)

Sie erbringen die am Markt zu veräußernden Leistungen und erzielen Umsatzerlöse.

- **Nebenkostenstellen (NeKSt)**

In den **Nebenkostenstellen (NeKSt)** werden Leistungen erstellt und vermarktet, die nicht zum eigentlich typischen Leistungsprogramm des Unternehmens gehören.

In einem Wohnungsunternehmen könnten hier beispielsweise **Leistungen im Nebengeschäft** erbracht werden (Umzugsservice, Betrieb von Gästewohnungen, Verkauf von Zubehör).

- **Hilfskostenstellen (HiKSt)**

Hilfskostenstellen (HiKSt) sind Stellen, die Leistungen für Haupt- oder Nebenkostenstellen erbringen.

So könnte die Projektierung im Bereich des Baues als Hilfsstelle der Hauptkostenstelle Grundstücksverkehr gelten.

11.2.2 Der Betriebsabrechnungsbogen (BAB)

Die Verteilung der Kosten auf nachgelagerte Kostenstellen erfolgt zumeist mithilfe eines Betriebsabrechnungsbogens.

Der **Betriebsabrechnungsbogen (BAB)** ist ein Instrument der Kostenstellenrechnung, der die tabellarische Verteilung der Kosten auf Kostenstellen ermöglicht.

Die Entscheidung darüber, welche Kosten auf welcher Grundlage in die Erstellung eines Betriebsabrechnungsbogens einbezogen werden, hängt von der eigentlichen Zielstellung der Kostenrechnung ab.

Steht die Analyse der Gemeinkostenintensität bzw. die Gemeinkostenstruktur der Kostenstellen und die Vorbereitung der Verrechnung dieser Kosten auf die Kostenträger im Vordergrund, sind nur die Kostenstellengemeinkosten in den Betriebsabrechnungsbogen aufzunehmen.

In diesem Fall kann ein einfacher Betriebsabrechnungsbogen (BAB) erstellt werden, der dann den folgenden **Grundaufbau** haben **kann**:

Bezeichnung (A)	**Zahlen der Kosten-rechnung (B)**	**Verteilung (C)**	**Kostenstellen (D)**		
			KSt 1	**KSt …**	**KSt n**
Gemeinkosten	**€**		**€**	**€**	**€**
Summe					

Sollen aber darüber hinaus auch **Ergebnisse** (Abteilungsergebnisse/Betriebsergebnis/Wirtschaftlichkeits- und Rentabilitätskennzahlen) ermittelt werden, sind neben den **Kostenstellengemeinkosten** auch die **Kostenstelleneinzelkosten** und die **Leistungskomponenten** der Erwerbsabteilung in die Betrachtung einzubeziehen. Der Betriebsabrechnungsbogen, der dann als erweiterter Betriebsabrechnungsbogen gilt, kann folgendermaßen aussehen:

Bezeichnung (A)	**Zahlen der Kosten-rechnung (B)**	**Verteilung (C)**	**Kostenstellen (D)**		
			KSt 1	**KSt …**	**KSt n**
Gemeinkosten	**€**		**€**	**€**	**€**
Umsatzerlöse					
Kostenstellen-einzelkosten					
Rohergebnis					
Kostenstellen-gemeinkosten					
Betriebs-/Ab-teilungsergebnis					

11.2.2.1 Der einfache Betriebsabrechnungsbogen

Von einem einfachen Betriebsabrechnungsbogen ist die Rede, wenn **Kostenstellengemeinkosten auf alle Kostenstellen verteilt werden, unabhängig davon, welche Funktion diese Stellen jeweils im betrieblichen Leistungsprozess einnehmen.** Eine weitere Verrechnung der Kosten allgemeiner Kostenstellen auf die Erwerbskostenstellen erfolgt nicht.

Bezeichnung	**Summe**	**Verteilung**	**GL**	**ZD**	**HBW**	**GV**	**BD**
	T€		**T€**	**T€**	**T€**	**T€**	**T€**
Gemeinkosten							
Löhne	990	Lohnabrechnung	20	100	720	50	100
Gehälter	3.960	Gehaltsabrechnung	65	78	1.200	12	2.605
Soziale Abgaben	1.287	Lohn- und Gehaltslisten	22	46	499	16	703
Abschreibungen	5.500	in % des AV	250	600	3.500	350	800
Raumkosten	170	m²	19	60	55	12	24
Bürobedarf	340	Zahl der Mitarbeiter	6	7	103	1	224
Reise/Kfz	595	Inanspruchnahme	208	119	119	60	89
EDV	340	Rechnerzeiten	119	17	153	34	17
PR/Werbung	170	Rechnungen	43	2	76	35	15
Sonstige SVA	85	Zahl der Mitarbeiter	1	2	26	1	55
Kalkulatorische Zinsen	15.000	Vermögenswerte	1.500	750	9.750	1.200	1.800
Betriebssteuern	900	Anlagewerte	90	45	585	72	108
Summe	**29.338**		**2.343**	**1.826**	**16.786**	**1.843**	**6.540**

Dieser Betriebsabrechnungsbogen weist die Gemeinkosten einer jeden Kostenstelle aus und er bietet zugleich Möglichkeiten zur Gewinnung weiterer Informationen für unternehmenspolitische Entscheidungen.

11.2.2.2 Der erweiterte Betriebsabrechnungsbogen

Mit dem **einfachen Betriebsabrechnungsbogen** werden **Kostenstellengemeinkosten auf alle Kostenstellen** verteilt. Unberücksichtigt bleibt dabei jedoch die Tatsache, dass es Stellen gibt, die Marktleistungen **(Erwerbsabteilungen)** erbringen und solche, die ihre Leistungen lediglich für innerbetriebliche Prozesse erstellen **(allgemeine Kostenstellen)**. So erbringt die Abteilung HBW – als Erwerbsabteilung – Leistungen für den Markt (Vermietungsleistungen), die Abteilung Zentrale Dienste aber – als Abteilung, die für alle anderen Abteilungen wirkt – erstellt Leistungen nur für interne Zwecke.

Es ist unabdingbar, dass jedes Unternehmen auch Abteilungen für allgemeine Dienste benötigt, da sonst die Rahmenbedingungen für die Erstellung von Marktleistungen nicht im erforderlichen Maße gegeben sind. Das Funktionieren eines Wohnungsunternehmens ist ohne Personalabteilung, Geschäftsführung oder Finanzbuchhaltung undenkbar.

Alle Kosten, also auch die Gemeinkosten der allgemeinen Kostenstellen, müssen – nach dem Konzept der Vollkostenrechnung – durch Umsatzerlöse/Leistungen der Erwerbsabteilungen gedeckt werden. Die Unternehmensleitung hat also dafür zu sorgen, dass durch die Marktleistungen nicht nur die Kosten gedeckt werden, die die Erwerbsabteilungen direkt verursachen, sondern auch die Kosten, die durch das Unternehmen als Ganzes bedingt sind. Nur durch die Umsatzerlöse der Erwerbsabteilungen können die Mittel erwirtschaftet werden, die der ganzheitlichen Kostendeckung dienen. Die Umsatzerlöse müssen also mindestens die Selbstkosten des Betriebes in seiner Gesamtheit decken.

Ein wichtiges Instrument der Selbstkostenplanung und Kontrolle ist der erweiterte Betriebsabrechnungsbogen. Hier wird nicht nur die Verteilung der primären Gemeinkosten auf die Kostenstellen, sondern auch die Verteilung der Gemeinkosten allgemeiner Kostenstellen auf die Erwerbskostenstellen ermöglicht.

1) **Erstellung des erweiterten Betriebsabrechnungsbogens**
Der bislang erstellte einfache Betriebsabrechnungsbogen endete mit folgenden **Gemeinkosten je Kostenstelle (Abteilung)**:

T€	Summe	GL	ZD	HBW	GV	BD
	...	...	...	...	...	...
Primäre K_G	29.338	2.343	1.826	16.786	1.843	6.540

Nun ist zu entscheiden, wie die Gemeinkosten der allgemeinen Kostenstellen **Geschäftsleitung (GL)** und **Zentrale Dienste (ZD)** auf die Erwerbsabteilungen umgelegt werden können.

Diese **Kostenstellenumlage** hat die Verteilung der Kosten allgemeiner Kostenstellen auf die Kostenstellen, die deren Leistungen in Anspruch genommen haben, zu sichern.

Die Verteilung erfolgt über Schlüsselzahlen, die sich zumeist aus der differenzierten Inanspruchnahme der allgemeinen Kostenstellen durch die Erwerbsabteilungen ergeben, bzw. auf der Grundlage von Pauschalen. Die Kostenverteilung soll hier exemplarisch über das sogenannte **Treppenverfahren** erfolgen, bei dem die Gemeinkosten der allgemeinen Kostenstellen auf alle ihnen nachgelagerten Kostenstellen verteilt werden. Durch Umlage der Gemeinkosten mehrerer allgemeiner Kostenstellen entsteht das Bild einer Treppe, daher der Begriff „Treppenverfahren".

Arbeitsschritte zur Gemeinkostenverteilung

a) **Umlage der Gemeinkosten der Geschäftsleitung (GL) auf die Abteilung Zentrale Dienste (ZD) und auf die Erwerbsabteilungen**
Die Kosten der Geschäftsleitung – Abteilung (GL) – sollen auf die Abteilungen ZD/HBW/GV/BD im Verhältnis 1:4:3:2 verteilt werden.

T€		GL	ZD	HBW	GV	BD
		...	...	...	...	...
Primäre K_G	**29.338**	2.343	1.826	16.786	1.843	6.540
Umlage GL		→	234	937	703	469
Summe nach Umlage			2.060	17.723	2.546	7.009

b) Umlage der Gemeinkosten der Abteilung Zentrale Dienste (ZD) auf die Erwerbsabteilungen

Bei der Umlage der Gemeinkosten der Abteilung (ZD) ist zu beachten, dass sie sich – nun durch die Zuweisung der Gemeinkosten aus der Geschäftsleitung – um 234,3 T€ auf 2.060,3 T€ erhöht haben. Für die Verteilung auf die Erwerbsabteilungen soll ein Verteilerschlüssel von 8:1:3 gelten.

Der erweiterte Betriebsabrechnungsbogen hat danach folgendes vorläufiges Aussehen:

Bezeichnung	Summe	GL	ZD	HBW	GV	BD
	T€	T€	T€	T€	T€	T€
Löhne	990	20	100	720	50	100
Gehälter	3.960	65	78	1.200	12	2.605
Soziale Abgaben	1.287	22	46	499	16	703
Abschreibungen	5.500	250	600	3.500	350	800
Raumkosten	170	19	60	55	12	24
Bürobedarf	340	6	7	103	1	224
Reise/Kfz	595	208	119	119	60	89
EDV	340	119	17	153	34	17
PR/Werbung	170	43	2	76	35	15
Sonstige SVA	85	1	2	26	1	55
Kalkulatorische Zinsen	15.000	1.500	750	9.750	1.200	1.800
Betriebssteuern	900	90	45	585	72	108
Primäre K_G	**29.338**	**2.343**	**1.826**	**16.786**	**1.843**	**6.540**
Umlage GL		→	234	937	703	469
			2.060			
Umlage ZD			→	*1.373*	*172*	*515*
Sekundäre K_G				**2.310**	**875**	**984**
K_G Erwerbs-abteilungen	**29.337**			**19.096**	**2.718**	**7.524**

2) Der erweiterte Betriebsabrechnungsbogen als Instrument des Erfolgscontrollings

Die mithilfe des bisherigen erweiterten Betriebsabrechnungsbogens ermittelten **Gemeinkosten der Erwerbsabteilungen**, die sich nun aus deren **primären Gemeinkosten** und deren durch die Umlage erzeugten **sekundären Gemeinkosten** zusammensetzen, können als Grundlage für die Ermittlung von Selbstkosten einzelner Kostenträger der Erwerbsabteilungen gelten.

Aber auch eine noch weitreichendere Gestaltung des Betriebsabrechnungsbogens ist möglich und sinnvoll.

> Im Interesse des Erfolgscontrollings sollte der Betriebsabrechnungsbogen eine Modifizierung erfahren, die die **Ermittlung des Betriebsergebnisses** und der **Abteilungsergebnisse** zulässt. Dazu werden, über die **Gemeinkosten hinaus**, auch die **Kostenstelleneinzelkosten** (Aufwendungen für bezogene Leistungen) und die Leistungen der Erwerbsabteilungen in den Betriebsabrechnungsbogen einbezogen.

Nach der bekannten Verteilung der Gemeinkosten auf die Erwerbsabteilungen und der zusätzlichen Berücksichtigung der Kostenstelleneinzelkosten lassen sich die **Abteilungskosten ermitteln**, die sich aus den primären und sekundären Gemeinkosten sowie den Kostenstelleneinzelkosten zusammensetzen. Um die Abteilungsergebnisse zu ermitteln, werden Abteilungsleistungen den Abteilungskosten gegenübergestellt.

Angaben in T€						
	Betrieb	**GL**	**ZD**	**HBW**	**GV**	**BD**
	T€	**T€**	**T€**	**T€**	**T€**	**T€**
Umsatzerlöse (60)/(61)/(62)/(63)	61.400	0	0	50.300	5.000	6.100
Bestandsveränderungen (64)	850	0	0	700	0	150
Andere aktivierte Eigenleistungen	640	0	0	640	0	0
Betriebliche Leistungen	**62.890**	**0**	**0**	**51.640**	**5.000**	**6.250**
Einzelkosten der Erwerbsabteilungen	28.300	0	0	23.000	2.000	3.300
Rohergebnis	**34.590**	**0**	**0**	**28.640**	**3.000**	**2.950**
Gemeinkosten						
Primäre Gemeinkosten						
...	...	...	...	...	...	...
Summe primärer Gemeinkosten (K_G)	29.338	2.343	1.826	16.786	1.843	6.540
Sekundäre Gemeinkosten						
Umlage GL		→	*234*	*937*	*703*	*469*
Umlage ZD			***2.060***			
			→	*1.373*	*172*	*515*
Summe sekundärer Gemeinkosten (K_G)				2.310	875	984
Gemeinkosten Betrieb/Abteilung	**29.338**			**19.096**	**2.718**	**7.524**
Abteilungsergebnis						
Leistung Betrieb/Abteilung	62.890			51.640	5.000	6.250
Einzelkosten Betrieb/Abteilung	28.300			23.000	2.000	3.300
Gemeinkosten Betrieb/Abteilung	29.338			19.096	2.718	7.524
Abteilungsergebnisse				9.544	282	– 4.574
Betriebsergebnis						**5.252**

Auf der Basis eines solchen Betriebsabrechnungsbogens können auch Betrachtungen zur Wirtschaftlichkeit der Erwerbsabteilungen vorgenommen werden. Analysieren lassen sich **Kosten – Leistung – Wirtschaftlichkeit** und die **Umsatzrentabilität**.

- **Kosten-Leistung-Wirtschaftlichkeit (Betriebswirtschaftlichkeit)**
  Zur Ermittlung der Kosten – Leistung – Wirtschaftlichkeit werden die erbrachten Leistungen den durch sie verursachten Kosten gegenübergestellt.

  Es gilt:

  $$\text{Wirtschaftlichkeit (W)} = \frac{\text{Leistungen (L)}}{\text{Kosten (K)}}$$

  Für die Modellrechnung zeigt sich folgendes Ergebnis:

T€	Betrieb	HBW	GV	BD
Leistungen (L)	62.890	51.640	5.000	6.250
Kosten (K)	57.638	42.096	4.718	10.824
Wirtschaftlichkeit (W)	1,09	1,23	1,06	0,58

- **Umsatzrentabilität**
  Die Umsatzrentabilität bringt zum Ausdruck, wie viel Prozent des Umsatzes Gewinn sind.

  Es gilt:

  $$\text{Umsatzrentabilität } (R_U) = \frac{\text{Ergebnis (E)}}{\text{Umsatz (U)}} \cdot 100$$

  Für dieses Beispiel bedeutet das:

	Betrieb	HBW	GV	BD
Ergebnis (E) in T€	5.252	9.544	282	– 4.574
Umsatz (U) in T€	61.400	50.300	5.000	6.100
Umsatzrentabilität (R_U) in %	8,55	18,97	5,64	– 74,98

12 Die Kostenträgerrechnung

12.1 Aufgaben der Kostenträgerrechnung

Als dritte Stufe der Kostenrechnung hat die Kostenträgerrechnung die Aufgabe, die durch den betrieblichen Leistungsprozess verursachten **Kosten auf die Kostenträger** zu verteilen.

> Die **Kostenträgerrechnung** stellt die Frage, **durch welche Kostenträger** die Kosten **verursacht** wurden.

- **Kostenträger**
  Unter einem Kostenträger sind alle Sach- und Dienstleistungen zu verstehen, die durch das Wohnungsunternehmen erstellt werden. Sie können als Leistungen direkt für den Markt oder als innerbetriebliche Leistungen produziert werden.

  > **Kostenträger** sind die vom Unternehmen erstellten Sach- und Dienstleistungen. Sie haben als Kalkulationsobjekte der Kostenträgerrechnung alle Kosten zu „tragen". Als Absatzleistung werden sie am Markt verwertet. Als innerbetriebliche Leistung sind sie zur Weiterverwertung im Betrieb bestimmt.

- **Selbstkosten**
  Im Mittelpunkt der Kostenträgerrechnung steht die **Bestimmung der Selbstkosten** einzelner Kostenträger oder Kostenträgergruppen.

  > **Selbstkosten** sind die Summe aller Kosten, die durch die Erstellung und den Absatz einer Sach- oder Dienstleistung verursacht werden.

  Die Selbstkostenrechnung/Kalkulationsrechnung ist gerichtet auf

  - die **Bewertung** fertiger und unfertiger Leistungen,
  - die Planung, Kontrolle und Steuerung der **Kostenentwicklung**,
  - die Planung, Kontrolle und Steuerung des **kurzfristigen Unternehmenserfolges** und
  - die Gestaltung **preispolitischer Entscheidungen**, soweit dies in der Wohnungswirtschaft auf der Basis von Selbstkosten möglich ist.

12.2 Verfahren der Kostenträgerrechnung

Die Kostenträgerrechnung wird als **Kostenträgerstückrechnung** und als **Kostenträgerzeitrechnung** geführt.

> In der **Kostenträgerstückrechnung** erfolgt die eigentliche Kalkulation, also die Ermittlung der Selbstkosten je Leistung(seinheit) und je Periode (Selbstkostenrechnung).
>
> In der **Kostenträgerzeitrechnung** werden die Kosten einer Rechnungsperiode ermittelt. Sie ist als kurzfristige Erfolgsrechnung zu verstehen, bei der alle durch die Kostenträger verursachten Kosten einer Rechnungsperiode ermittelt und den Umsatzerlösen gegenübergestellt werden.

Prinzipien der Kostenträgerstückrechnung
Als Selbstkostenrechnung soll die Kostenträgerstückrechnung die Selbstkosten der Kostenträgereinheiten ermitteln. Im Mittelpunkt der Betrachtung steht also die Verrechnung der im betrieblichen Leistungsprozess anfallenden Kosten auf die Kostenträger.

Diese Zuweisung folgt dabei zwei wesentlichen Prinzipien: dem Verursachungsprinzip und dem Durchschnittsprinzip.

- **Verursachungsprinzip**

Das **Verursachungsprinzip** fordert, die **Kosten** so weit wie möglich den Kostenträgern **direkt zuzuordnen**, die ursächlich für die Kostenentwicklung sind.

Diesem Prinzip folgt die Verteilung der Kostenträgereinzelkosten, denn bestimmte Kosten lassen sich direkt einer Wohn- oder Gewerbeeinheit oder einem anderen definierten Kostenträger zuordnen.

- **Durchschnittsprinzip**

Das **Durchschnittsprinzip** besagt, dass Kosten, die sich nicht oder nur schwer einzelnen Kostenträgern zuordnen lassen, über Schlüsselzahlen auf die Kostenträger verrechnet werden. Das Wesen des Durchschnittsprinzips ist durch die Proportionalisierung, die proportionale Verteilung der Kosten auf die Kostenträger, bestimmt.

Mit mehr oder weniger großem Aufwand ließen sich natürlich bereits mit ihrer Entstehung die meisten Kosten direkt auf die Kostenträger verteilen. Jedoch sollte dabei auch die **Wirtschaftlichkeit der Kostenrechnung** selbst beachtet werden. Stets sollten Kosten und Nutzen der Informationen, die sich aus der Kostenverrechnung ableiten lassen, gegenübergestellt werden. Grundsätzlich gilt, je detaillierter die Kostenverteilung, umso höher der damit verbundene Aufwand. Alle Methoden der Kostenträgerrechnung werden deshalb stets von Kompromissen begleitet sein, es werden Abstriche an der Genauigkeit und Aktualität der Kostenrechnung hingenommen werden müssen.

Das Durchschnittsprinzip wird insbesondere durch die

- Divisionskalkulation,
- Äquivalenzziffernkalkulation und die
- Zuschlagskalkulation

realisiert.

13 Die Deckungsbeitragsrechnung

13.1 Unterteilung der Kosten in fixe und variable Elemente

13.1.1 Kosten und Fixkostendegression

Fixkosten

An anderer Stelle wurde bereits darauf hingewiesen, dass die Vorhaltung einer bestimmten Kapazität Kosten verursacht, die als **Fixkosten bzw. Bereitschaftskosten** bezeichnet werden. Diese Kosten fallen unabhängig von der Leistungsmenge an, die durch den Betrieb oder die jeweiligen Erwerbsabteilungen erstellt und verkauft wird. Im Interesse einer hohen Wirtschaftlichkeit kommt es aber darauf an, diese Kosten auf eine große Leistungsmenge zu verteilen. Dadurch sinken die Selbstkosten je Leistungseinheit, sodass ein höherer Gewinn erwirtschaftet werden kann. Dieser Zusammenhang gilt insbesondere dann, wenn die Selbstkostenkalkulation mit fixen und variablen Kosten im Rahmen der Vollkostenrechnung vorgenommen wird.

Fixkostendegression

Ein wesentliches Interesse des Unternehmens und seiner Erwerbsabteilungen ist es, die **vorhandenen Kapazitäten auszunutzen und alle Kosten** (inkl. der Fixkosten) **durch den Verkauf** von Leistungen **zu überschreiten** bzw. mindestens zu decken.

Dabei zeigt sich ein als **Fixkostendegression** bezeichnetes Phänomen, das **besagt**, dass **mit steigender Leistungsmenge die von den Leistungseinheiten zu tragenden Fixkosten (K_{fE}) sinken**. Dies resultiert daraus, dass sich die gesamten fixen Kosten nach dem Durchschnittskostenprinzip auf eine hohe Anzahl von Leistungseinheiten verteilen.

Es gilt:

$$\text{Fixkosten je Leistungsmenge } (K_{fE}) = \frac{\text{Fixkosten der Periode } (K_{fG})}{\text{Leistungsmenge } (M)}$$

> Werden die Fixkosten der Erwerbsabteilung durch die Zahl der von ihr erbrachten Leistungseinheiten dividiert, ergeben sich die **Fixkosten je Leistungseinheit** (K_{fE}).

Beispiel:

Bei gegebenen Fixkosten (KfG) in Höhe von 25.000 €/Monat und einer Betreuungskapazität von 2.000 Verwaltungseinheiten (VE) wird der Effekt der Fixkostendegression bei steigender Zahl tatsächlich betreuter Einheiten in der folgenden Tabelle deutlich.

Fixkosten (K_{fG})	€	25.000	25.000	25.000	25.000	25.000	25.000	25.000	25.000	25.000
Leistungsmenge (M)	VE	1	100	200	600	700	900	1.000	1.500	2.000
$K_{fE} = \frac{K_{fG}}{M}$	€/VE	25.000	250,00	125,00	41,67	35,71	27,78	25,00	16,67	12,50

13.1.2 Variable Kosten

Neben den **Fixkosten (K_f)** sind auch die Kosten zu berücksichtigen, die durch die eigentliche Leistungserbringung verursacht werden. Dies betrifft solche Kosten, die unmittelbar durch die Vermietung einer Wohnung, den Bau eines Hauses oder durch die Betreuung einer Verwaltungseinheit entstehen. Mit einer sich verändernden (variierenden) Menge der Leistungserbringung verändern sich auch diese als variable **Kosten (K_v)** zu bezeichnenden Werte.

> **Variable Kosten (K_v)** sind Kosten, die sich mit dem variierenden Umfang der Leistungserbringung verändern.

In der Regel wird unterstellt, dass sich die **variablen Kosten einer Rechnungsperiode (K_{vG})** proportional zur Leistungsmenge verhalten.[27] Es gilt:

Variable Kosten der Periode (K_{vG}) =
variable Kosten je Leistungseinheit (K_{vE}) · Leistungsmenge (M)

bzw.

$$\text{Variable Kosten je Leistungseinheit } (K_{vE}) = \frac{\text{variable Kosten der Periode } (K_{vG})}{\text{Leistungsmenge } (M)}$$

Beispiel:
In Fortsetzung des obigen Beispiels soll unterstellt werden, dass die unmittelbar an die Betreuung einer einzelnen Verwaltungseinheit gebundenen variablen Kosten 5 €/Monat betragen. Wird von einer proportionalen Entwicklung der variablen Kosten ausgegangen, verändern sich diese mit steigender Zahl zu betreuender Verwaltungseinheiten wie folgt:

Leistungsmenge (M)	VE	1	200	600	700	900	1.000	1.500	2.000
$K_{vG} = K_{vE} \cdot M$	€/VE	5	1.000	3.000	3.500	4.500	5.000	7.500	10.000

13.1.3 Selbstkostenkalkulation mit fixen und variablen Kosten

Nach der Zerlegung der Kosten in ihre variablen und fixen Elemente und unter Berücksichtigung der Fixkostendegression lassen sich die Selbstkosten einer Erwerbsabteilung und der von ihr erbrachten Leistungseinheiten ableiten.

Es gilt:

$$SK_G = K_{fG} + K_{vG}$$

SK_G = Gesamtselbstkosten der Periode
K_{fG} = Gesamtfixkosten der Periode
K_{vG} = Gesamtvariable Kosten der Periode

bzw.

$$SK_E = \frac{K_{fG}}{M} + K_{vE}$$

SK_E = Selbstkosten einer Leistungseinheit
K_{fG} = Fixkosten der Periode
M = Menge der Leistungseinheiten
K_{vE} = variable Kosten je Leistungseinheit

In der folgenden Tabelle wird sichtbar, dass mit zunehmender **Leistungsmenge (M)** die **Gesamtkosten (SK_G)** steigen. Diese setzen sich nämlich aus den stets gleich hohen **Fixkosten (K_{fG})** zusammen und sie erhöhen sich regelmäßig um die **variablen Kosten je Leistungseinheit (K_{vE})**. Zugleich aber sinken die **Selbstkosten je Leistungseinheit (SK_E)**, weil jede Leistungseinheit ihre eigenen variablen Kosten und einen Teil der Fixkosten aufzunehmen hat. Die variablen Kosten bleiben gleich, die anteilig zu tragenden Fixkosten je Leistungseinheit hingegen sinken mit steigender Leistungsmenge.

[27] Auch eine unterproportionale (degressive) bzw. überproportionale (progressive) Entwicklung der variablen Kosten ist möglich, soll hier aber nicht näher erläutert werden.

Leistungs-menge	Fixe Kosten		Variable Kosten		Selbstkosten	
	Gesamt K_{fG}	je Einheit K_{fE}	je Einheit K_{vE}	Gesamt K_{vG}	Gesamt SK_G	je Einheit SK_E
VE	€	€	€	€	€	€
1	25.000	25.000,00	5,00	5	25.005	25.005,00
200	25.000	125,00	5,00	1.000	26.000	130,00
600	25.000	41,67	5,00	3.000	28.000	46,67
700	25.000	35,71	5,00	3.500	28.500	40,71
900	25.000	27,78	5,00	4.500	29.500	32,78
1.000	25.000	25,00	5,00	5.000	30.000	30,00
1.500	25.000	16,67	5,00	7.500	32.500	21,67
2.000	25.000	12,50	5,00	10.000	35.000	17,50

Ergebnisermittlung je Abteilung und Leistungseinheit
Die Bestimmung der Selbstkosten je Leistungseinheit dient häufig der Preisbildung. Dabei wird davon ausgegangen, dass der **Preis (P)** sich als Summe von **Selbstkosten (SK_E)** je Leistungseinheit und **Gewinnzuschlag (G)** ergibt.

$$P = SK_E + G$$

Ginge die Abteilung Betreuungsdienste von einem Gewinnzuschlag von 5 % aus, müsste sie bei **geringer Kapazitätsauslastung hohe Preise, bei hoher Kapazitätsauslastung relativ geringe Entgelte** einfordern.

Einer Kapazitätsauslastung von 75 % (Betreuung von 1.500 Verwaltungseinheiten) entsprächen Selbstkosten von 21,67 €/Monat/Einheit. Die Preisforderung müsste dann 22,75 €/Monat betragen. Eine 30 %ige Kapazitätsauslastung führte zu Selbstkosten von 46,67 €/Monat/Einheit und es müsste ein Betreuungsgeld von 49,00 € gefordert werden.

Auf dem Markt ist es jedoch so, dass der Kunde sich kaum für die mehr oder weniger hohen Kosten der Dienstleistungen interessiert, sondern vielmehr an einem guten Preis-Leistungs-Verhältnis interessiert ist. Es könnte demzufolge sein, dass für die Betreuung einer Verwaltungseinheit beispielsweise ein Preis von 25,00 €/Monat zu erzielen ist.

Unter Beachtung der bisher benannten monatlichen Fixkosten der Abteilung und der bekannten variablen Kosten je Leistungseinheit würde sich dann die folgende Ergebnisentwicklung abzeichnen.

Leistungsmenge	Selbstkosten		Erlöse		Ergebnis	
	Gesamt (SK_G)	je Einheit (SK_E)	Gesamt (UE)	je Einheit (P)	Gesamt	je Einheit
VE	€	€	€	€	€	€
200	26.000,00	130,00	5.000,00	25,00	– 21.000,00	– 105,00
600	28.000,00	46,67	15.000,00	25,00	– 13.000,00	– 21,67
700	28.500,00	40,71	17.500,00	25,00	– 11.000,00	– 15,71
900	29.500,00	32,78	22.500,00	25,00	– 7.000,00	– 7,78
1.000	30.000,00	30,00	25.000,00	25,00	– 5.000,00	– 5,00
1.500	32.500,00	21,67	37.500,00	25,00	5.000,00	3,33
2.000	35.000,00	17,50	50.000,00	25,00	15.000,00	7,50

Diese Übersicht macht deutlich, dass unter den beschriebenen Bedingungen in diesem Fall die Betreuung von weniger als 1.000 Verwaltungseinheiten zu Verlusten führt und erst beim Überschreiten dieser Zahl Gewinn erwirtschaftet werden kann.

13.2 Grundzüge der Deckungsbeitragsrechnung

13.2.1 Deckungsbeitragsrechnung als Stückrechnung

Die **Deckungsbeitragsrechnung** ist eine **Kalkulationsmethode**, bei der von den **am Markt erzielbaren Preisen (P) und** den **variablen Kosten je Leistungseinheit (K_{vE})** ausgegangen wird. Durch die Gegenüberstellung dieser beider Größen wird ermittelt, ob der Umsatzerlös aus dem Verkauf einer Leistungseinheit die variablen Kosten zu deren Erstellung deckt und ob er darüber hinaus einen Beitrag zur Deckung der Fixkosten und zur Gewinnerwirtschaftung leistet.

Deckungsbeitrag je Leistungseinheit (DB_E)
Die **Deckungsbeitragsrechnung** ist ein Verfahren, bei dem – unter Verzicht auf die exakte Zuordnung von Fixkosten auf die Kostenträger – eine bessere Beurteilung der Kosten- und Erfolgssituation des Betriebes, der Erwerbsabteilungen und Leistungseinheiten angestrebt wird. Sie ist so konzipiert, dass den **Umsatzerlösen** (Gesamtheit erzielter bzw. erzielbarer Preise) der einzelnen Leistungseinheiten bzw. Erwerbsabteilungen lediglich **die variablen Kosten gegenübergestellt** werden.

Die Differenz zwischen **Preis (P)** und den **variablen Kosten einer Leistungseinheit (K_{vE})** wird als **Deckungsbeitrag (DB_E)** bezeichnet.

Es gilt:

$$DB_E = P - K_{vE}$$

Beispiel:
Bei einem erzielbaren Entgelt je Verwaltungseinheit und Monat von 25,00 € und den unterstellten variablen Kosten von 5,00 € je Einheit ergibt sich ein einheitsbezogener Deckungsbeitrag (DB_E) von 20,00 €.

	Preis (P)	25,00 Euro
–	variable Kosten	5,00 Euro
=	**Deckungsbeitrag je Einheit**	**20,00 Euro**

Der **Deckungsbeitrag (DB_E)** ist der Beitrag, den die jeweilige abgesetzte Leistungseinheit zur Deckung der Fixkosten der Erwerbsabteilung bzw. des Betriebes und darüber hinaus zur Gewinnerwirtschaftung leistet.

Bei der Entscheidung für oder gegen eine Auftragsannahme (Übernahme der Betreuung von Verwaltungseinheiten) ist in diesem Sinne stets zu prüfen, wie sich das Verhältnis von Preis und variablen Kosten gestaltet.

Eine **Auftragsannahme** sollte in Erwägung gezogen werden, **wenn der erzielbare Preis** die **variablen Kosten übersteigt**. Dann nämlich wird ein Beitrag zur Deckung, zum **Abbau von Fixkosten** und ab einer bestimmten abgesetzten Menge auch zur **Gewinnerwirtschaftung** geleistet.

Mitunter kann es auch erforderlich sein, niedrigere Preise zu akzeptieren. Diese sollten die variablen Kosten jedoch nicht unterschreiten. Ein Auftrag, dessen Umsatzerlöse nicht wenigstens die variablen Kosten decken, sollte nicht angenommen werden. Variable Kosten gelten als kurzfristige Preisuntergrenze.

Durch die **kurzfristige Preisuntergrenze** wird der Preis definiert, der genau die variablen Kosten deckt und nicht unterschritten werden sollte.

Diese Darstellung macht auf besondere Weise deutlich, dass die Entscheidung für oder gegen eine Auftragsannahme die exakte Ermittlung der variablen Kosten je Leistungseinheit voraussetzt. Ist die Kostenartenrechnung diesbezüglich nicht ausreichend in einem Unternehmen entwickelt, können falsche Entscheidungen gefällt werden.

13.2.2 Deckungsbeitragsrechnung als Periodenrechnung

Die Deckungsbeitragsrechnung – als Kalkulation mit Deckungsbeiträgen – ist ein wichtiges Instrument zur Beurteilung des Betriebsergebnisses bzw. der Abteilungsergebnisse. Dazu werden die Umsatzerlöse (UE) einer Periode den variablen Kosten derselben Periode (K_{vG}) gegenübergestellt. Dabei sind folgende Fragestellungen genauer zu bearbeiten.

a) Ermittlung des Periodenergebnisses

Beispiel:
Wird unterstellt, dass die Abteilung Betreuungsdienste (BD) 900 völlig gleichartige Verwaltungseinheiten (VE) betreut, deren variable Kosten (K_{vE}) jeweils 5,00 €/Monat und die erzielten Preise 25,00 €/Monat betragen, ergibt sich bei monatlichen Fixkosten (K_f) von 25.000 € das folgende Abteilungsergebnis auf Basis der Deckungsbeitragsrechnung:

	Umsatzerlöse (UE)	=	(P · M)	=	25,00 € · 900 VE	22.500,00 Euro
–	variable Kosten der Periode (K_{vG})	=	(K_{vE} · M)	=	5,00 € · 900 VE	4.500,00 Euro
=	Deckungsbeitrag der Periode (DB_G)					18.000,00 Euro
–	Fixkosten der Periode (K_{fG})					25.000,00 Euro
=	**Ergebnis**					**– 7.000,00 Euro**

Das Abteilungsergebnis ist in diesem Fall negativ, es wird ein Verlust von 7.000 € erwirtschaftet.

b) Ergebnisverbesserung durch Annahme von Zusatzaufträgen

Beispiel:
Wenn die Kapazitäten der Abteilung Betreuungsdienste nicht ausgelastet sind, können Zusatzaufträge das Ergebnis verbessern. Aber auch hier ist über die Aufnahme oder Ablehnung solcher Aufträge zu entscheiden.

Es soll weiterhin unterstellt werden, dass die Abteilung Betreuungsdienste (BD) mit Fixkosten (K_f) von 25.000 € und variablen Kosten von 5,00 € je Verwaltungseinheit (K_{vE}) nur zu 45 % ausgelastet ist, also statt der möglichen 2.000 Verwaltungseinheiten lediglich 900 betreut werden. Zugleich erzielt sie je Einheit einen Preis (P) von 25,00 € und muss so Verluste in Höhe von 7.000 € ausweisen.

Der Ausgleich dieses Verlustes ist unabdingbar, es müssen neue Kunden gewonnen werden. In diesem Zusammenhang bietet ein Eigentümer die zusätzliche Betreuung von 470 Verwaltungseinheiten (VE) zu einem Preis von 20,00 €/VE an. Das gebotene Entgelt scheint der Abteilungsleitung auf den ersten Blick zu niedrig.

Die letzte Entscheidung über die Aufnahme oder Ablehnung des Auftrages aber wird auf der Basis folgender Überlegungen vorgenommen.

- **Gegen** die Annahme des Auftrages spricht zunächst der niedrige erzielbare Preis (P) von 20,00 €/VE, der unter den bisherigen erzielten Entgelten und unter den auf Vollkostenbasis ermittelten Selbstkosten von 25,00 €/VE liegt.

Denn:

$$SK_E = \frac{K_{fG}}{M} + K_{VE} = \frac{25.000\text{ €}}{1.250\text{ €}} + 5,00\text{ €} = 25,00\text{ €}$$

- Wenn das erzielbare Betreuungsentgelt von 20,00 €/VE die Selbstkosten hier auch unterschreitet, müssen die Überlegungen weitergehen. **Es ist zu untersuchen, wie sich die Annahme des Zusatzauftrages auf das Gesamtergebnis der Abteilung auswirkt.**

Die Rechnung zeigt dabei Folgendes:

	Umsatzerlöse (UE)	=	(P · M)	= 25,00 € · 900 VE	22.500 Euro
	Umsatzerlöse (UE)	*=*	*(P · M)*	*= 20,00 € · 470 VE*	*9.400 Euro*
–	variable Kosten der Periode (K_{vG})	=	(K_{vE} · M)	= 5,00 € · 1.370 VE	6.800 Euro
=	Deckungsbeitrag der Periode (DB_G)				25.050 Euro
–	Fixkosten der Periode (K_{fG})				25.000 Euro
=	**Ergebnis**				**50 Euro**

Obwohl die Aufnahme des Zusatzauftrages für ein scheinbar zu niedriges Entgelt erfolgte, überwindet die Abteilung die Verlustzone. Der Verlust von bisher 7.000 € wird durch die Deckungsbeiträge der Zusatzaufträge aufgefangen und in ein positives Ergebnis von 50 € überführt.

Die wichtigste Erkenntnis aus diesem Beispiel besteht darin, dass – **bei nicht ausgelasteten Kapazitäten** – jeder **Zusatzauftrag angenommen** werden sollte, **dessen Entgelt über den variablen Kosten je Leistungseinheit** liegt. Jeder Auftrag, der einen Preis über die variablen Kosten hinaus erzielt, leistet einen – wenn auch nur kleinen – Beitrag zur Deckung der Fixkosten des Unternehmens/der Abteilung!

- **Bestimmung der Gewinnschwellenmenge (M_G)**
  Wenn eine Erwerbsabteilung eine einheitliche und vergleichbare Leistungsart erbringt und wenn die Höhe des Deckungsbeitrages einer solchen Leistungseinheit (DBE) bekannt ist, stellt sich für die Kostenrechnung die Frage, welche Leistungsmenge mindestens umgesetzt werden muss, um kostendeckend zu sein und in die Gewinnzone zu geraten. Diese Menge, von der an der Betrieb nicht nur kostendeckend arbeitet, sondern auch Gewinn erwirtschaftet, wird als **Gewinnschwellenmenge (M_G)** oder **Break-even-Point (BEP)** bezeichnet.

Die **Gewinnschwellenmenge** ist die Leistungsmenge, bei der die anfallenden Kosten mit den Erlösen genau übereinstimmen. Kosten und Erlöse sind deckungsgleich, Gewinn, aber auch Verlust, sind gleich null. Dieser Punkt, in dem sich die Kosten und Erlöse schneiden, wird auch als **Break-even-Point (BEP)** bezeichnet.

Es gilt:

$$\text{Gewinnschwellenmenge (MG)} = \frac{\text{Fixkosten } (K_{fG})}{\text{Deckungsbeiträge je Leistungseinheit } (DB_E)}$$

Beispiel:
Für die Verwaltungseinheiten wurde bei einem Betreuungsentgelt von 25,00 € ein Deckungsbeitrag (DBE) von 20,00 € ermittelt. Nun stellt sich die Frage, wie viele Einheiten von der Abteilung mindestens betreut werden müssen, wie viele Deckungsbeiträge von 20,00 € erforderlich sind, um die monatlichen Fixkosten von 25.000 € abzudecken.

Diese Frage lässt sich mithilfe der folgenden Berechnung beantworten:

$$M_G = \frac{25.000\ €}{20\ €} = 1.250\ \text{VE}$$

Die Abteilung muss mindestens 1.250 Verwaltungseinheiten betreuen, um neben den variablen Kosten auch die Fixkosten der Rechnungsperiode decken zu können. Jede weitere Verwaltungseinheit trägt zur Gewinnerwirtschaftung der Abteilung bei.

Umsatzerlöse (UE)	=	$(P \cdot M)$	= 25,00 € · 1.250 VE	31.250 Euro
– variable Kosten der Periode (K_{vG})	=	$(K_{vE} \cdot M)$	= 5,00 € · 1.250 VE	6.250 Euro
= Deckungsbeitrag der Periode (DB_G)				25.000 Euro
– Fixkosten der Periode (K_{fG})				25.000 Euro
= Ergebnis				**0 Euro**

Bisher wurde unterstellt, dass die **Gewinnschwellenmenge (M_G)** bestimmbar ist, sofern die am Markt erzielbaren **Preise (P)** und die **Fixkosten (K_{fG})**, aber auch die **variablen Kosten je Leistungseinheit (K_{vE})** gegeben sind. Doch auch diese Größen können sich ändern und es ist zu klären, welche Auswirkungen das auf die **Gewinnschwellenmenge (M_G)** hat.

- **Änderung der Gewinnschwellenmenge bei Preisänderung**
Die am Markt erzielbaren Preise können bestimmten Schwankungen unterliegen. Es ist durchaus möglich, dass statt der bisher 25,00 €/VE nur noch 18,00 €/VE erzielbar sind. In diesem Fall wären mindestens 1.924 VE zu akquirieren und zu betreuen, um wenigstens kostendeckend zu arbeiten.

1. Ermittlung des Deckungsbeitrags (DB_E)

	Preis (P)	18,00 Euro
–	variable Kosten je Einheit (K_{vE})	5,00 Euro
=	**Deckungsbeitrag der Einheit (DB_E)**	**13,00 Euro**

2. Ermittlung der Gewinnschwellenmenge (M_G)

$$M_G = \frac{K_{fG}}{DB_E} = \frac{25.000{,}00\ €}{13{,}00\ €} = \mathbf{1.923{,}08\ VE}$$

- **Gewinnschwellenmenge bei veränderten Fixkosten**
Höhere Personalkosten, EDV-Kosten, Büromiete oder auch Investitionen in neue Technik können zu höheren Fixkosten führen. Steigen die Fixkosten auf 30.000,00 € und bleiben alle anderen Bedingungen gleich, so sind mehr Deckungsbeiträge (DB_E) als zuvor zur Deckung der nun höheren Fixkosten erforderlich. Die Gewinnschwellenmenge (M_G) steigt dann auf 1.500 VE.

1. Ermittlung des Deckungsbeitrags (DB_E)

	Preis (P)	25,00 Euro
–	variable Kosten je Einheit (K_{vE})	5,00 Euro
=	**Deckungsbeitrag der Einheit (DB_E)**	**20,00 Euro**

2. Ermittlung der Gewinnschwellenmenge (M_G)

$$M_G = \frac{K_{fG}}{DB_E} = \frac{30.000{,}00\ €}{20{,}00\ €} = \mathbf{1.500{,}00\ VE}$$

- **Gewinnschwellenmenge bei sich verändernden variablen Kosten**
Auch bei Erhöhung der variablen Kosten erhöht sich die Gewinnschwellenmenge, denn in diesem Fall sinkt der Deckungsbeitrag (DBE) je Leistungseinheit. Eine Steigerung der variablen Kosten von 5,00 €/VE auf 7,50 €/VE hätte demzufolge eine Erhöhung der Gewinnschwellenmenge auf 1.429 VE zur Folge.

1. Ermittlung des Deckungsbeitrags (DB_E)

	Preis (P)	25,00 Euro
–	variable Kosten je Einheit (K_{vE})	7,50 Euro
=	**Deckungsbeitrag der Einheit (DB_E)**	**17,50 Euro**

2. Ermittlung der Gewinnschwellenmenge (M_G)

$$M_G = \frac{K_{fG}}{DB_E} = \frac{25.000{,}00\ €}{17{,}50\ €} = \mathbf{1.428{,}57\ VE}$$

Aufgaben

Aufgaben zu Kapitel 1 bis 3

1 Bilden Sie die Buchungssätze beim Jahresabschluss zum 31.12.00, nach Eröffnung der Konten im neuen Geschäftsjahr (01) für den Geldeingang und Geldausgang.

a) Die vierteljährlich nachträglich fälligen Zinsen (November 00 bis Januar 01) für ein Bankdarlehen werden erst Ende Januar 01 durch das Wohnungsunternehmen gezahlt (450 €).

b) Unser Darlehensschuldner zahlt die Zinsen (2.400 €), bezogen auf die Zeit vom 01.04.00 bis zum 31.03.01 erst am 01.04.01.

c) Die Zinsgutschrift der Bank (1.000 €) für die Zeit vom 01.11.00 bis zum 31.01.01 steht noch aus und wird erst im Januar 01 eingehen.

2 Bilden Sie für nachstehende Geschäftsfälle die Buchungssätze zum Bilanzstichtag (31.12.00), bei Zahlungseingang bzw. Zahlungsausgang (Bank) im neuen Jahr.

a) Die Miete für einen vom Wohnungsunternehmen gemieteten Lagerraum beträgt monatlich 500 €. Die Dezembermiete wird erst im Januar 01 überwiesen.

b) Das Wohnungsunternehmen erhält am 31. März 01 Darlehenszinsen für die Monate Oktober 00 bis März 01 durch Banküberweisung (600 €).

c) Die Raummiete für die Monate November 00, Dezember 00 und Januar 01 in Höhe von insgesamt 2.400 € wird erst nachträglich am 05.02.01 durch das Wohnungsunternehmen gezahlt.

d) Das Wohnungsunternehmen überweist jeweils zum 01.03. und 01.09. nachträglich für 6 Monate Zinsen für ein Zinszahlungsdarlehen in Höhe von 4.800 €.

e) Für einen Wartungsvertrag, der für die Aufzugsanlage des Verwaltungsgebäudes abgeschlossen worden ist, zahlt das Wohnungsunternehmen vierteljährlich nachträglich 400 €. Die Rechnung für das letzte Jahresquartal liegt zum 31.12.00 noch nicht vor.

3 1.) Buchen Sie die folgenden Geschäftsfälle zunächst zulasten der entsprechenden Aufwands- bzw. Ertragskonten.

2.) Nehmen Sie danach die zeitliche Abgrenzung zum 31.12.00 vor.

3.) Buchen Sie alle erforderlichen Sachverhalte im neuen Geschäftsjahr.

a) Die Versicherungsprämie für vermietete Wohnhäuser wird am 01.10.00 für ein Jahr im Voraus überwiesen (260 €).

b) Am 01.12.00 wurde die Miete für Lagerräume für die Monate Dezember 00 bis Februar 01 in Höhe von 1.650 € durch das Wohnungsunternehmen bezahlt.

c) Am 21.12.00 zahlt das Wohnungsunternehmen die Januarmiete für die Geschäftsräume im Voraus per Bank (1.500 €).

d) Ein Darlehensschuldner hat dem Wohnungsunternehmen die Vierteljahreszinsen für Januar 01 bis März 01 bereits am 20. Dezember 00 durch Banküberweisung gezahlt (330 €).

e) Am 01.11.00 wird die Kfz-Versicherung für die Monate November 00 bis April 01 per Bank überwiesen (660 €).

f) Die Kfz-Steuer wird am 01.04.00 für ein Jahr im Voraus an das Finanzamt per Banküberweisung bezahlt (960 €).

g) Am 01.12.00 erhält das Wohnungsunternehmen per Banküberweisung im Voraus Zinsen für ein Vierteljahr (01.12.00–28.02.01) in Höhe von 180 €.

h) Das Wohnungsunternehmen zahlt am 20.12.00 Zinsen für das 1. Quartal des neuen Geschäftsjahres per Bank im Voraus (660 €).

i) Die Jahrespacht für einen Parkplatz der Verwaltung überweist das Wohnungsunternehmen am 01.10.00 im Voraus per Bank (2.400 €).

4 Buchen Sie im Zusammenhang mit der Bildung von Rückstellungen.

a) Eine Dachreparatur konnte im Dezember 00 nicht mehr durchgeführt werden und musste deshalb bis Mitte Februar 01 aufgeschoben werden. Der Kostenvoranschlag geht von zu erwartenden Zahlungen in Höhe von 5.800 € aus.

1. Buchen Sie die Bildung der Rückstellung zum 31.12.00.
2. Wie ist zu buchen, wenn im Jahr 01 nach der Durchführung der Reparatur folgende Rechnungen durch die Bank beglichen werden?

a) 5.800 € b) 6.400 € c) 5.400 €

b) Bildung einer Körperschaftsteuerrückstellung über 8.600 €. Buchen Sie die Auflösung der Rückstellung bei Banküberweisung von
a) 8.600 € b) 7.200 € c) 9.000 €

c) Zum Jahresende werden der Pensionsrückstellung für die Belegschaftsmitglieder des Wohnungsunternehmens 120.000 € zugeführt. Wie lautet die Buchung?

d) Pensionsrückstellungen in Höhe von 7.600 € werden wegen der Kündigung von Mitarbeitern aufgelöst. Wie ist zum 31.12.00 zu buchen?

5 Buchen Sie die folgenden Sachverhalte. Berücksichtigen Sie im Regelfall stets die Bildung und die Auflösung der jeweiligen zeitlichen Abgrenzungen.

a) Am 01.09.00 werden die jährlichen Vorauszahlungen für die Wartungsverträge der Heizungsanlage der Mietwohnhäuser über 15.000 € per Bank bezahlt.

b) Am 01.10.00 geht eine Bankgutschrift über 200.000 € für die jährlich an das Wohnungsunternehmen im Voraus zu zahlenden Pachten für ein Gewerbegebäude ein.

c) Bankgutschrift zum 01.10.01 für die jährlich nachträglich an das Wohnungsunternehmen zu entrichtenden Erbbauzinsen (20.000 €). Das Zinsjahr geht jeweils vom 01.10. bis 30.09.

d) Die stets halbjährlich fällige Vorauszahlung der Haftpflichtversicherung für die Geschäftsräume wird zum 01.10.00 durch Banküberweisung bezahlt (400 €).

e) Am 25.02.01 ist die Eingangsrechnung für die Erneuerung einer Fassade über 25.000 € zu erfassen. Für diese Instandsetzung wurde im Jahr 00 eine Rückstellung über 22.000 € gebildet.

f) Zum 31.12.00 werden Rückstellungen für noch nicht veranlagte Gebühren der Hausbewirtschaftung über 13.000 € gebildet. Buchen Sie dies sowie die Auflösung der Rückstellung bei Rechnungseingang über
a) 12.500 € b) 13.000 € c) 14.000,00 €.

g) Es werden Kosten für die Erstellung des Jahresabschlusses über 30.000 € erwartet. Eine entsprechende Rückstellung ist zu bilden. Buchen Sie auch die Auflösung der Rückstellung, wenn sich die tatsächlichen Kosten nur auf 27.500 € belaufen.

h) Das Konto Pensionsrückstellungen weist einen Betrag von 450.000 € auf. Das versicherungsmathematische Gutachten ergibt eine notwendige Anpassung des Rückstellungskontos auf
a) 500.000 € b) 320.000,00 €.

6 Für die Gewerbesteuer wurden 42.000 € in die Rückstellung eingestellt. Der nun eingehende Steuerbescheid erfordert nur 39.000 € und wird sofort per Bank beglichen. Wie ist die Auflösung dieser Position zu buchen?

1. Guthaben bei Kreditinstituten (274)
2. Gewerbesteuer (371)
3. Verbindlichkeiten aus Steuern (470)
4. Erträge aus der Auflösung von Rückstellungen (562)
5. Gewerbekapitalsteuer (8913)
6. Steuernachzahlungen (8919)

7 Die Rechnung für die Schornsteinreinigung der Wohngebäude vom 01.09.00 bis zum 28.02.01 wurde von uns am 15.10.00 überwiesen. Wie ist zum 31.12.00 zu buchen?

1. Sonstige Vermögensgegenstände (25)
2. Aktive Rechnungsabgrenzungsposten (29)
3. Sonstige Verbindlichkeiten (47)
4. Passive Rechnungsabgrenzungsposten (49)
5. Kosten der Schornsteinreinigung (8012)
6. Kosten der baulichen Instandhaltung (8050)

8 Anfang Dezember 00 überweist das Wohnungsunternehmen per Bank die Miete für die eigenen Geschäftsräume für die Monate Dezember 00 und Januar 01. Wie ist am 31.12.00 zu buchen?
1. Sonstige Vermögensgegenstände (25)
2. Guthaben bei Kreditinstituten (274)
3. Aktive Rechnungsabgrenzungsposten (29)
4. Sonstige Verbindlichkeiten (47)
5. Passive Rechnungsabgrenzungsposten (49)
6. Sächliche Verwaltungskosten (850)

9 Für ein Darlehen in Höhe von 300.000 € (Zinssatz 6 %, gewährt durch eine Versicherungsgesellschaft) sind die Zinsen nachträglich am 31.10. und 30.04. eines jeden Jahres zu zahlen. Wie ist am 31.12. zu buchen?
1. Guthaben bei Kreditinstituten (274)
2. Geldbeschaffungskosten (290)
3. Andere Rechnungsabgrenzungsposten (291)
4. Sonstige Verbindlichkeiten (47)
5. Zinsen auf Anleihen (870)
6. Zinsen auf Verbindlichkeiten gegenüber anderen Kreditgebern (873)

10 Für die Jahresabschlussprüfung eines Wohnungsunternehmens wird eine Rückstellung gebildet. Wie ist am 31.12. zu buchen?
1. Steuerrückstellungen (36)
2. Sonstige Rückstellungen (39)
3. Kosten für die Geschäftsbesorgung durch Dritte (822)
4. Aufwendungen für andere Sach- und Dienstleistungen (829)
5. Sächliche Verwaltungskosten (850)
6. Übrige Aufwendungen (859)

11 Ordnen Sie die Ziffern von 3 der insgesamt 6 beim Jahresabschluss (00) zu erfassenden Geschäftsfälle den Bilanzpositionen zu.

	Beim Jahresabschluss (00) zu erfassende Geschäftsfälle	**Bilanzpositionen**	
1.	Kraftfahrzeugversicherungen sind für die Zeit vom 01.10.00 bis 30.09.01 zu erfassen.		
2.	Noch zu ermittelnde Gewerbesteuern für 00 sind zu buchen.	Sonstige Verbindlichkeiten	
3.	Überzahlte Umsatzsteuern sind bilanziell zu erfassen.		
4.	Im November 00 erhaltene Pachten für ein Grundstück für die Monate November/Dezember 00 und Januar/April 01 sind abzugrenzen.	Passive Rechnungsabgrenzung	
5.	Noch nicht bezahlte, im März 01 zahlbare Zinsen für ein erhaltenes Darlehen sind abzugrenzen.	Steuerrückstellung	
6.	Nach versicherungsmathematischen Grundsätzen ermittelte Altersruhegelder sind zu erfassen.		

12 Ende des Jahres hat die Leipziger Wohnungsbaugesellschaft die Zinsen für einen von ihr ausgegebenen Kredit für die Zeit vom 01.10.00 bis zum 31.03.01 noch nicht erhalten. Wie ist am 31.12.00 zu buchen?
1. Forderungen aus anderen Lieferungen und Leistungen (23)
2. Sonstige Vermögensgegenstände (25)
3. Aktive Rechnungsabgrenzungsposten (29)
4. Sonstige Verbindlichkeiten (47)
5. Passive Rechnungsabgrenzungsposten (49)
6. Sonstige Zinsen und ähnliche Erträge (68)

13 Während des Jahres wurden Beiträge zur Berufsgenossenschaft bezahlt. Sie werden erfahrungsgemäß nicht ausreichen, sodass mit Nachforderungen im nächsten Jahr zu rechnen ist. Wie ist zum 31.12. zu buchen?
1. Aktive Rechnungsabgrenzungsposten (29)
2. Rückstellungen für sonstige Verwaltungskosten (Urlaub, Jubiläum) (397)
3. Verbindlichkeiten aus anderen Lieferungen und Leistungen (4421)
4. Passive Rechnungsabgrenzungsposten (49)
5. Löhne und Gehälter (830)
6. Soziale Abgaben (831)

14 In welchem Fall ist der Begriff „Aktive Rechnungsabgrenzungsposten" richtig beschrieben?
1. Einnahmen vor dem Abschlussstichtag, die einen Ertrag für eine bestimmte Zeit nach diesem Tag darstellen.
2. Einnahmen vor dem Abschlussstichtag, die voll das nächste Geschäftsjahr betreffen.
3. Ausgaben vor dem Abschlussstichtag, die auch einen Aufwand für eine bestimmte Zeit nach diesem Tag darstellen.
4. Ausgaben vor dem Abschlussstichtag, die voll das laufende Geschäftsjahr betreffen.
5. Einnahmen vor dem Abschlussstichtag, die voll das laufende Geschäftsjahr betreffen.

15 Wofür werden Rückstellungen gebildet?
1. Für Aufwendungen, deren Höhe und Fälligkeit für das kommende Jahr feststehen, deren Ursache aber im alten Jahr liegt.
2. Für Aufwendungen, deren Höhe und Fälligkeit erst im kommenden Jahr feststehen, deren Ursache jedoch im alten Jahr liegt.
3. Für Aufwendungen, deren Leistungen im alten Jahr und deren Zahlungen im neuen Jahr zu einem festen Termin liegen.
4. Für Aufwendungen, deren Zahlungen im alten Jahr liegen und deren Leistungen erst im neuen Jahr anfallen.
5. Zur Erweiterung des Eigenkapitals.
6. Für alle Aufwendungen, die in den nächsten Jahren zu erwarten sind.

16 Das Wohnungsunternehmen hat am Jahresende (00) die Kraftfahrzeugsteuer für einen Geschäftswagen in Höhe von 720,00 € für die Zeit vom 01.12.00 bis zum 30.11.01 noch nicht überwiesen. **Wie ist am 31.12.00 zu buchen?**

1.	Kraftfahrzeugsteuer (8911)	60 €	an	Sonstige Verbindlichkeiten (47)	60 €
2.	Kraftfahrzeugsteuer (8911)	60 €	an	Passive Rechnungsabgrenzungsposten (49)	60 €
3.	Sonstige Vermögensgegenstände (25)	660 €	an	Kraftfahrzeugsteuer (8911)	660 €
4.	Aktive Rechnungsabgrenzungsposten (29)	660 €	an	Kraftfahrzeugsteuer (8911)	660 €
5.	Kraftfahrzeugsteuer (8911)	660 €	an	Passive Rechnungsabgrenzungsposten (49)	660 €
6.	Sonstige Vermögensgegenstände (25)	60 €	an	Kraftfahrzeugsteuer (8911)	60 €

17 Welche Aussage ist richtig?
1. Rücklagen werden für ungewisse Verbindlichkeiten gebildet.
2. Rückstellungen sind nicht ausgeschüttete Gewinne.
3. Rücklagen gibt es nur bei Personengesellschaften.
4. Nicht ausgeschüttete Gewinne einer AG werden einem Rücklagekonto zugeführt.
5. Rücklagen haben den Charakter von Verbindlichkeiten.

18 Der Rechnungsbetrag für die Schornsteinreinigung vom 01.11.00 bis zum 31.01.01 wurde im Dezember 00 überwiesen. Wie lautet die Buchung zum 31.12.00?
1. Sonstige Vermögensgegenstände (259)
2. Guthaben bei Kreditinstituten (274)
3. Aktive Rechnungsabgrenzungsposten (291)
4. Sonstige Verbindlichkeiten (479)
5. Passive Rechnungsabgrenzungsposten (49)
6. Kosten der Schornsteinreinigung (8012)

19 Am 01.04.00 wurde die Kraftfahrzeugsteuer für ein Jahr im Voraus gezahlt. Wie ist zum 31.12.00 zu buchen?
1. Andere Anlagen, Betriebs- und Geschäftsausstattung (05)
2. Sonstige Forderungen (259)
3. Aktive Rechnungsabgrenzungsposten (29)
4. Andere Verbindlichkeiten (479)
5. Passive Rechnungsabgrenzungsposten (49)
6. Kraftfahrzeugsteuer (8911)

20 Anfang Dezember überweist das Wohnungsunternehmen per Bank die Miete für die eigenen Geschäftsräume für die Monate Dezember 00 und Januar 01. Wie ist am 31.12.00 zu buchen?
1. Sonstige Forderungen (259)
2. Guthaben bei Kreditinstituten (274)
3. Andere Rechnungsabgrenzungsposten (291)
4. Andere Verbindlichkeiten (479)
5. Passive Rechnungsabgrenzungsposten (49)
6. Sächlicher Verwaltungsaufwand (850)

21 Am 01.05.00 erhielten wir Zinsen in Höhe von 1.200,00 € für ein von uns ausgegebenes Restkaufdarlehen für die Zeit vom 01.05.00 bis 30.04.01. Welche Buchung ist am 31.12.00 auszuführen?

1.	Erträge aus anderen Finanzanlagen (677)	800,00 €
	an Passive Rechnungsabgrenzungsposten (49)	800,00 €
2.	Erträge aus anderen Finanzanlagen (677)	400,00 €
	an Passive Rechnungsabgrenzungsposten (49)	400,00 €
3.	Erträge aus anderen Finanzanlagen (677)	400,00 €
	an Sonstige Verbindlichkeiten (479)	400,00 €
4.	Sonstige Forderungen (259)	800,00 €
	an Erträge aus anderen Finanzanlagen (677)	800,00 €
5.	Aktive Rechnungsabgrenzungsposten (291)	800,00 €
	an Erträge aus anderen Finanzanlagen (677)	800,00 €
6.	Aktive Rechnungsabgrenzungsposten (291)	400,00 €
	an Erträge aus anderen Finanzanlagen (677)	400,00 €

Aufgaben zu Kapitel 4

22 a) Tragen Sie die Werte für die lineare und die degressive Abschreibung ein.
b) Ermitteln Sie den günstigsten Zeitpunkt des Wechsels von der degressiven zur linearen Abschreibung.

Ausgangslage
Das Wohnungsunternehmen schreibt einen Vermögensgegenstand zunächst degressiv ab und wechselt zu gegebenem Zeitpunkt zur linearen Abschreibung.

Anschaffungskosten:	200.000 €
Geschätzte Nutzungsdauer:	8 Jahre
Abschreibungsbeginn:	1. Januar des laufenden Geschäftsjahres
Abschreibungssatz:	Bei der degressiven AfA wird der steuerlich zulässige Höchstsatz von 25 % berücksichtigt.

	Lineare AfA 12,5 %	**Degressive AfA 25 %**	**Lineare Abschreibung des Restbuchwerts**
Anschaffungskosten AfA: 1. Jahr			
Buchwert AfA: 2. Jahr			
Buchwert AfA: 3. Jahr			
Buchwert AfA: 4. Jahr			
Buchwert AfA: 5. Jahr			
Buchwert AfA: 6. Jahr			
Buchwert AfA: 7. Jahr			
Buchwert AfA: 8. Jahr			

23 Für die Verwaltung des Wohnungsunternehmens wird am 02.04.01 eine Computeranlage für 8.000 € auf Ziel gekauft. Der jährliche lineare AfA-Satz beträgt bei einer Nutzungsdauer von fünf Jahren 20 %.
a) Buchen Sie den Kauf auf Ziel am 02.04.01.
b) Wie hoch ist die zeitanteilige Abschreibung im Jahr 01?

24 Ein bewegliches Wirtschaftsgut (BGA) mit Anschaffungskosten von 25.000 € wurde bereits drei Jahre – in den Jahren 01 bis einschließlich 03 – linear mit 20 % abgeschrieben. Eröffnen Sie das entsprechende Konto im Jahr 04. Ermitteln und buchen Sie zum 31.12.04 die steuerlich höchstmögliche Abschreibung, wenn eine Nutzungsdauer von fünf Jahren unterstellt wird.

25 Ein Wirtschaftsgut der BGA (Anschaffungskosten 50.000 €) wurde bereits drei Jahre degressiv nach der „20-%-Regel" abgeschrieben. Eröffnen Sie das entsprechende Konto im Jahr 04 und buchen Sie zum 31.12.04 die Abschreibung, wenn eine betriebsgewöhnliche Nutzungsdauer von acht Jahren unterstellt wird, das Wirtschaftsgut nach Ablauf der Nutzungsdauer abgeschrieben sein soll.

26 Für die Verwaltung wird ein Tablet PC für 416,50 € (brutto) per Bank gekauft. Er ist als geringwertiges Wirtschaftsgut (GWG) zu buchen. In diesem Fall ist der Vorsteuerabzug möglich. Buchen Sie den Barkauf.

27 Ein EDV-Anlage, angeschafft im Januar 01 und zu Anschaffungskosten von 7.500 €, ist zum 31. 12. 02 linear bereits auf 3.750 € abgeschrieben worden (AfA-Satz 25 %). Er wird am 20. 06. 03 umsatzsteuerpflichtig verkauft zu einem Nettopreis von
a) 2.800 € b) 4.500 € c) 2.000 €
Buchen Sie die anteilige Abschreibung des Jahres 03 und den jeweiligen Verkauf auf Ziel, wenn der Verkauf als umsatzsteuerpflichtig betrachtet wird.

28 Das Wohnungsunternehmen kaufte einen Kleintransporter für 80.000 €. Die Gesamtfahrleistung wird auf 200.000 km geschätzt. Die Fahrleistungen des Jahres 01 betrugen 30.000 km, die des Jahres 02 40.000 km. Ermitteln Sie die Leistungsabschreibung für die Jahre 01 und 02.

29 Das Anlagevermögen des Unternehmens setzt sich aus den Positionen mit folgenden Buchwerten zusammen:

Vermögensposition	Buchwert	AfA-Satz
Grundstücke mit Wohnbauten (darin Gebäudekosten 1.000.000,00 €)	1.500.000,00 Euro	2 %
Grundstücke mit Geschäftsbauten (darin Gebäudekosten 600.000,00 €)	800.000,00 Euro	2 %
Maschinen/Anlagen	550.000,00 Euro	20 %
BGA	150.000,00 Euro	10 %

Berechnen Sie die jeweiligen Beträge der linearen Abschreibung und ermitteln Sie die Nutzungsdauer der verschiedenen Positionen.

30 Der Anschaffungswert einer Maschine beträgt 250.000 €. Bei einer Nutzungsdauer von zwölf Jahren soll sie nach der „20-%-Regel" degressiv abgeschrieben werden. Erstellen Sie den Abschreibungsplan. Berücksichtigen Sie dabei den steuerrechtlich möglichen Wechsel der Abschreibungsmethode.

31 Ein Wohngebäude, das zur dauernden Vermietung bestimmt ist, wird planmäßig abgeschrieben. Wie ist die Abschreibung zu buchen?
1. Grundstücke und grundstücksgleiche Rechte mit Wohnbauten (00)
2. Grundstücke und grundstücksgleiche Rechte mit fertigen Bauten (14)
3. Rückstellungen für Bauinstandhaltung (38)
4. Abschreibungen auf immaterielle Vermögensgegenstände des Anlagevermögens und Sachanlagen (840)
5. Abschreibungen auf Forderungen und Sonstige Vermögensgegenstände (855)
6. Zuführung zu den Rückstellungen für Bauinstandhaltung (858)

32 Welche Aussage ist richtig? Kreuzen Sie an.
Die degressive Abschreibung
- führt im Zeitablauf zu fallenden Jahresbeträgen.
- lässt sich mit dem Zusammentreffen technischer und wirtschaftlicher Entwertung von Anlagegegenständen begründen.
- darf steuerrechtlich nur angewendet werden, wenn sie betriebswirtschaftlich begründet werden kann.
- kann durch Rechtsverordnung zeitweilig für steuerliche Zwecke ausgeschlossen werden.
- muss in der Handels- und Steuerbilanz stets zu gleichen Restbuchwerten führen.

33 Erwerb eines Wohngebäudes des Anlagevermögens, Kaufpreis 3.680.000 €, Maklerprovision 5 % einschließlich Umsatzsteuer. Der anteilige Wert des Grundstücks beträgt 22 % des Kaufpreises. Wie viel Euro betragen die abschreibungsfähigen Anschaffungskosten?

34 Die Abschreibung nach der Inanspruchnahme (Leistungsabschreibung) ist zweckmäßig
1. bei Maschinen, die einem schnellen technischen Fortschritt unterliegen,
2. bei Werkzeugen,
3. bei Lastkraftwagen,
4. bei Gebäuden,
5. bei Maschinen, die sich nur durch Gebrauch entwerten und deren Leistungsabgabe exakt messbar ist,
6. bei Büromaschinen.

35 Bei Anschaffungskosten von 50.000 € und einem Abschreibungssatz von 20 % führt die degressive Abschreibung am Ende des dritten Jahres zu einem Buchwert von
1. 25.600 €,
2. 21.320 €,
3. 20.000 €.

36 Welcher Geschäftsfall liegt der folgenden Buchung zugrunde?

Abschreibungen auf immaterielle Vermögensgegenstände des Anlagevermögens und Sachanlagen sowie auf aktivierte Aufwendungen für die Ingangsetzung und Erweiterung des Geschäftsbetriebs (840)	an	Andere Anlagen, Betriebs- und Geschäftsausstattung (05)

1. Die Betriebs- und Geschäftsausstattung wird indirekt abgeschrieben.
2. Die Aufwendungen für Büromaterial werden direkt abgeschrieben.
3. Die Kraftwagen des Regiebetriebs werden indirekt abgeschrieben.
4. Die Kraftwagen des Regiebetriebs werden direkt abgeschrieben.
5. Mietforderungen werden direkt abgeschrieben.
6. Eine gebrauchte Schreibmaschine wird unter Buchwert verkauft; der Verlust wird direkt abgeschrieben.

37 Ein Wohngebäude wird wie folgt abgeschrieben:
- 8 Jahre je 5 %
- 6 Jahre je 2,5 %
- 36 Jahre je 1,25 %

Die Gesamtkosten betragen 3.450.000 €, davon Grundstückskosten 250.000 €. Dieses Objekt wird nach 15 Jahren für 4.200.000 € verkauft. Wie viel Euro beträgt die Differenz zwischen dem Buchwert des Objekts und dem Verkaufspreis?

38 Für den Bau einer Mietwohnanlage, die am 12.10.01 fertiggestellt wurde, entstanden Kosten in Höhe von 2.000.000 €. Hierzu kommen noch Grundstückskosten in Höhe von 200.000 €. Konditionen für die steuerliche Abschreibung:
- 4 Jahre je 7 %
- 6 Jahre je 5 %
- 6 Jahre je 2 %
- 24 Jahre je 1,25 %

Wie viel Euro können für diese Mietwohnanlage bis einschließlich zum Jahr (09) abgeschrieben werden?

39 Die im Rahmen der Rechnungsabgrenzung aktivierten Kosten der Geldbeschaffung für die Finanzierung eines Objekts des Anlagevermögens sind abzuschreiben. Wie ist zu buchen?
1. Geldbeschaffungskosten (290)
2. Objektfinanzierungsmittel für das Anlagevermögen (410)
3. Baunebenkosten (707)
4. Abschreibungen auf immaterielle Vermögensgegenstände des Anlagevermögens und Sachanlagen (840)
5. Abschreibungen auf Forderungen und Sonstige Vermögensgegenstände (855)
6. Abschreibungen auf Geldbeschaffungskosten/Disagio (875)

Aufgaben zu Kapitel 5

40 Bilden Sie zu den folgenden Sachverhalten die Buchungssätze.
1. Ausbuchung der zweifelhaften Mietforderungen aus dem gesamten Bestand der Mietforderungen
2. direkte Abschreibung einer uneinbringlichen Mietforderung
3. Bankgutschrift auf eine im Vorjahr bereits abgeschriebene Mietforderung
4. Anpassung der Pauschalwertberichtigung – erforderlich ist eine Minderung um2.000 €
5. Aufstockung der Pauschalwertberichtigung um 1.500 €
6. indirekte Abschreibung auf zweifelhafte Mietforderungen
7. Mit der Bankgutschrift auf eine zweifelhafte Forderung ist klar, dass der Forderungsverlust um 500 € niedriger als erwartet ist.
8. Das Ausfallrisiko einer zweifelhaften Forderung beträgt 3.500 €.
9. Das pauschale Ausfallrisiko des Bestands an offenen Mietforderungen von 25.000 € wird auf 3,5 % geschätzt; zum 31. 12. 00 ist erstmals eine Pauschalwertberichtigung in entsprechender Höhe vorzunehmen.
10. Bankgutschrift auf eine im laufenden Jahr als uneinbringlich abgeschriebene Mietforderung
11. Zum 31. 12. 01 ist die Anpassung der Pauschalwertberichtigung aus Geschäftsfall 9 vorzunehmen; das Ausfallrisiko liegt weiter bei 3,5 % des Forderungsbestands.
    a) Die offenen Forderungen belaufen sich auf 17.000 €.
    b) Die offenen Forderungen belaufen sich auf 25.000 €.
    c) Die offenen Forderungen belaufen sich auf 33.000 €.

41 Eine Wohnungsbaugesellschaft verfügt über beachtliche Vorräte. Im Berichtsjahr (00) wurden in diesem Zusammenhang Daten ermittelt:

		Menge	Anschaffungskosten in €/Einheit
AB:	01. 01. 00	14.200 E	3,20/E
Kauf:	30. 06. 00	13.000 E	3,30/E
Kauf:	30. 12. 00	8.000 E	3,40/E
SB:	31. 12. 00	12.000 E	

Mit welchem Betrag ist der Endbestand bei der Durchschnittsbewertung in der Bilanz zum 31. 12. 00 auszuweisen? Beim Durchschnittswert je Bewertungseinheit sind vier Stellen hinter dem Komma zu ermitteln.

42 Die Reparatur- und Bauabteilung des Wohnungsunternehmens hat Zementvorräte bestandsmäßig zu führen.

		Menge	Anschaffungskosten/Einheit
AB:	01.01.00	1.000 Sack	3,00/Sack
Kauf:	24.04.00	1.000 Sack	3,50/Sack
Kauf:	12.08.00	1.000 Sack	3,90/Sack
SB:	15.10.00	1.000 Sack	4,00/Sack

Im Verlauf des Jahres (00) sind 3.000 Sack Zement verbraucht worden. Mit welchem Betrag ist der Endbestand bei der Durchschnittsbewertung zu bilanzieren? Beim Durchschnittswert je Bewertungseinheit sind vier Stellen hinter dem Komma zu ermitteln.

43 Vorräte im Wirtschaftsjahr (00) wurden gebucht.

		Menge	Anschaffungskosten in €/Einheit
AB:	01.01.00	2.000 E	100,00/E
Kauf:	30.06.00	1.500 E	110,00/E
Verbrauch:	15.07.00	500 E	
Verbrauch:	30.08.00	1.400 E	
Kauf:	15.09.00	2.000 E	130,00/E
Verbrauch:	30.12.00	600 E	

Mit welchem Betrag ist der Endbestand bei der Durchschnittsbewertung zum 31.12.00 zu bilanzieren? Beim Durchschnittswert je Bewertungseinheit sind vier Stellen hinter dem Komma zu ermitteln.

44 Ermitteln Sie zu den Aufgaben 2, 3 und 4 den Wert des Endbestands nach der Fifo- und der Lifo-Methode.

45 Über das Vermögen des Mieters P. Treulos wird am 20.10.00 das Konkursverfahren eröffnet. Die Forderung beträgt 5.600 €. Nach Angaben des Konkursverwalters wird mit einem Ausfall von 60% der offenen Forderung gerechnet. Nach Abwicklung des Konkursverfahrens über das Vermögen von Herrn Treulos erhält das Wohnungsunternehmen am 09.02.01 vom Konkursverwalter die Abschlusszahlung durch Banküberweisung in Höhe von 2.300 €. Bilden Sie die erforderlichen Buchungssätze für die Jahre (00) und (01).

46 Der Mieter Winner hat bereits seit Monaten keine Mieten mehr gezahlt. Die offenen Mietforderungen über 3.700 € betrachtet das Wohnungsunternehmen zum 31.12.00 als zweifelhaft. Es geht von einem vollständigen Ausfall der Forderung aus. Die Pfändung am 22.02.01 war fruchtlos. Bilden Sie die erforderlichen Buchungssätze zum 31.12.00 und zum 22.02.01.

47 Eine Mietforderung über 2.052 € wurde im Jahr 00 bereits abgeschrieben. Am 12.01.01 geht unerwartet doch eine Zahlung über 650 € ein. Buchen Sie die direkte Abschreibung im Jahr 00 und den Geldeingang am 12.01.01.

48 Zum 31.12.00 betrug der Gesamtbestand offener Mietforderungen 460.000 €. Zu diesen Forderungen besteht eine Pauschalwertberichtigung von 4.000 €. Zum 31.12.01 beträgt der Forderungsbestand 517.500 €. Es wird mit einem Forderungsausfall von 1% gerechnet. Wie ist zum 31.12.01 zu buchen?

49 Zum 31. 12. 00 beläuft sich der Bestand offener Mietforderungen auf 172.500 €. Das Konto Wertberichtigung/PWB (356) weist zum 31. 12. 00 ein Volumen von 2.000 € (Übernahme aus dem Vorjahr) aus. Der Forderungsbestand soll mit 1 % pauschal wertberichtigt werden. Wie ist zum 31. 12. 00 zu buchen?

50 Auf eine wertberichtigte zweifelhafte Forderung gehen Zahlungen ein. Es werden 200 € mehr als erwartet gezahlt. Wie ist dieser unerwartete Betrag von 200 € zu erfassen?
1. Zweifelhafte Mietforderungen (2004)
2. Guthaben bei Kreditinstituten (274)
3. Erträge aus der Auflösung steuerrechtlicher Wertberichtigungen/EWB (6675)
4. Einstellung in steuerrechtliche Wertberichtigung/EWB (8575)
5. Steuerrechtliche Wertberichtigung (355)
6. Abschreibungen auf Forderungen und Sonstige Vermögensgegenstände (855)

51 Nachdem im Geschäftsjahr eine aufwandsnahe Erfassung des Heizmaterials erfolgte, ergibt sich zum Jahresende ein Inventurbestand an Heizöl, der zu aktivieren ist.
1. Heizmaterial (170)
2. Verbindlichkeiten aus anderen Lieferungen und Leistungen (4421)
3. Verbindlichkeiten aus Vermietung (440)
4. Umlagen (601)
5. Kosten der Beheizung (8002)
6. Fremdkosten (810)

52 Ein Wohnungsunternehmen bewirtschaftet hauptsächlich den eigenen Wohnungsbestand. Das Unternehmen will einen Teil des Bestands modernisieren. Was fällt nicht unter den Begriff „Modernisierung“?
1. Anbauten an bestehende Gebäude
2. Maßnahmen zur Ausbesserung der Hauszugangswege
3. Erstmaliger Einbau von Bädern in den Wohnungen
4. Erstmaliger Einbau eines Aufzugs
5. Ausbau der Dachgeschosse zu Wohnräumen

53 Die Postbank belastet das Wohnungsunternehmen mit den für die Kontoführung des vergangenen Monats entstandenen Gebühren.
1. Postgiroguthaben (273)
2. Geldbeschaffungskosten (290)
3. Sonstige Verbindlichkeiten gegenüber anderen Kreditgebern (429)
4. Verbindlichkeiten aus Lieferungen und Leistungen (442)
5. Sächliche Verwaltungskosten (850)
6. Andere Zinsen und ähnliche Aufwendungen (879)

54 Eine Mietforderung war scheinbar uneinbringlich und wurde abgeschrieben. Da auf diese bereits abgeschriebene Forderung noch im laufenden Geschäftsjahr Geld eingeht, ist die Abschreibung rückgängig zu machen.
1. Guthaben bei Kreditinstituten (274)
2. Rückständige und aufgelaufene Aufwandssubventionen (257)
3. Mietenkontokorrent-Sammelkonto (2000)
4. Postgiroguthaben (273)
5. Abschreibungen auf Forderungen und Sonstige Vermögensgegenstände (855)
6. Abschreibungen auf immaterielle Vermögensgegenstände des Anlagevermögens und Sachanlagen (840)

55 Geldbeschaffungskosten sind abzuschreiben.
1. Abschreibungen auf Forderungen und Sonstige Vermögensgegenstände (855)
2. Geldbeschaffungskosten (290)
3. Abschreibungen auf Geldbeschaffungskosten/Disagio (875)
4. Abschreibungen auf immaterielle Vermögensgegenstände des Anlagevermögens und Sachanlagen (840)
5. Guthaben bei Kreditinstituten (274)
6. Verbindlichkeiten aus anderen Lieferungen und Leistungen (4421)

56 Am 01.10.1993 erhielten wir den Pachterlös für ein bis zur Bebauung am 01.04.1994 verpachtetes, unbebautes Grundstück. Wie ist am 31.12.1993 zu buchen?
1. Sonstige Vermögensgegenstände (25)
2. Aktive Rechnungsabgrenzungsposten (29)
3. Andere Verbindlichkeiten (479)
4. Passive Rechnungsabgrenzungsposten (49)
5. Pachterlöse (605)
6. Erträge aus unbebauten Grundstücken (665)

57 Bei einer zweifelhaften Forderung über 10.000 € wird mit einem Ausfall von 2.000 € gerechnet. Es ist zum 31.12.00 eine entsprechende Wertberichtigung vorzunehmen.
1. Abschreibungen auf Forderungen und Sonstige Vermögensgegenstände (855)
2. Zweifelhafte Mietforderungen (2004)
3. Steuerrechtliche Wertberichtigung/EWB (355)
4. Einstellung in steuerrechtliche Wertberichtigung/EWB (8575)
5. Mietenkontokorrent-Sammelkonto (2000)
6. Steuerrechtliche Wertberichtigung/PWB (356)

58 In einem älteren Wohngebäude des Anlagevermögens entstehen durch die Aufteilung von Großwohnungen in Kleinwohnungen Baukosten. Wie sind diese zu behandeln?
1. Sie sind als Kosten des Bauwerks zu erfassen und über die Bauerneuerungsrücklage auszugleichen
2. Sie sind zu aktivieren und mit dem Gebäude abzuschreiben.
3. Sie sind als Wertberichtigung zu Posten des Anlagevermögens zu erfassen und mit dem Gebäude abzuschreiben.
4. Sie sind als Kosten des Bauwerks zu erfassen und über die Bauerneuerungsrückstellung erfolgsneutral auszugleichen.
5. Sie sind als Instandhaltungskosten zu erfassen und im Jahr der Entstehung steuerlich abzusetzen.

59 Die Fremdkapitalzinsen für die Anlagen im Bau des Anlagevermögens werden aktiviert.
1. Grundstückskosten (000)
2. Bestandserhöhung aus aktivierten Fremdzinsen (6430)
3. Aktivierte Fremdzinsen (6590)
4. Kosten des Bauwerks (703)
5. Baunebenkosten (707)
6. Baunebenkosten (717)

60 Ein Mieter hat bereits seit vier Monaten keine Zahlungen auf die Mietforderungen geleistet. Die offenen Mietforderungen müssen als zweifelhaft angesehen und gebucht werden.
1. Mietenkontokorrent-Sammelkonto (2000)
2. Steuerrechtliche Wertberichtigung/EWB (355)
3. Einstellung in steuerrechtliche Wertberichtigung/EWB (8575)
4. Abschreibungen auf Forderungen und Sonstige Vermögensgegenstände (855)
5. Zweifelhafte Mietforderungen (2004)
6. Steuerrechtliche Wertberichtigung/PWB (356)

61 Anfang Dezember überweist das Wohnungsunternehmen per Bank die Miete für die eigenen Geschäftsräume für die Monate Dezember 00 und Januar 01. Wie ist am 31.12.00 zu buchen?
1. Sonstige Forderungen (259)
2. Guthaben bei Kreditinstituten (274)
3. Andere Rechnungsabgrenzungsposten (291)
4. Andere Verbindlichkeiten (479)
5. Passive Rechnungsabgrenzungsposten (49)
6. Sächlicher Verwaltungsaufwand (850)

62 Welche Aussage ist richtig?
1. Rücklagen werden für ungewisse Verbindlichkeiten gebildet.
2. Rückstellungen sind nicht ausgeschüttete Gewinne.
3. Rücklagen gibt es nur bei Personengesellschaften.
4. Nicht ausgeschüttete Gewinne einer AG werden einem Rücklagekonto zugeführt.
5. Rücklagen haben den Charakter von Verbindlichkeiten.

63 Im Rahmen der Jahresabschlussarbeiten ist die erforderliche Erhöhung der Pauschalwertberichtigung (PWB) auf die offenen Mietforderungen durchzuführen.
1. Abschreibungen auf Forderungen und Sonstige Vermögensgegenstände (855)
2. Einstellung in steuerrechtliche Wertberichtigung/PWB (8576)
3. Mietenkontokorrent-Sammelkonto (2000)
4. Zweifelhafte Mietforderungen (2004)
5. Steuerrechtliche Wertberichtigung/PWB (356)
6. Erträge aus der Auflösung steuerrechtlicher Wertberichtigungen/PWB (6676)

Aufgaben zu Kapitel 6

64 Die Wohnungsbau AG mit einem Grundkapital von 5.000.000 € erhöht das gezeichnete Kapital um 400.000 € durch die Ausgabe neuer Aktien mit einem Aufgeld von 200.000 €.
a) Wie hoch ist nach dieser Emission das gezeichnete Kapital?
b) Buchen Sie die Bankgutschrift.

65 Die Wohnungsbau AG hat ein Grundkapital von 3.500.000 €. Zum Ende des Jahres 00 betrugen die gesetzliche Rücklage und die Kapitalrücklage zusammen insgesamt 250.000 €. Auf der Grundlage des Jahresergebnisses 01, das sich aus Erträgen von 7.500.000 € und Aufwendungen von 5.800.000 € ergibt, soll die Höhe der Einstellung in die gesetzliche Rücklage (330) ermittelt werden. Zu beachten ist auch der Verlustvortrag aus dem Jahr 00 von 200.000 €. Wie hoch ist der in die gesetzliche Rücklage einzustellende Betrag?

66 Bestimmen Sie unter Berücksichtigung der unten angegebenen Daten die Höhe der nach § 150 AktG notwendigerweise in die gesetzliche Rücklage einzustellenden Beträge.

	A	B	C
Gezeichnetes Kapital	1.000.000 Euro	5.000.000 Euro	5.000.000 Euro
Kapitalrücklage	35.000 Euro	200.000 Euro	265.000 Euro
Gesetzliche Rücklage	20.000 Euro	45.000 Euro	200.000 Euro
Erträge des Geschäftsjahres	800.000 Euro	1.200.000 Euro	9.500.000 Euro
Aufwendungen des Geschäftsjahres	700.000 Euro	1.000.000 Euro	8.600.000 Euro
Verlustvortrag	50.000 Euro	200.000 Euro	0 Euro

Aufgaben zu Kapitel 7 und 8

67 Die Wohnungsbaugesellschaft „Heiderand GmbH“ veröffentlicht zum 31. 12. 02 folgende Bilanz.

Bilanz zum 31. 12. 02			
Aktiva			**Passiva**
I. Anlagevermögen		**I. Eigenkapital**	
1. Imm. Vermögensgegenstände	14 T€	1. Gezeichnetes Kapital	9.500 T€
2. Sachanlagen	45.000 T€	2. Kapitalrücklage	4.000 T€
3. Finanzanlagen	1.900 T€		
	46.914 T€		**13.500 T€**
II. Umlaufvermögen		**II. Fremdkapital**	
1. Vorräte	500 T€	1. Kurzfristige Rückstellungen	80 T€
2. Forderungen	330 T€	2. Verb. gegenüber Kreditinstituten	34.000 T€
3. Kassenbestand/Guthaben bei Kreditinstituten	1.355 T€	3. Verbindlichkeiten a. LL	1.439 T€
4. ARA	40 T€	4. Sonstige Verbindlichkeiten	35 T€
		5. PRA	85 T€
	2.225 T€		**35.639 T€**
	49.139 T€		**49.139 T€**

Erträge	7.200 T€
davon Umsatzerlöse aus HBW	5.200 T€
Aufwendungen	6.900 T€
davon Zinsen	950 T€

Ermitteln Sie:
1) Anlagenintensität (Anlagevermögensquote)
2) Umlaufvermögensquote
3) Verschuldungsgrad (Fremdkapitalquote)
4) Grad der finanziellen Unabhängigkeit (Eigenkapitalquote)
5) Anlagendeckung I und Anlagendeckung II
6) Liquidität I. Grades, II. Grades und III. Grades
7) Umsatzrentabilität
8) Eigenkapitalrentabilität
9) Gesamtkapitalrentabilität

68 Der Jahresabschluss einer Wohnungsbaugesellschaft weist folgende Werte auf:

Erträge	
Umsatzerlöse	5.300 T€
Sonstige betriebliche Erträge	200 T€
Aufwendungen	
Aufwendungen	5.100 T€
hiervon Zinsaufwand	900 T€
Ausgewählte Bilanzpositionen	
Eigenkapital	9.600 T€
Fremdkapital	8.000 T€

Ermitteln Sie:
1) Gewinn
2) Umsatzrentabilität, Gesamt- und Eigenkapitalrentabilität
3) Verschuldungsgrad und Eigenkapitalquote des Unternehmens

69 Die Hallesche Wohnungsbaugenossenschaft hat zum 31.12.02 folgende Bilanz sowie Gewinn- und Verlustrechnung veröffentlicht:

Bilanz – in T€					
Aktiva					**Passiva**
	31.12.02	**31.12.01**		**31.12.02**	**31.12.01**
I. Anlagevermögen			**I. Eigenkapital**		
Imm. Vermögens-gegenstände	160	155	Gez. Kapital	26.000	25.100
Sachanlagen	227.000	230.000	Gewinnrücklagen	43.000	46.000
Finanzanlagen	250	750	Bilanzgewinn	360	300
	227.410	**230.905**		**69.360**	**71.400**
Umlaufvermögen			**Fremdkapital**		
Vorräte	10.100	12.500	Kurzfr. Rück-stellungen	200	190
Forderungen	2.200	2.000	Darlehen	140.000	150.000
Flüssige Mittel	260	90	Verb. a. LL	30.410	23.905
	12.560	**14.590**		**170.610**	**174.095**
Vermögen	**239.970**	**245.495**		**239.970**	**245.495**

Gewinn- und Verlustrechnung – in T€		
	31.12.02	**31.12.01**
Erträge	**34.450**	**33.610**
Umsatzerlöse	34.200	33.300
Sonstige Erträge	200	300
Zinserträge	50	10
Aufwendungen	**33.740**	**32.800**
Aufwendungen für die Hausbewirtschaftung	17.200	16.100
Personalaufwand	3.400	4.400
Abschreibungen	3.600	3.700
Sonstige betriebliche Aufwendungen	2.500	1.900
Zinsaufwand	6.320	6.000
Steuern	720	700
Jahresergebnis	**710**	**810**

Ermitteln Sie jeweils für die Geschäftsjahre 01 und 02:
1) Forderungsquote
2) Quote des langfristigen Fremdkapitals
3) Anlagendeckung II
4) Liquidität II. Grades
5) Umsatzrentabilität
6) Eigenkapitalrentabilität

Aufgaben zu Kapitel 9 bis 13

70 Nennen Sie die wichtigsten Arbeitsbereiche des betrieblichen Rechnungswesens.

71 Worin bestehen die wesentlichen Unterschiede zwischen der Finanzbuchhaltung und der Kosten- und Leistungsrechnung?

72 Worin bestehen die wesentlichen Aufgaben der
- Planungsrechnung,
- betrieblichen Statistik und
- Vergleichsrechnung?

73 Erläutern Sie die wesentlichsten Aufgaben der
- Kostenartenrechnung,
- Kostenstellenrechnung und
- Kostenträgerrechnung.

74 Was verstehen Sie unter Erwerbsabteilungen wohnungswirtschaftlicher Unternehmen? Nennen Sie Beispiele.

75 Nennen Sie zwei Beispiele für
- Erträge, die nie zu Einnahmen werden.
- Einnahmen, die nie Ertragscharakter haben.
- Einnahmen, die stets zu Erträgen führen.
- Aufwendungen, die nie zu Ausgaben führen.
- Ausgaben, die nie Aufwandscharakter haben.
- Ausgaben, die stets Aufwandscharakter haben.

76 Die Kosten- und Leistungsrechnung unterscheidet zwischen Erträgen und Leistungen.
a) Grenzen Sie Erträge und Leistungen voneinander ab.
b) Nennen Sie fünf Ertragspositionen, die auch Leistungen sind.
c) Nennen Sie fünf Ertragspositionen, die keine Leistungen sind.

77 Die Kosten- und Leistungsrechnung unterscheidet zwischen Aufwendungen und Kosten.
a) Grenzen Sie Aufwendungen und Kosten voneinander ab.
b) Nennen Sie Aufwendungen, die auch Kosten sind.
c) Nennen Sie Aufwendungen, die keine Kosten sind.

78 Ordnen Sie folgende Ertragspositionen den Positionen (1) bis (4) zu.
(1) Leistungen
(2) Betriebsfremde Erträge
(3) Periodenfremde Erträge
(4) Außerordentliche Erträge

a) Bestandserhöhung bei noch nicht abgerechneten Betriebskosten
b) Andere aktivierte Eigenleistungen
c) Erstattung zu viel gezahlter Grundsteuer
d) Ertrag aus dem Verkauf von Anlagegütern über Buchwert
e) Erträge aus sonstigen Ausleihungen
f) Erträge aus Gläubigerverzicht
g) Umsatzerlöse aus Hausbewirtschaftung
h) Erträge aus früheren Jahren
i) Erträge aus der Auflösung von Rückstellungen
j) Sonstige Zinsen und ähnliche Erträge
k) Erträge aus Beteiligungen

79 Ordnen Sie folgende Aufwandspositionen den Positionen (1) bis (4) zu.
(1) Kosten
(2) Betriebsfremde Aufwendungen
(3) Periodenfremde Aufwendungen
(4) Außerordentliche Aufwendungen

a) Aufwendungen für die Hausbewirtschaftung
b) Verlust aus dem Abgang von Anlagegütern
c) Steuernachzahlungen
d) Abschreibungen auf Mietobjekte
e) Personalaufwand, verursacht durch die Hausbewirtschaftung
f) Verlust von Gebäuden durch Feuer, Schaden nicht versichert
g) Personalaufwand, bedingt durch ein Ferienheim des Unternehmens
h) Zinsaufwendungen für Finanzierung von Mietwohnhäusern
i) Rückzahlung bereits erhaltener Erlöse
j) Nachzahlung von Lohn, das Vorjahr betreffend
k) Abschreibungen auf Ausstattungen des Ferienheims
l) Sächlicher Verwaltungsaufwand, verursacht durch Hausbewirtschaftung

80 Entscheiden Sie, ob die folgenden Aussagen richtig (r) oder falsch (f) sind.
a) Umsatzerlöse aus der Hausbewirtschaftung sind Betriebsleistungen.
b) Erträge aus dem Verkauf von Anlagegütern sind Leistungen.
c) Zinserträge sind neutrale Erträge.
d) Jeglicher Aufwand ist zugleich auch Ausgabe des Unternehmens.
e) Instandhaltungsaufwendungen sind außerordentliche Aufwendungen.
f) Zinsaufwendungen gelten stets als Kosten.
g) Steuern können sowohl neutraler als auch betrieblicher Aufwand sein.
h) Betriebsgewinn wird erzielt, wenn die Leistungen höher sind als die Kosten.
i) Die Verluste aus einer Brandkatastrophe sind stets Kosten des Unternehmens.
j) Aufwendungen für Hausbewirtschaftung sind betrieblicher Aufwand.
k) Zinserträge können nie periodenfremde Erträge sein.
l) Personalaufwand kann sowohl betrieblicher als auch neutraler Aufwand sein.
m) Aufwendungen und Erträge sind Kategorien der Finanzbuchhaltung.
n) Jeglicher Ertrag ist zugleich auch Einnahme des Unternehmens.
o) Einzahlung ist nur ein anderer Begriff für Einnahme.
p) Das Betriebsergebnis ist die Summe aus Gesamtergebnis und neutralem Ergebnis.
q) Als neutrale Aufwendungen gelten auch periodenfremde Aufwendungen.

81 Definieren und erläutern Sie folgende Kategorien:
- Grundkosten
- Zusatzkosten
- Kalkulatorische Kosten

82 Die Wohnungsunternehmen (A) und (B) schließen das Geschäftsjahr mit folgenden Salden ab. Erstellen Sie die Ergebnistabelle mithilfe des Ihnen zur Verfügung stehenden Tabellenkalkulationsprogramms. Leiten Sie aus dem Gesamtergebnis das neutrale Ergebnis und das Betriebsergebnis ab.

Konto	Kontenbezeichnung	A (in T€)	B (in T€)
60	Umsatzerlöse aus HBW	7.428	12.661
61	Umsatzerlöse aus Verkauf von Grundstücken	–	8.990
62	Umsatzerlöse aus Betreuungstätigkeit	–	256
63	Umsatzerlöse aus anderen Lieferungen und Leistungen	–	10
64	Bestandsveränderungen	252	6.573
65	Andere aktivierte Eigenleistungen	129	80
667	Erträge aus der Auflösung von Wertberichtigungen	12	23
668	Verbrauch der Rückstellungen für Bauinstandhaltungen	6	–
660	Erträge aus dem Verkauf von Anlagegütern	36	16
666	Erträge aus früheren Jahren	5	8
669	Verschiedene sonstige Erträge	21	2
68	Zinserträge	17	407
69	Außerordentliche Erträge	23	9
80	Aufwendungen für HBW	3.859	4.701
81	Aufwendungen für Verkaufsgrundstücke	–	13.800
82	Aufwendungen für andere Lieferungen und Leistungen	–	2
83	Personalaufwendungen	700	1.800
84	Abschreibungen	840	230
850	Sächlicher Verwaltungsaufwand	130	260
854	Verluste aus dem Abgang von Anlagegütern	11	34
856	Spenden	23	10
872	Zinsaufwendungen	1.430	1.600
885	Außerordentliche Aufwendungen	–	45
891	Betriebssteuern	12	14

83 Erstellen Sie mithilfe eines Kalkulationsprogramms und auf der Grundlage der folgenden Angaben der Finanzbuchhaltung die Ergebnistabellen der Wohnungsbaugenossenschaften (A) und (B).

Berücksichtigen Sie dabei, dass
- der sächliche Verwaltungsaufwand zu 25 %,
- die Lohn- und Gehaltsaufwendungen zu 30 %,
- die Abschreibungen zu 10 %,
- die Zinsaufwendungen mit 34 T€

nicht durch die betrieblichen Leistungsprozesse verursacht wurden und so nicht das Betriebsergebnis beeinflussen dürfen.

Konto	Kontenbezeichnung	A (in T€)	B (in T€)
60	Umsatzerlöse aus HBW	14.300	25.600
61	Umsatzerlöse aus Verkauf von Grundstücken	–	17.800
62	Umsatzerlöse aus Betreuungstätigkeit	–	531
63	Umsatzerlöse aus anderen Lieferungen und Leistungen	–	20
64	Bestandsveränderungen	507	6.573
65	Andere aktivierte Eigenleistungen	287	89
667	Erträge aus der Auflösung von Wertberichtigungen	12	21
668	Verbrauch der Rückstellungen für Bauinstand-haltungen	8	2
660	Erträge aus dem Verkauf von Anlagegütern	23	16
666	Erträge aus früheren Jahren	4	12
669	Verschiedene sonstige Erträge	1	2
68	Zinserträge	234	512
69	Außerordentliche Erträge	22	2
80	Aufwendungen für HBW	7.950	9.300
81	Aufwendungen für Verkaufsgrundstücke	–	13.800
82	Aufwendungen für andere Lieferungen und Leistungen	–	239
83	Personalaufwendungen	1.400	3.900
84	Abschreibungen	1.800	430
850	Sächlicher Verwaltungsaufwand	260	511
854	Verluste aus dem Abgang von Anlagegütern	22	34
856	Spenden	10	8
872	Zinsaufwendungen	2.780	3.090
885	Außerordentliche Aufwendungen	–	33
891	Betriebssteuern	20	16

84 Nennen und erläutern Sie die Aufgaben der Kostenartenrechnung.

85 Nennen und erläutern Sie mögliche Gliederungsweisen der Kostenarten eines Wohnungsunternehmens.

86 Nennen und erläutern Sie jeweils zwei Kostenarten, die sich aus folgender Unterteilung der Kosten ergeben:
- nach der Art der verbrauchten betrieblichen Produktionsfaktoren
- nach der Art der Herkunft der betrieblichen Produktionsfaktoren
- nach der Verteilung auf Bezugsgrößen
- nach dem Verhalten bei Beschäftigungseinschränkungen

87 Erläutern Sie die zwei wesentlichen Aufgaben der Kostenstellenrechnung.

88 Nennen und erläutern Sie die Prinzipien der Kostenstellenbildung.

89 Was verstehen Sie unter
- allgemeinen Kostenstellen,
- Hauptkostenstellen,
- Nebenkostenstellen und
- Hilfskostenstellen?

90 Die Wohnungsbaugesellschaft erfasst in der Finanzbuchhaltung Umsatzerlöse und Kosten für die fremdbezogenen Leistungen der Abteilungen Hausbewirtschaftung (HBW), Grundstücksverkehr (GV) und Betreuungsdienste (BD) getrennt. Die Gemeinkosten werden mithilfe des Betriebsabrechnungsbogens direkt auf die Erwerbsabteilungen verteilt und so die Abteilungsergebnisse ermittelt. Die Kosten der allgemeinen Kostenstellen werden dabei nicht gesondert ausgewiesen.

Ermitteln Sie mithilfe eines verfügbaren Kalkulationsprogramms und auf der Basis der folgenden Daten das Betriebsergebnis und die Abteilungsergebnisse der Rechnungsperiode.

Informationen zur Aufstellung des Betriebsabrechnungsbogens:
1. Die Personalkosten in Höhe von 230.000 € sind
   - mit 120.000 € der Abteilung HBW
   - mit 30.000 € der Abteilung GV
   - mit 80.000 € der Abteilung BD

   zuzurechnen.
2. Die Büroflächen verteilen sich im Verhältnis 8:3:1 auf HBW, BD und GV.
3. Weitere Angaben entnehmen Sie der folgenden Übersicht.

Bezeichnung	Betrag	Verteilungsschlüssel	HBW	GV	BD
Umsatzerlöse	850.000 €	lt. Unterlagen	560.000 €	120.000 €	170.000 €
K_E d. Erw.-abt.	455.000 €	lt. Unterlagen	280.000 €	95.000 €	80.000 €
Rohergebnis	395.000 €		?	?	?
Personalkosten	230.000 €	Liste	120.000 €	30.000 €	80.000 €
Abschreibungen	10.000 €	m²	8	3	1
Bürokosten	20.000 €	m²	8	3	1
Energiekosten	3.200 €	m²	8	3	1
Reise/Kfz	4.500 €	Mitarbeiter	21	10	5
EDV-Kosten	10.080 €	Mitarbeiter	21	10	5
Geschäftsführung	6.000 €	Mitarbeiter	21	10	5
PR/Werbung	12.000 €	Rohgewinn	?	?	?
Betriebssteuern	12.000 €	Liste	2	2	1

91 Die Wohnungsbaugesellschaft verteilt die Kosten der vorhergehenden Aufgabe unter Beachtung einer allgemeinen Kostenstelle „Zentrale Dienste“.
Angaben zur Kostenverteilung:
a) Die Bürofläche für die Abteilungen Zentrale Dienste (ZD), Hausbewirtschaftung (HBW), Grundstücksverkehr (GV) und Betreuungsdienste (BD) stehen im Verhältnis 3:12:3:7.
b) Die Personalkosten verteilen sich in der Relation 50.000 €, 100.000 €, 25.000 € und 55.000 €.
c) In der Abteilung Zentrale Dienste sind drei Mitarbeiter beschäftigt, in der Hausbewirtschaftung 20, im Grundstücksverkehr neun und bei den Betreuungsdiensten vier Mitarbeiter.
d) Die Betriebssteuern sind im Verhältnis 2:8:3:5 zu verteilen.

e) Die Verteilung der Gemeinkosten der Abteilung ZD erfolgt nach der Summe der bis dahin angefallenen Gemeinkosten.

Erstellen Sie den Betriebsabrechnungsbogen und vergleichen Sie die Abteilungsergebnisse mit dem Betriebsabrechnungsbogen von Aufgabe 90.

92 In einem Wohnungsunternehmen wurden folgende Kostenstellen gebildet: Geschäftsleitung (GL), Zentrale Dienste (ZD), Hausbewirtschaftung (HBW), Grundstücksverkehr (GV) und Betreuungsdienste (BD).

a) Erstellen Sie aufgrund der folgenden Angaben einen mehrstufigen Betriebsabrechnungsbogen. Beachten Sie dabei, dass die Verteilung der Gemeinkosten entsprechend dem unten angegebenen Schema erfolgt. Alle Angaben, die nicht in Euro-Beträgen ausgewiesen sind, gelten als Verteilerschlüssel.

b) Ermitteln Sie die Abteilungsergebnisse und das Betriebsergebnis.

Bezeichnung	Betrag in €	Verteilungs-schlüssel	GL	ZD	HBW	GV	BD
Umsatzerlöse	250.000	lt. Unterlagen	0	0	200.000	25.000	25.000
K_E d. Erw.-abt.	127.700	lt. Unterlagen	0	0	110.000	14.000	3.700
Rohergebnis	122.300		?	?	?	?	?
Personalkosten	86.800	Liste (€)	12.000	7.800	50.000	5.000	12.000
Abschreibungen	8.000	Inv. Güter	1	2	8	2	1
Bürokosten	4.500	m^2	1	3	9	2	3
Energiekosten	800	m^2	1	3	9	2	3
Reise/Kfz	900	Mitarbeiter	2	3	15	3	4
EDV-Kosten	340	Mitarbeiter	2	3	15	3	4
Geschäftsführung	1.000	Mitarbeiter	2	3	15	3	4
PR/Werbung	450	Rohgewinn (€)	?	?	?	?	?
Betriebssteuern	2.100	Liste	1	0	9	1	3

Die Umlage der allgemeinen Kostenstellen auf die Erwerbsabteilungen erfolgt nach folgendem Schlüssel:

Geschäftsleitung				2	7	1	3
Zentrale Dienste					3	2	1

93 Nennen und erläutern Sie die Aufgaben und Ziele der Kostenträgerrechnung.

94 Was verstehen Sie unter einem Kostenträger?

95 Nennen Sie mögliche Kostenträger eines Wohnungsunternehmens.

96 Definieren Sie die Begriffe „variable Kosten (K_v)“ und „Fixkosten (K_f)“.

97 Bestimmen Sie die richtige Aussage zur Auswirkung einer Erhöhung der Fixkosten auf die Gewinnschwellenmenge.

a) Um bei steigenden Fixkosten eine Kostendeckung zu erreichen, ist eine Erhöhung der Leistungsmenge erforderlich.

b) Bei steigenden Fixkosten ändert sich die Gewinnschwellenmenge nicht, weil die variablen Kosten gleich bleiben.

c) Bei steigenden Fixkosten sinkt die Gewinnschwellenmenge.

d) Werden mit steigenden Fixkosten auch die Preise erhöht, verändert sich die Gewinnschwellenmenge nicht.
e) Der Deckungsbeitrag je Leistungseinheit verändert sich nicht, also bleibt auch die Gewinnschwellenmenge gleich.

98 Was verstehen Sie unter einer Fixkostendegression?

99 Erstellen Sie mithilfe eines verfügbaren Kalkulationsprogramms die unten abgebildete Tabelle und sichern Sie eine Formelbelegung, die die Vervollständigung der Tabelle ermöglicht.

Leistungsmenge	Fixe Kosten		Variable Kosten		Selbstkosten	
	Gesamt K_{fG}	je Einheit K_{fE}	Gesamt K_{vG}	je Einheit K_{vE}	Gesamt SK_G	je Einheit SK_E
M	€	€	€	€	€	€
1	35.000,00			10,00		
50						
100						
150						
200						
250						
300						
350						
400						
450						
500						
550						
600						

100 Ein Wohnungsunternehmen kann auf dem Markt beim Verkauf von Zubehörteilen einen Preis von 350 €/Einheit erzielen. Die Fixkosten (Kf_G) der „Abteilung Zubehörverkauf" belaufen sich auf 35.000 €, die variablen Kosten je Einheit (K_{vE}) betragen jeweils 220 €. Wie entwickelt sich das Abteilungsergebnis, wenn unterschiedliche Leistungsmengen abgesetzt werden?
Zur Beantwortung der Frage erstellen Sie folgende Tabelle auf Ihrem PC und ermitteln Sie die in der Tabelle benannten Teilergebnisse.

Leistungseinheiten	Fixkosten gesamt	Var. Kosten gesamt	Selbstkosten gesamt	Erlöse gesamt (UE)	Ergebnis gesamt
M	€	€	€	€	€
50					
100					
150					
200					
250					
300					
350					
400					

101 Welche Auswirkungen haben
- Preisänderungen,
- Veränderungen der Fixkosten und
- Veränderungen der variablen Kosten

auf die Gewinnschwellenmenge?

102 Die Abteilung Betreuungsdienste verfügt über eine Kapazität zur Betreuung von 2800 Verwaltungseinheiten, die zu 75% ausgelastet ist. Die Gesamtkosten, die zu 80% aus Fixkosten bestehen, betragen 30.000 €. Für eine Verwaltungseinheit kann durchschnittlich ein Betreuungsentgelt von 18 € erzielt werden.

a) Wie hoch sind
- die Gesamtfixkosten (KfG),
- die Fixkosten je Verwaltungseinheit (KfE),
- die variablen Gesamtkosten (KvG),
- die variablen Kosten je Verwaltungseinheit (KvE),
- der Gesamtgewinn (GG) sowie
- der Gewinn je Verwaltungseinheit (GE)?

b) Wie hoch sind der Gesamtgewinn und der Gewinn je Verwaltungseinheit, wenn 2500 Verwaltungseinheiten betreut werden würden?

103 Wie wird der Deckungsbeitrag einer Leistungseinheit (DB_E) ermittelt?

104 Was verstehen Sie unter einer Gewinnschwellenmenge (M_G)?

105 Bestimmen Sie die richtige Aussage zum Deckungsbeitrag (DB_G).

a) Der Deckungsbeitrag (DB_G) ist die Differenz von Umsatzerlösen (UE) und Fixkosten (K_{fG}).

b) Wenn die Umsatzerlöse (UE) gleich bleiben und die variablen Kosten (K_{vG}) steigen, steigt auch der Deckungsbeitrag (DB_G).

c) Der Deckungsbeitrag (DB_G) ist der Beitrag einer Leistungseinheit zur Deckung der variablen Gesamtkosten (K_{vG}).

d) Soll in der Erwerbsabteilung Gewinn erzielt werden, muss der Deckungsbeitrag (DBG) die Fixkosten (K_{fG}) übersteigen.

106 Die Abteilung Betreuungsdienste (BD) verursacht Fixkosten (K_{fG}) von 32.500,00 €, die variablen Kosten je zu betreuender Verwaltungseinheit (VE) betragen 12,50 €. Das am Markt erzielbare Betreuungsentgelt beträgt im Durchschnitt 26,00 €. Wie viele Verwaltungseinheiten muss die Abteilung mindestens betreuen, um kostendeckend zu sein und in die Gewinnzone zu geraten?

107 Es wird unterstellt, dass die Abteilung Betreuungsdienste (aus Aufgabe 33) 1.100 gleichartige Verwaltungseinheiten betreut, deren Variable Kosten jeweils 12,50 €/ Monat, die Fixkosten 32.500,00 € und die Betreuungsentgelte 36,00 €/Monat betragen.

a) Ermitteln Sie das Abteilungsergebnis auf Basis der Deckungsbeitragsrechnung.

b) Überlegen Sie, ob die Annahme eines Auftrages zur Betreuung von weiteren 100 Verwaltungseinheiten zu einem Entgelt von 32,50 €/Monat annehmbar ist oder nicht.

c) Wie verändert sich nach Annahme dieses Auftrags das Abteilungsergebnis?

Stichwortverzeichnis